## 旅游城市

每个城市都包括区域解读、旅游片区、旅游资讯三大板块。

## 旅游片区

每个城市划分为若干旅游片区，全面介绍，同时突出重要旅游点。

## 旅游景点

每个旅游景点包括介绍、攻略、链接等板块，力求景点收录全面。

## 旅游资讯

每个城市旅游资讯板块，包括住宿、就餐、购物、娱乐等内容。

# 如何使用本书

1 **多角度呈现**
全书从地理、历史、文化等多个角度呈现河南之美，发现不一样的河南。

**分色标签** 每个城市都有一个特定的检索色，便于翻阅。

2 **专题知识**
对于认识河南具有重要意义的关键词条，书中特设专题，图文并茂，让读者迅速读懂词条。

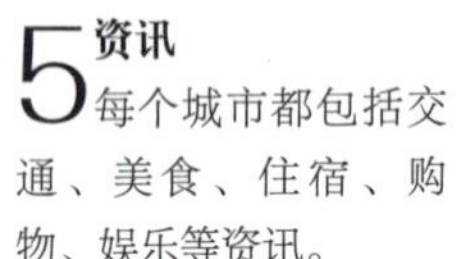

3 **精华景点**
三维立体图更深度地引导读者鉴赏那些必游景点。

4 **攻略**
大部分景点配有位置、交通、门票、链接等丰富的实用攻略。

5 **资讯**
每个城市都包括交通、美食、住宿、购物、娱乐等资讯。

发现者旅行指南

# 河南（第3版）

北京·旅游教育出版社

# 目录
CONTENTS

## 地图目录



## 专题目录

最美
河南

## 佛家传奇 少林寺

“少林，少林，有多少英雄豪杰都来把你敬仰……”当熟悉的旋律再次响起，你是否又看到李连杰那矫健的身影？充满传奇色彩的少林，大概给我们的第一印象都是功夫吧。也许只有身临其境，才能领略到那掩藏在拳脚之下的绵绵禅意。

# 山林蓊郁 美景奇观

河南的美，美在这里蓊郁的苍山：中岳嵩山伟岸雄壮；太行秀奇美景卓然；云台山巍峨陡峭，奇石嶙峋；鸡公山里林海茫茫，清幽秀丽。河南的美，就在这苍茫俊秀的山林之间，让人们回归到大自然的怀抱中。

最美
河 南

## 日出东方

## 老界岭

老界岭山势陡峭，沟壑纵横，重峦叠嶂，气势磅礴。主峰鸡角尖，为群峰之最，因山峰高矗，远看似向东引颈高歌之雄鸡而闻名。每当日出之时，橙色的朝霞跃过地平线，将山间渲染得朦胧而瑰丽，其景壮观异常。

## 洛阳牡丹真国色

“唯有牡丹真国色，花开时节动京城。”洛阳有着“千年帝都，牡丹花城”的美誉。这里的牡丹花朵硕大，品种繁多，花色奇绝，有红、白、粉、黄、紫、蓝、绿、黑及复色多种，是华夏民族兴旺发达、繁荣美好的象征。

## 青龙湖上天鹅嬉水

在青龙湖波光粼粼的湖面上，成千上万只白天鹅或自由自在地飞翔，或安详优雅地结伴嬉戏，或温情脉脉地交颈摩挲，或悠闲自得地以嘴梳理羽毛，或颈扎水中，翩翩跳起“芭蕾舞”，千姿百态，构成一幅幅动人的画面。

## 杜寨书会展风采

杜寨书会是河南历史悠久的汉族民俗文化活动。每年的农历正月十三，来自省内外的几百名民间说唱艺人都会相聚在建安区苏桥镇杜寨村，在此亮书、卖书、切磋技艺、交流书目，一展风采。

# 印象河南

## 文化符号

### 甲骨文

目前得到考证的中国最早的汉字，堪称汉字鼻祖，是一种很重要的古汉字资料。

### 河洛文化

中国5000年华夏文明的源泉与主脉，河图洛书是中华文明之始。

## 太极拳

太极拳在河南陈家沟世代传承，是中华武术瑰宝，受到人们的普遍推崇。

## 少林功夫

著名的武术流派之一，历史悠久，影响深广，是中国传统武术的重要组成部分。

## 豫剧

中国最大的地方剧种，以唱腔铿锵大气、韵味醇美、善于表达人物内心情感著称。

## 烩面

一种荤、素、汤、菜、饭兼而有之的河南传统美食，以味道鲜美享誉中原。

# 印象
# 河南

## 历史古都

## 洛阳

十三朝的古都所在地，也是中国建都最早、历时最长、朝代最多的古都。

## 开封

宋都开封城郭宏伟，经济繁荣，是世界上最繁华的都市之一，有“国际都会”之称。

## 安阳

有着4000多年历史的文化古都，安阳的殷墟因出土大量的甲骨文和青铜器而蜚声中外。

## 郑州

中国最古老的城市之一，被称为中国第八大古都，有众多的历史遗迹。

## 商丘

华夏文明和中华民族的重要发祥地。商丘古城拥有近5000年的建城史。

## 南阳

楚汉文化的发源地，有3000年的建城史，曾是历史上诸葛亮躬耕隐居之地。

# 印象河南

## 著名山岳

### 南太行

横亘在河南省的西北部，以奇特险峻的山景著称。

### 嵩山

中国五岳之中岳，分少室山和太室山两部分，嵩山少林寺闻名四海。

## 鸡公山

佛光、云海、雾凇、雨凇、霞光、异国花草、奇峰怪石、瀑布流泉是著名的“鸡公八景”。

## 伏牛山

伏牛山高峻雄伟，重峦叠嶂，是黄河、淮河和长江三大水系的重要分水岭。

## 云台山

以山称奇，以水叫绝，因峰冠雄，因峡显幽，历史文化积淀深厚。

## 王屋山

华夏祖先轩辕黄帝设坛祭天之所，道教十大洞天之首，被称为“太行之脊”。

印象
河南

## 赏花盛会

### 鄢陵蜡梅

又名金钟梅，其色淡黄，其心洁白，浓香馥郁，素有“鄢陵蜡梅冠天下”之誉。

### 洛阳牡丹

洛阳地脉花最宜，牡丹尤为天下奇，洛阳牡丹誉满全国，有“洛阳牡丹甲天下”之称。

## 新乡连翘花

连翘不但是一种重要的中药材，更是早春优良的观赏灌木，届时满枝花朵金黄，艳丽可爱。

## 信阳杜鹃

信阳地处大别山腹地，这里的杜鹃花漫山遍野，连绵不绝，宛如画卷。

## 开封菊花

菊花是开封市花，开封菊花历史悠久，北宋时期养菊便已蔚然成风，享誉全国。

## 郑州月季

郑州的月季花姿秀美，花色繁多，四季花开不断，是郑州的亮丽名片。

# 印象河南

## 人文胜迹

### 龙门石窟

中国著名的三大石刻艺术宝库之一，以奉先寺的摩崖群雕最负盛名。

### 黄帝故里

中华始祖黄帝的诞生地，也是海内外炎黄子孙寻根拜祖的圣地。

## 红旗渠

悬挂在巍峨雄险的太行山悬崖绝壁之上，在国际上被誉为“世界第八大奇迹”。

## 太昊陵

纪念中华民族人文始祖太昊伏羲氏的大型陵庙，被称为“天下第一皇朝祖圣地”。

## 朱仙镇

古代水陆交通要道和商埠重地，保存有规模宏大的古代建筑群。

## 郑州黄河

万里黄河上的一颗璀璨的明珠，岳山寺是俯瞰黄河的最佳处。

# 自驾河南

## 线路 1

### 南太行山河之旅

新乡 潞王陵

淇县 云梦山

安阳 殷墟博物苑

林州 红旗渠

辉县 王莽岭

巍峨的太行山脉绵延千里，为中原儿女留下了无数的宝藏，这里遍布绿浪滔天的林海、刀削斧劈的悬崖、如银似练的瀑布以及令人神往的传说。驾车遨游于太行风光无限的山水峡谷之间，欣赏大自然的鬼斧神工，追寻革命先辈的恢宏往事，注定是一次别有风味的旅行。

**第一天** 从郑州出发，沿 G4 行驶至新乡参观潞王陵和百泉景区，然后行驶至淇县云梦山景区游览，夜宿景区附近。

**第二天** 从云梦山景区行驶至安阳市参观殷墟博物苑，然后行驶至林州市红旗渠景区参观，夜宿景区附近。

**第三天** 从红旗渠景区沿 G234 行驶至沙窑乡南坪村游览万仙山风景区，夜宿景区附近。

**第四天** 从万仙山景区出发，行驶至古郊乡游览河南王莽岭景区，夜宿景区附近。

# 线路 2

## 豫西南探秘之旅

也许你早已厌烦了城市里拥挤的人群和街头的喧嚣，这条线路可以让你回归大自然，充分领略自然山水的原始和壮美。沿途所经的景点大都山清水秀，风景宜人，尧山、龙峪湾、老君山，每个都是大自然的杰作，在这里你能够自由地呼吸新鲜空气，暂时忘记世间的烦恼。

**第一天** ▌从郑州市沿 G107 行驶至新郑市参观黄帝故里和郑韩古城，之后沿 S32 行驶至禹州市参观钧官窑遗址博物馆，参观完毕后行驶至平顶山市，夜宿平顶山市。

**第二天** ▌从平顶山市沿 G36—S88 行驶至尧山风景区游览，之后参观附近的中原大佛，夜宿景区附近。

**第三天** ▌从尧山风景区沿 G311 行驶至白云山风景区游览，然后行驶至附近的龙峪湾国家森林公园游览，夜宿景区附近。

**第四天** ▌从景区沿 S249 行驶至栾川县城附近的鸡冠洞参观，沿途有老君山和养子沟可选择参观。

**第五天** ▌从鸡冠洞行驶至神灵寨参观，然后从景区进入洛阳市区游览王城公园和上清宫。

禹州 钧官窑遗址博物馆

鲁山 尧山

嵩县 白云山

栾川 龙峪湾

栾川 鸡冠洞

洛阳 王城公园

自驾
河南

## 线路 3

豫西北
名胜之旅

少林寺塔林

嵩山 登封

龙门石窟 洛阳

白马寺 洛阳

仰韶文化遗址 渑池

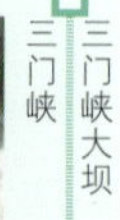

三门峡大坝 三门峡

这条路线从郑州出发，一路经过许多中华大地上的名胜古迹，禅宗祖庭少林寺、艺术宝库龙门石窟、寺庙之祖白马寺，无不历史悠久，含蕴丰厚，是一趟名副其实的文化之旅。

**第一天** 早上从郑州出发，沿 S85 行驶至少林寺出口下高速，然后沿 G207 行驶至嵩山风景区，参观少林寺、嵩阳书院等景点，夜宿嵩山景区。

**第二天** 上午继续游览嵩山景区，午餐后沿 S85 行驶至龙门参观龙门石窟，傍晚返回洛阳市区住宿。

**第三天** 早餐后前往白马寺参观，然后去神州牡丹园欣赏牡丹，接着去关林等景点，夜宿洛阳。

**第四天** 从洛阳出发，行驶至渑池县，参观秦赵会盟台、仰韶文化遗址等景点，傍晚前往三门峡市住宿。

**第五天** 上午参观虢国博物馆，下午前往三门峡大坝风景区，观览黄河风光。

御河与清明上河园

# 线路 4

豫东古城
文化之旅

开封 清明上河园

开封 大相国寺

开封 朱仙镇

商丘 商丘古城

永城 芒砀山

鹿邑 老子故里

这条路线穿行在豫东大地上，途经“七朝都会”开封，北宋后都商丘，以及永城芒砀山的西汉梁国陵墓群以及鹿邑老君台和太清宫，均为历史悠久、文化底蕴深厚之所在。在这条极富历史文化气息的旅游路线上游览，一定别有一番感受。

**第一天** 从郑州市出发行驶至开封，先去清明上河园游览，体验“一朝步入画卷，一日梦回千年”的感觉。随后来到天波杨府，听杨家将故事。午后参观大相国寺、开封府，夜宿开封市区。

**第二天** 早餐后前往朱仙镇，观岳飞庙，听岳飞的朱仙镇大捷以及十二道金牌之类的传说。寻百年老店，感受历史的百转千回。午后参观兴隆寺塔，然后前往商丘市区住宿。

**第三天** 早餐后游览商丘古城，参观壮悔堂、明伦堂、大成殿等景点，感受古城风韵。下午前往应天书院和护城河参观游览，夜宿商丘市区。

**第四天** 上午从商丘驾车前往永城市芒砀山文化区。重点参观梁孝王王后墓、梁孝王墓、梁共王刘买墓。下午去夫子山景区，参观夫子崖、文庙等景观，然后去陈胜园参观陈胜墓，到汉兴源景区看神秘的汉高祖斩蛇碑。

**第五天** 上午驾车前往鹿邑县，先参观老君台，再参观望仙桥、明道宫等建筑。下午前往太清宫，在老子故里，深入地感受道教文化的博大精深。

# 解读 河南

## 地 理

云台山瀑布

### 面积和区划

河南位于中国中东部、黄河中下游，因大部分地区位于黄河以南，故称河南。河南地理位置优越，古时即为驿道、漕运必经之地，商贾云集之所。今天，河南地处沿海开放地区与中西部地区的接合部，是我国经济由东向西梯次推进发展的中间地带。河南全省呈望北向南、承东启西之势，全省总面积约17万平方千米。

河南省辖郑州、开封、洛阳、平顶山、安阳、鹤壁、新乡、焦作、濮阳、许昌、漯河、三门峡、南阳、商丘、信阳、周口、驻马店共17个地级市和济源1个省直管县级市，下辖21个县级市，82个县，54个市辖区。

### 人口和民族

截至2022年年末，常住人口9872万人。

河南省人口分布不平衡，西部稀疏，东部稠密，城镇人口比重较低。少数民族中回族人口较多。河南省拥有数量巨大的劳动力资源，每年全省外出务工的人员数量极多，为全国第一劳工输出大省。

开封御河景观

## 地形

河南横跨我国第二和第三两级地貌台阶，西部为连绵起伏的山地，东部是广阔坦荡的平原，总体地势西高东低，南高北低，自西向东梯状降低。过渡性的地形造就了河南山体的复杂多样以及形态各异的低山丘陵。河南地质条件复杂，地层系统齐全，构造形态多样，是我国地质条件比较优越的省区之一。

河南的山地、丘陵总面积7.4万平方千米，占全省土地总面积的44.3%。西北部、西部和南部三面环山，从北到南分别是南太行山、伏牛山和桐柏—大别山。位于豫西三门峡市境内的小秦岭老鸦岔脑，海拔2413.8米，为河南省最高峰。

河南地跨长江、淮河、黄河、海河四大流域，省内中部、东部和北部平原由黄河、淮河和海河冲积而成，又称黄淮海平原，西起太行山和豫西山地东麓，南至大别山北麓，东面和北面至省界，面积广阔，土壤肥沃，是我国重要的农耕区和粮食产地之一。

## 气候

河南大部分地区处于暖温带，南部跨亚热带，属北亚热带向暖温带过渡的大陆性季风气候，同时还具有自东向西由平原向丘陵山地气候过渡的特征，具有四季分明、雨热同期的特点，适宜于农、林、牧、渔的发展。

河南夏冬两季气温、湿度相对都不是很

秋天的宝天曼

# 南水北调中线

南水北调中线工程是从汉江中上游的丹江口水库东岸岸边引水，一路向北开挖渠道，经河南、河北将“南水”运输到京津地区的输水工程。

南水北调中线工程全长1400多千米，工程于2003年12月30日开工，至2014年12月12日开始正式通水，共经历了11年的建设。南水北调中线工程贯通后，每年可向北方输送95亿立方米的水量，相当于1/6条黄河；能使约6000万人直接喝上水质优良的汉江水，间接惠及人口近1亿。

从丹江口陶岔渠首到北京团城湖，“南水”一路历时半个月，终于到达目的地——北京。

丹江口水库是亚洲第一大人工湖，中国南水北调中线工程的水源地，有“亚洲天池”之美誉。水库水90%来源于汉江，10%来源于丹江。

供水范围主要是唐白河平原和黄淮海平原的西中部，供水区总面积约15.5万平方千米，工程重点解决河南、河北、天津、北京4个省市沿线20多座大中城市生活和生产用水的问题。

进入河北境内以后，“南水”开始与进京高铁并肩而行。

焦作市是中线工程总干渠唯一从中心城区穿越的城市，总干渠城区段总长16.7千米，其中中心城区段长8.4千米。

## 丹江口大坝

修建于1974年，原高162米，高度落差不能满足调水要求，2005年开始进行加高加厚工程，加高后的丹江口大坝面貌焕然一新。

移民搬迁是南水北调中线工程的一项重要工作，丹江口大坝因加高共搬迁安置移民34.5万人。

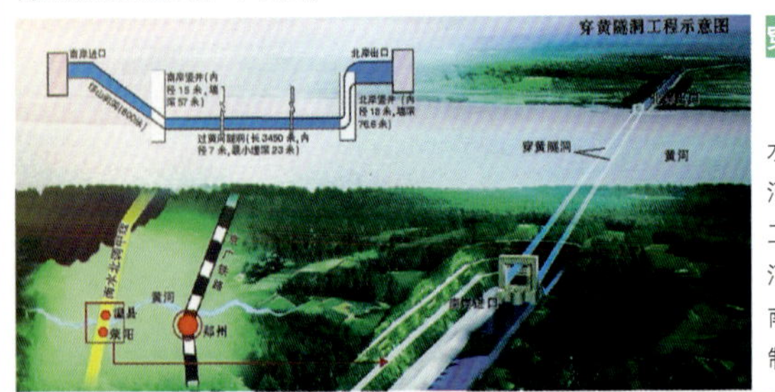


## 穿黄隧道

穿黄隧道是将“南水”从黄河南岸输送到黄河北岸的必经之路，隧道工程从水下40米处横穿黄河，单洞长达3450米，是南水北调中线工程中的控制性工程。

太行山郭亮挂壁公路

舒适。但春天气候宜人，百花盛开，秋季天高气爽，风轻云淡，所以春秋两季是去河南旅游的最佳时间。春去洛阳观牡丹，秋到开封赏菊花，都是不错的选择。

## 巍巍南太行

太行山是中国东部地区的重要山脉和地理分界线，横跨京晋冀豫四个省市，绵延数百千米，习惯上被分为北太行、西太行和南太行。太行山地势险峻，景色奇绝，尤以河南一段的南太行景色最为神奇，《中国国家地理》曾经说过：太行山，把最美的一段给了河南。

南太行山脉长达150千米，横亘在河南省的西北边界，主脊部分集中了1500米以上的所有主峰，最高峰位于西北端的鳌背山，海拔1929.6米，南太行最南端济源市境内为王屋山，山脊南北走向，长达50余千米。受华北平原板块断裂下沉的影响，南太行山大断裂十分发育，形成了一系列大裂谷和断屏山，加之河流横切，峡谷发育，山体破碎，逢沟必断、逢谷必瀑也成了这里最壮观的地貌特征。

北太行和西太行都是严重干旱缺水地区，唯有位于河南安阳、新乡、焦作、济源境内的南太行，仿佛是受到了上天的特别钟爱，有着得天独厚的水资源。现代南太行的流水地貌更加明显，南太行所在的新乡、焦作一带地下水资源丰富，地表泉水众多，因而有“华北地下水库”之称。

南太行的美举世闻名，太行山大峡谷被誉为中国最美的十大大峡谷之一；云台山、林虑山、王屋山、神龙山等山峰阳性、刚性十足，著名的愚公移山故事中移的便是那座王屋山。20世纪60年代，林县（今林州市）境内开凿了一条奇迹般的人工天河——红旗渠，70年代郭亮村在悬崖峭壁上开凿了人间奇迹“郭亮洞”，成为新时期的愚公移山佳话。这种坚韧不拔的精神，充分展现了太行山人民的伟大魄力，就像太行这座山一样，迸发出一种势重之感、大气之美。

## 八百里伏牛山

伏牛山矗立于河南省西部地区，是秦岭山脉东延部分，它也是秦岭山脉在河南最南边的一条支脉，在各支脉中规模最大，位于

黄河

洛阳栾川县境内的鸡角尖海拔2222.5米，为伏牛山最高峰。

伏牛山大体上呈西北东南走向，到南阳盆地突然中断形成南阳盆地东北角的豁口，这也打开了通往东北、华北平原的一条主干道。相对于太行山，伏牛山的褶皱构造山地愈加明显，巨大的断块山和悬崖峭壁也少了很多，多的是饱经风雨侵蚀、河流冲刷而形成的浑圆状山体以及美妙的涓涓细流、深深潭影。

伏牛山景深林茂，很多美好的景色都藏在深山中，不张扬，不外露，敦厚、硬朗成了伏牛山的标签。南阳伏牛山世界地质公园内保存着极为丰富、类型多样的地质遗迹；嵩县南部伏牛山腹地的白云山集长江、黄河、淮河三河之灵于一身，入选《中国国家地理》杂志评选的“中国最美的地方”；洛阳市栾川县城南的老君山地质原貌保存良好，记录着十九亿年来华北古陆块南缘裂解、增生、聚合、碰撞、造山等构造的演化过程。

## 十 黄河与河南的纠缠

在中国所有的大江大河中，唯有黄河兼有母亲河与“害河”之称。黄河水患几乎充斥了整个中国历史，因此有人说，中国人的苦难大多是黄河造成的。殊不知，黄河泛滥的同时，也造就了华北大平原，河洛大地上的中华文明史就烙印在黄河摆动的轨迹上。

黄河自陕西潼关流入河南境内，到濮阳台前进入山东，在河南境内流经8个地级市，全长711千米，流域面积占河南总面积的21.7%。郑州花园口以下，黄河的河床高出大堤背河地面，形成举世闻名的“地上悬河”及沿水而筑的水上长城——黄河大堤，黄河在这条千里大堤的约束下，流过中原腹地，经郑州，过开封，一路向东。

黄河的随性摆动和它携带的巨量泥沙，

伏牛山云海

给两岸人民带来了极大的困扰，河南人对黄河的感情十分复杂：她既是母亲河，又是头顶上方的一盆水。历史上，黄河主流在河南省境内频繁迁徙改道，决堤泛滥，给人们带来了深重的灾难。而黄河冲击形成的扇形区域被称为“黄河故道区”，黄河频繁改道形成的大片黄土原野为旱作农业提供了广袤的肥沃而松软的土地，因而黄河的泛滥在一定程度上也造就了河南这片沃土。黄河水患磨砺了河南人的性格，与水患斗争中形成的生生不息、不屈不挠的民族精神更是中华民族的一笔重要财富。

八里沟

# 历　史

彩壶

## 古文明的代表——仰韶文化

仰韶文化是距今约7000—5000年的中国新石器时代的一种文化，于1921年首次在河南省三门峡市渑池县仰韶村被发现。仰韶文化主要分布于黄河中下游一带，以陕西渭河流域、河南西部和山西西南的狭长地带为中心。

仰韶文化遗址位于河南三门峡市渑池县仰韶村，遗址北依韶峰，三面环水，土地肥沃，是古人狩猎、渔牧、定居的理想场所。遗址从东北到西南长900余米，从西北到东南宽300余米，文化层厚度2~4米，这种现象说明我们的祖先在此长久地过着定居生活。

仰韶文化属于母系氏族公社制繁荣时期的文化。从出土文物可知，当时已经出现了较发达的农业，农作物主要为粟和黍，另外人们也从事狩猎、捕鱼和采集等活动。其生产工具以较发达的磨制石器为主，常见的有刀、斧、锛、凿、箭头、纺织用的石纺轮等，骨器也相当精致。仰韶文化的制陶工艺相当成熟，器物规整精美，多为细泥红陶和夹砂红陶，灰陶与黑陶较为少见。其装饰以彩绘为主，于器物上绘精美彩色花纹，反映当时人们生活的部分内容及艺术创作的聪明才智。

## 三皇五帝，中华始祖

三皇五帝是中国在夏朝以前出现在传说中的“帝王”，是中华民族的先祖。从现在看来，他们都是部落首领，由于实力强大而成为部落联盟的领导者。在中国民间流传着很多关于三皇五帝的神话传说，记录了他们为人类创造文明的经过。

从所处的年代上来说，无论是按照神话传说，还是史书的记载，史学家们都认为三皇所处的年代早于五帝的年代。大致上，三皇时代距今久远，在四五千年至七八千年以前乃至更为久远，时间跨度也可能很大；而五帝时代则距夏朝不远，在4000多年前。三皇五帝具体指代也有不同的说法，较为普遍的一种说法

### 历史大事记

远古时期

河南安阳县小南海洞穴文化遗址证明，约50万年以前河南境内即有人类活动。距今约7000—5000年的新石器时代，河南已是人类活动的主要区域。裴李岗文化、仰韶文化以及龙山文化是这一时期古代文明的代表。

距今约4000年，轩辕黄帝在河南作为五帝之首开辟了中华民族的洪荒时代。

先秦时期

约前21世纪，我国历史上第一个王朝夏王朝在河南建都，阳城（今登封）、阳翟（今禹州）、帝丘（今濮阳）等地先后成为夏王朝都城所在地。

黄河炎黄二帝像

认为，三皇具体包括伏羲、神农和燧人，而五帝则是指黄帝、颛顼、帝喾、尧、舜。

在上古时代，三皇五帝率领民众开创了中华上古文明。在历史记载中，三皇中的伏羲是中国医药鼻祖之一，他发明创造了占卜八卦，创造文字结束了“结绳记事”的历史，他还教会了人们渔猎的方法。燧人氏被奉为“火祖”，他发明了钻木取火，结束了远古人类茹毛饮血的历史。三皇中的神农即炎帝，他遍尝百草，开始用草药治病，他发明刀耕火种开农业先河，炎帝部落后来还与黄帝部落结盟，共同击败了蚩尤。

五帝中的黄帝是五帝之首，被尊为中华“人文初祖”，以统一华夏部落而闻名。颛顼又称黑帝，为黄帝之孙，传说是主管北方的天帝。帝喾是黄帝的曾孙，也是中国上古时期一位著名的部落联盟首领。尧为帝喾之子，被后世儒家奉为圣明君主的典型。舜亦为黄帝后人，同样是一位受到人们爱戴的明君。

三皇五帝以及与他们同时代的先人们共同开创了中华民族的远古文明，为中国数千年的文明奠定了坚实的基础。后世的人们把他们敬为神灵，创造出各种美丽的神话传说来宣扬他们的伟大业绩。

## 群雄逐鹿中原

中原是以河洛地区为中心的黄河中下游地区，主要在今天的河南省境内。历史上，中原大地历来都是军事角逐的主战场，无数英雄豪杰在这片土地上纵横捭阖，书写了一部部波澜壮阔的历史。

**先秦时期**

约前17世纪，商朝建立，先后在河南境内的商丘、安阳等地建都。

前1046年，西周建立，以洛阳为东都营造王城，在河南境内分封诸侯国多处，后东周定都洛阳。

**秦汉时期**

前221年秦始皇灭六国，河南境内长达550余年的春秋争霸乱世结束。

25年，汉朝宗室出身的刘秀称帝，定都洛阳，建立东汉，并开创“光武中兴”。

**三国时期**

200年，曹操和袁绍在河南官渡进行了官渡之战，曹操打败袁绍，为统一北方奠定基础。

265年，西晋取代魏，定都洛阳。

**南北朝时期**

494年，北魏迁都洛阳，并在南郊修建了著名的龙门石窟。

495年，孝文帝为安顿印度僧人跋陀创建了少林寺。

据《明两京十三司战例分布表》记载，从先秦到元明，中原有记载的著名战争多达820起。夏商周时期，鸣条之战、牧野大战是王朝更迭的决定战；春秋战国时期，鄢陵之战、桂陵之战、马陵之战、召陵之战、伊阙之战等著名战役都曾在中原大地展开，中原成为群雄争霸的中心；秦汉之际，楚汉激烈相持，在河南荥阳大战，今天刻于象棋棋盘的“楚河汉界”就由此而来；东汉末年，曹操与袁绍在官渡展开大战，曹操以少胜多，写下了其军事生涯最辉煌的一页；唐朝“安史之乱”期间，河南境内睢阳、南阳和洛阳邙山之战，决定了叛军的败亡与唐朝的中兴。

有战争就少不了纵横捭阖的政治家和运筹帷幄的军事家。数千年来，中原大地上军事人才灿若星河，光耀神州。黄帝在中原上演了“五十二战而天下咸服”的好戏，从而奠定了中华民族的雏形；“用兵善乘虚蹈隙，出奇制胜”的战国军事家范蠡在越国辅佐勾践成就了一代霸业；春秋战国时期中原王国兼并，战乱纷争，传奇人物鬼谷子培养出了苏秦、张仪、孙膑、庞涓等一批先秦时期著名的政治家和军事家，上演了群雄争霸的激烈纷争；运筹帷幄的军事家张良协助刘邦开创了大汉王朝的伟业……至今，他们的军事思想还被世人称道，他们的英雄事迹仍被世人传颂。

## 中华文明探源工程

中华文明探源工程主要是解决中华民族5000年文明史中，夏朝以前1000年文化的纪年问题。作为三皇五帝等众多传说故事的发生地，以河南为主的中原地区是这次研究的重点。我国中原地区六座规模大、等级高的中心性城邑被列为研究重点，分别是：可能与“黄帝”有关的河南灵宝西坡遗址；与传说中“尧”时代时空吻合的山西襄汾陶寺遗址；可能是“禹都阳城”的河南登封王城岗遗址；可能是“夏启之居”的河南新密新砦遗址；考古学界公认的夏代中晚期都城河南洛阳二里头遗址；郑州大师姑遗址。

### 建都河南的朝代

**夏：**夏曾多次迁都，都城主要有3个：洛阳偃师二里头，阳城（今郑州登封）①，阳翟（今许昌禹州）②。

**商：**商曾多次迁都，都城主要有5个：商丘③、安阳④、洛阳偃师商城、郑州商城⑤、朝歌（今鹤壁淇县）⑥。

**西周：**陪都洛邑（今洛阳）⑦。

**东周：**定都洛邑（今洛阳）⑦。

**秦以后：**西汉（初期）、东汉、曹魏、西晋、北魏、隋、唐、武周、后梁、后唐、后晋、后汉、后周、北宋和金等20多个朝代在河南定都。

### 唐宋时期

605年，隋炀帝始开凿大运河，逐步将洛阳与北京和杭州连接起来。
960年，赵匡胤发动陈桥兵变，建立北宋，定都开封，开封逐步发展为繁华的大都市。

从南宋开始，中原汉族人民为了躲避战火大举南迁，继而外迁至世界各地，形成现在影响广泛的客家人。
1127年，金灭北宋之后，赵构在应天府（今商丘）登基称帝，建立南宋。
1214年，金朝受到蒙古帝国频繁入侵后，迁都到开封，称南京。

### 元明清时期

1271年，元朝建立，在河南设行省，河南的版图初步确定并延续至今。

西坡遗址

被认为是古代黄帝部落的重要活动地，出土了仰韶文化中期晚段大型墓葬，有陶器、骨器、石器、玉器等随葬品。

二里头遗址

夏朝中晚期都城遗址，这里出土的陶文是中国早期文字之一。

王城岗遗址

出土了众多造型优美的陶器，说明当时的人们已经开始普遍制陶和使用陶制品。

新砦遗址

整座城址平面基本为方形，城周设有护城河，规模较大，极有可能是夏代开国之君夏启的都城。

大师姑遗址

一处二里头文化中晚期的大型城址，城址由城垣和城壕两部分组成，总面积约51万平方米。

探源工程三个阶段

第一阶段（2004—2005）

探究前2500年至前1500年，中原自然环境、聚落形态、经济技术发展状况和文明形态。

第二阶段（2006—2008）

探究前3500年至前1500年，黄河中游、长江中下游和辽河流域各个地区文化的年代、环境、经济技术和社会结构。

第三阶段（2009—2015）

对前3500年至前1500年，黄河、长江及西辽河流域的文化年代谱系进行完善，对重大事件进行年代学研究，研究还包括自然环境变化与文明演进之关系，农业的发展、文明演进过程、都邑性聚落等。

## 元明清时期

明末，李自成先后攻占洛阳与开封，与明军激战，河南经济破坏严重。

1855年6月，黄河在河南省兰阳铜瓦厢决口，给两岸百姓带来深重苦难。

## 近现代时期

1903年，清政府开始修建卢汉铁路黄河铁桥，这是我国在黄河上修建的第一座桥梁。

1923年2月，郑州的京汉铁路总同盟举行大罢工，军阀吴佩孚对罢工进行了镇压。

1930年，蒋介石和阎锡山、冯玉祥、李宗仁在河南展开中原大战。

1938年，为阻止日军机械化部队南下，蒋介石下令在花园口炸开黄河，致使河南百姓伤亡惨重。

1948年10月22日，中国人民解放军解放郑州。

1960年，河南林州人民开始在太行山腰开展引漳入林工程，修建著名的红旗渠。

《清明上河图》局部

## 唐宋鼎盛

地处中原大地的河南是中华文明的诞生地和发祥地，历史上多个朝代都以河南作为全国的政治中心，洛阳、开封、安阳等均是千年古都。隋朝末年，京杭大运河的开通大大促进了河洛地区的发展。从唐朝建立到北宋灭亡的数百年间，河南的经济和文化也达到了鼎盛时期。

唐贞观元年（627年），唐太宗因山河形便，分天下为十道，其中在今天的河南境内设河南道，河南也随着贞观之治的大势而得到了平稳的发展。这一时期河南人才荟萃，经济发达。到了五代时期，由于河南地位重要，再加上物华天宝，各国都争相在河南地区建都称霸。960年，赵匡胤建立北宋，定都河南开封，河南又一次成为全国的政治、经济和文化中心。当时开封人口达一百多万，为全国第一大城市，商业贸易额占全国一半以上。这一时期河南各方面都盛极一时，堪称河南历史的黄金时代。北宋画家张择端所绘制的名画《清明上河图》生动形象地记录了当时开封的繁华景象，也在一定程度上反映了河南的发达。

## 中道衰落

与三皇五帝时期和唐宋时期的繁荣相比，南宋以后，由于诸多原因，河南的社会历史发展进入了中衰时期，到了近代，河南已经成为中部地区较为落后的省份，直到现在，河南依旧没能恢复往日的辉煌，其经济和文化仍然落后于江南和北方其他一些地区。

从元代开始，中国的政治经济中心转移到北方的北京，河南逐步处于被忽略的尴尬境地，但河南的中衰主要发生在清朝后期。1855年开始，河南东部平原地区黄河频繁决口，水患不断，生产衰败，百姓流亡，很多河南人为求生计开始向南迁徙，成了后来的“客家人”。另外，鸦片战争发生后，帝国主义的势力也开始通过上海、天津、汉口等通商口岸向河南渗透，不断掠夺这里的原料并倾销商品，自然条件的恶化和帝国主义的掠夺大大加速了河南的衰落。

到了20世纪，辛亥革命后，河南成为军阀混战的主战场，生产荒芜，另外原来仅有的厂矿企业和农业基础再次受到强烈的破坏和冲击，20世纪30—40年代河南经济陷入极度衰落境地，甚至出现了饿殍遍野的大饥荒。

改革开放以来，河南作为农业大省逐步开始了稳定的发展，但是庞大的人口基数和地理上的相对闭塞仍然是制约其发展的瓶颈，河南还需要继续探索复兴往日辉煌的道路。

## 河南历史名人

在悠久的历史长河中，河南名人辈出，在哲学、政治、军事、科技、文化等各个领域都出现了不少杰出的人物。

**黄帝（前2717—前2599）：**生于河南新郑，本姓公孙，后改姬姓，故称姬轩辕。古华夏部落联盟首领，中国远古时代华夏民族的共主，和炎帝同为华夏民族公认的中华人文始祖。

**老子（约前571—前471）：**又称老聃，姓李名耳，河南鹿邑人，春秋时期著名哲学家、思想家，世界文化名人。著有《道德经》，是道家学派创始人，他的主要思想主张是“无为而治”。在道教中，老子被称为太上老君。

**商鞅（约前395—前338）：**河南安阳人，战国时期著名政治家、思想家、改革家，法家学派的代表人物。商鞅曾说服秦孝公变法图强，史称该变法为“商鞅变法”，是我国古代史上最著名的变法改革之一。

**韩非子（约前280—前233）：**河南禹州人，为荀子弟子，是带有唯物主义色彩的哲学家、思想家、政论家、散文家以及法家思想的集大成者。其著作较多，主要收集在《韩非子》一书中。

**张良（约前250—前186）：**河南宝丰人，秦末汉初时期杰出的军事家，汉王朝的开国元勋，“汉初三杰”（张良、韩信、萧何），以出色的智谋协助汉高祖刘邦在楚汉之争中最终夺得天下。

**张衡（78—139）：**字平子，河南南阳人，东汉时期伟大的天文学家、数学家、发明家，地动仪的发明者。由于他的突出贡献，联合国天文组织曾将太阳系中的1802号小行星命名为“张衡星”。

**张仲景（约150—约215）：**河南南阳人，东汉末年著名医学家，被称为“医圣”。张仲景广泛收集医方，写出了传世巨著《伤寒杂病论》，是中国医学史上影响最大的著作之一。

**玄奘（602—664）：**俗姓陈，名祎，生于今河南洛阳市偃师区南境，唐朝著名的三藏法师，汉传佛教史上最伟大的译经师之

韩非子画像

杜甫画像

司马光画像

一，中国佛教法相唯识宗创始人。

**杜甫**（712—770）：字子美，又称杜少陵、杜工部等。河南巩县（今巩义）人。唐代伟大的现实主义诗人，人称“诗圣”。他生活在唐朝由盛转衰的时期，其诗多涉及社会动荡、政治黑暗、民生疾苦，被誉为“诗史”。

**韩愈**（768—824）：字退之，河阳（今河南孟州）人，世称韩昌黎，唐代著名文学家、哲学家。唐代古文运动的倡导者，位列“唐宋八大家”之首。

**白居易**（772—846）：字乐天，号香山居士，今河南郑州新郑人，我国唐代伟大的现实主义诗人，中国文学史上负有盛名且影响深远的诗人和文学家。

**司马光**（1019—1086）：生于河南光山，世称涑水先生。北宋著名政治家、文学家、史学家，他主持编纂了中国历史上第一部编年体通史《资治通鉴》。

**岳飞**（1103—1142）：字鹏举，生于今河南安阳市汤阴县，中国历史上著名的战略家、军事家、抗金名将。岳飞在军事方面才能卓越，被誉为宋、辽、金、西夏时期最为杰出的军事统帅。

**袁世凯**（1859—1916）：河南项城人，北洋军阀首领，中国近代史上最具争议的人物之一。戊戌告密事件，与日签署“二十一条”，称帝等，袁世凯所为令世人共愤。

**杨靖宇**（1905—1940）：河南确山县人，著名抗日英雄，鄂豫皖苏区及其红军的创始人之一，东北抗日联军的主要创建者和领导者之一。

太行山大峡谷

清明上河园

王屋山

# 文 化

河图洛书

## 中华文化基因——河洛文化

河南洛阳因地处古洛水之阳而得名，以洛阳为中心的河洛地区是华夏文明的重要发祥地，诞生于这里的河洛文化是中华民族的主流文化。历史上的河洛文化以洛阳为中心，西至潼关、华阴，东至荥阳、开封，南至汝颍，北跨黄河至晋南一带。

文字的产生是人类古代社会进入文明时代最重要的标志，河图洛书是古代先民留下的两幅神秘的图案，这两幅图案由白圈和黑点组成，它既没有文字注解也没有历史传承说明，但两个图式却能在数字排列中包容世界万象。数千年来，这两幅图案被认为是中华传统文化的源头。

河洛文化最大的特点表现在三个方面：其一是国都文化连绵不断，在黄河文明形成期的五帝邦国时代、黄河文明发展期的夏商周王国时代，河南地区均为王国都城的重要所在地；而在黄河文明兴盛期的帝国时代，西汉至北宋一直建都在西安、洛阳和开封。上述都城均在河洛文化圈内，几千年的建都历史，形成了这里具有极大影响的国都文化。

其二，树大根深的根文化是河洛文化的又一特点，由于历史上各种原因，中原人口大量向四方播迁，甚至播迁到海外。据姓氏专家研究，中国一百大姓中有七十多姓的祖根源于中原。

其三，河洛文化还有大一统的民族基因。从邦国、王国到帝国的几千年中，人们为维护国家的统一强大，反对分裂，一直进行着不懈的斗争，并且取得了辉煌的成就。这一优秀的传统现已成为整个中华民族坚如磐石的凝聚力和灵魂。

## 悠久灿烂的陶瓷文化

作为中华文明最重要的发源地，河南有着悠久的制陶历史和灿烂的陶瓷文化，无数巧夺天工的艺术珍品都曾在这片土地上诞生。

2009年，考古学家发掘出了郑州新密李家沟遗址，出土

### 河南卷轴

《殷墟》：综述了20世纪殷墟发现的历程与研究成果，全书15万字，配有插图60余幅，图文并茂，资料翔实，具有较高的学术价值与欣赏价值。

《焦裕禄传》：记录了焦裕禄一生的每一个重要阶段，刻画出了亲民爱民、艰苦奋斗、科学求实、迎难而上、无私奉献的焦裕禄精神。

《咱们河南人》：收录了新中国成立以来近60位具有重要影响的河南人的有关报道，展现了河南人民平凡之中的伟大追求、平静之中的满腔热血、平常之中的强烈责任感。

《清明上河图》：北宋画家张择端仅见的存世精品，中国十大传世名画之一，是汴京（开封）当年繁荣的见证，也是北宋城市景象的写照。

唐三彩演奏

了100余片陶器碎片，说明距今10500年至8600年，中原先民们已经有了较为成熟的制陶技术。而根据郑州新郑裴李岗出土的文物显示，距今约8000年前，陶器已大量出现。在三门峡渑池仰韶遗址，出土的距今约6000年的彩陶，制陶工艺讲究，彩绘细腻，内容丰富，是世界闻名的艺术瑰宝。距今约4000年的河南龙山文化遗存显示，先民们制造出了黑色蛋壳陶器，表面抛光细腻，漆黑明亮，胎薄如蛋壳，享誉海内外。这些出土的陶器文物证明河南在古代曾经是重要的陶瓷生产地。

河南历史上名瓷众多。北朝晚期，河南巩县（今巩义市）北魏白河窑和安阳北齐相州窑，相继烧造出了白瓷，从而使中国形成了南青北白的瓷器烧造局面，对后来的中国瓷器烧造有着深远的影响。唐代著名的唐三彩釉陶主要分布在京城长安（今陕西西安）和洛阳两地，在长安的称西窑，在洛阳的则称东窑。唐三彩的实用性虽不及青瓷和白瓷，但在艺术表现力上却力压群芳，有多种

## 清明上河图

《清明上河图》为北宋画家张择端创作的风俗画，现藏于北京故宫博物院。作品以长卷形式生动记录了中国12世纪北宋汴京的城市面貌和当时社会各阶层人民的生活状况，是汴京当年繁荣的见证，也是北宋城市经济状况的写照。

全图大致分为汴京郊外春光、汴河场景、城内街市三部分。

### 《清明上河图》之数字

宽：25.2厘米

长：528.7厘米

内容：各色人物814个

牛、骡、驴等牲畜73匹

车、轿12辆

大小船只29艘

### 《清明上河图》之作者

姓名：张择端

出生地：琅邪东武（今山东诸城）

生卒年：1085—1145年

职业：画家

主要成就：绘制《清明上河图》

## 河南影像

**《少林寺》（1982年）：** 由李连杰等人主演的一部动作电影，讲述了隋唐年间少林武僧除暴安良以及与官府斗争的故事，是中国电影银幕上的一部经典作品。

**《焦裕禄》（1990年）：** 由李雪健主演的一部电影，描述了人民公仆焦裕禄受上级委派，来到河南兰考县担任县委书记，领导百姓与“风沙、水涝、盐碱”三害做斗争并因过度劳累而殉职的故事。

**《河之南》（2007年）：** 中央电视台播出的一部十集人文纪录片，演绎了发生在河南大地上的从夏代到清代4000多年历史中的一个个文化故事。

**《红旗渠》（2014年）：** 讲述了为开辟红旗渠这条“人造天河”，林县人民苦干十年，用血肉之躯在无路可寻的崇山峻岭之间筑起了这条震惊中外、造福万代的长渠的经过。

### 《清明上河图》年表

1101年，张择端作《清明上河图》，被收入御府，宋徽宗赵佶在卷首题五签。

1260年，元朝建立后，《清明上河图》被收入秘府，后落入民间。

1911年以后，《清明上河图》被溥仪带出宫外，存在天津租界张园内。

1932年，伪满洲国建立，溥仪将这幅名画带到长春。

1948年，中国人民解放军解放长春，将《清明上河图》调到北京故宫博物院珍藏。

全图的中心是一座虹桥，气势不凡，从桥的结构来看整座大桥全部由木材修建而成，是一座木质拱桥。虹桥上人流如织，熙熙攘攘，商贩云集，十分热闹。

作者注重描绘人物细节，在多达800余人物的画面中，穿插着各种情节，图中各色人物丰富，其动作神态和装扮各具特点。

汴河是北宋时期国家重要的漕运交通枢纽、商业交通要道，从画面上可以看到这里人口稠密，商船云集。

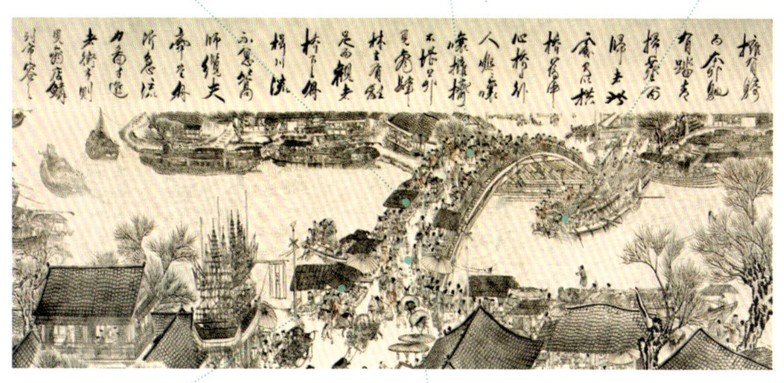

汴河两岸的屋宇店铺鳞次栉比，有茶坊、酒肆、脚店、肉铺、庙宇、公廨等，远处还分布着茅舍、草桥、老树等田园风光。

画面构图采用鸟瞰式全景法，真实而又集中概括地描绘了当时汴京东南城角这一典型的区域。

### 《清明上河图》之现实版

清明上河园：它是以北宋著名画家张择端的传世之作《清明上河图》为蓝本建造的，是中原地区最大的仿宋古建筑群。

## 河南天籁

《朝阳沟》：豫剧代表曲目，也是现代戏的一个里程碑式的作品。优美的旋律，生动的情节，再加上豫剧艺术家精湛的表演，使这部作品一经问世便名闻全国。

《编花篮》：浓郁的河南韵味、清爽朴实的歌词、明朗欢快的旋律，让这支饱含“河南元素”的《编花篮》传唱中国大江南北半个世纪，历久弥新。

《赶嫁妆》：人民群众在生活和生产劳动中创造出来的民歌，保持了河南独有的曲调和乡土风貌，传唱在河南省境内各个角落。

《中国有个河南》：一部原创音乐电影，歌颂了河南这片土地悠久的历史人文和美丽的锦绣河山，歌词琅琅上口，旋律激动人心，传唱性极强。

精美艺术品留世。

宋代是我国陶瓷业发展最为鼎盛的时期，在河南以禹州、汝州地区为中心形成全国著名的陶瓷窑场，历史上著名的汝窑、钧窑和北宋官窑均位于今河南境内。河南出产的不同陶瓷产品雕刻精细，造型优美，工艺卓著，铸就了灿烂的陶瓷文化。

## 天下功夫出少林

少林功夫是中国传统武术的一个重要组成部分，是正宗的中国功夫，有“中国功夫惊天下，天下功夫出少林”一说。少林功夫是中国武术的精髓部分，名扬四海，在我国武术史上占有重要的地位。

少林功夫内容丰富、套路繁多。据少林寺拳谱记载，少林武术套路有708套，其中拳术和器械套路552套，另外七十二绝技、擒拿、格斗、卸骨、点穴、气功等各类攻法套路156套。少林功夫以拳种分主要包括少林金刚拳、少林五合拳、少林看家拳、心意把、大洪拳、小洪拳等。少林功夫的器械主要包括少林刀、枪、剑、棍、九节鞭、暗器等，其中以棍最为著名。

有上千年历史的少林功夫禅武合一、威震八方。“十三棍僧救唐王”的历史传奇，帮助戚继光抗倭立功的光辉业绩，使少林寺遐迩闻名，成为中华武术的荟萃之所。

少林功夫是在河南嵩山少林寺这一特定佛教文化环境中形成的，相传少林功夫的祖师为达摩。少林功夫以佛教信仰为基础，充分体现佛教禅宗智慧，构成了以少林寺僧人修习的武术为主要表现形式的传统文化体系。

## 东方咏叹调——豫剧

豫剧也叫河南梆子、河南高调，豫西山区则称之为靠山吼。它是我国梆子声腔剧种中极为重要的一支，主要流行于河南省，在全国各地都有流传。豫剧以唱腔铿锵大气、抑扬有度、韵味醇美、善于表达人物内心情感著称，凭借其高超的艺术性而广受各地百姓欢迎。

豫剧传承至今已有上百年的历史，早在清代乾隆年间，已成为河南很有影响的戏曲剧种。豫剧在生成和发展时期，汲取了昆腔、

少林功夫

# 宋代五大名瓷

宋代是我国陶瓷业发展最为鼎盛的时期，在河南以禹州、汝州地区为中心，延及全省，乃至邻近的河北、陕西两省，形成全国著名陶瓷窑场。宋瓷有民窑、官窑之分，有南北地域之分，宋瓷窑场首推汝窑、官窑、哥窑、钧窑、定窑，后人称之为“宋代五大名窑”。

## 五大名窑遗址分布

汝窑窑址在今河南省宝丰县清凉寺，因宝丰县宋时属汝州，故得名汝窑。

官窑是宋徽宗政和年间在京师汴梁建造的，窑址至今没有被发现。

哥窑遗址位于河南汝州张公巷。

钧窑窑址在今河南省禹州市城内的八卦洞，钧窑创烧于唐，兴盛于宋，复烧于金元，延至明清仍继续仿制，历经千年而盛烧不衰，形成了一个庞大的钧窑系。

定窑窑址遗址分布于河北曲阳县磁涧、燕川以及灵山诸村镇，这里唐代属定州，故被称为定窑。

钧瓷：出窑后形成有规则的流动线条，非常类似蚯蚓在泥土中爬行的痕迹，故称之为“蚯蚓走泥纹”。

定瓷：定窑以烧白瓷为主，兼烧黑釉、绿釉和酱釉，瓷质细腻，质薄有光，釉色润泽如玉。造型以盘、碗最多，其次是梅瓶、枕、盒等。

哥瓷：主要特征是釉面有大大小小不规则的开裂纹片，俗称“开片”或“文武片”。其胎色有黑、深灰、浅灰及土黄多种，釉色以灰青为主。

官瓷：瓷器釉色色泽雅致，透明感较低，釉层肥腴莹润、浑厚滋润、厚而匀净。

汝瓷：汝窑为北宋官窑，产品主要供宫廷使用。汝瓷以青瓷为主，瓷胎体较薄，釉层较厚，有玉石般的质感，釉面有很细的开片。汝窑采用支钉支烧法，器物胎体较薄，胎泥极细密，造型庄重大方。汝瓷器形多仿造古代青铜器式样，以洗、炉、尊、盘等为主。

## 千古汝瓷拍卖称魁

汝瓷因稀而贵，真品难得一见。2012年，“北宋汝窑天青釉葵花洗”，经过8位竞拍者15分钟的较量，34次叫价后，最终以2.0786亿港元的天价成交，较拍卖前估值底价高逾3倍，刷新了宋瓷在世界上的拍卖纪录。

同样是一件汝窑小洗，直径为17.5厘米，1992年12月被香港著名收藏家区百龄在纽约佳士得拍场上以154万美元的高价成功竞得。

吹腔、皮黄及其他梆子声腔剧种的艺术元素，同时广泛吸收河南民间流行的音乐、曲艺说唱和俗曲小令，形成了朴直淳厚、丰富细腻、富于乡土气息的剧种特色。

豫剧唱腔铿锵有力，给人以大气磅礴、抑扬有度、热情奔放的阳刚之感，具有很大的情感力度。豫剧的节奏鲜明强烈、矛盾冲突尖锐、故事情节有头有尾，再加上曲调诙谐欢快，使得豫剧不仅适合演出轻松的喜剧，又适合演帝王将相的大场面戏。豫剧在关键剧情上一般都安排有大板唱腔，唱腔流畅，节奏鲜明，极具挑战性。

豫剧有祥符调、豫东调、沙河调、豫西调等多种地域流派，拥有丰富的剧目资源，历史上曾有“唐三千、宋八百，唱不完的三列国”之说，当今比较流行的传统剧目有《朝阳沟》《李双双》《抬花轿》《花木兰》《穆桂英挂帅》等。

豫剧艺术在演出剧目、舞台表演、人物塑造、表述方式、音乐唱腔等方面都形成了独特的河南地方风格，带有浓郁的地域文化色彩，成为我国民族戏曲宝库中的珍贵财富。2006年，豫剧经国务院批准已被列入了第一批国家级非物质文化遗产名录。

## 河南庙会

庙会是中国传统的民众节日形式，源于古代的社祭，随着宗教活动而产生，融拜神、娱乐、贸易为一体，流行于中国各地。以河南为中心的中原地带庙会尤其繁多，河南旧时的乡村村村有庙，三里一集，五里一会。

每年春节过后，河南各地的庙会接连不断，既有传统的浚县大伾山古庙会、开封朱仙镇和禹王台庙会、宝丰马街书会、洛阳关林庙会等传统庙会，也有开封翰园祭祖民俗庙会、郑州商都民俗庙会等现代新兴庙会。

河南拥有丰富多样的古庙会群，随着历史时间的延续，庙会尤其是春节庙会呈现出文化的多样性和极强的文化生命力。如今，

豫剧

庙会已成为河南群众文化生活不可或缺的重要内容，为中原打造了一个吞吐百川、交融万方的民俗大舞台。庙会上，歌舞表演、民间绝活、主题活动、群众体育、天下名吃、民俗工艺、花灯展览、庙会旅游、互动游戏、爱心祈福都在现场一一展现。

随着时代的变化，庙会也在变化，传统意义上的一些庙会也渐渐从娱神向娱人的方向转化，以新的姿态给人们带来快乐。

庙会舞狮

河南庙会

# 行走河南

## 带什么

旅行者

来河南旅游，一般时间较长，但好在河南地处中原大地，商业比较繁华，大部分东西都可在各地超市、商店买到。在行李选择上，只需携带一些必要衣物即可轻装上阵。

### 常规必带

#### 服装、鞋袜

河南多数地区气候四季分明，冬寒夏热，日夜温差较大，衣物选择上可以根据出行的季节携带，一般当季服装即可。但若是前往嵩山等高山地区，最好携带一些冬季保暖衣物。

旅行鞋子首选运动鞋和中低帮登山鞋，在河南绝大多数地区一双舒适的运动鞋即可。袜子方面，选择弹性较好、排汗功能良好的运动袜即可。

#### 药品、食品

常规旅游准备一些感冒药品、胃肠类药品和一些去热止痛的药品就可以，如：感冒片剂、感冒冲剂、泻痢停、复方阿司匹林、扑尔敏、抗生素等。

河南美食很多，路上只需简单携带一些喜欢的食品即可，纯净水、饮料视消耗情况，可在路上随时补充储量。

#### 洗漱用品

毛巾、牙膏、牙刷、香皂、护肤霜、洗发水、梳子、剃须刀、手纸、湿纸巾等。

郑州站

## 特殊选带

### 防晒霜、太阳镜、帽子

河南夏季炎热，选择此时出行应携带一些防晒霜以削弱紫外线对皮肤的影响，一副好的太阳镜和一顶带有边沿的帽子也起着相同的作用。

### 旅行水壶、指南针

随身带个水壶对于饮水来说十分方便；万一迷了路，指南针能够给你指引前进的方向。

### 摄影器材

前往多姿多彩的河南，相机是一件必不可少的装备。普通旅游需求下，家用卡片机基本能满足需要。若是想拍摄高质量的自然美景和当地风土人情，镜头中带上一支广角镜头和一支中焦变焦镜头基本能满足需要，一支轻便的三脚架也十分有必要。多带几块电池和几张容量大一点的SD卡是明智之选，此外偏振镜、UV镜、清洁套装、防尘防雨塑料袋等设备也十分有用。

旅行装备

# 何时去

洛阳牡丹

河南气候属暖温带—亚热带、湿润—半湿润季风气候。一般特点是春季干旱风沙多，夏季炎热雨丰沛，秋季晴和日照足，冬季寒冷雨雪少。

河南大部分城市四季分明，因省内古迹众多，出游大多不受季节影响，一年四季均适合到河南来旅游，但若考虑舒适度，以秋季出行最佳。

春秋季到黄河游览区、郑州森林公园游玩都是不错的选择，还可到登封市嵩山少林寺，因为雨量增多嵩山中会有瀑布、溪流，景色会更加优美。夏季可前往避暑胜地鸡公山，在清凉世界里做一回快活神仙。

4月到洛阳看牡丹是不错的选择，虽然天气有些干燥，但可以欣赏无数牡丹争芳斗艳的奇丽景象。每年4月15日至5月8日洛阳会举办“牡丹花会”，那时，满城皆花，游人如织。

无论春、夏、秋、冬哪个季节来到河南，都会看到别样的风景。

### 河南旅游月历

| 月份 | 节日 |
| --- | --- |
| 1月 | 商丘马拉松比赛、安阳蜡梅文化节 |
| 2月 | 商都民俗庙会、耍社火、郑州城隍庙民俗文化旅游节 |
| 3月 | 淮阳公祭伏羲大典、太昊陵庙会、中华云梦山鬼谷子文化节、碧沙岗海棠花节、荆紫仙山桃花节、濮阳民间文化艺术展演 |
| 4月 | 中国洛阳牡丹文化节、中国信阳国际茶文化节、宋都文化节、炎黄文化旅游节、黄帝故里拜祖大典、中国洛阳汉服文化节、洛阳国际风车节、许昌三国文化周、南阳玉雕节、西泰山杜鹃花节、东京禹王大庙会、宁陵梨花节 |
| 5月 | 郑州月季花会、济源王屋山国际旅游登山节、全国旅游城市国标舞公开赛、中国(三门峡)国际黄河文化旅游节、三门峡万人帐篷节、芒砀山山杏采摘节 |
| 6月 | 中国（开封）端午文化周、小浪底观瀑节、嵩山卢崖瀑布泼水节、洛阳青岛啤酒节 |
| 7月 | 洛阳会盟荷花节、伏牛山夏日冰雪旅游节、淮阳荷花节 |
| 8月 | 中国焦作国际太极拳交流大赛 |
| 9月 | 安阳殷商文化节、中国郑州国际少林武术节、封丘石榴节 |
| 10月 | 中国洛阳河洛文化旅游节、中国开封菊花文化节、中国云台山国际旅游节、中国·商丘国际华商节、洛阳东方红音乐节、白云山银杏文化节 |
| 11月 | 中国南阳张仲景医药科技文化节、登封中岳庙会 |
| 12月 | 中国洛阳伏牛山滑雪旅游节、白马寺新年撞钟祈福 |

# 吃什么

道口烧鸡

河南的传统美食是豫菜，旅游者到此，一定要将地道的河南美味好好品尝一番。

## 开封锅贴

有名的风味小吃。其中，稻香居锅贴以选料严谨、制作精细、口感上乘而闻名。其成品色泽金黄，皮焦馅嫩，鲜美溢口。

## 琵琶酥

一种酥皮无馅点心。传说是乾隆皇帝让宫内厨师按琵琶丝弦形状做出的点心。具有色泽乳白明亮，入口酥软香甜，食后回味无穷的特点。

## 葱扒羊肉

在古代，羊是祥的意思，故在历史上羊肉是贵族食品。宋代汴京72家正店均以羊肉为主要原料。羊肉性温，老少咸宜。此菜选用熟制后的肥肋条肉做原料，成菜软香适口，回味醇厚绵长。

## 羊肉炕馍

烙饼中加以碎羊肉末、孜然等物，用羊油炕制而成，成品焦香，别有风味。

## 郭村烧鸡

郭村烧鸡是商丘传统名菜之一。它的特点是香味扑鼻、色泽鲜亮，肉质鲜嫩，且形体完整，烂而不腻，回味悠长；如趁热时提鸡两腿于盘上，轻轻一抖，即肉骨脱离，肉落入盘中。

## 红焖羊肉

红焖羊肉是把闷罐羊肉和南方的火锅巧妙地结合在一起精制而成，有“新乡一绝”的美称。这道菜的特点是：肉嫩、味鲜、汤醇，上口筋，筋而酥，酥而烂。

## 道口烧鸡

道口烧鸡创始于清顺治十八年（1661年），距今已有三百多年的历史。“义兴张”的道口烧鸡，誉满神州，名扬海外。道口烧鸡具有五味佳、酥香软烂、咸淡适口、肥而不腻的特点。

## 老庙牛肉

老庙牛肉是国家级地方名馐，自明朝末创始，独特工艺流传至今，素有“豫北之花，中华一绝”之称。老庙牛肉用十五种作料和陈年老汤调味，以木炭火煮制而成。

## 铁锅蛋

铁锅蛋是河南传统名小吃，创于明清时期。把蛋液打匀后，加入虾米、肉丁、香菇丁和鲜汤等调和，放入特制的铁锅内，煮至半熟时用烧红的铁锅盖盖在上面烘烤，使蛋料膨胀熟透。

# 住哪儿

郑东新区

河南的旅游业十分发达，住宿选择相对来说也十分广泛，像郑州、洛阳等城市，无论是青年旅舍、客栈，还是宾馆、酒店，都随处可见，十分便利；若是前往一些清幽偏远的县城及城镇，也有一定数量的小宾馆方便入住。

## 星级酒店

星级酒店主要分布在郑州、洛阳、新乡等较大的城市，这些酒店服务设施完善，游客可根据需求，放心选择入住。

## 快捷连锁酒店

如家、汉庭等连锁酒店在河南绝大多数的地级市区均有分布，各处著名的古城景区也有分布。需注意的是，若是遇上节假日，往往需要提前预订。

## 普通宾馆及客栈

河南各个较大城市及县城广有宾馆分布，除去节假日，价格都较为合理，但住宿条件各有不同。此外，河南著名的旅游景区附近往往分布有众多的客栈，可选择入住。

## 青年旅舍

河南作为国内外热门的旅游目的地，吸引了众多的背包青年踏上这片乐土。同样，河南也不辜负青年们的厚爱，为他们提供了众多的青年旅舍，价格低廉的普通床位足以满足以探奇为主的青年们的需求，而且还提供做饭、洗衣等的设施。

## 野外露营

酷爱户外旅行的游客也能够在河南找到大量的露营之地。优美的自然风光和丰富的中原风情，一定让您流连忘返。一般情况下，只需携带适合春秋季的野外露营帐篷、睡袋和衣物即可。

野外露营

# 怎么走

铁轨

前往河南的交通方式有很多种，方式也较为简单。在河南省内旅行时，所选择的交通方式不同，可以领略到不一样的河南风貌，带给游客的人生体验与感受也大不相同。

在河南坐火车旅行是最为经济安全的选择，郑州是全国闻名的铁路枢纽，车次多到数不过来，动车也很多。

郑州新郑国际机场、洛阳北郊机场、南阳姜营机场是河南目前最主要的三个机场，游客可根据旅游目的地选乘。

乘坐汽车或自驾在河南旅游，较为便利，游客可根据实际情况做选择。河南省内的公路交通十分发达，郑州、商丘、洛阳、南阳等城市均建有环城高速公路。

郑州城市风光

# 有用信息

旅游通信

## 河南话十句

河南话通行于河南大部分地区，也称中原官话，其典型代表为“洛阳话”。其特点一是多字连读，所谓连音；另外一个特点是有大量儿化韵尾词。唐朝、北宋时期，洛阳为政治、文化、经济中心，当时的文人墨客把洛阳一带的方言当作通行全国的通用语，是“标准普通话”。

| 河南话 | 普通话 |
| --- | --- |
| 木牛 | 没有 |
| 得劲 | 舒服 |
| 白动 | 别动 |
| 排场 | 气派 |
| 弄啥哩 | 干什么呢 |
| 们儿 | 爷们、哥们 |
| 贺上 | 傍晚、下午 |
| 夜个 | 昨天 |
| 咋了 | 怎么了 |
| 跟盖 | 旁边 |

## 通信

河南境内通信信号覆盖范围全面广泛，从信号强度上来说，三家运营商的信号均表现良好，偏远地区则是移动最强，电信次之，联通最弱。除非进入深山老林之中，否则无须担心通信问题。

## 银行

在河南的众多城市，商业银行设施齐备，一般持具有银联标志的银行卡即可使用。但在小城镇，多是农业银行、邮政储蓄银行及农村信用合作社等机构，若是持有农行银联卡或是邮政绿卡前往，则较为便利。

## 节约技巧

1.选择入住品牌连锁酒店时，除了订房网站外，不妨到团购网站和酒店官网看看，往往有更多惊喜。此外，数量众多的客栈及青年旅舍，往往是比较实惠的选择。

2.要善于利用淘宝、大众点评及各种团购APP应用，不仅能吃到美味，还能得到众多优惠。

3.合理安排行程，不仅可节省时间，又能减少交通费用，可参考相关网站的行程攻略。

4.在城市内，尽量选择乘坐公共交通工具。前往较为偏远的地区时，可与他人拼车同行。

5.淡季出行是省钱的撒手锏。淡季不仅门票价格减半，还可以避开众多的游人，更可以欣赏到别样的风光。

6.在河南购买旅行纪念品，大可不必非去商业街区的各种店铺。从当地人开的店铺或是从村民手中，不仅能买到理想的纪念品，而且能对当地人的生活有实际的帮助。

## 突发状况

旅途中总是会出现一些不希望发生的情况，但只要做到“事前认真准备，事后冷静处理”，一切都会迎刃而解的。

**汽车抛锚：**开车自驾游之前您应当掌握一些基本的维修技术，若是途中出现汽车抛锚状况，先依据经验，判断是否可以自己解决。不能解决或无法判断，则要打电话给保险公司，寻求帮助，或拨打114查询最近的修理厂。

**钱物丢失：**这是旅途中一件十分重要的事，无论损失大小，总会给美好的旅行蒙上一层阴影。为避免财物损失，应以预防为主。最好做到少携带现金，把现金放到贴身衣物中，只把零钱放在包里；另外银行卡不要与身份证放在一起。若是财物丢失，马上报警并向可以联系的朋友寻求帮助，切不可拖拉；并尽量准确找到丢失地点，观察周围环境以期获得有用的信息。

**水土不服、食物中毒或生病：**因为水土不服、食物不洁或者天气因素，生病也是会发生的事情。特别是一个人旅行的话，更需要时刻注意。因此，旅途中应带足相关药品（如感冒类、胃肠类药品等），不随便吃东西、避免在太阳下暴晒、少在雨里行走等。不幸生病的话，要及时吃药或到医院就诊，若是严重的话要联系朋友及家人。

## 请爱护多彩的河南

河南自然风光优美，我们前往河南获得了旅行带来的快乐，也有义务承担带去的影响。每个人都应做到不随便破坏或是占有当地的各类资源，旅途中尽量减少垃圾的产生，更不能乱丢垃圾，尤其是在名胜古迹和偏远地区，应将其带回城市中进行回收处理。丰富多彩的河南值得我们每个人去爱护。

多彩王屋山

发现者 旅行指南

# 郑州

# 概览

## 亮点

### 嵩山

嵩山文化厚重，素有“众山之祖”“天下之中”“三水之源”“五岳之宗”的美誉。嵩山少林寺是我国久负盛名的佛教寺院。

### 康百万庄园

全国重点文物保护单位，全国三大庄园之一，被誉为“豫商精神家园”“中原古建典范”。

### 轩辕故里

郑州市十大旅游景点之一，海内外炎黄子孙寻根拜祖的圣地，每年三月初三举行祭拜人文始祖轩辕黄帝的大典。

### 河南博物院

藏品极为丰富的河南博物院是中国较早建立的博物馆之一，是展现河南悠久文化的最佳平台。

### 必逛街道

**百年老街德化街**：获有十大“中国著名商业街”称号，融购物、文化、娱乐、观光、休闲、美食功能为一体。现存老字号有1920年创办的京都老蔡记馄饨馆、1930年在德化街创办的“三义长绸布庄”等。

## 线路

### 郑州精华二日游

第一天，先来到离郑州不远的巩义市石窟寺，洞窟里满是佛像和佛龛，很有观赏价值；然后再到康百万庄园，这里的庭院建筑基本属于豫西地区典型的两进式四合院；晚上就住在巩义市，尝尝当地的特色小吃。

第二天直奔北宋皇陵，这里是中国现存的唯一的宋代石刻群，石雕像众多，可以花上一整天的时间细细观赏。

### 登封经典二日游

第一天，先从郑州到达登封，好好看看这两个城市的风貌，拍些照片留念；然后到达太室山脚下，看看河南最完整、规模最大的古代建筑群——中岳庙；再来看嵩阳书院的人文特色，下午到嵩岳寺塔看看。

第二天，主要游览少林景区，可游览海内外久负盛名的少林寺，可欣赏三皇寨奇丽的自然风光，感受风格独特的生态自然环境和地质地貌；再到中国现存最古老的天文台——观星台看看，中国古代人对天文的研究技术会让您惊叹不已。

### 新郑风光二日游

第一天，先到黄帝故里参观，这里是黄帝出生和建都的地方，不仅能在这里看见黄帝及其妃子的坐像，还能看见一些鼎和图腾柱等历史久远的物品；下一站是新郑博物馆，看看这片土地上几千年来发展的风貌；最后一站是郑风苑，劳累了一上午，到这里休闲小憩是个不错的选择。

第二天，先到欧阳修陵园转转，欧阳修祠堂和家庭墓群都在这里；最后一站抵达始祖山风景区，好好呼吸一下大自然的清新空气。

## 为何去

郑州历史悠久，轩辕黄帝故里、裴李岗文化遗址、大河村遗址、商城遗址等人文遗址记载了她8000多年的文明史，以黄河风景名胜区、大河村遗址为主的人文景区和以少林寺、嵩山国家森林公园为主的嵩山风景名胜区给郑州增添了无穷的魅力。

黄帝故里

## 何时去

郑州的气候特点是四季分明、阳光充足。全年最热时间是在7月，最冷的时间在每年的1月。7~9月是郑州的雨季。

黄河游览区

四季皆可出游郑州，不同季节有不同美景。

春季的时候，登封会在农历五月初五举办“嵩山卢崖瀑布泼水节”，新郑在4月间会举办“炎黄文化旅游节”，选择这一时间前往郑州旅游比较合适。

秋季时候到黄河游览区游玩是不错的选择，还可以到其所属的登封市嵩山少林，因为雨量增多嵩山中会有瀑布、溪流，景色会更加优美。每年的8月底至10月这一时间段内，郑州会举办一些节庆活动，如中国郑州国际少林武术节、新郑枣乡风情游等，还有大型的商品交易会等。

郑州高铁东站

# 区域解读

区号：0371
面积：7567km²
人口：1282.8万人
主要少数民族：回族

## 地理 GEOGRAPHY

### 区划

郑州市下辖6个区（中原区、二七区、金水区、惠济区、管城回族区、上街区）、5个县级市（新郑、登封、新密、荥阳、巩义）、1个县（中牟），以及郑州航空港经济综合实验区、郑州经济技术开发区、郑州高新技术产业开发区（均为国家级）和郑东新区4个功能区。

### 地形

郑州市位于河南省中部偏北，地处黄河下游。郑州的北面挨着黄河，西面紧靠着嵩山，东南方向是广阔的黄淮平原。

郑州市处于中国二、三级阶梯的接合地带。辖区整体地势自西南向东北倾斜，西南部是剥蚀形成的低山丘陵，东面的地势逐渐过渡成为黄土倾斜平原，京广铁路线以东是坦荡无际的黄淮海平原和一定范围内的沙丘、沙地。

### 气候

郑州市属于暖温带—北亚热带过渡型大陆性季风气候。在太阳辐射、地形地质、大气环流等因素的共同作用下，这里的气候具有冷暖适中、四季分明、雨热同期、干冷同季等特征。这里春季干旱少雨，夏季炎热多雨，秋季晴朗日照长，冬季寒冷少雨。在一年四季中，郑州市的冬季最长，夏季次之，春季较短。

## 历史 HISTORY

### 历史大事记

**●史前文明**

距今约10 500—8600年的新密市李家沟遗址，距今约8000年的新郑市裴李岗文化遗址，是中原地区旧石器时代晚期至新石器时代文化的典型代表。

距今约6800—3500年的郑州市大河村大型古代聚落遗址，是新石器时代仰韶文化的典型代表。

5000多年前，人文始祖轩辕黄帝在新郑出生、创业和建都。黄帝统一天下，奠定中华，肇造文明，被后人尊为中华人文始祖。

**●夏商周时期**

3600多年前，郑州一带成为我国商代早期和中期都城，是商文明的发源地。那时的青铜冶炼技术和陶瓷业已相当发达。郑州出土的青釉瓷罐是中国最早的原始瓷器。

前1600年，商汤攻占夏朝国都封丘（今属新乡市），灭掉夏桀，创立中国历史上第二个奴隶制王朝，商汤建都于今郑州市区一带，史称西亳。

郑州市区

前1046年，姬发灭商殷建立西周，定都于长安（今陕西西安），周王将其弟管叔封于管，即今河南郑州市管城区一带。除管国外，周王在郑州的封国还有郐国、东虢国、祭国和密国等。

## ●先秦时期

前770年，西周灭亡后，郑武公与秦、晋、卫三国联军击退犬戎，受封卿士，留洛阳执政。不久因护送周平王迁都洛阳有功受赏，郑武公将郑国国都建在荥阳，成为郑国第二代国君。为区别于陕西华县的郑国，而将河南的郑国定名为新郑。

## ●秦汉时期

秦末爆发陈胜吴广起义，前208年，吴广率部围攻荥阳时被部下杀害，陈胜率军直逼咸阳，动摇了秦王朝的统治地位。

前206年，刘邦屯兵荥阳，郑州的京、索二水之间是刘邦和项羽进行的楚汉战争的主战场之一，双方连年争战，前203年双方以鸿沟为界，中分天下，史称“楚河汉界”。

东汉后期，曹操占据中原，建安五年（200年），曹操在中牟东北的官渡与袁绍展开大战，“官渡大战”是中国历史上著名的以少胜多的战役。

秦汉时期，今郑州地域以荥阳为中心，因地处交通和运河要道，经济日趋繁荣。

## ●魏晋南北朝时期

晋朝时期，先后发生八王之乱和永嘉之乱，包括今郑州在内的中原地区战乱频繁、农业萧条。

北魏太和十九年（495年），少林寺创建。后古印度僧人达摩云游至嵩山少林寺面壁九年，传衣钵于慧可。此后，达摩被人尊为中国禅宗初祖，少林寺的禅宗祖庭地位也由此确立。

## ●隋唐时期

隋文帝开皇三年（583年），这里才开始称郑州。

隋炀帝开通大运河和通济渠后，郑州一度“商旅往返，船乘不绝”，成为全国水陆交通的重要枢纽。

唐调露二年（680年），唐高宗李治携武则天游嵩山。

少林寺夕阳

唐大周万岁登封元年（696年），武则天赴少室山行封禅礼，因年号为万岁登封，而改嵩阳县为登封。

## ●宋元时期

北宋建都汴京（今开封）后，郑州于崇宁四年（1105年）被建为西辅，成为宋代四辅郡之一。

自北宋开始，讲学之风盛行，国内各地多选山林名胜之地建立书院，位于登封峻极峰下的嵩阳书院是当时的全国四大书院之一。

金代和元代时期，郑州的土地大量荒芜，经济发展基本处于停滞状态，唯有天文学的发展取得了一定成就，由郭守敬和王恂主持在全国设立了27个天文观测台，登封的观测台则是全国的观测中心。

## ●明清时期

明崇祯七年（1634年）冬，各地农民起义军云集荥阳，共商推翻明朝统治的大计，历史上称其为“荥阳大会”。从这次荥阳大会开始，明末的农民起义运动进入了一个新的时期。

清末，随着平汉和陇海两条铁路在郑州交会，郑州成为中国东西、南北大动脉的纽带，经济地位不断提升，成为重要的农副产品集散地和工业品输入地。

## ●近现代

1922年，河南工人运动发展迅速，作为交通枢纽的郑州已成为全国工人运动的中心之一。1923年由中国共产党领导的京汉铁路工人“二七”大罢工在这里发起。

黄河游览区

1923年3月，北洋政府国务会议正式下文将郑州开辟为商埠，在郑州设立商埠督办公署。

1938年6月9日，国民政府为了阻止日军沿陇海铁路西进，选择将花园口黄河南岸的堤防炸毁以造成决堤，史称“花园口决堤”事件。

1948年，郑州解放。

1954年10月，河南省省会由开封迁往郑州，郑州成为河南省政治、经济、文化中心。

## 五次为都，八代为州

郑州是一个历史悠久的城市，有据可考的历史一直可以上溯到旧石器时代，郑州不仅有学术界公认的商代早期都城，而且还有包括西山古城、禹居阳城、郑韩故城等在内的一个庞大的古都群，其源远流长的历史文化和丰富多彩的文物资源，使其跻身中国八大古都之列。

从五帝到商代，郑州因是五帝、夏、商三朝的腹地而成为中华文明轴心区。郑州曾经五次为都：前2070年至前1600年，夏朝创始者禹建都登封阳城王城岗；前1600年，商汤以“吊民伐罪”的名义攻占了夏朝国都封丘，建立了中国历史上第二个奴隶制王朝，建都今郑州市区一带，史称西亳；前1046年，姬发灭掉商朝建立了西周；前770年，西周灭亡后，郑武公曾经在荥阳建立郑国（后改国都于新郑），成为郑国第二代国君；前375年，韩国灭掉郑国，迁都至新郑；前230年，秦军生擒韩王，灭韩国。至此，新郑先后作为郑国和韩国的国都达500年之久。

除以上比较有代表性的古代都城以外，以商都为代表的郑州地区还发现了西山、新砦、古城寨、大师姑等一批古代城址，春秋战国时期的郐国、虢国、郑国、韩国等诸侯国也曾先后定都于此，商城郑州在中国古都发展史上具有里程碑式的意义。

### 楚河汉界，远去的鼓角争鸣

打开中国象棋谱，中间大多有四个字“楚河汉界”，这个渊源可以追溯到发生在郑州的楚汉之争上。

秦始皇统一中国后，暴虐无道。河南人陈胜、吴广发动了大泽乡起义，项羽和刘邦也加入了反秦的队伍，并开始了对封建统治权的角逐。

前205年夏，项羽在彭城（今江苏徐州）大败刘邦的汉军，刘邦只好退到荥阳，楚军乘胜追击。第二年楚军包围了荥阳，刘邦不得不向项羽求和。善于用谋士的刘邦用反间计离间了项羽和范增，使得项羽上当，疑心范增，后范增辞官归里，途中病死。

随后楚军对荥阳进行围攻，相貌酷似刘邦的大将纪信乔装打扮成汉王出荥阳东门诈降牺牲了自己，帮助刘邦逃至今焦作修武，并得到韩信的援助。刘邦接受教训，决定依靠深沟高垒和项羽作持久战，以消耗楚军兵力。这深沟高垒指的便是今荥阳市黄河南岸广武山上的鸿沟。沟口宽约800米，深达200米，鸿沟两边是两军对垒的城址，东边是霸王城，西边是汉王城。

秋天，项羽率兵东进开封、商丘一带作战，项羽令部将曹咎守成皋（今荥阳汜水镇西北），并告诉曹咎无论如何不要与汉军交锋。汉军知道后，多次在城下辱骂曹咎，曹咎愤而出兵，军队遭汉军突袭而败。项羽知道成皋失守后，急回师广武，但此时的楚军由于粮食缺乏而不利久战。刘邦借此兵分两路与楚军相持，自此，楚军逐渐衰弱，汉军渐渐地强盛起来。

前203年秋，楚军由于粮食已经消耗殆尽，在万般无奈之下只能与刘邦讲和，双方约定以鸿沟为界，这就是历史上著名的“楚汉相争，鸿沟为界”故事的由来。

历史就这样使鸿沟成了“楚河汉界”。作为“楚河汉界”的鸿沟，不仅留在了中华历史的灿烂进程中，而且也留在了中国象棋的棋盘上，成就了荥阳“中国象棋之都”的美誉。

龙门入口

## 文化 CULTURE

### 齐聚祖根，拜祭人文始祖轩辕

轩辕黄帝被尊为中华的人文始祖，是全世界华夏子孙的共同祖先。早在春秋时期就兴起的盛大的拜祖活动，一直延续至今。据专家考证，河南省新郑市是黄帝出生、创业、立国、建都之地。

据史书记载，春秋时期的历史典籍中就有三月三登新郑具茨山（俗称“始祖山”）朝拜黄帝的记载，唐代以后渐成规制，盛世时由官方主拜，乱世时由民间自办，一直绵延至今。1992年新郑市人民政府举办了第一届“炎黄文化旅游节”。为纪念黄帝的丰功伟绩及其对后世子孙的恩泽，自2006年开始，新郑每年农历三月初三举办黄帝故里拜祖大典，广邀海内外华夏儿女来此寻根谒祖。也从那一年开始中央电视台、河南电视台开始向全球直播拜祖大典。

如今黄帝故里拜祖大典的议程固定为九项，分别是：盛世礼炮（21响）、敬献花篮、净手上香、行施拜礼（主持人带领全体嘉宾一起行施拜礼）、恭读拜文、高唱颂歌（由著名歌星带领统一着装的男女青年和小学生一起高唱《黄帝颂》歌）、乐舞敬拜、祈福中华、天地人和。

拜祖所在地的黄帝故里景区位于新郑市区北关的轩辕丘，汉代建祠，历代多次修葺，主要有龙雕牌坊、轩辕桥、乾坤晷盘、正殿、配殿、中华民族图腾柱、华夏第一祖碑、黄帝宝鼎、黄帝文化艺术苑、黄帝纪念馆等。

2008年，新郑黄帝拜祖大典被列为中国国家级非物质文化遗产。

## 博大精深的少林文化

少林寺创建于北魏太和十九年（495年），因坐落于登封市嵩山的少室山丛林中，所以被称为少林寺。少林寺是中国禅宗的发源地，因此又被佛教界统称为“禅宗祖庭”。然而，少林寺远不仅仅只是一个寺庙那么简单。

少林寺在1500多年的发展过程中逐渐形成了包括少林禅宗、少林功夫、少林禅医以及寺庙碑刻、艺术、传承管理等在内的博大精深的历史文化体系，并赋予它们全人类均认同的精神价值。而“少林”亦成为中华民族人格精神和个性文化的象征，产生了巨大的生命力和感召力。

少林功夫是少林文化的重要组成部分。它以佛教神力信仰为基础，充分体现佛教禅宗智慧，并以少林僧人修习的武术为表现形式。“禅武合一”是少林僧人习武的终极目标，也是他们习禅的重要途径之一。

在医学方面，少林也有自己独特的一套“禅医”。这种禅医是对中国中医药学的传承、延续和发展。经过历代少林高僧的不断推演，静坐、修身、气息调节、推拿、针灸等具有少林特色的禅医药文化一直以一种比较神秘的姿态被人们传颂着。2011年，NBA球星皮特鲁斯专门来到少林寺为膝关节疗伤，少林禅医无痛针灸、一指禅点穴、少林正骨术、中药熏蒸等方式都先后派上了用场。

在艺术方面，少林寺的建筑、雕塑、音乐、书画、文献等，都具有独特的艺术魅力。就文献资料而言，除了历代史部、子部和集部书中大量散存的少林资料外，仅少林寺所藏的1000多通历代碑刻塔铭文字就是一笔非常珍贵的资料。

少林文化很好地将禅宗、武术、医学、艺术等完美地融合在一起，是中华民族重要的精神财富，是全人类的珍贵文化遗产。

少林寺

# 景点推荐 郑州市区景点

## 河南博物院

### 被誉为“天然历史博物馆”

郑州市金水区农业路8号

乘1311、13102、1318等路公交车可到

免费

开放时间：每周二至周日。每天9:00~17:00（16:00停止入馆，17:00闭馆）。除国家法定节假日，全年实行周一闭馆。

河南博物院是一座国家级的现代化博物馆。博物馆的整体布局结构严谨，有九鼎定中原的寓意，气势雄伟宏大。

河南博物院内部功能齐全，包括广场、序幕大厅、基本陈列馆、专题陈列馆、临时陈列馆、文物库房、学术报告厅、电教楼、观众参与和娱乐厅、观众餐饮茶座、观众休息厅、贵宾接待、河南博物馆室、纪念品商场、广播室、计算机中心、文物保护中心、图书资料馆和培训服务楼等部分。建筑群外还有40%左右的园林绿地，形成了“馆中园、园中馆”的优美格局。该馆的文物收藏丰富，地下文物居全国第一位，地上文物居全国第二位，多达30万件。其中，这里荟萃全省馆藏文物精品3000余件，一、二级文物5000余件，以史前文物、商周青铜器、历代陶瓷器、玉器最具特色。展馆设有基本陈列馆、专题陈列馆、临时展览馆，馆内藏品内容丰富，蔚为大观。

## 二七纪念塔 AAAA

### 民族建筑的典范

郑州市金水区二七广场

二七纪念塔是国家重点文物保护单位，坐落在现在的二七广场上，是为了纪念1923

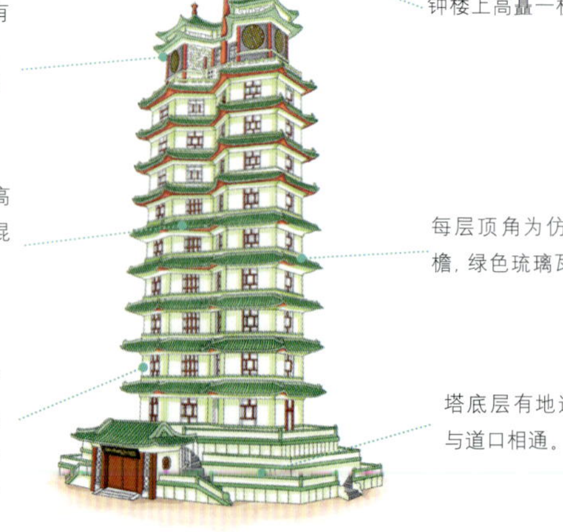


年"二七"大罢工的英雄们而建造的。

该塔塔身是双身并联式，塔全高是63米，一共14层。该塔的塔式新颖、独特，具有中国民族建筑的特点，每层的顶角是仿古挑角飞檐，绿色琉璃瓦覆顶。塔顶上面还建有钟楼，塔的平面是东西相连的两个五边形，从东西方向来看是单塔，从南北方向来看是双塔。塔内共有10个塔层层厅和1个地下层厅，塔内陈列有"二七"大罢工的各种历史文物、图片和文字资料。

## 郑州海洋馆

### 真实的海底世界

郑州市金水区国基路

乘41路、29路、186路公交车终点站下

0731-63567402

240元。小孩1米以下免费，1米4以下（不含1米4）160元，有军官证等180元

郑州海洋馆是河南省内唯一的一座具有国际先进水平的海洋博览馆，馆内设有热带雨林馆、触摸池、珊瑚礁生物馆、潜水馆、鲨鱼馆、海底隧道、致命走廊、海洋剧院等景点。

## 大河村遗址

### 再现原始人生活场景

郑州市金水区柳林镇大河村

乘185路公交可到　免费

大河村遗址属国家重点文物保护单位，是一处包含着仰韶文化、龙山文化和夏商文化的大型古代聚落遗址，遗址的中部是仰韶先民的居住区，遗址的东北部和西部分别是两处仰韶文化晚期的氏族公共墓地。龙山文化遗存主要分布在遗址的周边，遗址的西南部主要集中着夏商时期的遗存。现在，该遗址的展览内容主要有"仰韶文化房基遗址""大河村遗址文物陈列""模拟村""陶艺馆"四部分，精美的展品和房屋建筑尽展原始社会的灿烂文化。

## 郑州城隍庙

### 保存完整的古建筑群

郑州市管城区商城路北　乘坐13、17、65、40等路公交车到郑州城隍庙站下即到　平时免费

郑州城隍庙在郑州市商城路北，原名是城隍灵佑侯庙。它是明代初年修建，弘治十四年（1501年）进行了重修。该庙面向南方，

有山门、前殿、乐楼、大殿、寝宫等。建筑顶部被琉璃瓦覆盖，房屋的造型很精致，结构也十分紧凑。

戏楼又称乐楼，是歇山式高台楼阁，楼高有12米多，主楼在中间，左右两侧檐下配着歇山式的边楼，上下错落有致，翼角重叠。主楼前后都有抱厦，前抱厦由2根平面呈小八角形的石柱支撑着，石柱上镌刻的楹联是“传出幽明报应彰天道，演来生死轮回醒世人”；后面的抱厦是垂花门式。全楼共有19条屋脊，纵横斜插着，用蓝绿色的琉璃装饰。整个建筑小巧玲珑，造型别致。

**链接**

**城隍庙的起源**

城隍，起源于古代的水（隍）庸（城）的祭祀，是《周宫》中的八神之一。“城”原来是指挖土筑的高墙，“隍”原来是指没有水的护城壕。古人造城是为了保护城内百姓的安全，所以修了高大的城墙、城楼、城门以及壕城、护城河。

## 中原福塔旅游景区 AAAA

### 河南省文化产业的标志性建筑

郑州市管城回族区航海东路与机场高速交会处

乘129、165、168、263、321、35、46路公交车至航海体育场站下车，向西步行5分钟即可到达

0371-60609199　120元

位于郑州市的中原福塔，亦称“河南广播电视塔”，是这座城市的地标建筑之一。作为我国广播电视事业的重要设施，中原福塔不仅实用，而且其独特的建筑风格及设计理念寓意美好，深受广大人民群众的喜爱。设计师们巧妙地将塔座、塔身、塔楼及桅杆四个部分融合，塑造出整体美观独特、建筑风格独具一格的福塔，令人眼前一亮。福塔的线条流畅、造型优美，展示出一种向上的力量。塔楼作为核心部分，承担着广播电视信号的发射与接收任务，其设计兼顾实用性与美观性，与整体建筑风格和谐统一。桅杆作为塔身的延伸，犹如一支笔直的箭，直冲云霄，象征着广播电视事业的蓬勃发展。基座部分巧妙地融入了中原文化元素，通过丰富的浮雕和装饰，展现了中原地区的历史变迁和风土人情。基座四周绿化丰富，整座福塔与生态环境和谐共生，体现了我国广播电视事业与生态环境的协调发展。

月亮穿越中原福塔

## 紫荆山公园

### 河南省栽种紫荆树最多的地方

郑州市管城区金水路南侧

0371-65953180

免费

郑州紫荆山公园因园中有紫荆山而得名。该公园以苍松翠柏为基调，其中，东园由绿韵景区、东湖景区和儿童乐园组成，以山水风景为主；西园的主要景点有月季园、湖心岛、钓鱼村、樱花山等；南园的主要特色是观赏性植物众多，与东园以吊桥相通。

## 郑州商城遗址

### 古老的都市城邑

郑州市管城区城南路

乘206、S602、S162路公交车可到

免费

郑州商城遗址是目前我国已发现的规模最大、保存最完好的商代前期都城遗址，它早于“安阳殷墟”的商代前期城市遗址，属于国家重点文物保护单位。

这里现在还存留着一座周长7千米的商代城墙。在这里，出土了大量的房基、地窖、水井、壕沟、墓葬等遗迹，以及铜器、石器、蚌器、玉器、陶器、原始瓷器等遗物，还有少

量的刀刻字骨和陶文符号，是研究商代奴隶社会和中国古代城市形成与发展的重要实物资料。

## 银基国际旅游度假区 AAAA

### 包罗万象的主题公园

郑州市新密市刘寨镇大鸿路1号

郑州市内乘坐563路公交车至终点站即可到达

4000-178-178

河南银基国际旅游度假区位于郑州市，是一个融休闲、娱乐、文化、旅游为一体的综合性度假区。该旅游度假区致力于为游客提供极致的体验感，以“打造中国文旅行业新标杆”为目标。目前已经打造了多个深受游客喜爱的项目，其中包括：国内最具体验感的全新一代动物主题乐园——银基动物王国；国内首座极地生态主题酒店、拥有1314间客房的——银基冰雪酒店；中部高品质温泉代表——银基黄帝宫御温泉；国内新晋网红打卡地、全室内冰雪主题综合性乐园——银基冰雪世界；拥有百余项顶尖玩水设备的高品质水上乐园——银基乐海水世界。此外，还有银基滨湖商业街、银基海洋王国等多个项目。银基国际旅游度假区成功引领了中部旅游的新风尚，也凭借诸多实干创新正成为国内旅游度假的新地标。

## 郑州黄河文化公园 AAAA

### 万里黄河上一颗璀璨的明珠

郑州市惠济区黄河南岸

48元

郑州黄河文化公园位于黄河之滨的荒山上，黄河在此冲出最后一个峡口进入平原。游览区包括五龙峰景区、岳山寺景区、骆驼岭景区、汉霸二王城景区和新建成的炎黄坛景区五部分。

五龙峰景区是游览区的中心景区。

炎黄坛景区含塑像、广场、纪念坛三部分。这里树木林立，繁花似锦，曲径通幽，绿林中还有亭台楼阁。景区内分布着《炎黄二帝》《哺育》《大禹》《战马嘶鸣》《黄河儿女》等塑像，还有黄河碑林及《西游记》等古代名著大型砖雕。浮天阁、极目阁、开襟亭、畅怀亭、依山亭、牡丹亭、河清轩、引鹭轩等亭台楼阁遍布景区。景区还设有低空索道、环山滑道、黄河气垫船等现代化游乐设施。

炎黄二帝巨型塑像背依邙山，面向黄河。塑像整体高106米，其中，山高55米，像高51米，雕塑中高者为炎帝，矮者为黄帝，所使用的材料均是太行山山石。

**玩家 解说**

黄河游览区的最大看点是黄河悬河。黄河在这里冲出最后一个峡口进入平原，黄河最后一个悬河就此形成。可乘坐气垫船畅游黄河。气垫船船票80元。

# 花园口景区

## 爱国主义教育基地

郑州市惠济区花园口镇

花园口旅游区是黄河下游的起始段，是观赏黄河的最佳去处，景区里的主要景观和游乐项目有：黄河公路大桥、将军坝、镇河铁犀、扒口处遗址、决口界碑、黄河渔家乐、黄河漂流、沙滩泳场、骑马、狩猎、快艇、电子激光游乐等。

这里是1938年震惊中外的“花园口决堤事件”的发生地，这里也是黄河下游的起始段，河面宽阔，气势雄伟。花园口还是号称“水上长城”的黄河大堤的起点，代表了黄河下游治理的最高水平，同时也是一处爱国主义教育基地和对外宣传教育基地。

# 景点推荐 郑州周边景点

## 后周皇陵

### 保存完整的五代时期陵墓

新郑市郭店镇陵上村东北

乘 227 路公交车到永昭陵下车即到

后周皇陵是后周的帝王陵墓，是中原保存下来的唯一一个较为完整的五代时期陵墓群。现存陵墓包括嵩陵、庆陵、顺陵和懿陵。

嵩陵是后周太祖郭威墓，现存的冢高约 12 米，周长 110 米。庆陵是后周世宗柴荣墓，现存的冢高 10 米，周长 105 米，陵园现存御制祭文碑 28 通。顺陵是恭帝柴宗训墓，现存的冢高 4 米，周长 40 米，墓室和墓道还保存有壁画。懿陵是后周世宗皇后符氏墓，冢高 3 米，周长 30 米。这些陵园和祭碑是中国历史上各王朝皇陵不可缺少的实物例证。

## 黄帝故里 AAAA

### 黄帝出生、建都的地方

郑州市新郑市区迎宾路西侧、轩辕路中段北侧

从郑州长途汽车站乘新郑 1 路公交车可到

黄帝故里景区位于新郑市区轩辕路。黄帝故里祠在汉代始建，“轩辕故里”碑为清朝康熙五十四年（1715 年）新郑县令徐朝柱所立。

扩建后的黄帝故里景区共分五个区域：广场区、故里祠区、鼎坛区、艺术苑区、轩辕丘区。祠前的广场上，千年古枣树、国槐荫荫，百年银杏、松柏参参，“乾坤浮雕圆盘”“轩辕黄帝之碑”等傲然挺立。故里祠中有前门、正殿、东西配殿，正殿的中央供奉着轩辕黄帝中年坐像，两个配殿有黄帝元妃嫘祖和次妃嫫母像。

祠后建着黄帝宝鼎坛，共九鼎，黄帝宝

鼎放在中宫，是天下第一鼎，其他的分别是爱鼎、寿鼎、财鼎、仕鼎、安鼎、丰鼎、智鼎、嗣鼎，置八卦之位。鼎前青石甬道上有铭文镌刻的万年历史故事；两侧有56个民族图腾玉柱；鼎坛四周建有楹联回廊，挂着当代名人歌颂黄帝功德的楹联。鼎坛北面是轩辕丘旧址，高大的丘内建有轩辕黄帝纪念馆，馆内用虚拟技术手法来展示黄帝风采。轩辕丘的一侧，建有黄帝文化艺术苑，这里荟萃了丰富多彩的黄帝文化艺术。

### 玩家攻略

1. 景区内没有餐饮场所，游客需自带食物。

2. 景区内有郑国编钟现场演奏，极富震撼力，价格30~50元/场次。

3. 景区内有佛教纪念品、仿古饰品、青铜器、大枣等东西销售。里面的东西大多能砍价。

## 新郑博物馆

### 馆藏文物丰富的博物馆

新郑市市区轩辕路228号

免费

新郑博物馆是河南省县（市）级规模最大、馆藏文物最多的博物馆。这里馆藏文物3万余件，其中三级以上的文物4400余件，主要陈列有裴李岗文化时期的石磨盘、石磨棒和全国目前最长的象牙化石（长2.65米），还有春秋战国时期的编钟、礼器等。

## 裴李岗遗址

### 裴李岗考古文化的摇篮

新郑市西北郊8千米的裴李岗村西

裴李岗遗址是中国仰韶文化以前新石器时代早期文化的一处重要历史遗址，遗址面积达2万平方米，已经发掘出来的墓葬有114座、陶窑1座、灰坑10多个，还有几处残破的穴居房基。

遗址内出土了许多有价值的文物，主要是一些石器和陶器，具有代表性的有锯齿石镰、条形石铲、三足陶钵、筒形罐以及陶纺轮、陶塑猪头、羊头等原始艺术品等。这里被考古学界命名为“裴李岗文化遗址”。遗址的东半部是村落遗址，西半部是氏族墓地。裴李岗遗址是仰韶文化以前新石器时代早期历史和文化的见证，在中国考古史上有着重要的地位。

## 始祖山

### 黄帝活动的中心区域

新郑市西南15千米处的辛店镇境内

从市区乘309路公交车可到

免费

始祖山古称具茨山，古代的遗迹有黄帝拜华盖童子祠、轩辕阁、风后祠、迎日推策台、梳妆台、三宫、嫘祖庙、黄帝大宗祠、黄

始祖山炎黄二帝塑像

帝屯兵洞、黄帝避暑宫、幽胜宫、黑龙潭、白龙潭等古迹。近年在遗迹基础上修建的有黄帝祠、中天轩辕阁、黄帝迎日推策台、嫘祖庙、屯兵洞等。

始祖山主峰风后岭海拔 793 米，相对高度 540 米，像一尊轩辕黄帝像，风后岭南坡和东坡是数百米高的悬崖峭壁，奇峰怪石林立，构成高峻雄伟的山岳风景。

## 郑韩故城

### 再现郑、韩古国风貌

新郑市市区，郑王陵博物馆在文化路南端

乘 208 路公交可直达

免费

郑韩故城是春秋战国时期郑国、韩国的政治、军事、经济、文化中心。

郑国和韩国在此建都 539 年。城墙周长约 19 千米，大部分至今保存完好，最高处可达 18 米。城址中发现有很多作坊遗迹。韩宫殿区内还发现有凌阴遗址，它是我国目前发现的保存较完整的战国冷藏冰窖遗存。故城内地上保存有梳妆台、望母台、授印台等。地下遗址主要有铸铜遗址、铸铁遗址、制骨遗址、制陶遗址、制玉遗址、缫丝作坊遗址、铸币遗址、仓城遗址等。现建有郑王陵博物馆。

## 郑风苑

### 亭水相应的优雅之地

新郑市市区东郊的郑韩故城之畔

乘 1 路、2 路、观光旅游车直达

免费

郑风苑景区由郑风苑、郑声苑、历史名人苑和游乐园四大部分组成，有乐水亭、郑风阁、郑国东门、荷花仙子像、郑声苑、琴瑟宫、九曲流英、历史名人苑等景点。

苑内河、桥、路相连，林、水、亭相映，有中国南北方名品的荷花；有气势恢宏、妙趣横生的壁泉飞瀑，使人犹处深山峡谷；还有造型别致的情侣小屋和儿童乐园等。

## 欧阳修陵园

### 纪念著名文学家欧阳修

新郑市辛店镇欧阳寺村

从市区乘 3 路到辛店下车即到

欧阳修陵园又叫欧阳忠公陵园，是北宋著名政治家、文学家、历史学家、金石学家欧阳修的家族祠堂和墓群所在地，占地约 1 公顷，整体布局是坐北朝南，建筑为木结构的仿宋风格。陵园主要由山门、中殿、大殿、东西配殿及墓冢组成。在南北的中轴线上还建有外照壁、大门、内照壁、东西厢房、大殿等，直通到陵墓。

**玩家解说**

欧阳修是北宋杰出的文学家、史学家和政治家，他的文学成就享誉文坛，他是北宋古文运动的领袖和一代文宗，“唐宋八大家”之一。

宋熙宁五年（1072 年），欧阳修逝于颍州（今安徽阜阳）私邸，享年 66 岁，被追赠为太子太师，谥文忠，并被追封为兖国公。

## 官渡古战场

### 一座古战场艺术宫

郑州市中牟县城关镇东北郊 2.5 千米官渡桥村

乘郑州开往开封的班车在古战场景区路口下

免费

官渡古战场景区是古官渡之战的发生地，古战场尚存汉井、拴马槐、曹公台、关帝庙等遗迹，现建有模拟艺术宫，通过 38 个故

欧阳修陵园

桃花峪瀑布

事场景再现“官渡之战”全貌。

**链接**

官渡之战

官渡之战发生在东汉建安五年（200年），当时袁绍率兵20万南下，曹操率兵4万在官渡拒敌。当年春天，曹操趁袁绍傲慢轻敌、内部失和的时候，两次偷袭袁绍后方，烧了他的粮食辎重，断了他的粮道，导致袁绍军心动摇，士兵纷纷溃散，曹军则全线出击，歼灭袁军主力，为统一北方奠定了基础。这是我国历史上以弱胜强、以少胜多的著名战例之一。

## 雁鸣湖 AAAA

### 生态旅游新去处

郑州市中牟县雁鸣湖乡　免费

雁鸣湖生态风景区是一块融森林、湖面、湿地为一体的自然生态风景区，这里可谓是人工与自然的巧合，水面面积约3平方千米。雁鸣湖是水鸟的天堂，蒲苇的故乡。景区内主要景点有近水楼台、荷塘映月、雁湖泛舟、鸟岛觅趣、翠堤春晓、曲栏临风、拱形碧波、幽林听蝉、柳林含烟、农炊夕照、湖边垂钓、月亮湾、孔子回车处和供游人参与的水上游乐区。

**玩家攻略**

景区内有两人和三人自行车，还可以自己划船，在这里观鸟林和盛开的槐花是非常惬意的，鸟语花香让人流连忘返。

## 三皇山桃花峪

### 沿黄旅游带上的重要景区

荥阳市广武镇桃花峪村

免费

三皇山是伏羲、神农、燧人氏等人类始祖活动的地方，三皇山旅游区的面积是10平方千米。这里有唐代的桃花峪庄园、黄河渡口石门、伏羲墓、武公陵等遗址，还有近期新建的15米高的三皇巨像及仙台陵园的亭台楼阁等。

**玩家攻略**

景区内有野韭菜、山鸡蛋、柿子醋、玉米糁等食品，以及一些名贵中草药如千年灵芝、何首乌等，还有可以做成精美盆景的上水石。每年的六七月份还可以品尝、购买景区自产的桃子。

## 环翠峪

### 月牙形封闭峡谷

荥阳市庙子乡

从荥阳汽车站乘到庙子乡的车即到

环翠峪为月牙形封闭峡谷，四周群山环

翠，重峦叠嶂。名胜区分为卧龙台和落鹤涧两个景区，集寨古、谷幽、崖峭、石美于一身，有古山寨、贤孝石、云花石、飞来石、梅山瀑布和24重南、北风格的翠亭等景观。

龙溪宫是环翠峪景区的重要代表景点之一，位于环翠峪景区内的天堂山附近，里面的主要景点有“东海龙宫”“宝塔飞瀑”“龙王聚会”“嫦娥奔月”“太白吟咏”“仙桥宝塔”等。

**玩家解说**

在环翠峪景区的花果山大峡谷里生长着八十多只野生猕猴，根据它们在这里的生活习性，可以把它们归为三种类型：一类是模范猴，长得十分乖巧，举止文明，游客可以随意地跟它们拍照留影玩耍；一类是流氓猴，举止行为很不文明，常常挑逗欺负游客；还有一类是强盗猴，这类猴子比前两种猴子厉害得多。环翠峪的野生猕猴不但会倒立、爬山上树，还会喝游人送给它的饮料、啤酒，最让人吃惊的便是剥花生吃花生了，它们剥壳的速度之快令人惊奇。

## 汉霸二王城

### 以楚河汉界为背景的文化资源

荥阳市广武镇广武山上

从郑州医学院坐322路到古荥，然后坐班车前往广武即到

免费

此为秦汉之际刘邦与项羽对垒所筑的东、西广武城。西城为刘邦所筑，称汉王城；东城为项羽所筑，称霸王城。现残存的汉王城东西长530米，南北长190米，墙宽30米，高约6米，最高处10米；霸王城东西长400米，南北长340米，墙宽28米，高约7米，最高处约15米。二城夯层基本相同，均是平夯，用土呈黄褐色。汉王城西另有一夯土城，相传是张良所住的“子房城”。

## 刘禹锡墓

### 唐代著名文学家刘禹锡的墓冢

荥阳市豫龙镇狼窝刘村

刘禹锡墓坐北面南，是圆形的土冢，冢高约7.5米，周长约20米。刘禹锡墓位于荥阳市城东二十里铺乡（今豫龙镇）狼窝刘村南高地上，古称檀山。据民国《荥阳县志》载：“刘禹锡墓在檀山。”

## 虎牢关

### 天下雄关之一

荥阳市汜水镇西部

虎牢关，又叫汜水关。历史上许多军事活动都发生在这里。现存古城遗址和石碑，附近有张飞寨，景区内有吕布城、跑马岭、饮马沟、绊马索、张飞寨、三义庙、华雄岭、王莽洞、“玉门古渡”“玄武灵台”等景点。

汉霸二王城

景点推荐

# 嵩山风景区 AAAAA

嵩山风景区属于世界文化遗产，是国家重点文物保护单位。古有中岳之名的嵩山隶属伏牛山系，地处登封市西北，东依省会郑州，西临古都洛阳，北临黄河，南靠颍水。主峰峻极峰高 1492 米。

嵩山由太室山和少室山组成，被誉为我国历史发展的博物馆。少林功夫吸引了无数慕名而来的中外游客。嵩山计有十寺、五庙、五宫、三观、四庵、四洞、三坛及宝塔 270 余座，是佛、儒、道荟萃之地。

嵩山是历代帝王将相封禅祭祀、文人学士游宴讲学、高僧名道及骚人墨客等游历、著书讲学或悟禅、隐居之地；亦是儒、释、道三教汇集之地，少林寺、中岳庙、嵩阳书院鼎足而立，成为三教九流说古论德的圣地。事实上，嵩山的宫观并不及其他名山数量多，但它以规模宏大、气势雄伟，成为中国现存规模最大最古的建筑群之一。登上嵩山主峰峻极峰，极目远眺，黄河明灭一线；鸟瞰山麓，“中国六最”——禅宗祖庭、现存规模最大的塔林、现存最古老的塔、现存最古老的阙、树龄最高的柏树和现存最古老的观星台，皆在山林掩映之间。

登封市西北

在市内乘 2 路公交车可到中岳庙、嵩阳书院

少林寺景区＋嵩阳景区（嵩阳书院）＋中岳景区（嵩山）通票 260 元

## 玩家攻略

嵩山上有许多名寺名庙，它们是旅游者光顾游览的重点。游历寺庙时不可大声喧哗、指点议论、妄加嘲讽或随便乱走、乱动寺庙之物，尤其不要乱摸乱刻神像，如遇佛事活动应静立默视或悄然离开。与僧人见面常见的行礼方式为双手合十，微微低头，或单手竖掌于胸前、头略低，忌用握手、拥抱、摸僧人头部等不当之礼节。与僧人道人交谈，不应提及杀戮之辞、

婚配之事，以及食用腥荤等话，以免引起对方反感。

# 少林景区

## 禅宗祖庭

登封市区西 12 千米

从登封西客车站乘登封至少林的班车可达

通票 80 元（包括少林寺、塔林、达摩洞、二祖庵、初祖庵、三皇寨六个景点）

世界文化遗产，国家重点文物保护单位。以禅宗、武术为特色的少林寺景区，地处嵩山西麓的少室山阴，四周群山环峙，少溪南流，翠柏蓊郁，景致幽雅。少林寺景区内有石僧迎宾、少林寺、塔林、武术馆、达摩洞、初祖庵、二祖庵、永泰寺、少室阙等著名景观。

### 少林寺

嵩山少室山五乳峰下

市区有中巴到少林寺，要步行 2 千米

8:00~17:00（节假日、淡旺季会有所调整）

作为中国佛教禅宗祖庭和少林拳法发祥地的少林寺，是嵩山风景区的核心景区之一，占地 4.3 万平方米。

少林寺自建寺以来，禅、武、医举世闻名，经久不衰，明代达到鼎盛。1928 年军阀石友三火焚少林，大雄宝殿、天王殿、藏经阁、钟楼、鼓楼等被付之一炬。现存主体为常住院，沿中轴线建筑共 7 进，由南向北依次是：山门，天王殿，大雄宝殿，法堂，方丈院，立雪亭，千佛殿。

#### 玩家解说

北魏太和二十年（496 年），为安置印度高僧跋陀，孝文帝敕建少林寺。跋陀之后古印度僧人菩提达摩于少林寺传播大乘佛教，后人称其为“禅宗初祖”。少林寺历经兴衰，至唐初，因志坚、昙宗等“十三棍僧救唐王”有功，得唐太宗封赏，发展到鼎盛时期，博得了“天下第一名刹”的美称，少林功夫也从此美名远扬。

### 塔林

少林寺西约 300 米，少溪河北岸野树茂林之中

作为少林寺历代高僧的墓地，因为塔数多，高低、大小、粗细不等，又散布在山坡沟林中，故称塔林。少林寺塔林是我国现有数量最多的墓塔群，占地约 1.4 万平方米，有砖、石和砖石混合结构的各类墓塔。自唐贞元七

年（791年）至清嘉庆八年（1803年），原有砖基塔500多座，今存232座，其中唐塔2座、宋塔2座、金塔7座、元塔43座、明塔139座、清塔10座、当代塔2座，年代不详塔27座，另有残塔和塔基35处。

塔林是一处宏伟的建筑群，既是综合研究中国建筑史、艺术史（书法、雕刻等）和宗教史的珍贵宝藏，又是神秘庄严的游览胜地。

**链接**

**塔林之塔**

塔，起源于印度窣堵波（梵语Stupa的音译）。俗称"宝塔"，又称"浮屠"。塔内一般安放逝者的灵骨或生前衣钵。按佛制，只有名僧、高僧圆寂后，才设宫建塔，刻石纪志，以昭功德，激励后来。

塔的形制层级、高低大小，除了受各个历史时期的风尚和具体情况（如战争时代、改朝换代等）影响，还体现着逝者生前的佛学修养、佛德，在佛教界的地位、成就和威望。

按层级分，塔有单层和多层，最多层级为七级，即世称"七级浮屠"，最高达15米；按平面造型分，有四角、六角、柱体、锥体、直线形、抛物线形、瓶形、圆形以及独石雕刻等；按形制分，有密檐式、堵波式和喇嘛式等。塔大多数是用砖石砌成，亦有用整石凿制而成。塔体上往往刻有精美的图案和浮雕。塔铭内容更加丰富，每座塔正面都有塔额，标示塔主名号；有的塔后还有塔铭，几位有较大影响的高僧塔边，还专门树立碑石，详细记载塔主的生平事迹，嗣法传承，以及立塔人、立塔年代等内容。

## 达摩洞

少林寺北，五乳峰中峰上部

7:00~20:00

达摩洞在五乳峰离绝顶数十米的地方，深约7米、宽约3米，是一个天然石洞。北魏孝昌三年（527年），被后人称为禅宗初祖的印度高僧菩提达摩来此，后在此洞中面壁九年，因称此洞为"达摩洞"或"达摩面壁洞"。

达摩洞面向西南，洞口用青石块砌成拱门，洞外现存有石坊，洞内台上有石像三尊，洞内石壁上，遗有高1米多、宽约60厘米的凹槽，即是当年挖凿达摩面壁石的痕迹。

**玩家解说**

达摩洞外石坊造型很精巧，上部雕有瓦垄，下刻斗拱，横梁刻有精美的"二龙戏珠""双凤朝阳"浮雕。在石坊北边的洞口处，还有碑刻三通，一为明万历三十三年（1605年）立的《创建凉殿坊牌碑》，一为清乾隆二年（1737年）立的《达摩祖师开光碑》，一为1916年立的《达摩佛祖碑》。

## 初祖庵

少林寺西北约1300米，五乳峰下小土丘上

7:00~20:00

初祖庵是宋人为纪念初祖达摩面壁而修建的一座庵院，又称"面壁庵"。它三面临涧，古木掩映；伫立院中，可仰望五乳峰顶及达摩大型雕像。现庵院主体建筑有山门、大

塔林

殿和千佛阁。

### 玩家解说

初祖庵殿前尚有传说为六祖手植的柏树一株，周长四米多，传说六祖慧能回少林拜祖，用钵盂将树苗从广东带回，植于此地；庵院内尚有碑石40多通，其中著名的有宋黄庭坚《达摩颂碑》、宋蔡汴《达摩面壁之庵》及明刻《达摩面壁图》等。

## 三皇寨

### 峰奇、路险、石怪、景秀

登封市市区西北郊，少林寺西南。有索道可达钵盂峰俯瞰少林寺

从少林寺大门口进入，游玩少林寺塔林后乘索道前往

索道单程70元，往返100元

三皇寨景区是嵩山景区的重要组成部分，该景区主要以山岳自然风光为主，就像一个悬挂在少室山山腰的天然山寨。人们为了纪念人祖三皇（天皇、地皇、人皇）在嵩山一带开天辟地的功劳，将该景区命名为“三皇寨”。

这里的生态自然环境和地质地貌具有独特的风格，以峰奇、路险、石怪、景秀而闻名于天下。自然景观有好汉坡、龙脊峡、猴子观云海、老虎石、龙头、龙尾、骆驼石、象门关、一线天、飞来石、吊桥、三仙石、石林、千佛迎宾、悬空栈道等几十处，是人们登山健身，休闲观光，探险寻幽的绝佳选择。人文景观有三皇宫、安阳宫、清微宫、清凉寺、玉皇庙、少室阕、莲花寺等。这里林木茂盛，地貌独特，有“天然地质博物馆”的美称。

### 玩家解说

三皇寨有36亿年的历史，几乎与地球同龄，被誉为“地球年轮”，山体连续完整地露出太古宙、元古宙、古生代、中生代、新生代五个地质时代的地层，形成了世界上独一无二的“五世同堂”的地质现象，被地质界誉为是“天然的地质博物馆”。

## 永泰寺

### 皇家尼僧佛寺

少林寺东北的山坡上

60元

8:30~12:00，14:00~17:30

永泰寺是佛教禅宗传入中国后修建的第一座尼僧寺院，也是我国现存年代最早的一家皇家尼僧佛寺，被称为佛教禅宗尼僧祖庭，与少林寺有姊妹院之称。永泰寺前身为转运庵，后增建明练寺，现存建筑共分五进——山门、天王殿、中佛殿、大雄宝殿、皇姑楼，厢房有伽蓝殿、六祖殿等。

## 会善寺 AAAAA

### 嵩山名刹之一

登封市城北3千米嵩山南麓积翠峰上

成人票40元，儿童半票

会善寺原来是魏孝文帝的离宫，在北魏正光元年（520年）又被修建为闲居寺，隋开皇年间隋文帝赐名为会善寺。

寺西山坡上现在存着唐代的残石柱2根，柱面雕着天王的像，柱础雕着鬼怪神兽。寺的西面有唐代的净藏禅师塔，西南和东南有清代的砖塔5座。

会善寺

法王寺

寺内现在所存的主要碑刻有东魏《中岳嵩阳寺碑》、北齐《会善寺碑》、唐《道安禅师碑》、唐《会善寺戒坛记》等，这些碑刻都具有重要的书法艺术价值和历史文献价值。

## 太室山
### 嵩山自然风光荟萃处

登封市市区东北郊

8:00~18:00

50元（含老母洞、卢崖瀑布）

太室山犹如一条巨龙横卧于中原神州大地，雄浑高大，气势巍峨。它东西横卧，南多悬崖，北多峻坂，东多断峤，西多重嶂。共有三十六峰，主峰峻极峰以《诗经·嵩高》“峻极于天”命名，后因清高宗乾隆游嵩山时，曾在此赋诗立碑，所以又称“御碑峰”。

登上峻极峰远眺，西有少室侍立，南有箕山面拱，前有颍水奔流，北望黄河如带。倚石俯瞰，脚下峰壑开绽，大有“一览众山小”之气势。山峰间云岚瞬息万变，美不胜收。

太室山四季皆成景色，各有看头：初春满山的嫩绿惹人心醉；夏季满山俱是郁郁苍苍的林木；深秋满山红叶尽染，让您进入红叶的海洋，感受嵩山似火的热情；冬季雪后，漫山银装素裹，景色佳绝。

主要旅游景点有老母洞、卢崖瀑布、峻极峰、老爷庙、三级圣母宫、嵩山滑草场等。山下有嵩阳书院、嵩岳寺塔、中岳庙等胜景。

## 法王寺
### 中国最早的寺院之一

登封市市区北郊6千米的嵩山南麓

在登封市区乘坐2路公共汽车到嵩阳书院下车，转乘三轮车到达景区

8:00~17:00

0371-62745000

法王寺创建于东汉明帝永平十四年（71年），是我国最早的佛教寺院之一，其名称在历史上几经修改，现在的名称是由宋仁宗御

赐的，全名为“嵩山大法王寺”。

站在法王寺的月台上向东可以看见奇景：有两座山峰嶙峋崛突，相峙相应，就像是门一样，人们把它们叫作“嵩门”，传说中的“嵩门待月”是嵩山古八景之一：明月从半圆形的门洞中徐徐升起，不偏不倚，正好照满了整个嵩门，就好像是一面玉镜镶嵌在框架中。在法王寺周围还有几座保存完好的佛塔，峻峭秀丽，雄伟壮观，有着很高的研究和观赏价值。

## 嵩岳寺塔

### 我国现存最早的密檐式砖塔

登封市西北6千米太室山南麓

嵩岳寺，又名大塔寺，早先是北魏皇室的一座离宫，后改建为佛寺。嵩岳寺背依太室诸峰，景区内林秀泉美，占尽山居之妙，为胜景之地。佛寺虽废，但塔院犹存，特别是嵩岳寺塔仍然存在，它是我国现存最早的密檐式砖塔，塔高约45米，驰名中外。

## 嵩阳书院

### 宋代四大书院之一

登封市市区北郊3千米

乘2路公交车可到

套票80元，包括嵩阳书院、嵩山、会善寺、法王寺、嵩岳寺塔五个景点

以突出儒家文化为特色的嵩阳书院是我国宋代最高学府之一，被称为研究中国古代书院建筑、教育制度以及儒家文化的“标本”。它与湖南的岳麓书院、江西的白鹿洞书

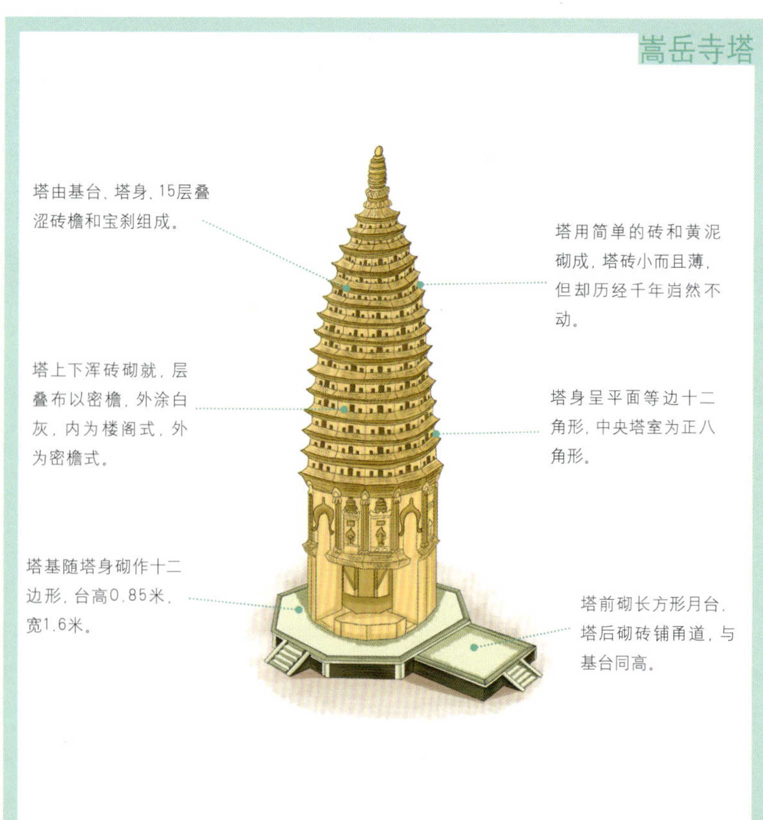

中岳庙

院、河南的睢阳书院，并称为中国古代著名的"四大书院"。宋代名儒程颢、程颐、司马光、范仲淹、朱熹都曾在此讲学。

嵩阳书院始建于北魏太和八年(484年)，后多次重建,现存书院保持了清代建筑布局，中轴建筑共分五进院落，由南向北依次为大门、先圣殿、讲堂、道统祠和藏书楼，中轴线两侧有配房和西院敬义斋等，共有古建筑25座108间。

书院内颇有文化气息，如先圣殿里面有孔子及四大弟子像，道统祠里面有周公、大禹、尧帝像，藏书楼原为存放儒家经典的书房等。此外，嵩阳书院内还有《大唐碑》、北宋黄庭坚的《诗碑》以及明代的《四箴碑》《汉封将军柏图碑》《石刻登封县图碑》等50余通。

**玩家 解说**

嵩阳书院《大唐碑》全称是《大唐嵩阳观纪圣德盛应以颂碑》，于唐天宝三年(744年)刻立，碑高9.02米，宽2.04米，厚1.05米，碑制宏大，雕刻精美，通篇碑文1078字，内容主要叙述嵩阳观道士孙太冲为唐玄宗李隆基炼丹的故事。

## 中岳庙 AAAA

### 河南省规模最大的古代建筑群

嵩山南麓的太室山脚下

乘2路公交或登封至郑州的长途车可到

30元

中岳庙景区位于太室山东南，以道教圣地中岳庙为核心，还包括太室阙和黄盖峰。太室阙是中岳嵩山的一部分，早在秦代这里就已经设立寺庙祭祀山神，汉代的时候这里扩建成了寺庙，隋唐时期寺庙香火最为兴盛。

中岳庙在群山环抱之中，背靠着黄盖峰，面对着玉案山，西有望朝岭，东有牧子岗。中岳庙布局十分谨严，规模十分宏伟，红墙黄瓦，金碧辉煌，总面积大约为11万平方米，是中州祠宇的顶峰，是五岳中现存规模最大、保存较完整的古建筑群，也是河南省规模最大、最完整的古代建筑群。

中岳庙的中轴线是一条由青石板铺成的大甬道，全长650米，连接了十一进院落。沿着中轴线从南向北走，由低向高，依次为中华门、遥参亭、天中阁、配天作镇枋、崇圣门、化三门、峻极门、嵩高峻极坊、中岳大殿、寝殿、御书楼。庙的东路和西路，还分别建有太尉宫、火神宫、祖师宫、小楼宫、神州宫和龙王殿等单独的小院落，现存明清建筑近四百间，金石铸器二百余件，古柏三百余株。这些亭门宫殿构成了中岳庙规模宏大的古建筑群。

**玩家攻略**

这里地处淮河流域，属于温带大陆性季风气候，四季分明：春季干旱多风，夏季炎热多雨，秋季阴雨连绵，冬季寒冷少雪，年平均气温是14.2℃。春季百花齐放，秋季天高气爽，是到此处旅游的最佳季节。

### 中华门·遥参亭

中华门是中岳庙的前门，原名是“名山第一坊”，是由木头建的牌楼，1942年改建为砖瓦结构的庑殿式牌坊，把名字改成了“中华门”。门额内外分别写有“依嵩”“带颍”“嵩峻”“天中”八字，这些都简要地说明了中岳庙所处的地理位置。

### 天中阁

天中阁在明清的时候是中岳庙的正门，原名黄中楼，明嘉靖年间更名，面阔五间，重檐绿瓦，雕梁画栋，飞檐凌空，风格独秀。

### 配天作镇坊

出了天中阁沿着甬道拾级而上，后面就是木头制成的配天作镇坊。它原名叫“宇庙坊”，古时称中岳为土神，意思是以地配天。坊起三架，庑殿式屋顶，斗拱雀替，雕琢华丽。

### 峻极门·嵩高峻极坊

峻极门因中门两侧塑有一丈四尺高的两尊将军像，因此名字又叫“将军门”，是中岳大殿中心院的山门。

嵩高峻极坊屹立在峻极门内，又叫作“迎神门”，坊起三架，上下两层，匾额上面写着“嵩高峻极”。正楼和次楼分别施九彩和七彩斗拱，黄瓦盖顶，雕梁画栋，剔透玲珑，式度秀丽，是清代木结构建筑的精品。

## 观星台

**我国保护较好的古天文台**

登封城东南12千米的告城镇周公庙内

在郑州火车站对面的长途汽车站乘坐发往登封的旅游专线车

免费　0731-62950512

观星台为元代著名天文学家郭守敬所建，是中国现存最古老、世界上著名的天文学建筑。

观星台同周公测景台、周公庙一起组成一座完整的院落，现存建筑有：照壁、大门、戟门、周公测景台、周公祠、观星台、帝尧殿等。观星台由台身与石圭、表槽组成。台身上小下大，形状就像覆斗一样。台面呈方形，用水磨砖砌造。在台身北面，设有两个对称的出入口，台顶各边有明显收缩，并砌有矮墙（女儿墙），台顶两端小屋中间，由台底到台顶，

峻极门石碑

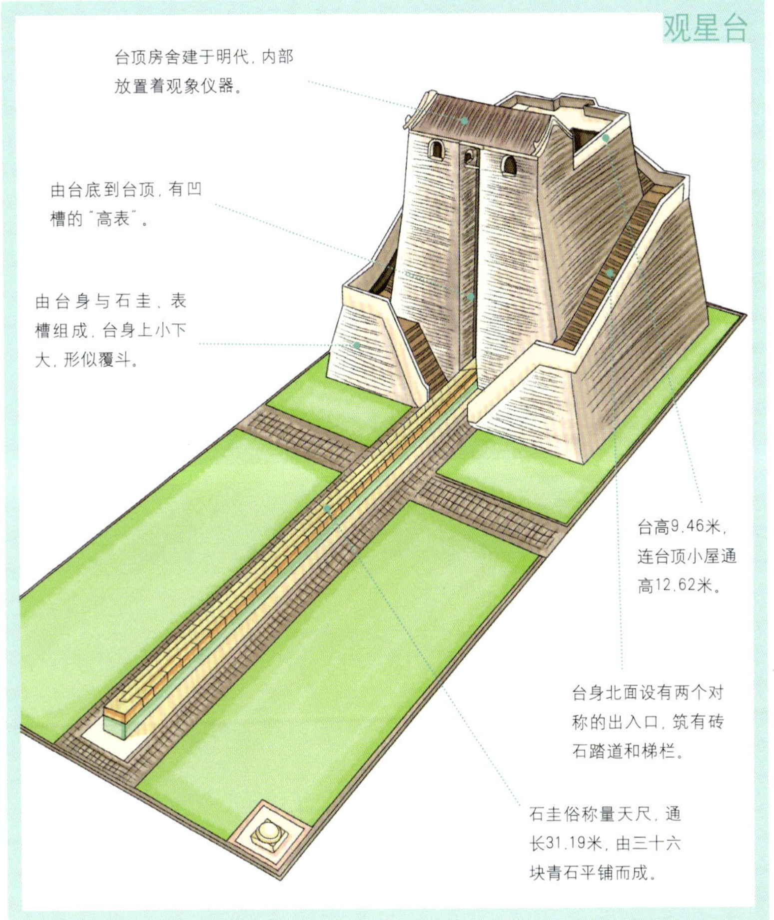


有凹槽的“高表”。在凹槽正北是三十六块青石平铺的石圭（俗称量天尺）。石圭通长31.19米。观星台的建立体现了当时中国天文科学的巨大成就。

## 玩家解说

基于农牧业发展的需要，中国的天文学很早便发展起来，历史上涌现出一些著名的天文学家，他们为了得到精确的天文数据，不断地改进测量日影的仪器。元朝至元年间在河南嵩山古阳城修建的观星台，是中国现存最古老的天文台，也是世界上现存最早的观测天象的建筑之一，是具有世界性价值的科技建筑。观星台“天地之中”学说，确立了嵩山是天地的中心的地位，中国早期王朝将这里作为建都之地，以象征皇权神授。据统计，从周武王开始至清末，中国历史上有史可查的巡狩、祭祀、封禅嵩山的帝王就有72位。以“天地之中”理念为动力，中国古代礼制、天文、儒教、佛教、道教等文化流派均热衷于在嵩山建立核心基地，使其逐渐成为中华文明的核心之一。

## 链接

### 郭守敬

郭守敬（1231—1316年），字若思，顺德邢台（今河北省邢台市）人，元代大天文学家、数学家、水利专家和仪器制造家。生前创制了多种天文仪器，编制了《授时历》，进行了大规模的大地与天体测量，推算出精确的一回归年长度——365.2425天，与当今世界通用的公历分秒不差。

景点推荐

# 巩义旅游区

## 北宋皇陵
### 露天石刻博物馆

巩义市的西村、芝田、市区、回郭镇4个镇区；永定陵在市区北郊蔡庄；永昭陵在市区西南郊

乘6路公交车可到

北宋皇陵从宋太祖乾德元年（963年）开始兴建，前后经营达160余年之久，形成了一个规模庞大、气势雄伟的皇家陵墓群，是研究宋代典章制度和石刻艺术的十分珍贵的实物资料。整个北宋皇陵分为西村陵区、蔡庄陵区、县城陵区和八陵陵区。

这里有庞大的石刻群，是中国现存的唯一的宋代石刻群，是研究宋代雕刻艺术的珍贵实物，此外，宋陵有不少碑碣，出自名人之手，也是研究中国书法艺术的珍贵资料。

链接

**永昭陵**

永昭陵位于嵩山北麓与洛河间的丘陵和平地上。陵区以芝田镇（宋永安县治）为中心，南北约15千米，东西约10千米，是仁宗赵祯的陵墓（赵祯也就是民俗演义“狸猫换太子”中的太子），周围有建筑遗址土丘16个。地面上的建筑已毁，陵前的石刻马、羊、狮、虎等保存完好，在北宋诸陵中是保存最好的一组。

## 石窟寺
### 佛的世界

巩义市南河渡镇寺湾村大力山下

市区宋永昭陵南门有66路公交车直达

30元

石窟寺坐落在黄河南岸、伊洛河北岸、邙岭之下的大力山上。北魏开凿的石窟寺，距离现在已经有1400多年的历史，现在保存的有洞窟5个，千佛龛1个，小佛龛255个，摩崖大佛3尊，佛像7743个，碑刻题记200余块。石窟寺背山面水，环境幽雅，风光秀丽，有“溪雾岩云”的雅称。

**玩家 解说**

石窟寺在总体设计上突出的是窟内外壁面上端宽大的二方连续纹样的边饰，造成整体格局上的完整和宏丽基调。窟内雕像位置的安排则以观者进门首先映入眼帘的一坐佛二立佛为主，加上两壁整齐划一的小千佛，给人以一种繁盛崇高的审美感受。

## 杜甫故里

### 诗圣的“诗情雅意”

巩义市站街镇南瑶湾村笔架山下

乘坐12路公交车可到

30元

杜甫故里的纪念馆位于巩义市站街镇南瑶湾村，后面是笔架山，前面是临界泗河。这里是杜甫的出生地，他也在这里度过了自己的少年时代。杜甫故居坐东向西，主要的建筑有大门楼、双层亭、诗圣碑林、杜甫墓、吟诗亭、望乡亭、草亭、献殿等。

康百万庄园

## 康百万庄园 AAAA

### 全国三大庄园之一

巩义市康店镇，距市区4千米

汽车总站乘坐8路公交车直达

50元

康百万庄园始建于明末清初，背依邙山，面临洛水，有“金龟探水”的美称。

康百万庄园融农、官、商风格为一体。总建筑面积64 300平方米，有33个院落，53座楼房，1300多间房舍和73孔窑洞，这里保存下来的建筑主要分为寨上住宅区、寨下住宅区、南大院、祠堂区、作坊区、菜园区、龙窝沟、金谷寨、花园、栈房区等十余部分。

庭院建筑基本属于豫西地区典型的两进式四合院，具有园林、官邸的一些特点，各类砖雕、木雕、石雕华丽典雅，造型优美，是华北地区黄土高原封建堡垒式建筑的代表。

石窟寺

## 玩家解说

“康百万”名称的由来：当时的庄园主康应魁两次悬挂“良田千顷”的金字招牌，其土地商铺遍及山东、陕西、河南三省八县，被称为“百万富翁”。后来，慈禧太后逃难西安，回銮北京时，路过康店，康家出钱监工修造黑石关、县城、宫殿行宫和“龙窑”，花费了100多万两银子，还向清廷捐赠了100万两白银，慈禧称其为康百万富翁。从此，“康百万”这个皇封就广泛地传开了。

## 玩家攻略

在康百万庄园观察建筑的同时，一定要观赏展室里面摆放的名人画作和古玩珍宝；庄园内的民俗展区能够真实地反映出当时康家的生活，从屋子里面的帷幔和清新雅致的布置等，可以看出主人的尊贵身份和高雅品位。

# 浮戏山雪花洞

## 千姿百态的天然溶洞

巩义市新中镇

60元　0371-64180808

浮戏山雪花洞是一个天然溶洞，全长1110米，里面共有三个展厅和一个走廊，面积大约有4000平方米。

雪花洞里是一个奇妙的地下世界，它以“寂静、幽雅、深邃”为主要特点，洞里面有晶莹剔透的石花、石葡萄和石珊瑚等次生化学沉积物，它们布满了整个雪花走廊，形态之美使其获得“天下第一雪花洞”的美誉。其他颇有特色的景点有天堂寨、金龟探月、旭日绿城、双虹瀑布、仙女潭、夜明珠潭、千年栎等。

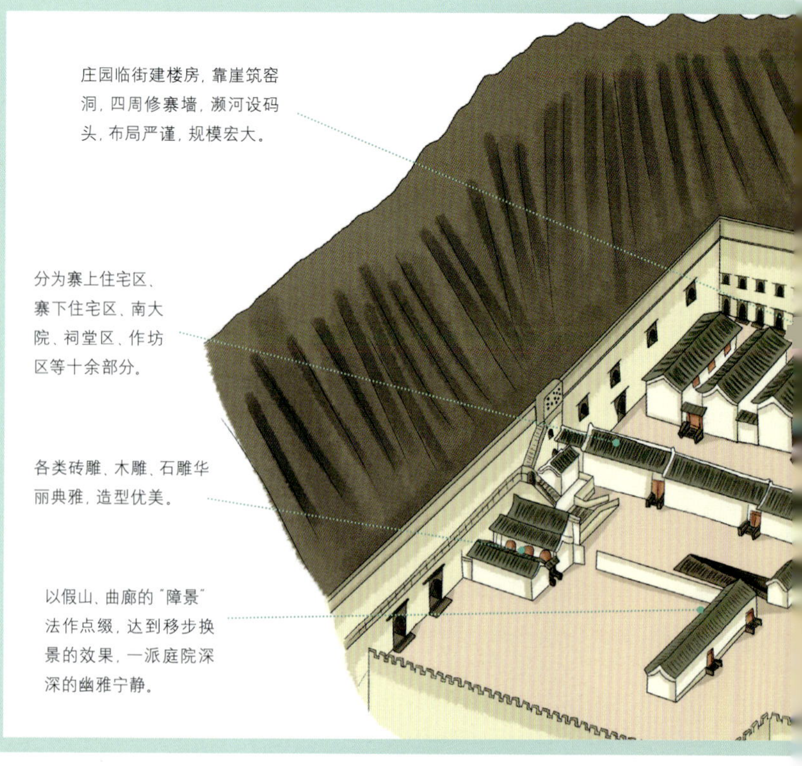

浮戏山雪花洞

## 青龙山慈云寺

### 休闲度假的理想境地

巩义市东南13千米的青龙山

青龙山慈云寺风景区，坐落于我国河南省巩义市的东南部，这里自然环境优美，氛围宁静祥和，被誉为度假的理想天堂。青龙山山脉在这里蜿蜒曲折，宛如一条青龙盘卧在大地上，因此得名。而慈云寺则是这座山脉中一颗璀璨的明珠，熠熠生辉。

青龙山慈云寺风景区不仅拥有美丽的自然风光，还蕴含着丰富的历史文化底蕴。这里的山脉地势起伏，绿树成荫，为游客提供了一处修养身心的绝佳场所。慈云寺是一座见证了历史变迁的古刹，寺内保存着许多珍贵的文物和古迹，吸引了无数游客前来参观、朝拜和寻觅历史踪迹。

在这片充满神奇的山水之间，游客可以尽情地欣赏大自然的美景，感受古刹的庄严与宁静。漫步在山间小径，聆听寺内悠扬的钟声，让人仿佛穿越时空，回到了那个充满故事的年代。在青龙山慈云寺风景区，游客不仅可以品味悠久的历史文化，还能享受宁静的度假时光，让身心得到彻底的放松与滋养。

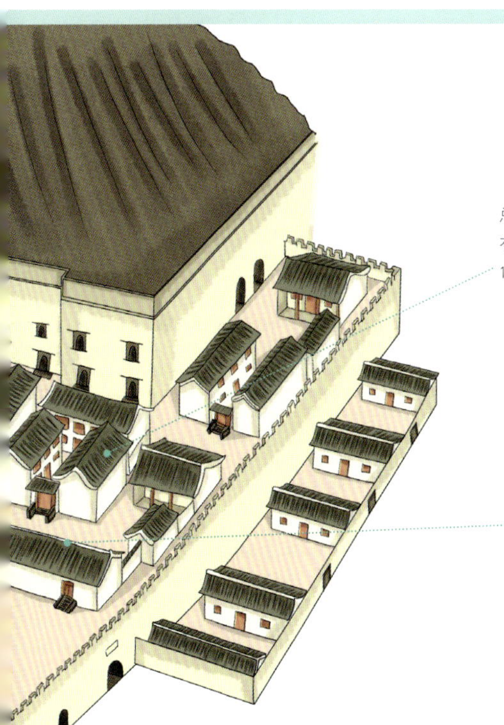

竹林

## 嵩阴风景区
### 被誉为嵩阴"盆景"

✉ 巩义市夹津口镇南部卧龙村

嵩阴风景区在中岳嵩山的北麓，在北魏孝文帝的时候，因为京兆王元太兴埋葬在这里，所以还有个俗称是墓坡（今改名卧龙）。

景区山高岭峻，瀑、池、潭四布，林茂草密，花美水秀，云雾缭绕，气象万千。尤其是位于卧龙村上方的嵩峰万亩森林，数十种乔灌木，百余种花草，数百种鸟兽昆虫，构成了一个天然的公园。嵩阴景区的玉柱峰海拔大约有 1440 米，是巩义市的最高峰，登上此山峰可以"一览众山小"：往北看，可以看见黄河、洛水、邙岭；往远看，可以看见太行王屋；在这里还可以看见洛阳、焦作、偃师的万家灯火；这里也是看日出的最佳场地。

## 竹林
### 天然的绿色氧吧

✉ 巩义市 012 乡道长寿山景区内

¥ 竹林长寿山 30 元，南山 20 元，北山 20 元，三山通票 50 元

竹园生态林已达 400 公顷，林带林网林块林片郁郁葱葱，高低错落有致，立体环山分布，青翠欲滴。这里有刘秀歇脚台、员外坟、山神庙、烟熏庙、牛王庙等人文景观和长寿山、笔架山、柏树坡、丁峪岭、蛤蟆嘴等自然景观。

## 盘龙山九莲洞
### 再现天然溶洞群奇观

✉ 巩义市涉村镇洪河村

盘龙山九莲洞地处嵩岳北麓，这里山势奇峻，林深树茂，水色清碧，植被丰富，盘龙山、雪花园、龙潭峡、九莲洞、鸡冠山、九龙湖（即洪河水库）、蟠龙隧道等十二处景观纵横交错。

全洞可供游览的景点有十八个，包括"迎宾厅""悬天瀑布""缚龙柱""石葡萄园""雄狮伴观音""金龟探水""通天峡谷""天井观""石明柱""九天银河"等。

**玩家解说**

根据科学家的推测，九莲洞大约在 7000 万年以前形成，历史很悠久。据实地勘察得知，九莲洞洞深数千米，景观上百个，有洞中多洞、洞洞套洞、洞底有潭、潭水穿洞、洞腹藏井、井内隐孔、洞内有池、池周有洞等各种绝妙景观。洞内自然形成的石笋、石柱、石瀑、石幔、石狮，形态万端，栩栩如生，真可以说是"千岩竞秀芳，百斤争艳艳。一洞装宇宙，万古天工成。洞景美如画，疑似入迷宫"。

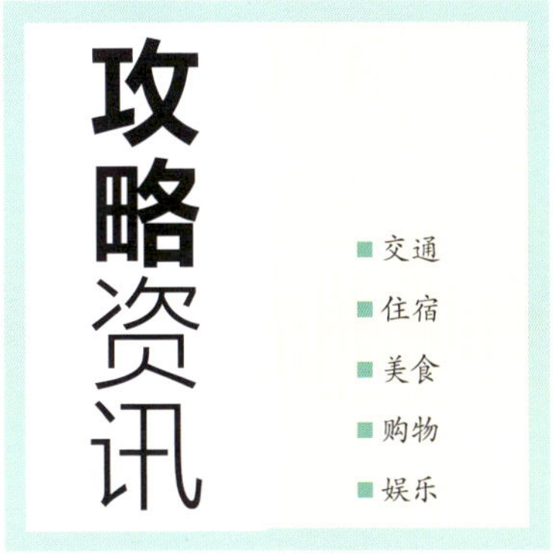


## 交通

### 飞机

郑州市有两个民用机场：郑州新郑国际机场、郑州上街机场。

**郑州新郑国际机场：**位于郑州市东南，距市区25千米，是中国八大区域性枢纽机场之一，国家一类航空口岸。开通了可往返民航酒店、郑汴路口、紫荆山、高铁东站、郑州火车站的5条机场大巴专线。也可乘坐地铁2、9号线，公交611、612路等抵达。

**郑州上街机场：**位于郑州市上街区工业路27号，飞行区等级为4C级，属A1类跑道

新郑国际机场

火车站

型通用机场。

### 火车

位于中原腹地的河南省会郑州，是京广铁路、陇海铁路两大铁路大动脉的交会点，也是京港高铁、徐兰高铁两大时速350千米及以上高铁交通大动脉的交会点，居于全国路网中心的重要位置上，素有中国铁路客运的“心脏”之称。这里拥有特等站5座，分别是：郑州站、郑州东站、郑州北站、圃田西站、郑州航空港站。

郑州东站是亚洲最大的高铁火车站之一，是国家铁路交通网中的一体化综合交通枢纽，是仅次于西安北站的全国第二大站；郑州北站连接华北、华东、华南、西北和西南铁路，是我国铁路交通的重要枢纽。

郑州站位于二七区二马路82号，是全国最大的客运站之一，也是重要的客运中转站。有列车可到大部分的国内城市，有1、2、101、12等多路公交车从火车站始发。

### 汽车

郑州有5个比较大的客运汽车站。

**汽车南站：**位于郑州南三环与京广路交叉口东南角，可乘62、519、K906、111等路公交前往该站，该站主要发往市区郊县城乡。☎ 15515783470

**高铁枢纽站：**位于郑东新区金水东路与107辅道交叉口向南1千米处，在郑州高铁东站东广场的东侧。可乘坐地铁1号线及85、129等路公交前往该站。☎ 17729751181

**郑州中心站：**位于郑州火车站广场，兴隆街14号。主要经营线路：开往北京、天津、上海、南京、西安、广州、福州、焦作、晋城、漯河、周口、洛阳、南阳、平顶山、安阳、石人山、少林寺等地的省际及省内豪华大巴线路。☎ 0371-66966107

**汽车客运北站：**位于郑州市金水区花园路与连霍高速交会处南侧。可乘62、90、94路公交前往该站。☎ 0371-65770100

**空港巴士站：**位于郑州市航空港区迎宾大道东段T2航站楼内，市内线路包括：机场至民航酒店线，以及开往火车站、郑汴路路口、紫荆山、高铁东站、火车站西广场的线路。☎ 0371-68519508

## 住宿

郑州拥有几十家星级饭店、宾馆，住宿条件相当不错。郑州的宾馆分为高、中、低三个档次，高档以四星级的红珊瑚酒店和未来康年大酒店为代表；三星级的省国际饭店、黄河饭店、中都饭店以及一批中低档宾馆也是价格合理的下榻之所。

### ●郑州郑东智选假日酒店

郑州郑东智选假日酒店位于郑州东站对面，距郑州会展中心直线距离4千米，毗邻正大乐城、绿地中心郑州双子塔、绿地之窗、绿地原盛国际等办公休闲购物场所。

✉ 郑州金水区创业路与心怡路交叉口西北角

☎ 0371-61316888

### ●郑州金桥宾馆

郑州金桥宾馆是拥有国际标准服务的四星级宾馆，该酒店楼高16层，共有客房169间/套，标间面积30平方米。这里地理位置优越，有四通八达的交通网络，可直通火车站、机场、商业区。宾馆里面设有咖啡厅、自助餐厅、豪华中餐厅等不同的餐饮设施，为酒店贵宾提供中西美食。✉ 郑州市金水区金水路43号 ☎ 0371-63882888

二七纪念塔

● 天基宾馆

郑州天基宾馆的客房突出舒适尊贵的特色，拥有“银色恋人”“茶味人生”“雪茄魅惑”等融古典风格和现代设计为一体的特色豪华套房，100 多间客房都提供全套便利服务。郑州市金水区东明路与顺河路交叉口向南 200 米 60187800

## 美食

郑州小吃的品种很多，能给游客留下深刻的记忆，其品种主要分为五大类：第一类为馍饼类，如开花馍、枣馍、枣锅盔、花窝窝等；第二类为油炸类，如油儿馍、枣糕等；第三类为馅食类，如水煎包、肉盒、糖包等；第四类为汤食类，如胡辣汤、油茶等；第五类为面食类，如起汤面、炝锅面、焖饼、烩饼等。

郑州有不少街道逐渐成为独具特色的餐饮一条街，如大玉米楼小吃街，这里以中低档特色风味店为主，云集了本地名吃合记羊肉烩面、萧记烩面、葛记焖饼等，形成了一道独特的风景线。此外，郑州的美食街还有建业小吃一条街、德化美食街、紫荆山路美食街等。

胡辣肥牛汤

御饼

● 龙须糕

郑州一道历史悠久的小吃，因糕点表面呈须状，故名龙须糕。龙须糕以米、面粉、糖、油作为主料，佐以姜、虾、盐、肉、蛋松等混合制成。具有色泽美观，甜咸适口，风味独特等特点。

● 琵琶酥

一种酥皮无馅点心。传说是乾隆皇帝让宫内厨师按琵琶丝弦形状做出的点心。具有

龙须糕

色泽乳白明亮、入口酥软香甜、食后回味无穷的特点。

### ●御饼

即茯苓夹饼。相传是赵匡胤当皇帝那天赐给文武大臣的点心，故而得名。其饼皮形状类似中药云茯苓，于是在民间便被称为茯苓夹饼。其特点是甜软适口，香味浓郁。

### ●重阳花糕

相传是明朝宫廷中的御厨专门为正德皇帝制作的节令贡品，可以让他在每年秋季外出登高、游猎时很方便地食用。多以各种果料制成，风味独特，甜糯适口。

### ●合记羊肉烩面

一种荤、素、汤、菜、饭兼而有之的传统风味小吃，以味道鲜美、经济实惠享誉中原。合记羊肉烩面，选用上好鲜羊肉，经反复浸泡后下锅，放入全大料，将肉煮烂，并配以黄花菜、羊肉、木耳、水粉条。上桌时外带香菜、辣椒油、糖蒜等小碟，其味更鲜。

### ●葛记焖饼

"京都老号"葛记坛子肉焖饼馆独家经营的一种风味食品。葛记坛子肉焖饼是用饼和特制的坛子肉加青菜焖制而成。其饼是用软面烙成的千层饼，柔软适口，老少皆宜，吃起来肉香醇厚，肥而不腻。

## 购物

来到郑州会发现，这里的土特产可谓琳琅满目，如新郑大枣、河阴石榴、中牟大蒜、郑州樱桃、嵩山绵枣、荥阳柿子、新密金银花、郑州莲藕、中牟西瓜等。

郑州比较好的商业广场分别是郑州华润万象城、郑州正弘城、郑州大上海城购物中心、郑州宝龙广场、郑州朗悦公园茂、郑州熙地港购物中心、郑州首创奥特莱斯等。此外郑州当地还有很多全国性的批发市场和交易市场，可以采购河南名优特产。

### ●莲子

莲子是滋补佳品，有镇静、强心、降压的作用。

### ●新郑大枣

新郑地区的特产，主要特点是个大、肉厚、汁多、味甜。其中最为有名的品种是鸡心

羊肉烩面

豫剧

枣，因其外形如鸡心而得名，这种枣皮薄、核小、味甜如蜜、质地柔软。

### ●嵩山绵枣

新郑市特有果品，俗名地枣、黏枣。味道甜美，营养价值高，风味独特，是滋补佳品。

### ●黄河鲤鱼

这儿的黄河鲤鱼以形态优美而成为河南名产之一。该鱼的口、尾、鳍均呈淡红色，肚皮雪白。具有肉质细嫩、营养丰富的特点。

### ●中牟和超化大蒜

特点是个头大、色泽白、蒜瓣多、味道纯正。

### ●新密金银花

新密是著名的金银花之乡，在《本草纲目》中已有记载。金银花有清热解毒、预防中暑的作用，是夏季常见的凉茶之一。

## 娱乐

郑州的现代化娱乐设施完备，人们在晚上可以唱歌或泡吧，喜欢豫剧的则可以去听戏。郑州酒吧比较集中的地方在纬一路和农科路，也可以到茶馆里欣赏豫剧。

### ●听豫剧

郑州是一个戏曲氛围很好的地方，在人民公园、碧沙岗公园、文化宫、经三路种子市场对面的小花园等地，都能看到豫剧爱好者在这里“切磋”。如果想要看专业的豫剧表演，可以到郑州市二七区文化宫，这里经常组织戏曲比赛和演出。

### ●看少林武术表演

少林功夫是综合的武术体系，其中禅修是提高功夫的重要途径，到少林寺，可以经常看到一些表演，其内容包括拳术、棍术、枪术、刀术、剑术等。

到少林寺可以随时看到武术表演，场所一般有两个地方：室外或者武术馆内。武术馆里面的表演会更精彩。一般每个小时一场，每场半个小时。

### 节日和重大活动

| 节日 | 地点 | 时间 |
|---|---|---|
| 雪花洞拍手定情节 | 巩义市 | 农历三月初三 |
| 月季花会 | 郑州市 | 5月1日至5月20日 |
| 嵩山卢崖瀑布泼水节 | 登封市 | 农历五月初五 |
| 郑州国际少林武术节 | 郑州市 | 9月1日至9月5日 |

发现者旅行指南

# 开封

# 概览

## 亮点

■ **大相国寺**

我国汉传佛教十大名寺之一，在中国佛教史上有着重要的地位和广泛的影响。

■ **开封府**

开封府为北宋时期天下首府，驰名天下，包拯包龙图扶正祛邪、刚直不阿的美名传于古今。

■ **清明上河园**

以北宋画家张择端的传世名作《清明上河图》为蓝本建造，展现了北宋时期开封城的市井风情。

■ **包公祠**

全国规模最大、资料最全的包公祠，是纪念古代著名清官、政治家包拯的场所。它始建于金，至今已有千年的历史。

■ **朱仙镇**

我国四大木版年画基地之一。朱仙镇的木版年画起源于唐，兴于宋，鼎盛于明清，用纸讲究，色彩艳丽、庄重深厚。

■ **必逛街道**

**大宋民俗街**：这里展现的是宋朝的民风民俗，主要有汴绣、官瓷、木版年画、茶道、各式小吃、宋代纺织等现场制作表演，以及曲艺、杂耍、木偶、皮影、斗鸡、斗狗、水上百嬉等宋都风情，让游人犹如置身于宋代的真实生活场景之中。

**宋都御街**：它是1988年建成的一条仿宋商业街。这里有50余家店铺经营着开封特产，传统风味，古玩字画，各具特色。漫步御街，仿佛一步跨进历史，看见了昔日宋都繁华的景象。

## 线路

■ **开封二日游**

第一天，先到龙亭感受一下开封最大风景区的特色之处，然后来到宋都御街，感受宋朝商业街的繁华；接着走入中国翰园碑林，领略这里的中国文化；清明上河园的民俗风情更是令人乐不思蜀；下午到达铁塔，在观察其特殊造型的同时，感受建造师高超的技艺。

第二天，先到樊塔参观，再到禹王台寻觅一下古代的足迹；再到大相国寺，感受我国著名皇家寺院的佛院气息；最后来到包公祠，身临其境地感受一下祠堂里面的严肃气氛，想象包公当年断案的英明。

大相国寺

## 为何去

开封古称汴梁，七朝古都，迄今已有2700余年的历史。其为宋朝国都长达168年，历经九代帝王。开封的宋都御街、清明上河园、铁塔、繁塔、大相国寺、包公祠等观光景点古朴典雅，与碧波荡漾的包公湖、龙亭湖、铁塔湖和雄伟的城门楼、古城墙交相辉映，形成了以宋代建筑风格为主、宋文化氛围浓郁、具有“北方水城”美誉的大宋旅游景区。

清明上河园

## 何时去

开封地处内陆平原，四季分明，一年四季都适合旅游。其中秋季天高气爽，温度适中，城中处处菊花盛开，是开封最好的旅游季节。在10月中下旬到11底，开封各地会举办菊展，游客前来可一饱眼福。

清明上河园盛会

此外，农历新年开封还会举办灯会。到了4月间，宋都文化节将会开幕，它是近几年开封新近举办的旅游活动之一，在此期间，可以观赏和体会开封古都的民风民俗、历史文化、旧日风情。

开封府

# 区域解读

区号：0371
面积：约6166km²
人口：约560万人
主要少数民族：回族

## 地理 GEOGRAPHY

### 区划

开封市下辖6个区（鼓楼区、城乡一体化示范区、龙亭区、禹王台区、顺河回族区、祥符区）、4个县（尉氏县、兰考县、杞县、通许县）。

### 地形

开封市处于豫东大平原的中心部位。境内无山，河流、湖泊较多，分属黄河、淮河两大水系。境内主要河流有黄河、涡河、惠济河。开封市城区内包公湖、龙亭湖、铁塔湖水系相通，湖水面积占城区面积的四分之一，素有“北方水城”之美誉。

### 气候

开封属暖温带大陆性季风气候，跟我国东部大部分城市一样，四季分明，光照充足，气候温和，雨量适中。一般来说，秋季是去开封旅行的最佳季节，此时天气温和，秋高气爽，降水量适中，还能观赏开封满城盛开的菊花。

### 地上悬河

漫步在开封以北约10千米处的柳园口黄河大堤上，可清楚地看到黄河之水已高出两岸的地面3~5米。

这柳园口名头也不小，清乾隆十五年（1750年），乾隆皇帝南巡时，就曾经由此渡河。乾隆皇帝知道黄河的暴脾气，唯恐木船渡河发生事故，事后还写了七律《渡黄河》诗一首，表达了他“风平稳过柳园渡”的感念之情。1952年10月30日，毛泽东主席到此视察，曾登上了停靠在42坝边的渡船，发出了“要把黄河的事情办好”的号召，这也极大地提高了柳园渡口的知名度。

在黄河流域，开封属中下游地区。穿过黄土高原后的黄河进入广阔的华北平原，由于地势平坦，流速降低，从中上游带来的巨量泥沙，至此便大量沉积下来。到了开封境

天波杨府

宋都御街

内，这种现象最为明显。据统计，每年有3亿吨泥沙淤积在下游河床内，使这段河床每年平均升高10厘米。日积月累，年复一年，开封河段已逐步形成闻名中外的“悬河”奇观。

但悬河的存在却不是件好事。黄河水患威胁历来以下游最为严重，北抵天津，南达江淮，在25万平方千米的扇形大平原上，几乎到处都有黄河决溢、改道留下的痕迹，更使得开封历史上的数座古城重叠地深埋地下。

国家开展治黄行动以来，历史上“三年两决口”的黄河已实现60年伏秋大汛未决口的伟大成就。然而，黄河防汛部门始终不能掉以轻心，每到汛期，开封军民都要奋战在黄河大堤上严防死守，以确保古都安全。

## 历史 HISTORY

### 历史大事记

#### ●夏商周时期

相传夏代第7世帝予迁都于老丘（今开封附近），直至第13世廑才迁至西河，其间共历6世，开封成为当时的政治、经济中心。

#### ●春秋战国时期

开封建城的历史已有3000多年，春秋时期，郑庄公为向中原拓展，在今城南朱仙镇附近古城村构筑城邑、取名启封（汉初因避景帝刘启讳改为开封）。此为开封故城。

今开封城春秋时为仪邑，战国时为大梁。战国时期，魏国为争霸中原，惠王于六年（前364年）由安邑迁都大梁，此为开封有史可考的第一次建都。魏在大梁共历6君140余年。

#### ●隋唐五代

隋炀帝开通济渠，使其与黄、淮沟通，发展水上运输，汴州（今开封）地位日益显要。

唐兴元元年（784年）宣武军节度使治所由宋州（今商丘）移来汴州，使其成为唐王朝最强大的藩镇。

唐末，宣武军节度使朱温，废唐帝自立，在开封建立后梁政权。朱温称帝后，升汴

龙亭公园古建筑

州为开封府，称东都，洛阳为陪都，称西都。其后，后晋、后汉、后周先后在此建都。

## ●宋金时期

后周恭帝显德七年（960年），后周大将赵匡胤借口北汉与辽联合南侵率军出大梁，至陈桥驿（今开封东北）黄袍加身，发动“陈桥兵变”，后周灭亡，北宋建立，建都开封。

开封最繁盛的时期是北宋，时北宋开封人口达150万，不仅是国内经济、政治、文化中心，而且是“万国咸通”的国际大都市。北宋在开封建都长达168年。

北宋靖康二年（1127年），开封为金军所破，金人掳徽宗、钦宗二帝和后妃、皇子、宗室、贵卿、能工巧匠等数千人后北撤，开封几乎成为空城，史称“靖康之耻”，北宋灭亡。开封辉煌的时代就此远去。

金贞祐二年（1214年），金宣宗将都城由中都（今北京）迁至南京（今开封）。

## ●明清时期

明洪武元年（1368年）三月，朱元璋攻下开封，改开封为北京作为陪都。洪武十一年（1378年）又撤销了开封的北京称号，并封五子朱橚（sù）为周王，镇守河南。此后开封一直是河南的省会，清代继之。

明崇祯十五年（1642年），李自成攻打开封，明军扒开黄河，开封城遭灭顶之灾，时城中37万人，仅剩3万余人。

石狮与古建筑

## ●近现代

清末开封辟为商埠，民族资本工业兴起，先后创办了机械、兵器、面粉、火柴、烟草等工厂。民国期间，开封为河南省会。

1938年6月，日军占领开封，省会西迁。次年3月，日伪河南省会由安阳迁来开封。开封被日军占领，沦陷达7年之久，受到了严重破坏。1945年日本投降，开封复为河南省会。

1948年开封解放，1954年10月，河南省会由开封迁往郑州。

# 北宋盛世，繁华东京

唐朝之后，中国进入了群雄割据的五代十国时期。后周恭帝显德七年（960年），后周大将赵匡胤发动陈桥兵变，建立了宋王朝，定都开封，称其为东京。此后，赵匡胤、赵光义兄弟用了二十年的时间，结束了五代十国的封建割据局面，开封也就此成为全国政治、经济、交通、文化的中心。开封（史称东京）作为宋朝的国都长达168年，历经九代帝王。

东京（今开封）城周阔30余千米，由外城、内城、皇城三座城池组成，当时北宋都市繁荣发展，市民阶层逐渐兴起，新市坊制业已确立，在宋徽宗崇宁年间（1102—1106年），这里人口已达140余万人，是当时世界人口最多的大都市。当时的东京，在“新声巧笑于柳陌花巷，按管调弦于茶坊酒肆”的城市商业文化活动中，节目品种繁多，充满生机，伎艺小唱、说书（讲史、小说、说浑话）、诸宫调、杂剧（包括散乐、杂班）、傀儡戏与影戏，这些普通市民群众喜闻乐见的通俗文艺形式种类繁多。

当时的开封宗教文化门类多、规模大、知名度高。有久负盛名的历代皇家寺院大相国寺、建于北宋供奉佛舍利的开宝寺铁塔、天清寺繁塔等，宗教门类齐全。大相国寺是开封历史上一座有名的寺院，我们在中国的许多优秀古典小说，如《水浒传》《西游记》中，都能找到与相国寺有关的故事。

北宋画家张择端绘制的巨幅画卷《清明上河图》，便生动形象地描绘了东京开封城的繁华景象。北宋也是继唐代以后科技、文化、艺术发展的又一鼎盛时期，创造了灿烂辉煌文明，对后世影响深远。

### 开封有个包青天

说到开封府，人们不能不想到包青天。古往今来，包拯已成为人们心目中正义和真理的化身。开封府也因此名垂青史，闻名四海。

宋嘉祐元年（1056年）冬，朝廷命包拯暂时治理开封府，他于次年三月正式上任，至宋嘉祐三年（1058年）六月离任，时间仅仅一年多。但在这短短一年多的时间内，他把传说中难治的开封府治理得井井有条。包拯在开封府执法严明，铁面无私，不畏权贵，贵戚宦官也不得不有所收敛，听到包拯的名字就感到害怕。他敢于惩治权贵们的不法行为，坚决抑制开封府吏的骄横之势，并能够及时惩办无赖刁民。不管男女老少都知道包拯的大名，称呼他为“包待制”。

宋嘉祐六年（1061年），包拯官至枢密副使，次年病逝于任上。“其县邑公卿忠党之士，哭之尽哀。京师吏民，莫不感伤，叹息之声，闻于衢路。”包拯死后，开封百姓为了纪念他的功德，在开封府旁建包公祠，历代修葺，香火供奉，敬若神明。

包公祠

后世有关包公断案的戏可谓千年不衰，最让百姓快意的戏剧便是“铡美案”，正气凛然的包拯不畏皇权，替天行道，用虎头铡铡了不可一世的陈世美。如今的开封府也成为去开封旅游的必到之地。

## 文化 CULTURE

### 工艺美术精品——汴绣

汴绣，也称“宋绣”，是开封历史上的一种著名刺绣。汴绣与苏绣、湘绣、粤绣、蜀绣合称为中国五大名绣。《东京梦华录》称赞汴绣“金碧相射，锦绣交辉”。

如今的汴绣继承了传统题材和工艺特点，借鉴了苏绣、湘绣等其他绣艺的长处，同时吸收了河南民间刺绣的乡土风味，在这些基础上大量针法进行了创新：既长于花鸟虫鱼和飞禽走兽，又善于山水图景，刻画的人物形象也非常细致传神。汴绣绣品既有苏绣雅洁活泼的风格，又有湘绣明快豪放的特点，从而形成了绣工精致细腻、色彩古朴典雅、层次分明、形象逼真的特色。

汴绣以绣制中国名画、古画著称于世，绣品古朴、典雅、细腻。目前，以绣制北宋画家张择端的《清明上河图》为代表作，还绣有五代顾闳中的《韩熙载夜宴图》、黄荃的《写生珍禽图》，还有唐代韩晃的《五牛图》、周昉的《簪花仕女图》、张萱的《虢国夫人游春图》、卢楞枷的《六尊者》等。此外，近代名家在传统的色调和针法基础上，创新整理出基本针法36种之多，如：枪针绣瓦、滚针、叠彩绣、席蔑绣等。工艺品种有单面绣、双面绣、双面异色绣、双面三异绣等。

### 朴实自然的朱仙镇年画

在开封的南隅，有一座叫作朱仙镇的古

朴小镇，因其拥有中国最古老的年画——朱仙镇木版年画而名扬天下。在历史上，朱仙镇年画与苏州桃花坞、天津杨柳青、山东潍坊杨家埠齐名，并称为中国四大年画。

朱仙镇年画历史悠久，素有“中国木版年画源头”之称。木版年画有文字记载的年代，可以追溯到北宋鼎盛时期。后来由于金兵入侵，宋都南迁，于是，东京（今开封）城里的年画作坊大都迁到城南朱仙镇落户。朱仙镇木版年画采用木版与镂版相结合的方法，水印套色，种类繁多，制作工艺十分讲究。

明清以来，朱仙镇一直是中原大地乃至全国的年画制售中心，具有完整设计、雕版、印刷、彩绘技能的作坊达300多家，每年销往全国各地的门神、财神、灶神、戏曲、神话以及佛、儒、道等年画上千万张，影响深远。

## “血统”纯正的北宋官窑

古城开封历史悠久，文化底蕴深厚。北宋官窑是宋代五大名窑之一，由宋徽宗创建于北宋宣政年间。北宋官窑不仅是我国历史上第一个由朝廷投资的“国有”窑口，其生产的官瓷也是第一种由皇帝垄断的瓷器种类。

北宋官瓷是唯一没有在市场上流通的瓷器，出身皇室的官瓷只供皇室专用，所以相对于其他民间私窑来说，北宋官瓷作品收藏和赏玩范围极小，仅限在帝王将相圈子内，成为古代一种尊贵和权势的象征。

北宋官瓷以简单凝练、釉色纹片开裂之俏作为其追求的至高艺术境界。其平淡含蓄、温润素雅的釉质，充分表现了艺术家祥和静美的内心意蕴。北宋官瓷釉质如冰似玉，其纯正、稳定和深厚的釉色，将中国青瓷艺术推到了一个令人仰视的艺术巅峰。

## 撂石锁，技艺和力量的完美组合

在开封一些景点内以及一些少数民族运动会上，有一项表演技艺非常引人注目，它叫作撂石锁，已经于2011年被列入第三批国家级非物质文化遗产保护名录。

顾名思义，“撂”有丢、扔的意思。其石锁由石头制成，呈长方体，形状就像古代的门锁。石锁的构造很讲究，不是随便凿凿就成的。整个石锁刻成后，前、后、底部的重量要配合得很好，如果重量、厚薄不均匀，翻转时就会受到限制。石锁把的粗细，要合使用者的手；把应稍低于头部，低的分寸要恰到好处，不然容易断。

其实，作为增强武术功力的训练器材，石锁能锻炼人的力量，还能锻炼身体的柔韧性、灵敏性、平衡性。

由于开封是北宋的故都，撂石锁也恰好在此兴盛，所以便在东大寺长期保留了下来。东大寺回民把撂石锁当成了游戏，当成了玩耍，并逐渐提高难度，琢磨新花样，将石锁玩成了绝活。几十公斤重的笨重石锁在他们手里显得轻巧异常。他们可以一个人练，也可以两人对练，还可以众人齐练，将石锁高高撂起，翻出打头花、托底花、云花（飘花），然后用拳头、肘、脚，甚至头去接着，接的花样有托塔、抱印、挂印、手托元宝、脚踢花篮、过桥、三指卧鱼，等等，花样之多，令人叹为观止。

官窑瓷器

# 景点推荐 开封城区景点

## 铁塔公园 AAAA

有“天下第一塔”之称

开封市顺河区解放大道北门

乘3路公交车可达

免费

铁塔公园位于河南省开封市城区的东北角上，是以现存的铁塔（开宝寺塔）而命名的名胜古迹公园，是中国100家名园之一。

铁塔是园内重要的文物，也是公园主要的景点，始建于北宋皇祐元年（1049年），素有“天下第一塔”的美称。铁塔高55.88米，呈等边八角形，共十三层。因为这里以前是开宝寺，所以该塔又称“开宝寺塔”，是中国现存年代较久的大型琉璃砖塔。塔身是用花纹砖所砌，上面雕刻有飞天、麒麟、菩萨、乐伎、狮子等花纹图案50多种，图案造型优美，神态生动，堪称宋代砖雕艺术的杰作，铁塔也因其卓绝的建筑艺术闻名中外。园内除铁塔外，还有竹园、梅园、赏心园等景点。

### 玩家解说

铁塔著称于世，除了因为其建筑风格独特，还源于这里供奉着西天极乐世界的使者——接引佛、缅中佛教友好的渊源见证物——白玉佛。宋王朝还在塔院设礼部贡院考试全国举子，民国时期冯玉祥曾在这里成立过河南佛学院，引领中原佛学盛事。

### 玩家攻略

来到铁塔游玩，一定要感受汴京八景之一“铁塔行云”。塔身里面砌着旋梯，人们可以顺着台阶直接登上塔顶。登到第五层的时候，可以看到开封市内的街景，登到第七层的时候能看到郊外农田和护城大堤，登到第九层的时候能看到如带黄河，登到第十二层的时候感觉就像直接登上了云霄。

## 包公祠 AAAA

### 包公断案生活的再现

开封市鼓楼区向阳路包公湖畔

乘8、10、14、16路公交车可达

30元

开封包公祠位于开封城西南碧水环抱的包公湖畔，是为纪念中国历史上著名清官包拯而建的祠堂。

包公祠是一组典型的仿宋风格的古建筑群。由主展区、园容景区和功能服务区三部分组成。主要建筑有大殿、二殿、东西配殿、回廊、碑亭、大门、二门等。建筑风格古朴，庄严肃穆。祠的东侧是灵石苑，由石雕、水榭构成，典雅别致。祠内还陈列有包公铜像，龙、虎、狗铜铡，包公断案蜡像，以及《开封府题名记碑》、包公正史演义等文物史料。

包公祠主殿

### 大殿

大殿中央是一尊包公坐像，高3米多，着蟒袍玉带，看起来威严端庄。包公坐像两旁陈列着历史文物，有包公墓出土的碗、盏、木俑和普通砚台等。在墙上能看到反映包公政绩的彩陶壁画，壁画边缘的龙凤图案是包公气魄和威严的展现。

### 东西配殿

东西配殿展示了很多有关包公断案的图画，如“包公掷砚”“陈州放粮”“怒打銮驾”“智铡赵王”等。东配殿展出包公的龙、虎、狗铜铡刀，这里还建有群体像，群组蜡像《铡美案》与真人大小一样，形象逼真。

**链接**

**包拯**

包拯，世称包公，又称包青天，是我国北宋时期著名的清官。他一生忧国忧民，刚正不阿，抑强扶弱，铁面无私，因为百姓伸张正义深受人们的尊敬与爱戴。自金元以来，开封就建有包公祠，以纪念这位先贤。

## 延庆观

### 中原第一道观

开封市鼓楼区观前街53号

30元

0371-23931800

延庆观位于开封市包公湖的东北部，是中国道教史上具有重要地位的宫观。

延庆观始建于元太宗五年（1233年），原名重阳观，是为了纪念道教中全真教创始人王重阳在这里传教并逝世于此而修建。明洪武六年（1373年）改名为延庆观。现在保存下来的只有玉皇阁部分。院里面的建筑呈中、左、右三路分布格局：中路是二进院落，从南到北依次是穿心殿、玉皇阁、三清殿；左路有六十甲子殿、八仙醉酒殿廊等；右路是重阳殿。

## 大相国寺 AAAA

### 中国第一座"皇家寺院"

开封市鼓楼区自由路西段

乘16、2路公交车可达

40元

8:00~17:00

0371-25665090

大相国寺坐落在开封市中心，是中国著名的佛教寺院，始建于北齐天保六年（555年），原名建国寺。唐延和元年（712年），唐睿宗为了纪念自己因为相王的帮助而登上皇位，将寺名更改为大相国寺。北宋时期，相国寺深得皇家尊崇，多次扩建，使其成为京城最大的寺院和全国的佛教活动中心。这里的主要景观是天王殿、大雄宝殿、藏经楼等殿宇。

### 天王殿

天王殿的结构是五间三门，飞檐挑角，盖顶由黄琉璃瓦构成，中间有一尊弥勒佛坐像，慈眉善目，笑逐颜开地坐在莲花盆上。佛像两边站着四大天王，他们个个怒目圆睁，威风凛凛，形象很逼真。北边是一片花园假山，景致幽雅。

### 大雄宝殿

天王殿往北便是大雄宝殿。大殿是重檐斗拱，雕梁画栋，金碧交辉。大殿的周围是青石栏杆，栏杆上面雕刻着几十头活灵活现、令人喜爱的小狮子。大殿里面供奉着释迦牟尼、阿弥陀佛和药师佛三世佛；三世佛背后是大型雕塑海岛观音，该雕塑形象地表现出南海观音普度众生的场面；大殿东西两壁供奉着十八罗汉。

### 罗汉殿

罗汉殿俗称"八角琉璃殿"，它结构奇特，属于八角回廊式建筑。殿内回廊中有大型群像"释迦牟尼讲经会"，五百个罗汉姿态各异，造型生动。罗汉殿中间，有一个木

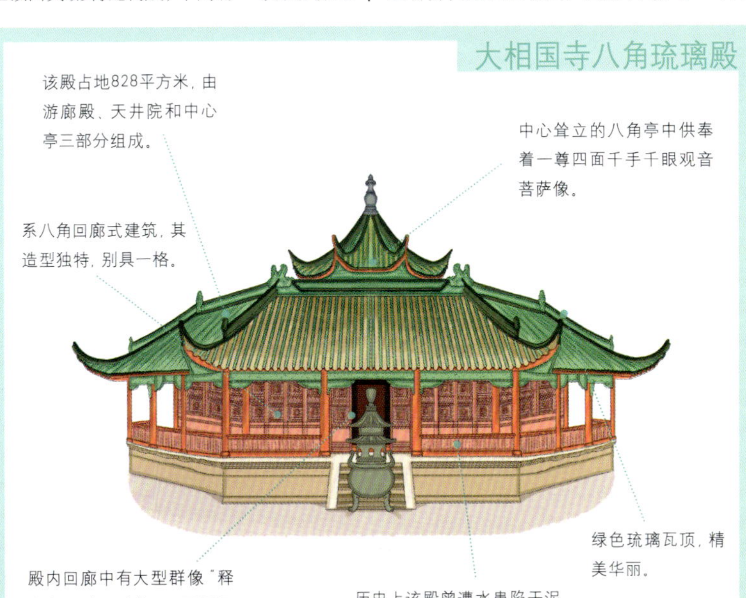

质结构的八角亭高高耸立，里面有一尊四面千手千眼的观音木雕像，千手千眼观音每面有6只大手，200余只小手，每只手心有一只慧眼，总共1000余只慧眼，故名“千手千眼”。

**玩家解说**

大相国寺创建于北齐天保六年（555年），原名建国寺。传说原为战国魏公子无忌——信陵君的宅院。后寺院毁于战火，唐景云二年（711年）重建。延和元年（712年），唐睿宗诏改寺名为大相国寺。到了宋朝，大相国寺作为京都最大的佛寺，因受皇帝崇奉，成为名动天下的皇家寺院。宋太宗、真宗均出资对大相国寺进行大修，寺内更是名僧辈出。

大相国寺里的千手观音是由一棵银杏树历经58年雕刻而成，堪称镇寺之宝。这尊雕像高达7米，像分四面，每面分四层，四面共雕手臂千余只，精美之极。

## 开封府 AAAA

### 北宋时期天下首府

开封市鼓楼区包公湖北路

7:30~19:00

65元

开封府是北宋时期天下的首府，它的名声驰誉天下，包龙图扶正祛邪、刚正不阿的美名和精神至今流传。如今开封府景区内共设府衙文化、道教文化、刑狱文化、帝王文化等9个展区。

这里建筑气势恢宏、巍峨壮观。开封府是按照北宋的营造法式建造，以正厅（大堂）、议事厅、梅花堂为中轴线，辅以天庆观、明礼院、潜龙宫、清心楼、牢狱、英武楼、寅宾馆等五十余座大小殿堂。

#### 文城墙

布置有精美的日晷、高表、漏壶和巨大的报时钟、报时鼓，不但再现了北宋开封府利用这些仪器计日报时的历史，也生动地反映了北宋“重文抑武”政策的影响。

#### 天庆观

一座很豪华的道观。在观内的三清殿和佑圣殿、福佑殿中，分别绘有表现北宋崇奉道教的巨幅故事壁画，整个庭院是一个巨大的太极八卦台，形象地反映了当时繁荣的道教文化。

#### 梅花堂

由齐民堂、东西配殿所组成。一些演义故事如“包公倒坐南衙”“包待制智勘灰阑记”在这里生动再现。景区内还有包公倒坐南衙办案时的蜡像。

#### 府司西狱

设有典狱房、狱神庙、死牢、男女牢房等景观，按北宋时期的状况，分别布置着雕塑、刑具以及各种反映当时狱政、狱务实际情况的场景，是宋代刑狱文化的缩影。

#### 府衙文化

由鸣冤鼓、戒石、大堂组成。大堂是历代府尹开堂审案的地方，大堂前面立着戒石，上面有太宗皇帝的戒石铭。

开封府

## 校场区

开封府举行重大节庆活动的场所。里面设有英武楼、军械库、马厩、演武场、大照壁等景观。该景点上午和下午有精彩的“包公宴请各国使臣”文艺表演。

## 潜龙宫

开封府的帝王文化区。潜龙殿内供奉有宋太宗、宋钦宗、宋真宗三位皇帝，在这里可以了解到一些奇异的故事，例如雪夜访赵普和潜龙井等。

### 玩家 解说

开封府正门外的照壁正中刻有一只似牛非牛、刚猛威武的独角怪兽，它的名字叫作“獬豸”，是传说中的神兽，它能够辨别是非曲直、善恶忠奸。

# 龙亭公园 AAAA

宋代皇宫后御苑旧址

- 开封市宋都御街北端
- 乘1、14路公交车可到
- 8:00~18:00
- 35元
- 0371-25660142

龙亭公园是六朝的皇宫，整个建筑群建

龙亭公园

在宋、金皇宫和明代周王府的遗址上。亭内南北500米长的中轴线上依次建有午门、玉带桥、嵩呼、朝门和龙亭大殿，既有北方建筑浑厚的气魄，又兼有南方建筑秀丽的风格。这里的景点还有风景秀丽的潘杨二湖、宋代蜡像馆、素有“中州一绝”美誉的植物造型园、梅苑、探古苑等景点。

## 龙亭大殿

龙亭大殿是宋代皇宫后御苑旧址的一部分，殿下高台是明代周王府花园中的土山。大殿坐北朝南，殿前是贯通上下的用青石雕刻的蟠龙盘绕的御道。御道东西两侧各有上下磴道和便道。龙亭大殿高26.7米，东西长19.10米，南北宽11.90米，殿里面的天花板上还绘着青云彩纹团龙图案，殿外面飞檐高翘，檐角上挂着风铃。

## 植物造型园

被称为“中州一绝”的植物造型园位于龙亭大殿后面。其占地面积0.5公顷，园内有用刺柏、侧柏等植物捆绑所成的各种动物造型以及飞机、火车、塔等模型，还有表现《西游记》《三潭印月》等故事的富有特色的造型。《九龙壁》《群虎扑羊》《熊猫乐园》《十二生肖》《百塔》《铁塔》《三潭印月》等，造型奇特逼真，手法细腻，修剪技艺精湛，画面栩栩如生。

## 盆景苑

盆景苑又叫芳林苑，位于植物造型园的西侧，占地面积0.45公顷，是公园内观赏盆景的地方。园内有树桩盆景、山水盆景数百盆。园内千姿百态、造型奇特、清秀淡雅的盆景让人赏心悦目，山石、水池、花架等的巧妙点缀，更让人流连忘返。

## 嵩呼

嵩呼位于午门和朝门之间，是一座小巧

玲珑、造型优美、装饰华丽的建筑。嵩呼也叫山呼，是清代开封地方官员到“万寿宫”对皇帝进行遥拜、三呼万岁的地方。中间的三间是穿心殿式建筑，透过穿心殿，可以看见朝门和龙亭大殿。这一层层建筑就像是空中楼阁一般。

**玩家 解说**

唐建中元年（780年），唐德宗李适在开封（现龙亭所在地）建永平军节度使治所，也就是藩镇衙署。随着时间的推进，五代中的后梁、后晋、后汉、后周相继将其改为皇宫。北宋开国皇帝赵匡胤陈桥兵变后，也把这里作为皇宫。金后期，统治者同样相中了这块风水宝地。明王朝的统治者更是大兴土木，修建了周藩王府。1925年这里改成了龙亭公园。1927年，冯玉祥二次主豫时，将这里改名为中山公园。1953年，这里被正式命名为龙亭公园。

## 天波杨府 AAAA

### 民族英雄杨业府邸

开封市龙亭区龙亭北路

乘1、15、60路公交车可达

40元

0371–22890007

天波杨府是北宋抗辽民族英雄杨业的府邸，位于开封城内西北角上、天波门的金水河旁，所以叫“天波杨府”。

天波杨府由东、西、中三个院落组成。中院是杨府官邸部分，有大门、照壁、钟楼、过厅、天波楼、配殿、后殿，殿里面有歌颂杨家将忠心报国的大型群雕和祭祀杨家将的孝严祠；西院是杨家花园，里面有亭、台、楼、榭、廊、山水、曲桥，一派江南园林风光；东院是校场，是骑马射箭、校兵练武的场所。

天波杨府

**玩家 解说**

杨家世代忠良，曾经大战金沙滩，力保大宋江山，是北宋的柱石之臣，可惜终被奸人所害。因为杨家将的忠心报国，宋太宗赵光义爱他们清正刚直、不善巧言谄媚的性格，敕建一座“清风无佞大波滴水楼”，赐予令公居住，并亲笔御书“天波杨府”的匾额，同时下旨，凡是经过天波府门前的满朝官员，文官要落轿，武官要下马，以表示对杨家的敬仰。

## 清明上河园 AAAAA

### 以绘画作品为原型的园林

河南省开封市龙亭区龙亭西路5号

乘1路公交车可到

120元

0371–25663819

清明上河园是以宋朝张择端的名画《清明上河图》为蓝本建造的一座大型宋代民俗风情游乐园。园内主要建筑有城门楼、虹桥、街景、店铺、河道、码头等。清明上河园作为集历史文化旅游、民俗风情旅游、休闲度假旅游、趣味娱乐旅游和生态环境旅游于一身的主题文化公园，突出体现了观赏性、知识性、娱乐性、参与性和情趣性等特点。这里集中展现了宋代诸如酒楼、茶肆、当铺的实景以及汴绣、官瓷、年画等现场制作场景；汇集了民间游艺、杂耍、盘鼓表演；还展示了神课算命、斗鸡、斗狗等旧时京都风情；还定时演出根据宋氏历史故事表演的“文包武杨”以及宋代婚礼习俗等节目。

### 拂云阁

拂云阁高31.99米，风格雄健端庄又不失娟秀舒展，是供放宫廷重要文件及国画书籍的场所，也是园内登高远眺的绝佳处。取名“拂云”，一是明示此阁高耸，轻拂白云；二

清明上河园

是暗含"吹拂红尘烟云，洗出清明世界"的意思。

## 宣德、宣和殿

两殿的造型一致，并且已经融为一体，远看就像是城楼，近看就如同皇宫一般，建筑结构精细，并且还有彩绘。两殿里面分别演出皇家皮影戏和编钟乐舞。

## 主题广场

走进大门，绕过一座前面有张择端站像、后面有清明上河图传奇故事浮雕的影壁，就是公园的主题广场。广场中央的池水中浮动着一只造型古朴的宋代木船，船上桅杆高耸，云帆高挂，象征着宋代繁忙的漕运和高超的造船技术。

### 玩家攻略

夜游项目《大宋·东京梦华》是大型水上实景演出，能使很多外地游客"一朝步入画卷，一日梦回千年"，真正领略到大宋时期的胜景。此外，园内定时表演的节目还有包公迎宾、杨志卖刀、林冲怒打高衙内、燕青打擂、李师师艺会情公子、王员外招婿、宋式民俗婚礼、编钟乐舞、马术、气功绝活等20余个。园中还建有大型宋代游乐场所，设置了荡秋千、荡宋船、知难而进、进退两难、平衡竞标等宋代民间娱乐设施。

### 链接

**《清明上河图》**

《清明上河图》是北宋宣和年间翰林张择端以东京开封为背景所创作的巨幅长卷风景画。

《清明上河图》用精致的工笔记录了北宋末叶、徽宗时代首都汴京（今开封）郊区和城内汴河两岸的建筑和民生。该图描绘了清明时节，北宋京城汴京以及汴河两岸的繁华景象与自然风光。作品以长卷形式，采用散点透视的构图法，将繁杂的景物纳入统一而富于变化的画面中，画中人物多达800余人，他们衣着不同，神情各异，其间穿插着各种活动。该图注重戏剧性，构图疏密有致，还十分注重节奏感和韵律的变化，笔墨章法都很巧妙。

该图真实而清晰地反映了北宋京都的社会风貌，描绘了汴河漕运的繁华景象。该图被举世公认为中国古典现实绘画的杰作，原图馆藏于北京故宫博物院。

# 宋都御街

## 展现宋代历史的商业街

开封市龙亭区中山路北段

乘31路公交车可到

宋都御街是1988年建成的一条仿宋商业街。

北宋时期，御街是东京（今开封）城南北中轴线上的一条通关大道，它从皇宫宣德门起，向南经过里城朱雀门，直到外城南熏门止，长达十余里。这是皇帝祭祖、举行南郊大礼的主要道路，所以叫作"御街"，也叫作御路、天街或者宋端礼街。御街的南面竖立

宋都御街

着一座高大的牌坊，前面各自立着一尊石雕大象，武士骑在上面，手拿长枪，肃穆威严。两侧的角楼对称而立，楼阁店铺鳞次栉比，店铺的匾额、楹联、幌子、字号均取自宋史记载，古色古香。这里的50余家店铺经营着开封特产、传统风味、古玩字画，各具特色。漫步御街，仿佛一步跨进历史，看见了昔日宋都的繁华景象。

### 玩家攻略

在全长500米的宋代御街上，开有50余家各具特色的店铺，经营开封特产、传统商品、古玩字画。售货员全部身着仿宋古装，漫步其中，仿佛一步跨进了北宋的都城。

## 矾楼

### 开封目前最大的仿宋游乐中心

开封市龙亭区宋都御街26号

乘1、150路公交车可到

25660243

矾楼，原名是白矾楼，后来改名叫作丰乐楼，位于宋都御街北端，是在1988年复建的一组庭院式仿宋楼阁。

相传矾楼是北宋东京七十二家酒楼之首，风流皇帝宋徽宗与京都名妓李师师常在此相会。矾楼由东、西、南、北、中五座楼宇组成，五楼相向，飞桥栏槛，明暗相通。整体建筑高低起伏，檐角交错，富丽堂皇。矾楼将吃、喝、游、乐、购融为一体，是开封目前最大的仿宋游乐中心。

## 山陕甘会馆

### 旅汴同乡聚会的场所

开封市内徐府街

山陕甘会馆始建于清朝乾隆年间，由居住在开封的山西、陕西、甘肃的富商巨贾聚资，在明代“开国元勋第一家”中山王徐达府的遗址上修建，是旅汴同乡聚会的场所。会馆由照壁、戏楼、钟鼓楼、牌坊、正殿和东西配殿等组成。会馆又叫作“公所”“同乡会馆”和“同乡会”。整个建筑布满了砖雕、石雕、木雕，堪称会馆三绝。

### 照壁

照壁，又叫作树屏、照墙、影墙，俗称“影壁墙”。照壁是中国建筑独有的形式。有的照壁放在大门里面，也有的放在院落的门前，其功能是作为建筑物的屏障，阻挡外人的视线，使他们不能对院内的东西一览无余，又可以作为人们进入院落前停歇和整理衣冠的地方。

### 戏楼

穿过甬道回首向南望去，是一座豪华的戏楼。戏楼又名歌楼，是过去节日、祭祀、还愿、祝寿用的。戏楼面阔三间，分前后两部分。前台是“乐床”，用作正式的演出，后台是“戏房”，专供演员化妆。清代时，每年的农历正月十三、五月十三、九月十三专门为祭祀关圣大帝演戏用。

### 钟鼓楼

戏楼的两边是东西对峙的钟鼓楼。钟鼓楼建于清道光十八年（1838年），高12.14米，小巧玲珑，秀丽异常。它的建筑形式为重檐

山陕甘会馆

歇山式，上面盖着绿色的琉璃瓦，正背面是行龙的花雕，两侧是鬼判系链。檐部的额枋是一幅《关公斩蔡阳》木雕画。

### 东西配殿

东西配殿也叫“庑”，每侧都有房屋八间，分南北两部分，都是硬山式建筑。东西配殿屋檐下边的额枋、斗拱、雀替、挡板、垂柱等，几乎遍布了木雕装饰。木雕内容丰富，题材广泛，有山川树木、花鸟虫鱼、亭殿楼阁、民间故事、人物传说等。

### 牌楼

牌楼又叫牌坊，是一种纪念性的建筑物。会馆牌楼是为了歌颂关羽的情操和品德而建的，所以木雕彩画的主题大多都以关羽为主。会馆的牌楼平面布局为三柱一组，三角鼎立，是六柱五楼三牌坊，就像鸡爪的样子，因而俗称“鸡爪牌坊”。各楼中央的前后两面悬挂近两米高的“大义参天”“流芳千古”圆领。牌坊四角楼下的走马板上，还分别绘制八幅关羽故事壁画。牌楼中间的两个柱子各有三块抱鼓石。

### 大殿

大殿是会馆的主体建筑，也是木雕装饰最集中、艺术成就最高的地方。大殿分三部分组成，其中拜殿挑檐至额枋宽1.7米，全部都是由木雕装饰的，一共分为7层：第一层是小蝙蝠；第二层是云形透雕花纹；第三层是二龙戏珠；第四层是祥禽瑞兽，如鹿、马、猴、羊、麒麟、大象、三羊开泰等；第五层是花草组成的图案，如荔枝、柑橘、仙桃、松竹、梅、兰等；第六层更让人眼花缭乱，有喜鹊闹梅、鸳鸯戏水、青蛙卧莲，还有蓉花、葵花、菊花、仙鹤等；第七层在宽约一尺的画面上刻着醒目的二龙戏珠、凤凰牡丹。

牌楼

### 玩家 攻略

会馆以欣赏建筑为主，什么季节参观并不是特别重要，关键是一天之中的哪个时辰去。看古建筑时最好有太阳斜射，才能体现出古今变换、时空穿梭的味道来。当然，有点小雪也是很有意境的。

### 玩家 解说

开封的山陕甘会馆建于清乾隆年间。明末的崇祯十五年（1642年），黄河水患导致了汴城被淹，直到清初的时候，开封城仍然是废墟一片。经过一百多年的休养生息，到乾隆年间，开封才日渐繁华起来，南来北往的客商也纷至沓来。起初是山陕两省的富商为了扩大经营，保护自己的利益筹结着同乡会，后又加入了甘肃籍商人，所以名字又叫“山陕甘会馆”。

## 翰园碑林 AAAA

中国书法名园

- 开封市龙亭北路15号
- 乘1、15路公交车即到
- ¥ 40元

翰园碑林坐落在杨家湖西畔，分碑廊、园林两大景区。

南部为园林，清新淡雅，景色迷人，瀑布喷泉跌宕，湖岛相映生辉。北部以碑廊建筑为主，古朴典雅、雄伟壮观的碑廊收藏了3700多块碑刻，碑廊长达3千米，被誉为“世界之最”。这些碑刻以书法艺术为主，集诗、书、画、印精华之大成，系统地表现了中国文字发展史和书法史，碑刻作品从殷商甲骨文开始，包括历代名碑名帖和著名书法家的代表作。这里设有历代书法碑廊、中山碑廊、现代书法碑廊、国际友人碑廊、绘画碑廊、篆刻碑廊、少数民族书法碑廊等十大碑廊，展现了中国书画艺术的源远流长和博大精深。

### 碑坛

碑坛是根据北京天坛而设计的一座圆形古典建筑，其外部材料全部采用白色大理石。碑坛四面均由31级台阶组成，分上中下三层，其中一层是穹顶形的大型展厅，最上层是8根蟠龙石柱撑起的重檐圆顶碑亭，并设有观光平台。观光平台中间竖有一通高达3.5米的石碑，名曰无字碑。

### 轩辕黄帝塑像

轩辕黄帝塑像是用花岗岩雕塑而成，高达18米，生动展现了黄帝的神圣庄严与崇高。塑像底座上，刻着“人文始祖轩辕黄帝”八个大字。基座台阶中央有七条蟠龙汉白玉浮雕，象征开封是七朝古都；基座玉石栏杆上的龙头浮雕，象征着炎黄子孙都是龙的传人。

**链接**

**中国翰园碑林之父——李公涛**

李公涛，中国翰园碑林创建人，被誉为当代“文化愚公”，河南巩义人。1985年李公涛先生带领全家，自筹资金创建中国翰园碑林，经过21年的建设，建成了占地8公顷、刻碑3700余块、融碑刻艺术与古典园林建筑为一体的大型文化主题园林，此举被国内外3000多家新闻单位连续报道了8000多次，碑林被誉为“中国最大碑林”“世界之最”，影响波及海内外。

## 开封市博物馆

### 开封市文物的摇篮

开封市郑开大道第六大街

乘坐K101路公交车可到

开封市博物馆总占地1.6公顷，主体楼7000余平方米，系“山”字形仿古建筑，单檐歇山顶，黄琉璃瓦覆盖，典雅凝重，宏伟壮观。

博物馆中心大厅共四层，正面展厅三层，两翼展厅二层，共有展厅13个，文物仓库面积1500平方米，馆藏文物5万余件，专业图书近5万册。在现在收藏的5万件藏品中，包括陶器、瓷器、铜器、书画、雕刻、石刻、货币、玉器、漆器、服饰及杂项等十八类，有“国宝”级文物数件，一级文物数十件，二级文物1000余件，有的是天下仅存，也有的是国内唯一，如石刻中的开封府题名记碑、嘉祐二体石经和女真进士题名记碑等都是珍贵的展品。

翰园碑林

景点推荐

# 开封近郊景点

## 万岁山森林公园 AAAA

融古典和现代园林为一体

开封市北郊

60元

0371-22026930

万岁山国家森林公园地处古城开封北门外西部，南含古城墙，北临东京大道，占地40余公顷。区景点主要有谷风松涛、秋林爱晚、疏林草地、松林石径、梅林花蹊、小溪秋色、百花闹春、竹影寻幽、古城墙览胜等。

## 朱仙镇

四大商埠重镇之一

开封市祥符区朱仙镇

在开封市乘306路公交车或专线车到达朱仙镇

免费

朱仙镇与广东的佛山、江西的景德镇、湖北的汉口同为我国古代的四大商埠重镇。该镇的木版年画历史悠久，是我国古代四大木版年画之一。

朱仙镇人文景观众多，文物古迹星罗棋布，有中国三大岳庙之一朱仙镇岳飞庙，有中国木版年画鼻祖——朱仙镇木版年画，有建筑风格奇特的朱仙镇清真寺，有古开封城遗址等名胜古迹。

### 岳飞庙

朱仙镇岳飞庙是中国三大岳王庙之一，始建于明成化十四年（1478年）。现岳飞庙前有秦桧以及他的团伙跪地谢罪的雕塑。

### 清真寺

朱仙镇清真寺初建于北宋太宗年间，重修于清乾隆九年（1744年）。整个寺院占地0.9公顷，在全国较大的清真寺中，其建筑风格和装饰都是罕见的。寺里面尚且保留着一座清嘉庆十年（1805年）的阿拉伯文碑，是河南省保存最完整的阿拉伯文碑。

## 木版年画博物馆

朱仙镇木版年画博物馆占地0.8公顷，建筑样式为具有北方特色的明清四合院。该年画博物馆是国内目前投资规模最大、功能最全的年画博物馆。该馆不仅全面展示朱仙镇木版年画的生产、制作工艺，还将展出江苏桃花坞、天津杨柳青、河北武强等地的精品木版年画。

**链接**

### 朱仙镇木版年画历史

朱仙镇的木版年画历史久远，起源于唐代，在宋代开始兴盛，明清时期达到鼎盛，到明末清初时，朱仙镇的木版年画作坊达到300家，年产量高达数千万张。朱仙镇木版年画进入民国后，由于多种原因，开始衰落，到20世纪70年代时几乎绝迹。朱仙镇的木版年画抢救工作是从1986年开始的，1986年成立的朱仙镇木版年画社担负起了对木版年画的挖掘、收集、整理工作。

朱仙镇墙画

# 黄河游览区

## 以黄河为主题的景区

开封市龙亭区柳园口镇黄河上

开封黄河柳园口水利风景区位于河南省开封市北郊，总面积约40公顷，以情系黄河为主题，设置了摇篮景区、秋实景区、黄河颂景区、密林景区和水上乐园景区。

黄河柳园口通过造景来体现华夏儿女对黄河的依恋之情和美好愿望，以柳园口现有的环境地貌为基础，以雕塑、展览馆、毛主席视察黄河纪念碑、镇河铁犀为主线，充分反映黄河文化和治河文化的内涵，并借助园林艺术和人造景观、绿色魅力和黄河天险，把自然风光、娱乐景观和黄河风土人情巧妙地结合在一起。

## 摇篮景区

景区周围有很多垂柳，草坪、花坛也交织得错落有致，与黄河母亲塑像相映生辉。沿林公堤向西走，便是著名的42号坝，这里树立着毛主席视察黄河的纪念碑，飞雁亭和六角亭在碑的两旁左右呼应着，造型别致，独具匠心。

## 密林景区

密林景区占地面积5公顷，景区内种植有30多种名贵的四季花木。当炎炎夏日到来的时候，高大的树冠遮天蔽日，仿佛是茂密的原始森林，置身林中，犹如置身于一个巨大的绿色氧吧。

## 水上乐园景区

黑岗口以黑池为中心的水上乐园景区，离黄河大堤最近处不到100米，通过黑岗口引黄闸将黄河水引到了黑池里，水面66公顷，水质清澈，水位稳定，水面波光粼粼，周围柳林成荫，环境静逸，令人心旷神怡。

# 开封黄河游览区

## 悬河奇观

✉ 开封市龙亭区柳园口镇黄河上

黄河游览区位于开封城北10千米，包括柳园口、黑岗口两处。

这段黄河河道，以“悬河奇观”闻名，有大堤、镇河铁犀、林则徐黄河堵口处、陈桥驿、黄河大桥等景点。在黄河游览区，不仅可以乘船游览黄河的壮丽景色，登大堤观赏悬河景观，还可到沿河两岸参观镇河铁犀、林则徐黄河堵口处、陈桥驿风景区等名胜遗迹，并参观开封黄河公路大桥。

# 禹王台公园

## 历史悠久的胜地

✉ 开封市禹王台区繁塔街

¥ 免费

禹王台公园位于开封市东南角上，占地约26公顷，是一座风景秀丽的园林。园内原有一土台，风景幽雅，绿树成荫。相传春秋时，晋国大音乐家师旷曾在此吹奏乐曲，故后人称此台为“吹台”。禹王台是古代梁园遗址，省重点保护文物单位。园内还有御书楼、三贤祠、禹王殿、水德祠、牡丹园、石榴园等景。

# 繁塔

## 古老的地上建筑

✉ 开封市禹王台区繁塔东街

🚌 乘15路公交车可到

¥ 30元

繁塔是开封市现存最古老的地上建筑，建于北宋开宝七年（974年），为国家重点保护文物单位。

仿木结构的砖塔，每块砖上都有雕像。三层大塔上有6层小塔，通高36米。繁塔是用不同的加釉灰色方砖砌成。每砖有一尺见方，一砖一像，有释迦牟尼、文殊、普贤、十二臂观音、十六罗汉等，个个形象鲜明、相貌迥异。在塔内各层的墙壁和磴道上，还镶嵌着琳琅满目的宋代石刻题记。宋代书法家赵安仁的精湛楷书是最引人注目的。

### 玩家攻略

塔南北皆有门，可进入塔里面，但南北两塔室却不相通。北室小，里面供有一尊菩萨。北室东西皆有楼梯，可以登塔，但从第一层却不能进入第二层的塔室，需出塔再绕塔身而行，由第二层北面小门进入。往上依次类推。繁塔内各层还镶嵌有各种碑刻200余方，碑刻以宋代为主。其中以宋代书法家洛阳人赵仁安所写的“三经”最为著名。

繁塔

北宋东京城遗址

# 北宋东京城遗址

## 北宋都城旧址

开封市区及西郊

960年，赵匡胤建立了北宋王朝，定都于开封，改名东京，由于历代兵火水患，古城现已全部淤没于地下，是国家保护文物。城址包括外城、内城和皇城，规模宏大，现遗址清晰可见。金明池为城内皇家园林，现遗址已被开发。

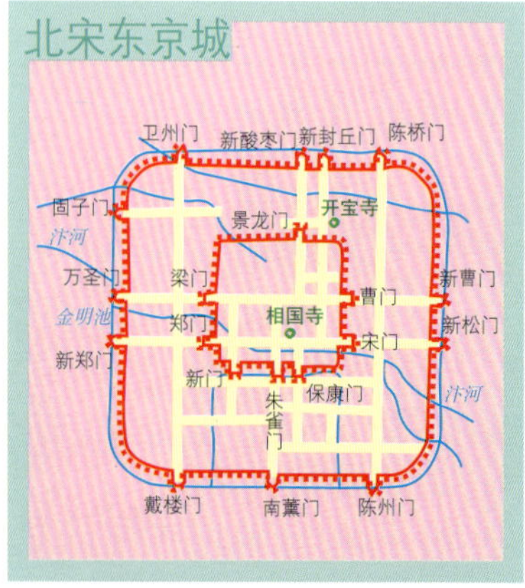


### 外城

外城又叫作新城、罗城，是东京（今开封）军事防御的第一道屏障。整个外城遗址呈南北稍长、东西略短的长方形，四墙与今开封城基本平行，全长29 120米。北宋时期，外城共有城门14座、水门7座，目前已探出的有南薰门、万胜门等10余座，西墙上的正门新郑门遗址的面积之大尤为罕见。

### 内城

内城又叫作里城、旧城，是在唐汴州城的基础上修建而来的，整个内城略呈正方形，它的南墙位于今开封城南墙北约300米一线，北墙位于龙亭大殿北约500米的东西一线，东、西墙叠压在今开封城东、西墙的下面，四墙总长约11 550米。

### 玩家解说

经过考古勘探发现，宫城内前半部的中轴线上有大型的夯土台基，台基正对内城和外城的南门，呈纵贯南北的中轴线。这种由外城、内城、宫城三重城构成的都城布局为元明清都城所仿效，对后世的城市建筑影响很大。

# 开封郊县景点

## 焦裕禄纪念园 AAAA

中轴对称纪念性园林

开封市兰考县城关镇北郊黄河堤顶上

8:30~17:30

免费

0371-26998766

焦裕禄纪念园（原焦裕禄烈士陵园）始建于1966年2月，2007年7月更名为焦裕禄纪念园。内有焦裕禄事迹陈列馆，主要介绍焦裕禄领导兰考人民根治“三害”的事迹。纪念园里面的主要纪念建筑物有革命烈士纪念碑、焦裕禄烈士墓、焦裕禄同志纪念馆等，是中轴对称纪念性园林。

### 纪念碑

纪念碑位于纪念园南部的中心，1993年5月建成。碑高19.64米（焦裕禄同志1964年逝世），碑正面镌刻毛主席手体“革命烈士永垂不朽”“访贫问苦”“查三害”，背面为碑记。纪念碑在四周苍松翠柏的映衬下，显得洁净无瑕。

### 墓碑

墓碑位于纪念碑北侧墓区最高处，由大理石雕砌而成。碑高2.75米，正面镌刻着“焦裕禄烈士之墓”，墓盖由汉白玉外镶。墓区广场2100平方米，平整又开阔。

### 纪念馆

纪念馆处于墓区的西侧，为现代化新式建筑，1994年4月建成，建筑面积2100平方米。馆内分序厅、展览厅、贵宾室和放映厅等主要组成部分。序厅的正面立着焦裕禄半身铜像一尊。

**链接**

**人民的好干部——焦裕禄**

焦裕禄（1922—1964），山东淄博市博山区崮山乡北崮山村人，解放战争时期，他带领民兵参加过不少战斗。解放战争后期，焦裕禄随军离开山东，到了河南，被分配到尉氏县工作，一直到1951年。1953年6月，焦裕禄响应党的号召，被调到洛阳矿山机器制造厂参加工业建设，直到1962年。1962年焦裕禄从尉氏县调到兰考县，先后任县委第二书记、书记。

## 张良墓

### 西汉开国功臣之墓

兰考县三义寨乡曹新庄火车站南侧

张良墓是西汉初年著名的政治家张良之墓。张良墓位于兰考县城西6千米的白云山上，相传那里是张良隐居的地方。周围松柏苍翠，绿草如茵，环境十分清幽。墓冢高10米，周围长100米，保护区面积35 000平方米。

**链接**

**张良**

张良（约前250—前185年）字子房，战国末期韩国（今河南颍川）贵族。张良原姓姬，其祖父和父亲先后给韩国的五任君王当过国相。秦灭韩后，杀其家族三百余人。张良曾倾全部家财寻求刺客刺杀秦始皇报仇，没有成功，后响应陈胜吴广起义来反秦，归附刘邦，成为刘邦身边重要的谋士。晚年隐没在深山之中，热衷道家修炼功夫。前185年，张良去世，谥号文成侯。

## 兴国寺塔

### 历史悠久的宋代佛塔

开封市尉氏县城关镇大东门外，尉氏饭店院内

兴国寺塔是始建于宋代的一座佛塔。兴国寺塔修建于北宋太平兴国年间（976—984年），距今已经有1000多年的历史。1963年，古塔被确认为河南省第一批重点文物保护单位。兴国寺塔为重檐楼阁式六角砖塔，地面以上高8层，约30米。塔身青灰色，呈六棱形，重檐楼阁，整个塔身外观看起来庄严淳厚，刚毅挺拔。古塔是砖塔，塔身内外均用青砖砌筑。塔体内外壁均镶嵌有砖雕佛龛。

兴国寺塔

**玩家 解说**

兴国寺是我国佛教寺院常用的名字，有寺必有塔，所以其塔也名兴国寺塔。目前，许多古寺因各种原因坍毁，而塔常常保留下来。兴国寺塔分布较广，有：河南省尉氏县兴国寺塔、江阴市兴国寺塔、河南省鄢陵县兴国寺塔、河北省博野县程委乡解村兴国寺塔、山东高唐县兴国寺塔。这些塔都是佛教发展变化的见证。

**链接**

**紫铜钟**

紫铜钟，又名宋铜钟，原挂于尉氏县县城东关兴国寺内，与兴国寺塔同为该寺重要设施和组成部分。宋真宗咸平二年（999年）岁次己亥十一月二十八日铸。铜钟身高五尺五寸，围一丈一尺，厚二寸五分，八齿，形式浑厚，工艺精良。

## 康王城

### 宋代军队屯兵的遗迹

开封市尉氏县庄头乡鸡王村

康王城，即康墙，又名鸡城。该景点已经被河南省列入第五批重点文物保护单位之中。康王城存在于东周到宋代，相传，北宋末期的康王赵构利用这个古城来抵抗金兵，所以取名叫作“康王城”。

## 吕蒙正墓

### 纪念名臣的墓碑

开封市尉氏县朱曲乡小寨村

吕蒙正是北宋时期的名臣，其墓位于尉氏县朱曲乡北二里小寨村内。冢高约20米，直径66米。墓的周围有小寨，墙高三丈，这里春秋季节的风景有“吕祠爽秋”的美誉，已经被列入洧州八景之中。在吕蒙正墓的南面约500米的地方，立有“吕蒙正养晦处”石碑。

# 攻略资讯

- 交通
- 住宿
- 美食
- 购物
- 娱乐

河南开封

## 交通

开封，距离省会郑州仅70千米，城市里的交通非常发达，开封市内的公路、铁路、民航交通十分便利，陇海铁路、国道310、国道106贯穿开封全境。此外，开封至郑州、洛阳、三门峡、商丘有高速公路相连，构成郑、汴、洛黄河三点一线黄金旅游线路。

### 飞机

开封没有机场，可去新郑机场乘坐。开封距离郑州新郑国际机场70千米，车程约55~75分钟。郑州新郑机场开辟有国内主要城市的航线，并与香港、曼谷有定期包机。

### 火车

开封地处中原，交通便利，这里有跨越我国东西部的主干铁路——陇海铁路途经开封站。从开封向西可到达郑州、洛阳、西安等地，向东可到达江苏徐州等地。开封距郑州70千米，距商丘150千米，由此中转经京广、京九铁路可达全国各地。开封市中山路南段 市内1路公交车可到

### 汽车

开封有3个比较大的汽车站。

开封街景

开封火车站

**汽车中心站：**位于河南省开封市禹王台区新门关街2号，开封市内多条公交线路均可到达汽车中心站。☎ 0371-25653755

**汽车西站：**位于开封市迎宾路8号，可乘1、4、7、9等路公交车前往该站。☎ 0371-22021708

**汽车北站：**位于开封市龙亭区开封高铁北站前广场。☎ 0371-2062371

## 住宿

作为一座著名的旅游城市，开封拥有一批较为优秀的宾馆和饭店，这些宾馆设施先进、服务优良，是游客们理想的下榻之所。除了高档宾馆，开封还有一批价格适中、安全卫生的中档旅馆可满足不同游客的需要。

开发区位于开封西边，因为开封的城区面积不大，不会离老区及主要景区很远，坐车15分钟左右就可以到达老城。这里有两家开封最好的酒店——开元名都大酒店和中州国际饭店，服务较好，价格较贵。

开封的主要景区都在老城区，老城区交通方便，夜市小吃也多，三星以下酒店很多，价格相对便宜，还有一些价格更为实惠的宾馆。

### ●开封开元名都大酒店

该酒店是一家五星级酒店，位于开封市金明广场旁边，这里是集住宿、餐饮、娱乐、商务、旅游于一身的星级会议度假型酒店，拥有很多湖景客房，餐位1300多个，有健身房、游泳池、室内外温泉等娱乐设施。酒店毗邻郑开大道，到省会郑州仅需半小时车程，距新郑机场50分钟路程，开车前往开封市内各旅游景点都不超过15分钟，地段优越，交通便利。✉ 河南省开封开发区大梁路人民检察院对面 ☎ 0371-23716668

### ●河南金源大酒店

河南金源大酒店是一家四星级酒店，它紧挨着美丽的古城墙公园、开封火车站和长途汽车站，是按照国际标准建造的商务酒店。酒店拥有总统套房、豪华商务套房、标准客房、大床单人客房。在这里，游客还可以享受极品燕鲍翅及川粤豫菜。✉ 开封禹王台区大庆路2号 ☎ 0371-23975555

开元名都大酒店

# 美食

开封的饮食文化源远流长，是中国十大菜系中“豫菜”的发祥地。开封菜以独特的汴京风味成为豫菜的代表之一。开封的诸多佳肴中，最吸引人的有“又一新”的名菜名点、开封锅贴、羊肉炕馍等。

## 美食小吃

### ●又一新

“又一新”饭庄历史悠久，其名菜、名点数千种，如扒燕菜、扒猴头、白扒熊掌、鲤鱼焙面、鲜花饼、萝卜丝饼、切馅烧卖、鸡丝卷等。近年来，又挖掘恢复了假鼋鱼、黄雀炸、炉焙鸡、盘兔、莲花馅饼、五香糕等一批宋代菜点，使特色传统菜肴锦上添花。

### ●小笼灌汤包子

开封历史悠久的名点之一。它是由北宋时期有名的“山洞梅花包子”演变而来，至今已有近千年的历史，以小巧玲珑、皮薄馅多、灌汤流油、鲜香利口而驰名。

### ●江米切糕

江米与白糖、蜜枣、青红丝一同蒸制，上盘时浇兑用山楂、玫瑰、桂花煮制的蜜汁，入口绵软香滑，甜酸可口。

炒凉粉

江米切糕

### ●羊肉炕馍

烙饼中加以碎羊肉末、孜然等物，用羊油炕制而成，成品焦香，别有风味。

### ●炒凉粉

凉粉以红薯或绿豆淀粉打制而成，佐以豆酱、葱、姜、蒜，用香油炒制而成，入口鲜香嫩滑。凉粉滑嫩不碎，素有“凉粉管炒”之美誉。

### ●开封锅贴

开封锅贴是闻名的风味小吃，其中，稻香居的锅贴以其选料严谨、制作精细、品质优美而闻名古城。成品皮焦馅嫩，色泽金黄，鲜美溢口。鼓楼夜市有一家专卖馄饨锅贴的，味道很正宗。

## 美食去处

**第一楼：**想吃正宗的开封小笼包子，首选第一楼，它位于闹市鼓楼附近的寺后街行宫角。此外，熟门熟路的人会去黄家小笼包子馆，黄家小笼包子馆也有几家分店，宋都御街有一家，西门大街也有一家，价格相对实惠。

# 购物

到开封旅游，除了开封汴绣、官瓷、朱仙镇木版年画可以令人一饱眼福之外，当地的土特产品如汴梁西瓜、酱红萝卜、五香豆腐干、花生糕也是开封一大特色，在开封鼓楼商业区的商场以及超市中都可以买到。

开封市商业区可以分为市中心商业区、东郊商业区、南关商业区、西郊商业区，其中以市中心商业区最为繁华。市中心商业区集中了开封主要的大型购物商场、商业街。鼓楼广场是市中心商业区的核心，位于开封市中心的自由路西段，从北宋时期开始这里一直是开封的繁华地带，现为豫东地区最大的商品集散地。

### ●酱红萝卜

是产自开封杞县的一种咸菜，素有“杞国酱菜”之称。它选用杞县坡吴村种植的优

花生糕

朱仙镇豆腐干

质红萝卜，用传统秘方腌制而成。成品色泽鲜红，咸中透甜，酱香浓郁。

### ●花生糕

开封盛产花生，以花生为原料制作的花生糕独具地方特色。花生糕由精制花生粉、白糖、饴糖等料配制而成。成品色泽淡黄，为多层疏松片状，食之入口松脆，香甜利口。

### ●兰考泡桐

兰考县泡桐材质轻柔，结构均匀，不翘不裂不变形，耐蚀耐腐耐高温，是制家具、模型、乐器的上乘材料。经北京乐器研究所对全国十几个地区桐木板材的研究鉴定后，兰考泡桐被确认为全国制作古筝、琵琶面板等乐器的最佳材料。

### ●朱仙镇豆腐干

朱仙镇五香豆腐干原名“五香茶干”。朱仙镇五香豆腐干选用开封优质黄豆、古泉水为原料，先制成质地细腻，洁白柔嫩的豆腐，然后再配上大茴、桂皮、花椒、丁香、豆蔻、砂仁、良姜等14种调味品，经过卤制后风干而成，该成品皮油黑、肉棕黄、清香可口。

# 娱乐

开封既保留有传统的民间娱乐，也有丰富的现代化娱乐设施。对于来开封的游

客来讲，最值得光顾的娱乐场所就是茶楼了，娱乐休闲的地方还有迪吧、KTV、酒吧、桑拿店、美容店、美体店、电影院、音像店、书店等。

## 开封斗鸡

从北宋至近代，开封斗鸡活动一直盛行于民间。在今日的开封，斗鸡是一种很普遍的民间娱乐。每年农历正月初二，是斗鸡比赛的日子。除了正月初二外，二、三、四月的比赛时间都不固定，一般都选在月初第一个星期天。届时，人们会选择品种优良的斗鸡，根据它们那种倔强、不服输、越斗越勇的特性，观看一场精彩的角逐。

## 开封茶楼

王大昌茶庄(五一路店)，位于开封市禹王台区五一路75号。

八马茶业(大观茶城店)，位于开封市龙亭区晋安路东段皇宋大观茶城A1018。

☎ 0371–25610777

红色健康无果枸杞芽茶店，位于开封市龙亭区晋安路26号皇宋大观内茶城A1106。

☎ 0371–22685858

## 节日和重大活动

| 节日 | 地点 | 时间 |
|---|---|---|
| 东京禹王大庙会 | 开封东门内广场 | 3月底至4月下旬 |
| 菊花花会 | 开封市 | 10月18日至11月18日 |
| 开封民俗文化节 | 开封清明上河园 | 正月十五前后 |

开封菊花

发现者旅行指南

# 商丘

# 概览

## 亮点

### 商丘古城

商丘古城是一座独具特色的“阴阳五行八卦城”，其独特的风格、优美的造型、完善合理的结构，在古代建筑中可谓独树一帜。

### 芒砀山文物旅游区

芒砀山拥有规模宏大、品位极高、令人叹为观止的西汉梁国王陵墓群，其中梁孝王王后墓长210米，是迄今国内发现的最大石室陵墓。

### 必逛街道

**商丘凯帝广场商业街：**该商业街位于商丘古城北关，紧临市区主干道凯旋路，东西两头有1万多平方米的两个休闲广场和1.5万平方米的安奇乐易购物广场，是市民休闲、购物的最佳场所。这里聚集着国内外一线商业品牌，是商丘市的一条高端精品街。

## 线路

### 黄河故道生态二日游

第一天，可以到申甘林带细细观察这里的奇珍异树，然后到凤城湖旅游区，再到白云禅寺旅游区，细细领略清代建筑白云禅寺，最后到吴屯特种养殖园观看种植的植物。

第二天到刘口黄河故道自然风景保护区，观看这里大自然的天然美景。

### 古城、汉墓二日游

第一天要到商丘古城旅游区好好转转，然后到三陵台，感受一下这里的人文气息；再到刘口黄河故道自然风景保护区，感受一下大自然带给人们的怡然美景；最后到毛主席视察黄楼纪念馆，了解毛主席当年视察的情况。

第二天，踏上古代旅途的征程，可以先后选择游览伊尹墓园景区、木兰故里景区、孔子还乡祠、陈官庄淮海战役纪念馆、西汉墓群等。

芒砀山

### 古城、名刹二日游

第一天去商丘古城旅游区，这里的古城北门、壮悔堂、四合院、南城湖、张巡祠、八关斋、阏伯台都会让人找到古代商丘的历史印迹；再到刘口黄河故道自然风景保护区参观。

第二天主要是风景游，可以到宁陵万亩梨园、凤城湖旅游区、白云禅寺旅游区，这些地方是拍照留念的最佳场所。

## 为何去

商丘是中华民族的发祥地之一。她历史悠久，人杰地灵，文化灿烂，博大精深。早在传说中的五帝时代，颛顼、帝喾就曾在此建都。悠久的历史、灿烂的文化给商丘留下众多的人文景观。

张巡祠

## 何时去

商丘位于河南、山东、江苏、安徽四省交界处，这里四季分明，气候温和。春季温暖大风多，夏季炎热雨集中，秋季凉爽日照长，冬季寒冷少雨雪。到商丘旅游，最佳时间当是春秋两季。此时，到刘口黄河故道自然风景保护区、凤城湖旅游区、宁陵万亩梨园等自然风景区，都可以感受到不一样的山间风情。

山水一色

商丘古城

# 区域解读

区号：0370

面积：约10 658km²

人口：约782万人

## 地理 GEOGRAPHY

### 区划

商丘下辖两个区（梁园区、睢阳区）、一个县级市（永城市）、六个县（柘城、虞城、夏邑、宁陵、民权、睢县）、一个功能区（市城乡一体化示范区与经济技术开发区合署办公）。

### 地形

商丘地处华北平原南端，地貌按其成因和形态类型的特征，分为黄河冲积平原、淮河冲积平原、剥蚀残丘三大类型区，主要为黄河冲积平原区。平原面积占全市总面积的99.24%，其余极少部分为山丘地形。

商丘属淮河流域，分属洪泽湖、涡河、南四湖三大水系。境内流域面积在1000平方千米以上的骨干河流有涡河、惠济河、沱河、黄河故道、浍河、大沙河等。河流大多呈西北东南流向，大致平行相间分布。

### 气候

商丘属暖温带半湿润大陆性季风气候，气候温和、四季分明，主要特点是春季温暖大风多，夏季炎热雨集中，秋季凉爽日照长，冬季寒冷少雨雪。像中原地区大多数城市一样，商丘是个适宜四季旅行的城市。

## 历史 HISTORY

### 历史大事记

**●春秋战国**

春秋时期，诸侯大国争霸，兼并战争频仍。前651年，齐桓公以春秋五霸之一的地位，在葵丘（今民权县林七集黄河故道北岸）盟会诸侯，此后各诸侯国得以休养生息。这次会盟史称“葵丘会盟”。

前638年，宋襄公出兵伐郑。楚庄王闻讯，率兵攻宋救郑。两军在宋国境内的泓水

“商”字雕塑

商丘古城高楼

（今河南省商丘市柘城县慈圣镇）相遇，宋襄公以强调“仁义”治军，不听谋士劝告，两次错失良机，致使全军覆没，自己身负重伤，不治而死。“宋襄公之仁”典出于此。

## ●汉唐时期

汉景帝前元三年（前154年），西汉发生吴楚七国之乱，以吴王刘濞、楚王刘戊为首的大军攻打睢阳（今商丘），企图打通西进京都长安之路。梁孝王拥兵10万，死守睢阳城3个月。平定七国之乱后，梁孝王受汉景帝嘉赏，受封梁国，睢阳为梁国的国都。

唐天宝十四年（755年），唐朝发生“安史之乱”。757年正月，叛将安禄山部下尹子奇率10万大军攻打睢阳。睢阳守军5000余人依靠睢阳坚固的城池，与敌激战数百次，坚持了半年之久。最后，弹尽粮绝城破。

## ●宋元明清

北宋时期，商丘为北宋陪都。社会经济发展迅速，商业繁荣。

北宋靖康二年（1127年），康王赵构在金兵的威逼下，逃至陪都南京（今商丘睢阳区古城南），在南门外举行登基大典，继皇帝位。

明嘉靖三十二年（1553年），柘城县远襄集北师家庄人师尚诏率领农民起义，仅40余天队伍就发展到数万人。农民军首克归德府，继克睢州、许州，在豫东一带产生很大影响。这是明代河南省最大的一次农民起义。

明嘉靖十六年（1537年）夏，黄河在今商丘市梁园区李口乡南岸决口，河水泛滥，灌归德府城（今商丘古城），直至嘉靖十九年（1540年）冬，城内才退水。其后河水漫流，归德府一带灾害连年。至清咸丰五年（1855年），黄河水向北迁徙以后商丘一带才少有黄河水灾。

明崇祯八年（1635年）和十五年（1642年）明末农民战争，李自成率部两次攻打归德府，第一次失败撤离，第二次攻破城池，取得胜利。

商丘古城墙

## ●近现代

1930年5月，中原大战在商丘拉开战幕。先后历经商丘之战、民睢之战、睢杞太边之战、民考曹边之战、商宁之战等激烈战斗，至10月6日蒋介石军队攻占郑州，中原大战基本结束。商丘全区地处陇海战区主战场，遭受战火摧残，民众深受其害。

1948年11月30日，淮海战役第三阶段总决战在商丘打响，此役活捉“剿共”副司令杜聿明，击毙第三兵团司令邱清泉等人，淮海战役就此结束。

1915年，陇海铁路修竣穿越商丘。1996年，北京至香港地区九龙的京九铁路全线建成通车，在商丘站与陇海铁路交会，使商丘成为中原地区一个新的大型交通枢纽。铁路的修建对促进商丘经济发展起到巨大作用。

## 钻燧取火，点燃华夏文明火种

商丘有火神台、火文化广场以及众多与火有关的表现形式。这座城市有着深邃的火文化历史，这里是中国火种的发源地。

具有五千年文明史的中华民族，素有尊崇鼻祖的历史传统，对火的发现者和为人类保存火种的人十分崇敬。商丘既是火祖燧人氏的故地，又是火神阏伯的故里。由于燧人氏是传说中发明火的第一人，故人们把他称作“火祖”。同时又传说燧人氏诞生于商丘，其一生多活动于商丘一带。燧人氏的墓地被后人尊称为燧皇陵，坐落在商丘市西南。巨大的墓冢前有著名史学家俞伟超所题的燧人氏陵石碑，神道上有燧人氏石雕像以及石人、石马等石像。

商丘市区风光

燧人氏陵东侧有一座土造高台，名阏伯台，又称火神台，传说是祭祀火神阏伯的。据史料记载，阏伯为上古五帝之一帝喾高辛氏之长子，被帝尧封为火正，负责保管火种与祭祀火星。阏伯除了本职工作掌管火种之外，他还是一位伟大的天文学家。阏伯被封为火正后，曾居于阏伯台上，保存火种，管理与火有关的事务，兼理观星计时之事，死后葬于此，故后人将此台称为阏伯台或火神台。火祖燧人氏钻燧取火和火神阏伯保留火种这两则神话与传说，如今在社会上广为流传。

商丘火神台的火神祭祀历史悠久、影响较大，负载有较丰富的文化内涵。这里的祭祀具有文化上的独特性，包含着中华民族文明演进的历史信息。自1万年前第一束被中华民族所利用的火种在这里诞生后，文明之火迅速燃遍华夏大地。

## 三商之源、华商之都

商丘的“商”字，源于商丘是商部族的起源地和聚居地、商朝最早的建都地、商人商业商文化的发源地，商丘因此被誉为“三商之源”。

商人发源于商丘，商族的先族东夷人活动在商丘一带，商业起源于商丘。后来，阏伯之孙相土首先发明了马车，六世孙王亥又发明了牛车。这便是史书上“立皂牢，服马牛，以为民利”的记载。农牧业的迅速发展，使商部落很快强大起来，他们生产的东西有了剩余，于是王亥在商丘服牛驯马发展生产，

玄鸟雕像

用牛车拉着货物，到外部落去搞交易，开创了华夏商业贸易的先河。久而久之，人们就把从事贸易活动的商部落人称为“商人”，把用于交换的物品叫“商品”，把商人从事的职业叫“商业”，由此而衍生的文化称为“商文化”。一切关于“商”的词汇大多在此衍生，王亥也被誉为“商业始祖”。

## 衣裳之会、葵丘会盟

葵丘，位于商丘市民权县城东偏北17.5千米的林七乡南。这个在地图上几乎找不到的豫鲁两省交界处的小地方，历史上却发生了一件重要的大事件——葵丘会盟。

春秋初年，齐已成为东方最为强大的诸侯国，齐桓公也成为中原地区的霸主。此时，南方和北方的少数民族不断入侵中原，中原诸国人民深受其害。在这种情况下齐桓公以“尊王攘夷”为号召，尊奉周王为中原之主，抵御北方游牧民族。前662年，齐桓公救邢驱狄。两年后帮助亡于狄人的卫国复国。齐桓公这一系列举动使得他在诸侯各国的威信大大提高。这时，南方的强楚不断北侵，威胁中原。前656年，齐桓公率齐、鲁、曹、卫、宋、陈、郑、许八国军队伐楚，陈兵召陵（今河南漯河市郾城区）。楚见齐军势盛，乃派人言和，在召陵订立了盟约。后来，周王室发生纠纷，齐桓公又帮助太子姬郑巩固了地位。太子即位后，为报答齐桓公，特派使者把祭祀太庙的祭肉送给齐桓公，算作一份厚礼。齐桓公趁此机会，于前651年，在宋国的葵丘即齐国的南界会合诸侯，招待了周天子使者。

# 文化 CULTURE

## 穿越千年的木兰文化

“唧唧复唧唧，木兰当户织……”这首脍炙人口的北朝民歌《木兰辞》已经流传了一千多年。殊不知，早在唐朝初期，在商丘虞城县营廓镇小魏庄（今大周庄村），一座古雅的木兰祠就被树立起来，“木兰姑娘”的故事也被当地乡民念念不忘，称颂至今。

据考证，木兰祠始建于唐代，金代泰和年间重修大殿、献殿各三间，并重塑了花木兰像。至元代元统二年（1334年）重修扩建。清嘉庆十一年（1806年）修祠立碑。由于历代重修，祠宇占地1公顷，祠地约30公顷，住僧人十余人。可惜，这座古雅祠宇，于1943年毁于战火，只剩下石碑两通，碑文详细记载了木兰身世、英迹和历代修祠情况。

来到商丘的虞城县，您会惊异于如此多

的“木兰”符号，木兰雕塑、木兰文化广场、木兰中学、木兰火车站、木兰宾馆、花木兰度假村、花木兰产业集团、花木兰民兵连、木兰巨型雕像等。群众集会，热热闹闹地敲的是木兰鼓、耍的是木兰扇、舞的是花木兰舞龙队……虞城县也被中国民间文艺家协会命名为“中国木兰之乡”。

## 商丘腔调——四平调

商丘人爱听戏、爱唱戏。随便一个过路人都可以哼上几句，特别是四平调。

四平调是在商丘诞生、为商丘所独有并仅存于商丘的地方戏，是商丘文化和戏曲的“特产”。四平调由豫东花鼓演变而来，在长期演出中，它吸收了评、越、吕等剧种的部分唱腔，通过各类板式的丰富表演，形成了节奏朴实、曲调优美、抒情缠绵、四平八稳的独特风格，所以叫四平调。

花鼓最初为艺人腰挎小鼓单唱或二人分扮男女对唱，演唱者兼奏锣鼓。1943年，民间艺人邹玉振、王汉臣等请来豫剧弦手杨学智，苦心琢磨，反复试验数月，终于确定用六棱二胡等乐器担任伴奏，在花鼓“平调”基础上，借鉴京剧、评剧、豫剧、曲剧、二夹弦等剧种创立了唱腔。四平调一出现便在豫鲁苏皖四省交界地带迅速唱响。

## 东西南北中，好酒在张弓

“东西南北中，好酒在张弓。”早在十几年前，这句广告伴随相声大师马季的笑容，使张弓酒名扬天下。如今，商丘人待客喜欢说“不喝张弓酒，不算到商丘”。

张弓酒的故里是宁陵县张弓镇（旧称张弓集），始于商，兴于汉。历史上张弓酒的兴盛有其社会和自然条件两方面的原因。张弓镇自古以来既为水陆两栖码头，又是豫东著名的货物集散地。夏、商、西周时期，葛伯国在那里定都，这里流传着葛伯氏部族的后裔用玉液祭祖敬天的传说。春秋时期，张弓镇

张弓酒

非常繁华，商贾云集，作坊林立，酒幌飘动，酒气升腾，有“无风三里香，有风香十里”之说。西汉末年，刘秀册封张弓酒为宫廷御酒。张弓镇作为商业活动和社会活动的一个中心、人们聚集的一个重要场所，理所当然地会促进酿酒业的发展。

另外，张弓镇地处古代运粮河岸边，这里土质肥沃，适于作物和各种微生物的生长。这儿自古没有任何污染源，水质醇厚、清冽。在古代，张弓镇这个地方盛产酿酒的主要原料高粱和小麦，具有得天独厚的酿酒资源和自然优势。历史上，张弓镇家家都有酿酒作坊，并以其浓香、味醇而闻名，素有“酿酒名镇”之称，享有“古老酒镇”之誉。

# 景点推荐 商丘古文化旅游区 AAAA 城

商丘古文化旅游区以商丘古城为依托，面积为1260公顷，明代“归德府城墙”和“宋国故城遗址”分布在这里。商丘古城现为中国保存完好的古城之一。

旅游区包括古城景区、南湖景区、商祖祠景区和燧皇陵景区4部分，景点27处。古城景区包括壮悔堂、明伦堂、大成殿等11个景点。南湖景区包括应天书院等7个景点和面积约270公顷的护城河。商丘古城建于明正德六年（1511年），城墙、城郭、城湖三位一体，使古城外圆内方，成了巨大的古钱币造型，建筑造型十分独特。城墙周长3.6千米，有东西南北四门。城里面的地势是龟背形。城里面的建筑多是四合院建筑。

- 商丘市睢阳区
- 1路公交车可到古城文化景区（北城门）
- 通票100元，各景点亦可单独售票
- 0370-3313605

## 玩家解说

商丘古城又称为归德府城，建于明朝正德六年（1511年），距今已有近500年的历史。外圆内方、形如铜钱的古城，同时还具有八卦城、水上城、城摞城三大特点。内城、城湖、城郭三位一体的格局，构成了目前我国保存最完好的古代城池。古城呈棋盘状格局，北城门、南城门又分别称拱辰门、拱阳门。

**玩家 攻略**

古城中有些景点依然保持着原来的文雅风格。古城中有一处两边俱是青砖飞檐的古屋。不远处的拐角有一处建筑叫“壮悔堂”，是清代诗文大家侯方域的居所，东厢是侯公子与诗友切磋之处“雪苑社”，西厢则是才子佳人起居之所。出了壮悔堂，可径直进街对面的尚书府，现存之处仅尚书府原址的九分之一，当时的尚书府建筑范围相当于半城之大。

## 应天书院 AAAA

### 古代四大书院之一

商丘市古城街道环城南路

¥20元

河南省商丘市的应天书院，与江西庐山的白鹿洞书院、湖南长沙的岳麓书院、河南嵩山的嵩阳书院并称为四大书院。1009年，宋真宗为该书院正式赐额“应天府书院”。书院内有崇圣殿、前讲堂、御书楼、状元桥、教官宅、明伦堂等建筑。现存大成殿、明伦堂、月牙池等建筑。大成殿是祭祀孔子的地方，原大成殿内立有孔子和其弟子的牌位；明伦堂为学堂，也是应试的地方。这两座建筑均为歇山式建筑。

## 八关斋 AAAA

### 书法家颜真卿亲笔题记处

商丘市睢阳区商丘古城环城南路

乘坐9路公交车南湖公园下车即到

0370-3313605

八关斋位于商丘城南500米处，八关斋里面有一座八棱石幢，高3.2米，每面宽0.5米，上面有著名书法家颜真卿晚年撰写的《唐宋州八关斋会报德记》，内容是河南节度使田神功两解宋州之围的故事。整个石碑上共983字，碑书结构谨严，体方笔圆，端庄雄伟，行笔兼篆隶笔意，被誉为颜书中的精品和神品。

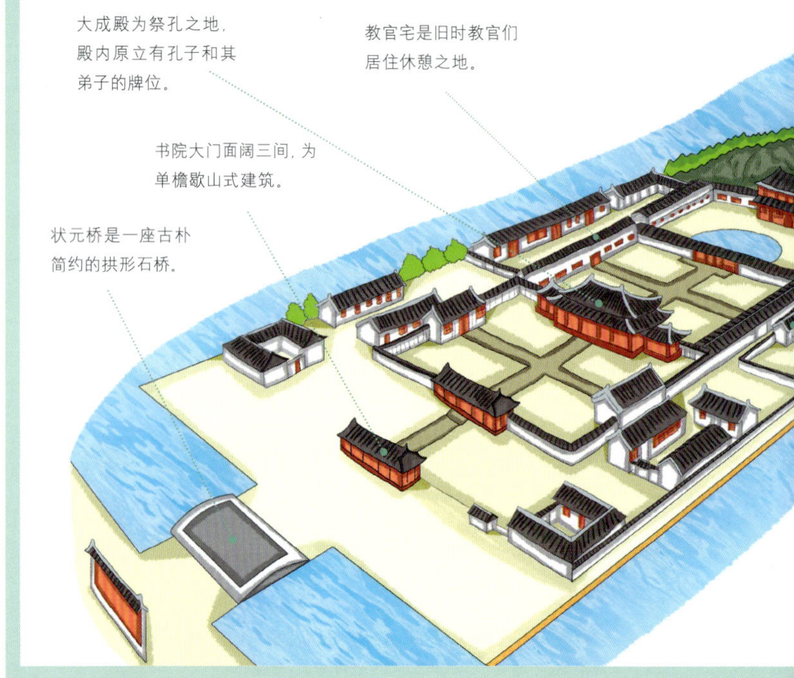

商丘古城

## 应天书院

御书楼有三层重檐，宝顶冲天，外形整洁劲健，秀丽壮观。

明伦堂为学堂，为巍峨古朴的歇山式建筑。

廊房

**玩家解说**

“八关斋”是佛教用语，是指男女信徒在这一昼夜中所遵守的不杀生、不偷盗、不邪淫、不妄语、不饮酒、不眠坐高广华丽床座、不涂施香花曼及观听歌舞、不吃荤。这八条戒律，实际上就是“八戒”。

# 壮悔堂

## 才子侯方域著书处

商丘市古城北门内

壮悔堂是明三暗五、前出后包、上下两层的硬山式建筑。上下贯通的四排圆柱和八十八根柱梁，构造成木间架，墙是由青砖构成，顶盖是由垄瓦构成。屋脊有青兽压顶，屋里面有木屏相隔。门窗镂花剔线，圆柱浮雕龙凤。

**链接**

### 明末四公子之侯方域

侯方域（1618—1655），字朝宗，号雪花，商丘人，清初诗文大家。侯方域受先辈教育和影响，参

八关斋

加了进步的爱国团体复社，曾与魏忠贤的余党展开了积极的斗争。明朝灭亡后，35岁的侯方域回到归德老家。回想起自己遭遇坎坷，事业一无所成，悔恨不已，发誓终生不仕。他建造了壮悔堂，致力于研究学问，创作诗文。在这里，完成了他的两部文集。

## 燧皇陵 AAAA

### 华夏文明之火发祥地

商丘古城西南1.5千米处

燧皇陵，又叫燧人氏陵，是上古时期发明钻木取火方法的燧人氏的墓园。现在已形成一个占地4公顷的陵园，长达5000米的围墙和墙瓦古色古香，陵门三楹，十分壮观。有神道、石雕、墓冢（高约10米）、雕像等景观。

**链接**

**燧人氏**

由于燧人氏发明了钻木取火，让人们吃上了熟食，开创了人类文明的新纪元，因而受到人们的尊崇，被称为中华民族的“火祖”，并列居三皇之首。由于燧人氏的主要活动地点在商丘，所以他死后，人们把他葬在这里，给他堆起高大的陵墓，起名叫“燧皇陵”。

燧皇陵

阏伯台

## 阏伯台

### 中国最早的天文台

📍 商丘古城西南1.5千米处的火星台村

阏伯台，也叫火神台、火星台，是距今4000多年的观星台的遗址，这里西接燧皇陵，外圆内方，玲珑别致，是我国现存最早的观星台。阏伯台形如墓冢，高35米，台上建有阏伯庙，大殿、拜厅、钟鼓楼等俱全。台下有戏楼、大禅门等建筑，台前建有山门、戏楼。

#### 玩家攻略

游人到这里，如若赶上庙会，定要领略下这里的精彩不断。游人一般能看到东北二人转、惊险的大型魔术表演及滑稽剧、杂耍飞车、驯兽、盘鼓、腰鼓等表演。花戏楼上的抛绣球招亲，戏曲、琴书、坠子书表演，燧皇陵内钻木取火、拜祭火祖等节目，在这里也能看到。在华商的文化广场，还有拜祭华商始祖大典活动。

## 商祖祠

### 纪念商业始祖的祠院

📍 商丘市原华商文化广场

商祖祠是为了纪念中华商业始祖王亥而建的，景点主要由三商之门、富商大道，商海、万商广场、大型古钱币、王亥大型雕像等部分组成，整个建筑气势恢宏，既彰显了王者风度，又彰显了商祖风范。

# 景点推荐 芒砀山文物旅游区 AAAAA

芒砀山文物旅游区位于苏、鲁、豫、皖四省交界处的永城市，是豫东边陲一座新兴的汉文化旅游胜地。

芒砀山文物旅游区文化内涵厚重，有诸多不同时代的文物古迹，将中国历史演变的全过程都展示了出来。如春秋时期孔子周游列国在此避雨晒书的夫子崖，中国历史上第一位农民起义领袖陈胜之墓，郭沫若手书碑文，三国猛将张飞在这里筑寨伐魏的张飞寨，水浒英雄李衮、项充、樊瑞聚义的三圣殿，更有汉高祖刘邦在这里斩蛇起义后成就大汉四百年帝业留下的众多遗迹，如高祖庙、刘邦斩蛇处、御龙泉、紫气岩、皇藏峪、赤帝峰等。

此外，这里的自然景观也别具一格，有13座山峰，由保安山景区、夫子山景区、芒砀山景区、农科观光区构成，面积约10平方千米。

永城市芒山镇　通票90元

商丘市火车站有车直达芒山镇

## 玩家攻略

景区中最令人叹为观止的是21座西汉梁国王陵墓群，其数量之多、规模之大、价值之高、分布之集中，可以说是世界罕见、国内独一无二的。其中，柿园汉墓中出土的“四神壁画”被中外专家、学者赞誉为“敦煌前之敦煌”，西汉梁孝王刘武之妻李王后陵以其庞大的规模及非凡的价值，被誉为“天下石室第一陵”。

## 梁孝王王后墓 AAAAA

### 考古新发现之一

永城市北芒砀山麓保安山北峰

梁孝王王后墓距梁孝王墓约200米，是大型崖洞墓，结构复杂，凿制精细。整个墓室基本上把后山的内部凿空，并仿照当时地

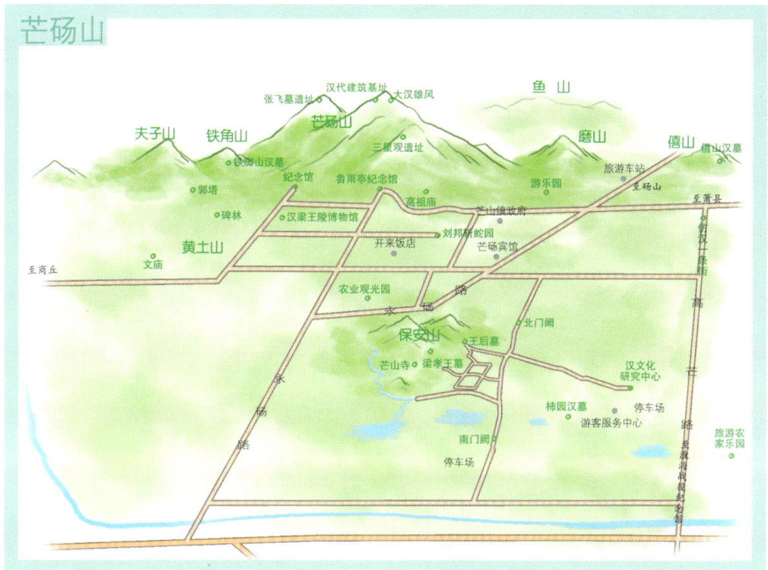


面皇宫的布局建造。墓室是由2个墓道、3个甬道、前庭、前室、后室、隧道排水系统和34个侧室等构成的庞大地下建筑群，墓葬东西全长210.5米，是全国最大的石室墓。

### 玩家 解说

在地宫顶部的一个深约3米，面积为10平方米的陪葬坑中，清理出土了鎏金车马、刀、剑、戟等兵器近2000件。出土的15件鎏金铜牌饰，图案有仙人、异兽、主宾、侍者等形象，雕刻很细腻，人物形象也栩栩如生；鎏金兽形盖弓帽、弩戟，卧虎形铁镇等造型别致，十分精美；镂孔鎏金铜当卢，以奔马为主题图案，周围装饰着流云纹，骏马大有腾飞的感觉；这些都是很珍贵的文物。

## 柿园汉墓

### 有艺术价值极高的壁画

永城市芒砀山麓保安山东边的山头

柿园汉墓是梁孝王刘武的儿子梁共王刘买之墓，距梁孝王墓约300米，是依山开凿的石崖墓，有大量随葬器物。此墓中最为珍贵的当数主室前厅顶部的四神壁画，面积16.8平方米。壁画由青龙、白虎、朱雀、玄武、灵芝及云气纹组成。

### 玩家 解说

四神壁画气势恢宏，篇幅巨大，内容紧凑，主题鲜明，而且没有一处是败笔，就像是一气呵成的一样。这幅画一被发现就震惊了全国考古、历史、建筑、美术和艺术界，各方面的专家学者都对这幅画拍案叫绝，它的艺术价值堪称稀世国宝，比敦煌壁画早630多年，被称为“敦煌前之敦煌”“敦煌外之敦煌”。这幅壁画以青龙、白虎、朱雀、玄武四神为主题，画面四周用绶带穿壁和缭绕的云气作衬托，线条极为流畅、纯熟。

## 西汉梁国王陵墓群

### 世界罕见的大型石室陵墓群

汉墓群是全国重点文物保护单位，汉梁

西汉梁国王陵墓群

夫子崖

梁孝王刘武及夫人李王后、其子刘买三大墓室最为宏伟。墓中的金缕玉衣、玉器、壁画等极具价值。梁孝王刘武之墓，为大型石质洞穴墓，总面积约612平方米，极其坚固，至今保存完好。

## 夫子崖

### 孔子游宋避雨的地方

永城市芒砀山麓的夫子山南坡

夫子崖，又叫夫子避雨处，为一天然悬崖，深6.5米，宽20米。传说孔子周游列国途经芒砀山时在此避雨。有孔子石像、石刻、晒书台等景点。“石崖滴翠”为永城古八景之一。附近有三座佛塔（郭塔）。

## 陈胜墓

### 农民起义领袖墓地

永城市芒砀山主峰西南麓

陈胜墓是中国历史上第一个农民起义领袖陈胜之墓，现存墓冢高5米，周长约50米。周围筑有青石围墙，下面有须弥座，正中镌刻着郭沫若写的“秦末农民起义领袖陈胜之墓”。1975年又经重修，在这里辟地4000平方米，砌石围墓，栽松植柏。

**链接**

**陈胜其人**

陈胜出身雇农。前209年，他与吴广揭竿起义，举起了反秦的大旗，建立了我国第一个农民政权——张楚，陈胜号为陈王。后来，因为战事的失利，退到下城父，被车夫杀害。

## 汉高祖斩蛇碑

### 刘邦斩蛇奇迹碑

永城市芒砀山南麓

汉高祖斩蛇碑景区现有纪念碑和碑亭，碑高2.39米，宽1.15米，厚0.22米，碑额书“日月”和“汉高祖斩蛇之处”几个大字。碑座是一个巨大的石趺。此碑于1983年又经重修，为了保护新碑，还建有高4.2米的仿古六角亭，古朴典雅。新石碑正面在夜间灯光照耀下，会显现出一位将军正襟危坐的形象。这个将军一手执剑，一手放在膝盖上，就像是刘邦刚刚斩过大蛇的样子，一时传为奇谈。

## 张飞寨

### 张飞留下的古迹

永城市芒砀山西峰

张飞寨实为芒砀山的西峰，西峰里外是两道寨墙，都是利用自然山形，用青石垒砌而成。

寨子外寨墙南面残高0.5~1米，墙宽约1米，南北长约250米，周长900米；内寨墙南

陈胜墓

碧霞元君祠

北长约40米，东西宽25米，周长130米。外寨西墙有张飞的“饮马泉”，相传这里是张飞取水和饮马的地方，呈圆形，直径为4.5米。寨内中心是一个摩崖石刻，上面的字是正楷但是字迹模糊，只有“考知政事”和“至元十三年十二月”等字可见。山寨大门南地势平坦，相传是张飞的校兵场，也有传说是张飞插战旗用的。

## 鲁雨亭纪念馆

### 为纪念英雄鲁雨亭而建

芒砀山主峰南麓

鲁雨亭纪念馆占地约0.2公顷，纪念馆坐北朝南，院中立有鲁雨亭烈士半身汉白玉雕像。雕像左后侧立有一尊高大的石碑，上面刻有题词：“抗日民族英雄鲁雨亭烈士永垂千古!”背面刻着革命老干部鲁禹道、阎济民写的《鲁雨亭烈士生平简介》。雕像后面建有五间展览室，主要介绍鲁雨亭烈士的生平事迹，展室后有鲁雨亭烈士墓。

**链接**

**鲁雨亭烈士**

鲁雨亭是永城市芒山镇山城集人，是著名的抗日民族英雄，也是河南省最著名的烈士之一，曾受到陈毅元帅的高度评价。

1940年4月1日晨，敌人从永城、夏邑、砀山、萧县、黄口等据点调集数千人分4路向芒砀山一总队围攻，在磨山、僖山、柿园等村展开激战。鲁雨亭率特务连与四面围攻之敌血战竟日，坚守阵地，反复冲杀，歼敌300余人，正值结束战斗之际，不幸身中数弹，壮烈殉国于李黑楼东门外，葬在了芒砀山。

## 芒山寺

### 供奉碧霞元君

永城市芒砀山保安山南峰山顶

芒山寺坐北朝南，山门内有大殿厢房。大殿五间，重梁起架，黄绿琉璃瓦覆面，单檐硬山式，系清代建筑。大殿中供奉三尊神像，中为碧霞元君，左为佩霞元君，右为紫霞元君，俗称“三仙奶奶”。山门里，大殿前两侧各有对称的三间厢房，有十殿阎君塑像。另有南屋三间为勤杂僧侣住处。

寺院下方为汉梁孝王陵，故在汉代该寺院应为梁孝王祠庙，后称为碧霞元君祠、泰山禅院、泰山奶奶庙。新中国成立后泰山奶奶庙被拆除，1992年台湾中道学苑住持真华法师捐资重建该寺院，更名为“芒山寺”。

景点推荐

# 商丘旅游区

## 商丘博物馆

地方性综合博物馆

商丘市睢阳区商丘古城西南

商丘博物馆，又称“中国商文化博物馆”，坐落于商丘市，是中国首座专门集中展示商朝历史文明的场所。商丘博物馆的建筑风格古朴典雅，与现代建筑艺术相结合，凸显了商文化的韵味。馆内文物丰富，涵盖了商朝各个时期的历史遗物，设有多个展区，分别展示了商朝的历史、文化、艺术、科技等多个方面。为了让游客更加深入地了解商朝文明，博物馆还采用了先进的展示手段，如数字化展示、场景复原等，使游客仿佛穿越时空，亲身感受商朝的繁荣昌盛。

## 梁园

古“汴京八景”之一

商丘市梁园区东郊

梁园，又名梁苑、兔园、睢园、修竹园，俗名竹园，是西汉梁孝王刘武平息七国之乱以后，自负抗击吴楚有功，便以睢阳为中心，依自然景色修建的一个很大的花园，称东苑，后人称为梁园。现存的遗址还有睢阳城旧址、清凉寺、三陵台、平台等。

**玩家解说**

在这个广大的东苑中，建有许多宫室。睢阳城中建有曜华宫、忘忧馆、吹宫、女郎台、文雅台、凉马台等。梁园中修建有许多假山岩洞，开辟有湖泊池塘，如当时的百灵山（今灵台寺）、落猿岩、栖龙岫（在今山东单县），以及望秦岭、鸿雁池、金果园、清冷池、清冷台、平台、南湖鹤州等。

## 三陵台

### 文人雅士游览之所

商丘市梁园区王楼乡宋大庄西北古宋河南岸

三陵台是西周宋国宋戴公、宋武公、宋宣公三公王陵，因三公王陵并峙，所以叫三陵台。三座陵墓突起的顶部相峙而立，就像是三座驼峰。墓区里有400多棵古柏苍劲挺拔。景区另有一座明万历年间所建的宋缥（明吏部尚书，商丘人）之墓，墓前石雕、石碑排列500余米长，气势恢宏。

## 黄河故道国家森林公园

### 有“水上长城”之称

商丘市梁园区西北部

0370-6093181

商丘黄河故道国家森林公园（生态旅游区）位于商丘市北部的黄河故道上，是国家级旅游线“黄河之旅——中华民族之魂”和河南省“三点一线”东扩旅游热线的重要组成部分，是商丘市委、市政府确定的全市“三大”旅游精品名牌工程之一。黄河故道国家森林公园是全国唯一的平原绿化国家级森林公园，因清末黄河改道形成。故道内还有林七湖、吴屯湖、任庄湖、张阁湖、郑阁湖，是生态旅游的最佳去处。

## 彭雪枫将军纪念馆

### 青少年爱国主义教育基地

商丘市夏邑县孔庄乡八里庄村

彭雪枫将军纪念馆是为纪念新四军第四师师长兼政委彭雪枫1944年9月11日壮烈殉国于此所建，纪念馆占地0.3公顷，建筑面积430平方米。这里陈列有彭雪枫将军一生战斗经历介绍和240幅画，并有毛泽东等党和国家领导人题词。

**玩家解说**

走进馆里，里面松柏青翠，迎门是一座醒目的卧碑，正面刻“彭雪枫将军壮烈殉国处”，碑阴刻有彭雪枫生平事迹。中央是彭雪枫将军的半身塑像，底座正面镌刻有国防部原部长张爱萍题写的“彭雪枫将军”5个大字。

纪念馆内另有“彭雪枫同志事迹展览堂”“新四军第四师指挥部旧址”和“彭将军遗体停放处”等建筑。在展览室里，我们可以了解到彭雪枫将军一生的事迹。

## 孔子还乡祠

### 著名的文化胜迹

商丘市夏邑县刘店集乡王公楼村

乘坐7路公交车可至

孔子还乡祠始建于唐初，占地约7公顷，其形制仿文庙，坐北朝南，有一壁、一坛、两殿、四门及碑林等。宋真宗时，孔子四十五代孙孔良辅、孔彦辅由曲阜到此定居，对孔子还乡祠修复扩建。金代，又立杏坛碑于大成殿之前。清道光元年（1821年），增建崇圣祠。

**玩家解说**

孔子祖先是春秋宋国人（其祖居地为今商丘市夏邑县城北6000米王公楼村，孔子的祖坟仍在此地）。前680年，宋国发生内乱，孔子曾祖孔防叔为避乱而奔鲁。孔子成人以后知晓夏邑王公楼村为自己的祖籍，时常回祖籍祭祖省亲。

孔子还乡祠

# 木兰祠

## 纪念女英雄的祠堂

商丘市虞城县营廓镇大周庄村

10元

木兰祠始建于唐代。元、清各代曾重修扩建，至民国初年，木兰祠占地万余平方米，有大门、大殿、献殿、后楼和配房等各类建筑120多间，另有祠地约26公顷，僧侣10余人。祠围墙内外，植有柏树、槐树。大门过道两侧，各有一泥塑高大战马。大殿内塑有木兰闺装像，献殿内塑有木兰戎装像，后楼塑有木兰全家像。祠殿内外，有历代官府、名人撰文、题诗、书画及60多通香火碑。大殿内有英姿飒爽的花木兰戎装立像和记载花木兰代父从军、征战疆场、凯旋的雕塑和组画。

木兰祠

# 伊尹墓

## 伊尹及夫人墓地

商丘市虞城县店集乡魏固堆村

伊尹墓墓冢高3米、周长50米，周围一片古柏环绕。古柏距今已有1400多年历史，最大的直径有3米多。这里的主要景点有伊尹墓殿、伊尹夫人殿、圣母姑殿、伊尹墓、伊尹柏林、花戏楼等。

伊尹墓

### 玩家解说

伊尹墓周围有一片古松柏林，关于这片古松柏林的来历还有个传说：唐朝第一任丞相魏徵死后，与魏徵情同手足的程咬金悲痛万分，遂带人连夜前来魏徵墓前植树，以示纪念。由于月色晦暗，一行人走错了地方，将献给魏徵的树错栽到了相邻的伊尹墓周围。天亮之后，人们才发现这些树种得乱作一片，横竖不成行。时至今日，伊尹墓周围的柏树到底有多少棵谁也数不清。

### 链接

**伊尹**

伊尹生活在夏末商初的社会大动荡时期。伊尹自幼被遗弃，但他聪明好学，勤奋求知，对事物惯于分析探索，后来做了有莘氏国王女儿的教师，同时也是有莘国的奴隶，善烹饪。他想投靠商汤，一直找不到机会。后来有莘国君的女儿嫁给了商汤为妃，伊尹被当作“媵臣”随去，才如愿以偿。商汤发现他的才干，就破格提拔了他。后来，汤伐夏，建立商朝。伊尹作为商朝的开国元勋，在汤去世后，历仕外丙、中壬及太甲等君王。因太甲破坏了商汤法制，不理国政，最后，被伊尹放逐在桐宫，伊尹自己摄政。三年后，太甲悔过，伊尹于是还政于太甲。沃丁八年，伊尹去世，葬在了曹县城东南二十里的楚丘。

## 仓颉墓

### 纪念仓颉的墓地

商丘市虞城县古王集乡堆坡村西北隅

仓颉墓始建于汉代。现存有清康熙九年（1670年）重修的大殿一座，为三门出厦，明柱木雕装饰，座梁嵌檩，八砖扣顶。殿里面塑有仓颉高大坐像，孔子拜坐身前。

## 周龙岗遗址

### 出土了大量陶品器具

商丘市睢县蓼堤乡周龙村北面

周龙岗遗址地势较高，南北长300米，东西宽200米，文物层约2米。上层发现灰坑6个及残陶鬲、陶盆、陶罐等物。下层为龙山文化层，发现灰坑6个、残陶鬲1个和一些文化遗物，还有一些殷商时代的文化遗物和两片仰韶文化时期的彩陶片。灰坑里面有陶、石、骨、蚌器和兽骨、草拌泥、红烧土块等遗物。出土的陶器，以泥质灰陶为主，另有一部分泥质黑陶、磨光黑陶和细泥红陶。另外还发现有“蛋壳陶”片，纹饰主要为篮纹、方格纹、绳纹和弦纹，有饰镂孔。器形有深腹罐、鼎、甑、小盘、碗、壶等。

## 吕祖庙

### 睢州八景之一

商丘市睢县城关镇文化路东街路北

吕祖庙又叫袁家山、小蓬莱，始建于明天启二年（1622年），距今已有400多年的历史，它建在一个高台上，前有山门，中有大殿，后有纯阳洞，上有赏月台和承露盘，还有一个风格独特的八仙亭。吕祖庙的整个建筑格局是按明代的战船格局建造的。

## 凤城湖

### 素有“豫东明珠”之称

商丘市睢县城关镇北郊

商丘市睢县凤城湖又叫睢州北湖，面积300公顷，分为东湖和西湖。湖中有宋襄公陵墓，湖心岛上有沙滩浴场。湖滨的世纪公园内有大型彩色音乐喷泉和阶梯状瀑布。中国青年皮划艇赛连年在这里举行。

## 白云寺

### 中原四大名寺之一

商丘市民权县尹店乡白云寺村

白云寺现占地百余亩，坐北朝南。寺门雄伟，上面写着“白云禅寺”四个大字。中轴线上依次是天王殿、观音殿、大雄宝殿。大雄宝殿右侧是养心殿，后左侧有禅堂，禅堂

白云寺

庄子故里

左右有厢房。均系清代建筑。

玩家攻略

白云寺里面有很多奇景。

白云寺里面安放的6尊玉石佛像，是傅作义将军的姑母傅凤英从缅甸进献的，价值30多万美元。

大殿的东侧有一棵三人合抱的大槐树，长在一口大铁锅内，锅体埋在了土中，人们管它叫作"铁锅槐"。这是白云寺的一大奇观。

大雄宝殿后，有一经幢，又叫多宝塔。高4米，九级六棱，青石雕刻。塔身上刻有众僧拜佛图，六僧鼓乐诵经图，《提婆呵》经文，一佛图及日、月、鹤、莲花等。刻工精细，古朴大方。

寺的东北50米处有佛公灵塔，高4米，楼阁式，三级六棱，下部是六棱形须弥座。塔正面阴刻"佛公灵塔""佛洞宗三十一世佛公大和尚"十六字，塔身还刻有门、窗、花、鸟、虫、草、兽等。这个塔玲珑小巧，具有较高的艺术价值。

## 庄子故里

### 再现庄子生活场景

✉ 商丘市民权县顺河集乡清莲寺村

庄子故里的景点主要有庄子胡同、庄子井等。庄子墓在青莲寺村南5000米处，墓高9米，周长88米。清乾隆年间立石碑一座，阴刻"庄周之墓"四字。庄子故里有一古井，相传为庄子取水处。庄子的故事至今仍在当地百姓中流传。庄子故里不远处的唐庄村东有简朴的庄子墓。

链接

**逍遥之祖——庄子**

庄子姓庄名周，字子休，是战国时期著名哲学家，人们管他叫"逍遥之祖"。

庄周喜欢用寓言来讲述深刻的哲理，如"东施效颦""邯郸学步"等著名寓言就出自他的著作。他在哲学思想上继承和发展了老子"道法自然"的观点，使道家真正成为一个学派，他也成为道家学派的重要代表人物。

## 隋堤

### "隋堤烟柳"所在地

✉ 永城市，西起马牧乡郑店，东至侯岭乡呼庄

隋堤是古堤名，因筑于隋代，故名。隋大业元年（605年）开通济渠后，在两岸筑堤植桃、柳，供隋炀帝杨广乘龙舟游江南时观赏。北宋时济渠此段称汴河，后河道淤没，堤址仍存。此为堤岸旧址比较明显的一段。

## 造律台遗址

### 纪念萧何制定律条的地方

✉ 永城市酂城乡，县城西南25千米

造律台是椭圆形高台，形如龟背。因为当年西汉丞相萧何在这座高台上为刘邦建立汉朝撰制律条，人们便称这个高台为"造律台"。该遗址现存圆形土丘，高约7米，底部南北长54米，宽34米，文化层堆积厚度为8~9米，上层为商代遗存，下层为河南龙山文化遗存。

链接

**萧何造律**

秦朝末年，天下大乱，群雄蜂起，萧何断定秦朝一定会灭亡，有能力的人一定会再次统治天下。为此，他远离了世尘的纷扰，隐居在当时这座杂草丛生的高台上，默默地为新朝撰制律条。后来萧何参加了刘邦领导的农民起义军并像他预料的那样取得了胜利。汉朝建立后，萧何做了丞相，向刘邦献出他为新朝撰制的治世律条。如今的造律台花草繁盛，风景宜人，茂林修竹之中有萧何造律塑像，若逢古会格外热闹。

# 攻略资讯

- 交通
- 住宿
- 美食
- 购物
- 娱乐

商丘汽车站

##  交通

商丘交通很方便，陇海铁路横贯全市，与中国最长的南北大动脉——京九铁路在商丘交会。105国道、310国道在这里相交。华东第二通道商丘至杭州铁路的开通，连霍高速公路的开通使用，使商丘成为我国融铁路、公路为一体的重要交通枢纽。

### 航空

商丘观堂机场始建于1968年，是国内重要的民用支线机场，河南商丘机场是河南省五大民用航空机场之一。

民航商丘观堂机场是在空军商丘机场的原址上新建的民航机场，位于商丘市梁园区西部观堂镇黄店与徐楼之间，航班主要发往北京、上海、广州、深圳等国内各大城市，远期可飞往东南亚国家。

### 火车

商丘有多个火车站点，如商丘站、商丘南站、商丘新区站、民权北站、永城北站等。商丘车站是豫、鲁、苏、皖四省的接合部，陇海、京九两大铁路干线在此交会，是郑州、济南、上海三个铁路局的交界口，豫东周边地区最大的火车站之一，商丘站经停车次极多，另外有发往信阳、山西太原、安徽合肥等地的始发列车。 商丘市梁园区站前路 乘67路公交即到

### 汽车

商丘市内有中心汽车站和万里客运场站，都有省际和省内班车，是重要的交通枢

商丘火车站

纽站。永城有新城汽车站和长途汽车站两个车站。另有夏邑汽车站、柘城汽车站。

商丘中心汽车站：位于商丘市站前路28号。☎0730–2255303

万里客运场站：位于商丘市梁园区。☎0730–2666228

## 住宿

作为旅游城市的商丘，酒店繁多且设施齐全，游客可以根据自己的条件选择自己满意的居所。

### ●商丘裕美达商务酒店

商丘裕美达商务酒店是一家融住宿、餐饮、商务、会议、旅游等服务为一体的商务酒店。酒店拥有装修豪华、高雅、环境舒适的各类客房，房间明亮宽敞，设施设备齐全。✉商丘市梁园区平原路与民主路交叉口 ☎0730–2227777

### ●商丘市木兰国际大酒店

商丘市木兰国际大酒店是一家装修精致、设备先进、环境幽雅、服务项目完善、管理科学的现代化高档酒店。酒店主体建筑9层，拥有160多间温馨舒适的特色客房以及可同时容纳500位客人用餐、有浓郁文化特色的餐厅。酒店还拥有完善的洗浴及其他时尚康乐设施。✉商丘市虞城县木兰大道中段（木兰文化广场西侧） ☎0730–4517222

### ●永城中州永煤宾馆

永城中州永煤宾馆是四星级涉外商务酒店，这里硬件设施先进、装饰豪华，配套服务设施功能齐全，拥有总统套房、豪华套房、豪华间、经济双人间，以及中餐厅、西餐厅、多动能宴会厅、豪华宴会包间等住宿及餐饮设施。✉永城市新区光明路中段 ☎0730–5113555

### ●轻筑酒店

酒店位于商丘市万达路与雪苑路交叉口西南角，周边一千米范围内有丹尼斯、万达等大型购物广场，满足您对吃喝玩乐的一站式需求。酒店拥有：免费停车场，光纤专线接入，Wi-Fi全覆盖，所有房间配备小度智能语音，品牌家居及卫浴，高密度床品布草。深睡眠，大健康，酒店致力于为游客提供倍感温馨与惬意的环境。✉商丘睢阳区万达路与雪苑路交叉口西南角 ☎0730–5023333

商丘的宾馆

商丘的宾馆

## 美食

商丘除了在豫菜方面继承传统外，地方的特色小吃也是值得称道的。

铁锅蛋

### 推荐名吃

#### ●铁锅蛋

"铁锅蛋"是豫菜菜系中很有特色的一道菜，其做法是：用特制的铁锅盖放火上烧红；鸡蛋打入碗内，搅匀，放入火腿丁、荸荠丁、虾皮和海米、味精、料酒、盐水，铁锅放在小火上，注入大油、蛋浆，用勺慢慢搅动，防止蛋浆抓锅。其味美，色泽红黄，油润明亮，鲜嫩软香，回味无穷。

#### ●冉家五香糟鱼

冉家五香糟鱼是夏邑县老城里冉献东祖传制作，距今已有200余年历史，清乾隆年间被列为贡品。糟鱼有色泽金黄微带赤色，香味浓郁醇正，且骨酥刺烂形不变，鱼肉鲜美营养高的特点。

冉家五香糟鱼

#### ●许家汤圆

许家汤圆是古城商丘著名餐馆三盛馆制作的一种风味独特的元宵。许家汤圆主要以糯米和适量的黍子面制成，外皮雪白，熟后晶莹如玉，馅心以白糖、蜂蜜和多种果料制成。许家汤圆品种繁多，各具风味，人称"蜜汁八宝元宵"。

#### ●虾子烧素

虾子烧素是明清时古城归德的一道名菜。虾子烧素香、味、形俱佳，具有浓厚的豫东风味——色重、香浓、汤厚、火透。

#### ●郭村烧鸡

郭村烧鸡是商丘市传统名菜之一，距今已有300多年历史。它的特点是：香味扑鼻、色佳味美，肉质嫩白，形体完整，烂而不腻，回味悠长，如趁热时提鸡两腿于盘上，轻轻一抖，即肉骨脱离，肉落入盘中。

郭村烧鸡

# 购物

到商丘旅游，可以到各大超市或购物中心选购一些土特产带回去。比如：仿古鸳鸯转香壶、商丘手绣、宋州柳编、烟叶、绸缎、贾寨豆腐干、张弓酒、虞城金银杏、大有丰酱菜、宁陵金顶花酥梨、睢县马泗河西瓜等。

## 商丘特产

### ●松月牌白糖豆腐乳

商丘市酿造厂生产的松月牌白糖豆腐乳，是归德府大有丰酱园的著名特产，创于明末清初，距今已有300余年历史。白糖豆腐乳色泽金黄微赤，腐块匀称整齐，质地细腻，香气浓郁，软硬适中，不腐不烂，咸淡适口，味道鲜美。

### ●古宋牌酱包瓜

商丘市酱菜厂生产的古宋牌酱包瓜，做工精细，制法考究，以妞瓜为皮，内装花生仁、杏仁、鹿角、胚蓝、陈皮、姜丝等十几种美味小菜。

### ●魏庄麻糖

魏庄麻糖是商丘市双八镇的传统特产。迄今已有200多年生产历史，以甜、香、松、脆四大特点而久负盛名。麻糖粗细均匀，长短一致，芝麻沾满不露皮，两端封口不通气，不僵硬，不粘牙，食之酥脆，香甜适口。

### ●景家麻片

景家麻片选料精良，制作精细。采用上等精粉、小麻香油、白糖及其他优质原料制作而成。特点是雪亮透明，香甜酥脆，食之爽口，老少咸宜。景家麻片是虞城县传统名产，为陈店集景姓人家祖传，现已传至七代子孙景连河之手。

### ●鸡爪麻花

鸡爪麻花因形似鸡爪而得名，是柘城县安平集名产，清朝雍正年间曾被列为贡品。鸡爪麻花成品嫩黄、油光透亮、香脆酥焦、风味独特。

### ●虞城黑京果

虞城黑京果又名大蜜京。以江米、白糖、蜂蜜、香油、桂花等为原料，江米经粉碎、发酵后加入配料，油炸制成黑京果。具有酥甜可口、入口溶化、甜而不厌、香而不腻的独特风味。清朝嘉庆年间曾被列为贡品。

### ●宁陵杠子馍

宁陵杠子馍是宁陵县东街久享盛誉的食品。杠子馍味道醇正，软硬适口，色泽漂亮，火候讲究。这种馍用开水一泡，暄如蛋糕，用

商丘市城市景观

老四面钟商圈

汤匙一压即成糊状，酷似牛乳加糖，可代替牛奶喂小孩，故又称“牛奶馍”。

## ●芒砀山泥响

这是泥制乐器，拇指般大，用嘴一吹，发出清脆嘹亮的声音，婉转悠扬，颇受孩子们喜爱。

## ●柘城甜柿

柿树素称“铁杆庄稼”，百年盛产不衰。柘城甜柿皮薄肉细、味甜如蜜，深受人们喜爱。

## ●柘城千头椿

柘城千头椿是柘城县特有的速生绿化和速生用材树种。具有树形美观、枝叶稠密、病虫害少、抗污染性强等优点。

## ●鸡汁豆腐干

为睢州百年老字号豆腐作坊，选用中原优质大豆为原料，配以老汁鸡汤熬制加工而成。色泽洁白如玉、味道鲜美、筋道可口、愈嚼愈香、营养丰富，是中老年人进补的美味佳肴。

## ●焦馅馇

睢州独有的风味食品，曾为康熙一朝宫廷贡品，以优质绿豆和小米手工水磨为浆，先加工成扎卷，再均匀切割成条块油炸而成。入口脆香不腻，爽口宜人。适量食用，有清热解毒、去火、降血脂之独特功效。

### 购物去处

丹尼斯商丘百货店是目前商丘市最大规模的购物市场，先帅新天地也是商丘较大的购物中心。

# 娱乐

商丘有很多民俗活动，除了火神台会以外，还有白云寺庙会、芒砀山庙会、玉皇庙会、伊尹墓庙会和木兰庙会等。除此之外，这里还有一些现代化娱乐场所，游客可以随时去游玩消遣。

每年春节，商丘最热闹的地方数火神台庙会，老商丘人称“台会”，传说农历正月初七是阏伯的生日，届时，豫、鲁、苏、皖交界处的群众纷纷朝台，形成规模盛大的古庙会，时间延续一月有余。

商丘火神台春节庙会文化积淀深厚，已有两千多年的历史。庙会以“展示传统文化，再现民俗风情”为主题。庙会期间，各种文艺节目丰富多彩，民间民俗节目更是令人叫绝。

发现者旅行指南

# 新乡

# 概览

## 亮点

### 万仙山景区

这里既有雄劲而苍茫的石壁景观，又有曼妙而秀雅的山乡风韵，融雄壮奇俊为一体。

### 八里沟景区

这里以原始自然风光为主，有“太行之魂”的美誉，集奇、险、峻、秀、幽于一谷，独具特色。

### 比干庙

中国第一座含墓祭人之祠庙。比干庙是庙、墓合一的建筑群，有“天下第一庙”的美誉。

### 必逛街道

**东方文化商业步行街：** 坐落在新乡市商业中心卫滨区的商业核心。该街东西走向，全长700米。整个步行街有着丰富的文化特色，有各种古代名人及历史典故雕塑。1200多米长的石刻名人名言，给人一种回到古代的感觉，有“亚洲第一文化商业街”的美称。

新乡市区

## 线路

### 八里沟景区一日游

上午，可以先到桃花湾景区和抱犊沟景区看看美景，拍些照片；然后来到仙人迎宾景区，这里的八里沟天瀑和水帘洞是景区的一大看点，景区有大小瀑布100多处，足以让人眼花缭乱；最后到水帘洞看看，想象下传说中的孙悟空。

### 京华园矿物温泉水疗一日游

京华园就像是一座精美的宫殿，在这里泡上一天的温泉，会让人有全新的感

京华园温泉

受。你可以先做一些运动幅度大的沐浴方式，比方说漩浮浴和灌顶浴，然后感受一下水桶冲击浴。待各种舒爽和刺激品味完以后，再试试瘦身浴，进行一下穴位按摩，在休息之余，感受柔和的沐浴方式。

## 为何去

八里沟

新乡北依太行，南临黄河，集千百灵秀于一身，是个清新又生机蓬勃的城市。南太行在新乡绵延上千平方千米，郁郁葱葱，间以飞瀑流泉，奇峰异石，一派天然。此外，新乡还是著名的烹饪之乡，以及豫剧的故乡。

## 何时去

新乡市属暖温带大陆性季风气候，四季分明，冬寒夏热，秋凉春早。7月最热，1月最冷。一年四季都比较适合旅游，相对来说春秋两季前往最为适宜。

新乡市区

万仙山

# 区域解读

区号：0373

面积：约8291km²

人口：约617.1万人

## 地理 GEOGRAPHY

### 区划

新乡市下辖7个区（红旗区 、卫滨区、凤泉区、牧野区、新乡高新技术产业开发区、新乡经济技术开发区、新乡市平原城乡一体化示范区）、3个县级市（卫辉市、辉县市、长垣市 ）、5个县（新乡县、获嘉县、原阳县、延津县、封丘县）。

### 地形

新乡市地处中原腹地，太行山脉以东，黄河以北，属黄河中下游故道冲积扇和太行山前卫河冲积扇的南缘洼地。

新乡市地形可分为山区、丘陵、平原3种类型。山区、丘陵、平原面积分别占全市面积的17%、6%和77%。整个地形特点是：太行山区雄峙西北，北部峰峦连绵，丘陵区岗岭起伏，南部舒坦辽阔。位于辉县市境内的九峰山十字岭海拔1732米，为新乡市境内最高峰。

由于黄河河床几经移动，故道重叠，堆积了大面积的、较厚的含水沙层，为新乡提供了地下水贮存和运移的有利场所。流经新乡市区的河流有卫河、人民胜利渠、共产主义渠。卫河由西向东横穿市区，汇入海河。

### 气候

新乡市属北温带大陆性气候区，四季分明。春天干旱风沙多，夏季炎热降水频繁，秋天凉爽日照长，冬天长且冷、雨稀少。

## 历史 HISTORY

### 历史大事记

早在5000年前的舜帝时代，舜部落就聚居在今辉县市，活动在豫北平原一带。我国历史上第一位治水英雄共工与颛顼争做部落首领，且经常因为水的问题发生冲突，后共工在大战中惨败，他愤怒地撞击撑天的不周山，被后人演绎为“怒而触不周之山”的神话故事。

前1020年，周武王兴兵伐纣，与商朝军队在牧野（今卫河以北的新乡北部地区）决战，商军大败，纣王逃回朝歌（今鹤壁市淇县）自焚而死，商朝灭亡。牧野之战是中国历史所载的第一次大规模战争，商灭周兴，使我国奴隶制社会进入鼎盛时期。

春秋时期，我国古代著名的思想家、教育家孔子，在14年的周游列国的讲学中曾数次到过卫、蒲等地（即今卫辉、长垣一带），并留有大量的遗迹。

秦朝末期，后成为西汉开国功臣之一的张良雇大力士在今原阳县博浪沙附近，用铁锤掷击秦始皇的坐车，但却未能击中，只是毁了副车。秦始皇大怒，指示彻查凶手，张良

八里沟

远走他乡，隐姓埋名。史称“张良刺秦”。

建安五年（200年），曹操与袁绍在官渡展开大战，此战大部分战场在今延津县境内，其中“白马解围”“延津诱敌”“火烧乌巢”三个战役最为出名。官渡一战，曹操将袁绍主力消灭，为统一北方奠定了基础。官渡之战成为中国历史上以少胜多的典型战例。

新乡在西汉时为获嘉县，东晋太和五年（370年）在今新乡市建新乐城。

五代后周显德七年（960年），后周大将赵匡胤在今封丘县城东南的陈桥驿策动兵变，黄袍加身。赵匡胤回师开封，夺取后周政权，当上了皇帝，建都开封，国号“宋”。

南宋时期，抗金将领岳飞曾与王彦在新乡一带抗击金兵，收复了新乡县城，随后又率部转战辉县、延津等地大败金军，威名大振。今臧营、孟营、金家营等村就是当年岳飞构筑的“长蛇阵”营盘，一共18营，卫河之滨的“饮马口”也由于岳飞在此饮马而得名。

1949年至1952年，新乡市为当时华北人民政府平原省省会，后平原省撤销，新乡并入河南省成为省辖市并沿革至今。

## 武王伐纣，牧野大战

前1027年（现在被夏商周断代工程定为前1046年）正月，周武王统率兵车300乘，虎贲（勇士）3000人，甲士4.5万人，浩浩荡荡东进伐商。

同月下旬，周军进抵孟津，在那里与反商的庸、卢、彭、濮、蜀（均居今汉水流域），羌、微（均居今渭水流域），髳（居今山西省平陆南）等方国部落的部队会合。武王利用商地人心归周的有利形势，率本部及协同自己作战的方国部落军队，于正月二十八由孟津冒雨迅速东进。周军进攻的消息传至朝歌，商朝廷上下一片惊恐。商纣王无奈之中亲自率军开赴牧野（今卫河以北的新乡北部地区）迎战周师。

二月初五凌晨，周军布阵完毕，庄严誓师，史称“牧誓”。为了表示大家共同灭商的决心，武王与各路诸侯和将士在这里“臼土为山”，即每人一抔土高筑成山，以示和殷纣王决一死战的决心。这就是后来的同盟山（位于今获嘉县城东北）。

誓师后，武王下令向商军发起总攻击。他先让姜子牙率领一部分精锐突击部队向商军挑战，以牵制和迷惑敌人，并打乱其阵脚。商军中的奴隶和战俘心向武王，这时便纷纷倒戈，帮助周师作战。武王乘势以“大卒（主力）冲驰帝纣师”，猛烈冲杀敌军，于是商军十几万之众顷刻间土崩瓦解。纣王见大势尽去，当夜仓皇逃回朝歌，登上鹿台自焚而死。周军乘胜进击，攻占朝歌，商朝灭亡。然后，武王分兵四出，征伐商朝各地诸侯，肃清殷商残余势力，从此奠定周王朝。

牧野之战是中国历史上第一次大规模的战争，也是我国战争史上以少胜多的著名战例。这场战争也留下了令人熟知的“前徒倒戈”“反戈一击”等著名典故。

## 陈桥兵变，黄袍加身

在封丘县南，黄河北岸有一座陈桥驿遗址，这里就是历史上著名的陈桥兵变发生地。

五代时期，北方战乱，朝廷更替频繁。后周世宗柴荣是五代时期最英明的君主，却英年早逝，把后周交到了7岁的独生子柴宗训手上，当时政局不稳，人心浮动，谣言四起。

后周显德七年（960年）春节，人们正沉浸在欢庆祥和的佳节气氛中，边境却传来了辽朝与北汉联合入侵的紧急军情。宰相范质和王溥并未核查消息是否属实，便急令赵匡胤率领军队北上御敌。

正月初三，军队驻扎于开封东北的第一个驿站陈桥驿（今封丘县南陈桥），赵匡胤酒醉而卧，而有拥立之意的将士都在等待着合适的时机。次日黎明，四周叫嚣呐喊，声震原野。赵匡胤的一些亲信在将士中散布议论，说“今皇帝幼弱，不能亲政，我们为国效力破敌，有谁知晓；不若先拥立赵匡胤为皇帝，然后再出发北征”。将士的兵变情绪很快就被煽动起来，这时赵匡胤的弟弟赵光义和亲信赵普见时机成熟，便授意将士将一件

陈桥驿

事先准备好的皇帝登基的黄袍披在假装醉酒刚刚醒来的赵匡胤身上，并拜于庭下，高呼万岁，拥立他为皇帝。赵匡胤却装出一副被迫的样子说：“你们自贪富贵，立我为天子，能从我命则可，不然，我不能为若主矣。”

拥立者们一齐表示应从。后来，翰林学士陶谷拿出一篇事先准备好的禅代诏书，宣布周恭帝退位。赵匡胤正式登皇帝位，轻易地夺取了后周政权，改封恭帝柴宗训为郑王。由于赵匡胤在后周任归德军节度使的藩镇所在地是宋州（今商丘市），遂以宋为国号，定都开封，开创了北宋王朝。

当时的黄河还在陈桥北面，今天的黄河已经改道在陈桥南面流过，一千多年的风风雨雨，黄袍加身的传奇已永远地留在史册中。

# 文化 CULTURE

## 推崇比干的卫辉财神文化

说到财神爷，大家一定不陌生。我们最常见到的，莫过于那位头戴宰相纱帽，手捧如意，身着蟒袍，足踏元宝，五指捋须，神态慈祥，笑容满面的比干财神爷。

比干，殷商贵族商王太丁之子。他自幼聪慧，勤奋好学，20岁就以太师高位辅佐帝乙，又受托孤重任辅佐帝辛（纣王）。比干从政40多年，主张减轻赋税徭役，鼓励发展农牧业生产，提倡冶炼铸造，富国强兵。商纣王暴虐荒淫，横征暴敛，比干忠谏，惹怒了纣王，被杀剖心。

千百年来，卫辉当地乃至全国都把比干视作国家忠义之臣的化身，后代世人怀念和崇敬比干的心地纯正，率直无私，于是将他奉为文财神。

卫辉有着长达数千年的对财神比干信仰的历史积淀，财神信仰是人们社会生活中神圣的祭祀还愿、祝祷祈福、喜庆丰收的礼仪习俗。尤其是在以比干庙为核心的区域

里形成了内容丰富、形式多样的财富文化习俗，现卫辉财神信仰古遗址主要为比干墓和比干庙。

传承久远的财神节俗和文化现象，被新时期的人民群众赋予了一种新的时代内涵，寄托着华夏儿女祈福求安、富民强国的美好愿望。

## 热情奔放的中州大鼓

赵堤村位于黄河北岸古阳堤上，属新乡县朗公庙镇，素有“中州大鼓村”之称。赵堤村人酷爱敲鼓、论鼓、玩鼓，远近闻名。

赵堤大鼓，已有四百多年的历史。在全国鼓类当中，舞镲为中州大鼓所独有，是由当地打鼓人自己摸索出来的。中州大鼓内有拉簧，敲打后发出的金属声十分悦耳。鼓谱分为“大忽雷炮”“小忽雷炮”两种。“大忽雷炮”鼓调厚重沉稳，节奏缓慢，鼓调复杂；“小忽雷炮”鼓调欢快，流畅，给人一种奋激向上的感觉。鼓队中有直径1.3米、高1米、重90千克的巨鼓，在表演行进中击鼓、敲锣、舞旗、发号炮，威风热闹。逢年过节和重大庆典时，大鼓演奏成了人们不可缺少的文化生活，真可谓是“无酒不成宴，无鼓不算会”。

中州大鼓以“声”“形”特有的形式、明快富有朝气的节奏和独特的艺术造型，体现了当地农民热情奔放、粗犷豪爽的精神风貌。1992年，中州大鼓参加中国沈阳第二届国际秧歌民间舞蹈节，受到国外专家的高度称赞，并获表演优秀奖和精神文明奖。2006年，在浙江临安举办的“华夏一绝”民族民间广场鼓乐舞蹈邀请赛上，中州大鼓力拔头筹，获得金牌。

## 全国罕见的民间舞蹈——马皮舞

在新乡市获嘉县的一个小村落里，流传着一种罕见而独特的民间舞蹈艺术形式——马皮舞。

马皮舞，又称神马皮，有近600年的历史。马皮舞传承人杜生忠是河南获嘉县杜官滩村人。马皮舞以“钉马祭天，皮革制鞭，武舞兼备”为特点，其主要道具是一根马皮编制的长达七米的软鞭。表演时一人居中，挥动重约30斤、长7米的巨鞭，八人扮马绕圈作舞。常人难以拿起的巨鞭在表演者手中仿佛变成轻巧的绸带一样指哪打哪。扮马者身背“将架”，“将架”上披红挂绿，并缀有数枚铜铃，叮当作响，意为“响马”已改邪归正。“将架”上描绘关羽、张飞、黄忠等诸将图像。变换众多的耍马皮，包括“虎步登山”“青龙甩尾”“缠头过顶”“雾中霹雳”以及刀技的“回首望月”“关帝亮相”“鹰击长空”“麒麟踏雪”等，具有典型的民间武术特色，没有相当造诣的武者，很难做出这些动作。

中州大鼓

演出马皮舞时，执鞭者每甩响鞭，都要首拜刘备，次拜孔明，再拜关羽、张飞、赵云、黄忠等。后随时代变迁，演出中取消了“拜将”形式，而以巨鞭武技和扮马将架（墙队）武技相结合。传统表演中墙队以大跑为主，颇耗力气；现代表演在跑动的基础上填入步法和手势（如藏式舞步节奏、锣鼓节奏、踢踏的振步节奏等形式），表演起来，既节省体力，又节奏灵活鲜明，颇具观赏性。

# 景点推荐 万仙山风景区 AAAA

万仙山风景区既有雄劲而苍茫的石壁景观又有曼妙而秀雅的山乡风韵，融雄壮奇峻为一体。

大景区主要由影视村郭亮村、清幽山乡南坪村、人间仙境罗姐寨三景区组成。还有四大龙洞——黄龙洞、白龙洞、红龙洞、黑龙洞，四大崖梯——续梯、天梯、猴梯、寨门梯，四大奇石——日月星石、龙鳞石、神龙石、鸳鸯石，四大古寨——汉王寨、铁打寨、罗姐寨、蔺相如寨等众多景点。

**天池：**这里原来是一条峡谷，长326米，最宽处31米，最深处是62米。谷底红石岩层清晰，多级瀑布，水潭连接，水击石壁，声音就像是雷鸣龙吟，所以又叫作龙吟峡。

**红石桥：**这里最早是个木头桥，三根木头并排连接。抗日战争时期，八路军因为从这里往来行走很不方便，就和当地群众一起拆除木桥，从河边采红石垒成拱桥，历经战乱，石桥依然坚硬如故。

辉县市，郭亮村在沙窑乡，南坪景区在南坪乡

76元

## 玩家解说

万仙山风景区是个石头的世界，石磨石碾石头墙，石桌石凳石头炕，浑石到顶的农家庄院依山顺势地坐落在千仞壁立的山崖上，别有一番山村的情趣。万仙山风景区的郭亮洞，长1200米，洞顶是嶙峋的怪石，因为挖掘时留下的支撑廊顶的天然石柱而形成了崖下的“照明窗口”，因此又被赞誉为“世界奇迹”。

## 郭亮村

### 有“太行明珠”之美誉

辉县市沙窑乡郭亮村

郭亮村建在海拔1200米的高高悬崖上，以独特的石舍而闻名，以其周围秀美的自然

风景吸引着旅游者。这里最有名的景观是天梯和郭亮洞、红龙洞、白龙洞、黄龙洞等溶洞群。此外，这里还是攀岩的好场所。

### 玩家 攻略

郭亮村地处太行深处，四季景色宜人，特别是金秋时节，满山遍野枫叶绯红，碧绿的山野夹带着一片片金黄，景色十分美丽。在10月前往，可以拍摄到满山的红叶。

### 链接

**喊泉、溶洞**

喊泉：泉眼高悬于百米之上，龙头在喷云吐雾，滴水从绝壁顶上一空心圆洞中垂直落下，远看恰似“龙须”。人站在其下，高喊一声，泉流量便有所增加。

溶洞：郭亮村一带的溶洞极多，已经开发的有郭亮洞、白龙洞、黑龙洞、红龙洞与黄龙洞。其中最有名的是郭亮洞，郭亮洞横空悬挂在途经郭亮村的90度的陡崖上，是郭亮村的标志，天下一奇。这些溶洞集中于郭亮村后山2千米处，从村子徒步过去大约需要半小时。溶洞皆较窄，却也小巧别致。郭亮洞在从沙窑乡前往郭亮村的必经之路上，抬头就可以看见。

## 罗姐寨

### 养在深闺人未识

辉县市沙窑乡罗姐寨村，邻近郭亮村

罗姐寨位于河南新乡万仙山风景区的最北边，最高山峰蚂蚁山海拔1672米，是万仙山里最高的山峰。

据传，隋唐时期，一位叫罗桂香的女将军在此山上筑寨练兵，因称寨子为罗姐寨。直到现在，山西一些剧团还在演唱罗桂香的戏。寨中有隋唐时期的古跑马场、桃花沟、银色犾杏、蜘蛛窝、孙膑泉、南天一柱、汉王寨、莲花盆、观音床等景点。

### 千年石屋

位于罗姐寨北窑北部海拔1500多米的山顶，是石砌建筑。石屋下方上圆，顶部呈圆毡形，结构紧凑，细致规整，占地25平方米。石屋是隋末照龙庵住持修行所建，保留至今。

### 汉王寨

又称汉寨，是一个古寨，有东西两条通道，东面是石块垒砌的台阶，西面是顺山势开凿的台阶，南面有保存完整的100多米长的古寨墙。

### 玩家 攻略

北窑村和桃花沟处在一个十字的中心点两侧，向东西南北都可伸展，向西可沿隋唐古道经蚂蚁山徒步山西，向北可观照龙庵大佛殿遗址。游人可以在这里登水晶山，观千年石屋，翻山越岭到凤凰山、兵部栈、黑风洞。

## 南坪景区

### 曼妙秀雅的山乡风韵

辉县市南坪乡

南坪景区以水见长，这里集雄、险、奇、秀、幽于一身，总面积60多平方千米，最高海拔1672米。观景步道沿河而上，三步一潭，五步一瀑。步道的尽头是高数百米的黑龙潭大瀑布。景区还有黄龙洞、磨剑峰、丹分沟和黄龙洞等景观。

# 景点推荐 新乡旅游区

## 新乡市博物馆

全国重点博物馆之一

新乡市人民东路697号

新乡市博物馆的前身是原平原省博物馆。现有藏品24 369件，藏品种类包括：陶瓷、铜铁、竹木、玉石、书画、碑帖等，尤以商周青铜器、明清书画、历代碑刻拓本、甲骨刻辞著称。代表性藏品有赵子昂、董其昌、史春荟、李苦禅、白雪石等的书画作品。

## 潞王陵 AAAA

明代藩王陵墓

新乡市凤泉区潞王坟乡坟上村凤凰山下

¥40元　0373-3981827

潞王陵是我国目前保存最好、占地面积最大的明代藩王陵墓，是明代潞简王的陵墓。

潞简王陵以其独特的旖旎风光，雄伟的

古代建筑，精美绝伦的石刻艺术，扑朔迷离的神奇传说，吸引着四方游客纷至沓来。

## 万仙山 AAAA
### 太行明珠

辉县市西北部太行山南麓

0373–6718969

万仙山，坐落在我国太行山南麓的神奇之地，它以雄美壮丽的姿态在群峰环绕中熠熠生辉。登顶主峰，可以远眺奔腾的黄河，感受大自然的壮丽与雄伟。这里有着独特的自然景观，既有雄壮的山峰，又有奇特的峡谷，还有幽静的森林，以及灵动的溪流，共同构成了一幅美不胜收的画卷。

景区内包括了四个主要的分区，每个分区都有着各自的特色和魅力。其中，“中华影视村”郭亮村以其独特的民俗文化和古朴的建筑风格吸引了无数游客。这里的房屋依山而建，层层叠叠，如同画卷中的一幅幅生动的画面。郭亮村由于是众多影视剧的拍摄地，因此被称为“中华影视村”。

## 京华园 AAAA
### 精美的宫殿

新乡市新乡县小冀镇

乘188路公交或108路中巴可达

0373–5599850

京华园旅游区是一部简明的、立体的、形象的中华民族5000年优秀文化史的精品长卷。京华园内主要是人文景观，它区别于古寺、禅院、宫殿的单一文化架构，融儒学、道学、佛学为一园，主题鲜明，构思巧妙。景点主要包括天地宫、历代名君殿、名臣名将府、中华名人馆、超凡世界等。

## 跑马岭生态园
### 地质遗迹保护区

卫辉市狮豹头乡

80元

跑马岭休闲生态园面积800公顷，三面

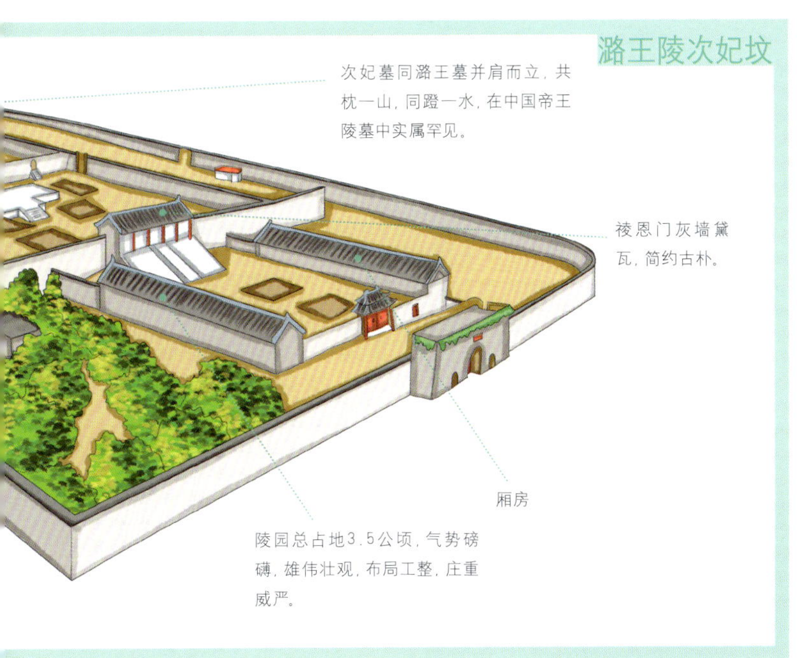

京华园

环山，一面临水，景以石为奇，有着雄险的石壁悬崖、惟妙惟肖的石景；游以休闲为乐，可以赏青山，住石屋，吃农家餐，品山泉水。园区总体分为三部分：一是山顶跑马岭大草原，二是山体的生态园，三是山脚下的白龙湖。

## 比干庙 AAAA

### 含墓祭人之祠庙

卫辉市北郊7千米

40元

比干庙是重要的庙、墓合一的建筑群，有“天下第一庙”的美誉。

比干庙建于北魏时期，总建筑面积达4.7万平方米。因墓立庙，有照壁、山门、二门、木枋、碑廊、拜殿、大殿、石坊、墓碑亭等建筑，庙南有比干石雕像、神道、牌坊。此外，庙里还有很多具有重要价值的文物古迹，其书法、雕刻、建筑风格都有很高的品位和历史价值。

比干庙

**链接**

**比干挖心**

比干是商代帝乙的弟弟，被封为相臣。帝乙病亡后，纣王继位，比干一直都尽心地辅佐着，在他的励精图治下，殷商王朝逐渐地富强起来。但纣王一直都沉迷于酒色，重用奸臣，对于忠臣却很疏远，殷商王朝很快就衰败了。最后，比干因为直言不讳，遭到了杀身之祸。传说比干死时，被纣王挖出心肝，血染摘星台。

## 望京楼

### 潞藩王思念母亲而建

卫辉市市区东北隅

望京楼位于卫辉市市区北门大街，又叫作崇本书楼，明万历十九年（1591年）潞藩王朱翊镠因为思念母亲而修建。

该楼坐北朝南，楼高25米，砖石结构，无梁无椽。平面呈长方形，东西长32米，南北宽19米，高约30米。内壁白石镶筑，东西两侧各辟门上下通行。第一层为拱券顶，四面开门，高大宽敞。殿前有如意坊，上面雕刻着二龙戏珠、人物花卉等图案。

## 姜太公故里

### 瑰丽的人文山水画卷

卫辉市太公泉镇

姜太公故里原是姜氏的一个大部落，原名“姜塬”。姜太公故里景区由山区和平原两大部门构成，山区部分主要有迎神山、八卦亭、仙桃园、浑元图、青龙潭、天仙桥、姜太公文化苑、谭山、凤凰山、卧羊石、香泉寺、香泉八景、封神谷、封神台、神仙洞、古罗盘、仙家庄、太公湖及华夏万通碑林等景点，每个景点都能体现出悠久的历史及深厚的文化底蕴。平原地区主要有姜太公墓、姜太公庙、姜太公祠、姜太公钓鱼处等景点。

**玩家解说**

姜太公诞生于卫辉太公泉镇吕村。姜太公也叫吕太公，名尚，字子牙，号飞熊，是西周时期一位著名的政治家、军事家、谋略家。他也是我国二百多个姓氏的血缘始祖。这个传奇色彩颇为浓厚的历史人物，单是姓名就有不少叫法，如《史记·汉书诸表订补十种》记载他的名字有：太公望、吕望、周望、吕牙、吕尚、姜望、望尚、师望、姜公、姜老等。据《竹书纪年》上说，姜太公仙逝于“周康王六年（前1015年）”十月二十日，当时已经139岁高龄了。死后葬在卫辉太公泉。

## 齐王寨

### 一座天然的“影视城”

辉县市三郊口乡 ¥30元

齐王寨景区位于辉县市三郊口乡境内，与山西省的陵川县、壶关县相毗邻，亦称“两省三县交会处”。

景区由齐王寨、三郊口水库、佛爷沟和天柱沟等多个景区组成。相传春秋时期齐王曾在此隐居，并留下无数脍炙人口的传说和相关遗址。景区有齐王瀑布、响泉、梦泉、剑劈山等景，是战争喜剧电影《举起手来》的外景拍摄地。

## 九莲山 AAAAA

### 太行山最美的一段风景区

辉县市上八里镇松树坪村 ¥联票100元

九莲山因为有九峰相连酷似莲花而得名。景区总面积为25平方千米，由两条峡谷和一条红岩绝壁组成。现开发的有西莲峡自然山水游览区和小西天民俗信仰游览区。

西莲峡谷深石怪、植被丰茂、溪泉流水长年不断，主要景点有老梯口、天门口、仙脂峡、九莲潭、天壶瀑布和999级天梯。小西天民俗信仰游览区里有庙宇3处、殿堂40余座，主要景点有西莲寺、天孕潭、演水壁、群瀑沟、莲花洞、后静宫、炼石滩、天门。全国首创的帐篷客栈在仙脂峡中。

齐王寨

## 宝泉

### 人间仙境般的感受

辉县市薄壁镇宝泉沟

宝泉风景区是一处水上游乐、沟内探胜、环境优美、游览避暑的人间仙境。这里山势险峻，沟壑纵横。主要景点有宝泉湖、龙王庙、二龙戏珠、潭头巨瀑、西沟四级瀑、西沟水帘等。

## 八里沟景区 AAAAA

### 北方水世界，太行山水魂

新乡市辉县上八里镇深山区 可乘坐辉县汽车东站的景区直达公交 0373-6699201

八里沟景区，位于新乡市辉县上八里镇深山区，地处南太行山脉，占地面积约10平方千米，是太行山脉中的一颗璀璨明珠。这里汇聚了太行山水的独特风貌，被誉为“太行之魂、中华风骨”。八里沟景区的自然景观独具特色，山水相依，奇峰异石，瀑布流水，美不胜收。景区内有著名的“五潭十二瀑”“太行猕猴”“天生桥”等景点，让人流连忘返。五潭十二瀑以其清澈的潭水、优美的姿态吸引着游客；太行猕猴活泼可爱，为景区增添了一份生机；天生桥则是大自然鬼斧神工的杰作，让人惊叹不已。

除了自然风光，八里沟景区还拥有丰富的历史文化底蕴。这里曾是抗日战争时期的革命根据地，留有许多革命胜迹。游客在这里可以了解到当年的革命历史，感受到先烈们的英勇精神。

**链接**

**刘秀与八里沟**

八里沟二仙桥是一座横跨在西莲沟上的青石桥上桥，两侧栏杆上雕有汉代云龙浮雕。二仙桥得名于前方凤凰岭上的二仙庙。

传说当年刘秀被王莽追杀逃难至八里沟凤凰岭，被为村民治病的两个姑娘所救。王莽得知，捉拿两位姑娘问罪，两位姑娘被追至悬崖双双坠崖自尽。

当地村民为纪念两位采药姑娘在凤凰岭上修建了二仙庙，刘秀为报答两位姑娘救命之恩重塑二仙金身。明崇祯十年（1637年）当地重修二仙庙，多年来二仙庙香火旺盛。

## 回龙风景区

### 道教文化发源地

辉县市上八里沟镇西北部，太行深山处

联票100元

回龙风景区山体险绝，翠林密布，含五

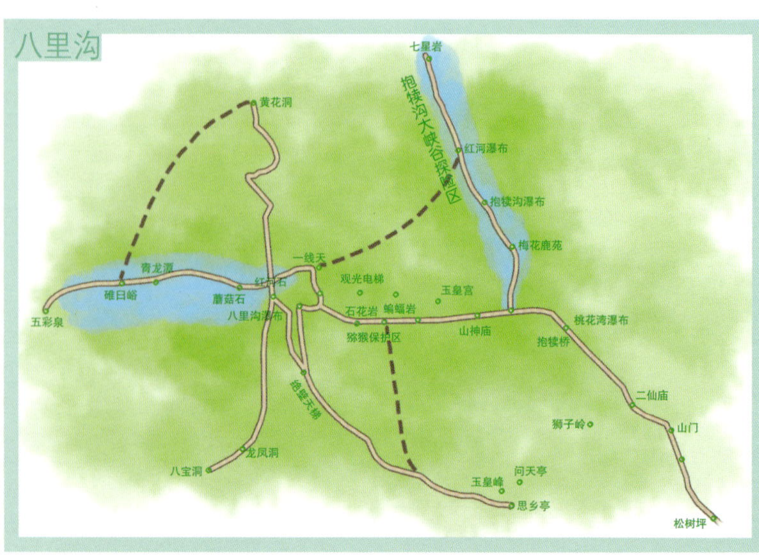

大景区，有红色景观、自然景观以及人文景观上百处。

这里的主要看点是老爷顶，老爷顶素有“小华山”之誉，海拔1570米，因山顶自古建有祖师庙而得名。又因铁钟、铁鼎、铁瓦点缀在庙宇间而被称为天下一绝，被考古专家赞誉为“天下第一铁顶”，为道教发祥地之一。此外，这里的回龙大峡谷、张沟瀑布、龙口乐园等也非常有特色。

## 关山地质公园

### 亿年前的地质遗迹奇观

辉县市上八里镇马头口村

100元

0373-6622222

关山地质公园由盘古河、花山、百宝洞三大景区组成，以一线天、柱状峰林、天生桥、大绝壁为主体。由花山、盘古河、百宝洞三大景区和峰景苑、迷宫苑等11个苑区组成。

八里沟

## 百泉景区

### 有“中州颐和园”之美誉

辉县市西北郊2千米苏门山下

乘1路公交车可到

27元 0373-6238677

百泉景区素以秀水青山、古迹名胜享誉中州，它是河南最大的、保护最好的古园林建筑群，素有“中州颐和园”美誉。景区内有啸台、安乐窝、饿夫墓、清辉阁、邵夫子祠、涌金亭等众多古迹。这里的风景趣在泉水，美在苏门，兴在名胜。

## 青龙湖

### 葱茏竹海中的大湖泊

新乡市封丘县曹岗乡

青龙湖景区占地400公顷，是河南、山东沿黄流域最大的一处自然湖，素以清静淡雅著称，景点主要以大型水面和历史遗迹为主，有罗汉洞、玉皇殿、接引殿堂，还有凉风洞、撑腰岩、照妖镜、箱子石、蛤蟆石、七叠石等洞窟隆石，泛舟于湖上，别有一番情趣。

## 陈桥驿

### 景点繁多的假日型景区

新乡市封丘县陈桥镇黄河旁

陈桥驿风景名胜区是假日型风景区。景区的内容主要包括青龙湖度假区、黄河国家级湿地鸟类自然保护区、万亩石榴园及金银花观赏区、特色农业观光区等，还有北宋开端、宋都景区、陈桥古驿站、悬河、国家级湿地自然保护区等。陈桥驿，现存有房屋四座，有当年系战马或驿马的老槐树一棵。

## 学堂岗圣庙

### 规模宏大的古建筑群

新乡市长垣市满村乡学堂岗村

学堂岗圣庙始建于汉代，后来经过明清

两代的屡次重修，逐渐成了豫北规模宏大的古建筑群。其主体建筑有：棂星门、大成殿、古坛亭、“春风、化雨”二亭、深造堂等。现存古坛亭、杏坛亭、杏坛碑亭和明、清碑刻6通。据《名胜志》载：“昔孔子聘列国与四弟子（子路、曾皙、冉有、公西华 ） 弦诵于此，故曰学堂岗。”后人在岗上建庙，以作纪念。

## 同盟山
### 纪念武王伐纣的盟台

新乡市获嘉县城关镇

8:00~17:00

免费

同盟山是周武王率师伐纣前誓师的盟台。这里是商周文化遗址，主要景点有诸侯演武场、诸侯井、周武王饮马池、姜太公校阅台、阴阳树、武则天手植槐、封神崖、小西湖、遇仙桥、传石摩崖石刻等。同盟山上有现存完整的明代建筑群——武王庙，庙内殿堂40多间，供奉周武王与西周开国先贤，为全国唯一一个祭祀周武王的场所。同盟山也是姬姓及姬姓繁衍出来的150多个姓氏的祭祖胜地。

学堂岗圣庙群

黄河故道湿地

## 黄河故道湿地
### 难得的天然湿地

卫辉、延津两县（市）接壤的大沙河地段和封丘县境内的黄河滩涂和背河洼地

豫北黄河故道鸟类湿地国家自然保护区由卫辉、延津两县（市）接壤的黄河故道（称北片区）和封丘县境内的黄河滩涂、背河洼地（称南片区）组成，主要保护对象为天鹅、鹤类等珍禽及内陆湿地生态系统。

## 牧野湖
### 新乡“五湖”之一

新乡市牧野大道旁

牧野湖西起牧野拱桥，东至牧野大道，南邻平原路，北以防洪通道为界，规划占地面积22公顷，其中水面面积11公顷，湖岸线总长2697米。

牧野湖本着“自然、生态、健康、休闲”的设计理念，按功能及湖区划分为湖滨休闲区、湖光水色景观区、生态湿地景观区和台地景观区四大区域，主要景点有太公岛、巨型水车、竹林、石榴门廊架等10多处景点。

# 攻略资讯

- 交通
- 住宿
- 美食
- 购物
- 娱乐

## 交通

### 飞机

新乡没有机场，可以去郑州新郑国际机场乘坐。新乡距离郑州新郑国际机场约100千米，车程约需要90分钟。

### 火车

新乡火车站是新乡最为繁忙的交通枢纽。车站建于1905年，已有百年历史。这里过路车极多，是往来中原各地的会聚点。有部分前往河南郑州、安阳、南阳、商丘以及山西长治的始发车。新乡市卫滨区 乘坐17、39路公交车可抵达

新乡东站：位于新乡市红旗区。途经线路为京广高速铁路和济郑高速铁路。新乡市红旗区荣校东路 可乘坐66路公交车前往该站

### 汽车

新乡的汽车站主要经营发往河南省内各地以及周边郊县的班车，也有发往山东、山西、陕西等路途较远地区的车次。

**新乡客运总站**：位于新乡市自由路155号。可乘6、7、39、28等路公交前往该站。0373-2089382

**新乡汽车东站**：位于新乡市金穗大道与

新乡火车站

新飞大道交叉路口，车辆主要发往郑州高铁枢纽汽车站以及周边县市等地。0373-5823203

## 住宿

新乡作为一个旅游城市，有着不同规模的旅店和宾馆，游客可以根据自己的要求和需求，选择不同档次的住宅。

### ●新乡爱尚电竞酒店

新乡爱尚网络酒店环境幽雅，以休闲、度假、商务为主导，以让顾客快乐居住为理念。新乡市和平大道与华兰大道交会处南50米路东 0373-2059266

### ●新乡宾馆

新乡宾馆是一家四星级旅游宾馆。新乡宾馆拥有宽敞、明亮、舒适的标准客房、豪华套房、总统套房和风格各异的中西餐厅。新乡市平原路33号 0373-2088588

### ●新乡苏荷主题酒店

新乡苏荷主题酒店交通便捷，周边餐饮、娱乐、生活配套齐全；有停车场、Wi-Fi、24小时热水、高档洗漱用品，基础设施齐全；内部装修时尚个性。牧野区宏力大道与西华大道交叉口向东100米

## ●新乡国际饭店

新乡国际饭店是一家涉外、园林式饭店，集餐饮、住宿、购物、商务、旅游于一身。饭店以“宾客至上，服务至上”为经营理念。饭店在新乡市率先引入“金钥匙”服务理念，现已取得国际酒店金钥匙组织会员资格。

新乡红旗区金穗大街461号　0373-5088888

# 美食

新乡最具有地方风味的食品就是羊肉烩面和红焖羊肉了，来此地不尝一下真是遗憾。此外，其他羊肉制品和包子比比皆是，游客不必为饮食担忧。

## ●河南羊肉烩面

羊肉烩面是河南著名的特色小吃，它的汤浓酽醇厚，面条鲜香有韧劲，羊肉鲜嫩酥烂。汤的配料很丰富，包括羊肉、粉丝、木耳、黄花菜、豆腐丝、海带、鹌鹑蛋等。最关键的是熬汤，选用上好的羊肉同羊骨架加上各种香料文火长年熬制，熬制后汤白肉烂。

羊肉烩面

## ●红焖羊肉

红焖羊肉是把闷罐羊肉和南方的火锅巧妙地结合在一起精制而成。这道菜让人又能大块吃肉又能喝汤涮菜，有“新乡一绝”的美称，这道菜的特点是：肉嫩、味鲜、汤醇、价廉，上口筋，筋而酥，酥而烂。

红焖羊肉

## ●方记不老鸡不老鸭

选用农家放养的草鸡草鸭和优质家禽分割产品，如鸭头、鸭脖、凤爪、凤翅等，采用30余种名贵中草药和陈年老汤精心卤制而成，色泽鲜艳，香味诱人，辣而不燥、香而不腻。

## ●糖熘鱼

豫中饭庄经营的一道传统名菜，外焦里嫩，甜酸适口。此菜选料严格，加工精细。鱼的食用价值和药用价值都很高。鱼肉含有丰富的蛋白质、脂肪和多种维生素、矿物质及人体必需的氨基酸。此外，鱼骨、鱼鳍、鱼耳石(鱼脑石)、鱼鳔等都可以治病。

# 购物

新乡的土特产品有道口烧鸡、牛忠喜烧饼、香酥鸡、封芹、石榴、金银花等，有各种类型的商场，你可以随心所欲地买到这些特产和其他自己心仪的商品。

### 新乡特产

## ●新乡烧鸡

新乡烧鸡清洁卫生，色泽鲜艳，味香肉嫩，酥烂脱骨，肥而不腻。其铝箔袋真空软包装可保鲜6个月。

新乡风光

## ●金银花

金银花又名忍冬花、二花，是国家二类贵重药材，花、蕾、叶均能入药。具有清热解毒、消热止痛之功效。

## ●牛忠喜烧饼

牛忠喜烧饼形似糕点，松酥起层，香而不腻，冬季存放一个多月仍不变味。

### 新乡购物场所

百货大楼拥有新乡最好的地理位置。它的主体包括：百大（包括百大眼镜，数码）、新天地、华彬商厦。

胖东来和胖东来生活广场（老世纪联华），凭借它们自身的硬件优势（建筑设备都是新的），新的经营管理理念，目前是新乡零售业的新巨头。胖东来超市及电影、饮食占绝对优势。

虽然德化街让人诟病，但其实也有自己的文化底蕴，走的是高端路线（品牌居多）。

平原商场也是新乡的元老级商场之一。目前有比较雄厚的家电家底。楼上的服装用品生意较好。新乡第一家肯德基就是在那里落户的。

银基走的是低端路线，虽然地理位置不佳但也算独树一帜了。

# 娱乐

大弦戏是流行在豫北、黄河两岸及山东西部地区的一个古老剧种。文曲缠绵悱恻，柔和细腻；武曲如金戈相加，战马嘶鸣，激人奋进。是新乡人民传统娱乐方式之一。

### 节日和重大活动

| 节日 | 地点 | 时间 |
|---|---|---|
| 新乡大王庙会 | 原阳县蒋庄乡大王庙 | 正月二十七至二十九 |
| 金银花节 | 封丘县司庄乡 | 5月10日 |
| 封丘石榴节 | 封丘县陈桥镇 | 9月 |
| 郑州国际少林武术节 | 郑州 | 9月1日至9月5日 |

戏剧——闺门旦

殷墟博物苑

发现者旅行指南

# 安阳及周边

## （含安阳、鹤壁、濮阳）

# 概览

## 亮点

### 殷墟

殷墟是中国商代晚期的都城，也是中国历史上第一个有文献可考并为甲骨文和考古发掘所证实的古代都城遗址，距今已有3300年的历史。

### 太行大峡谷

太行大峡谷景区是国家重点风景名胜区、国家AAAA级旅游区、河南省十佳风景名胜区。

### 马氏庄园

有“中原第一大宅”之誉，为国家AAAA级景区，既有典型的北京四合院宽敞明亮的建筑风格，又有晋商大院深邃富丽的建筑艺术。

### 汤阴羑里城

羑里城是世界遗存最早的国家监狱，也是风靡全球的《周易》的发祥地，以博大精深的文化内涵而名扬海内外。

### 红旗渠

被世人称为“人工天河”，在国际上被誉为“世界第八大奇迹”，是国家AAAA级景区、全国爱国主义教育示范基地。

### 云梦山

主峰高584.5米，重峦叠嶂，山起云浮，气象万千，飞瀑流泉，鬼斧神工，素有“云梦仙境”之称。

### 大伾山

这里有“全国最早，北方最大”的大石佛、千年古刹天宁寺、清静幽雅的吕祖祠等多个佛寺道观。

### 戚城文物保护区

全国重点文物保护单位，又叫“孔悝城”，是春秋时卫国的重要城邑。

## 线路

### 安阳一日游

上午到殷墟和殷墟博物苑，感受商代后期的都城风貌；然后再参观羑里城，这是世界遗存最早的国家监狱，极具观赏价值。

### 伾山大佛文化二日游

第一天，先到大伾山百猴路，然后膜拜一下伾山的大佛，不要错过龙洞，这里是观赏白云出岫的最佳场所。

殷墟博物苑

第二天，继续游览浮丘山碧霞宫，然后到千佛寺观赏佛像，下午到浚县古城尽情体验明代文化。

## 为何去

中国文字博物馆

安阳是中国八大古都之一，国家历史文化名城，是甲骨文的故乡，《周易》的发源地，红旗渠精神的诞生地。这里旅游资源丰富，自然风光独好，给前来的游人以无限乐趣。鹤壁名胜古迹众多，如大伾山有大石佛、天宁寺、太平兴国寺、天齐庙、禹王庙、孔庙、吕祖祠等，浮丘山有唐千佛寺石窟、明碧霞宫等。濮阳被命名为“中华龙乡”，主要景点有戚城遗址、仓颉陵、仓颉庙等。

## 何时去

羑里城

春秋时节的安阳气候宜人，此时也是太行山大峡谷最美的时候。夏季可到红旗渠参观游览，此时雨水丰沛，红旗渠水量增加，气势更加宏伟。鹤壁四季分明，秋天的时候秋高气爽，选择金秋时节前往鹤壁遍览名胜最为适宜。濮阳的秋季也是天气晴朗阳光和煦，到濮阳的最佳旅游时间亦是秋季。

俯瞰安阳

# 区域解读

安阳区号：0372
鹤壁区号：0392
濮阳区号：0393
面积：约13 783km²
人口：约1072.6万人

## 地理 GEOGRAPHY

### 区划

安阳市下辖4个区（北关区、文峰区、殷都区、龙安区）、1个县级市（林州）、4个县（滑县、安阳、汤阴、内黄）。

鹤壁下辖5个行政区（浚县、淇县、淇滨区、山城区、鹤山区）和鹤壁国家经济技术开发区、市城乡一体化示范区、宝山经济技术开发区3个功能区。

濮阳下辖1个区（华龙区）、5个县（濮阳县、清丰县、南乐县、范县、台前县），设有1个国家级经济开发区、1个工业园区和1个城乡一体化示范区。

### 地形

安阳位于河南省的最北部，它三面环绕着鹤壁，鹤壁位于太行山东麓，安阳的西部为太行山区，安阳的地势西高东低，呈阶梯状分布。濮阳境内属于黄河冲积平原的一部分，地势较为平坦，自西南向东北略有倾斜。

太行山大峡谷

### 气候

安阳的气候为典型的暖温带半湿润大陆性季风气候，气候温和，四季分明，日照充足，雨量适中，降水多集中在7、8月。从整体上看，安阳境内春季温暖，夏季炎热多雨，秋季凉爽，冬季寒冷干燥。秋季是去安阳旅行的最佳时间。鹤壁市属暖温带半湿润大陆性季风气候，四季分明，光照充足，温差较大，春季多风少雨，夏季湿润炎热，秋季秋高气爽，冬季寒冷多雾。濮阳市地处北温带，属于暖温带季风气候，四季分明，春季干旱多风沙，夏季炎热雨量大，秋季晴和日照长，冬季干旱少雨雪。

## 历史 HISTORY

### 安阳历史大事记

#### ●远古时期

安阳历史悠久，文化遗存丰富，为中华民族文化的发源地之一，早在2.5万年前先民就在安阳繁衍生息，创造了著名的“小南海文化”。

#### ●殷商时期

约前14世纪，商王朝第20代国王盘庚将

殷墟博物苑

国都自奄（今山东曲阜）迁到北蒙（今安阳市区小屯一带），在此传位8代12王，史称“殷商”。前11世纪，商被周武王所灭。

商朝末年，纣王听信崇侯虎谗言，将西伯昌（周文王姬昌）拘于羑里（今安阳城南15千米汤阴县境内）。西伯昌被囚7年，自强不息，在总结夏易《连山》和商易《归藏》的基础上，将伏羲八卦演绎为64卦、384爻，并作卦爻辞，而成《周易》。

## ●春秋战国

魏文侯七年（前439年），建都于邺（今河北临漳县漳河岸畔，安阳北部），以西门豹为邺令，安阳为都畿之地。

战国时期，战争连绵，齐、楚、韩、魏、赵、燕六国为了抵御秦国的进攻，商定共同抗秦。为了统一行动，共举著名纵横家苏秦为六国宰相。周显王三十六年（前333年），六国于洹河上会盟，在今安阳市西郊拜相，授苏秦六国相印。

## ●秦汉时期

秦昭襄王五十年（前257年），秦将王翦克“宁新中邑”，改“宁新中”为安阳，安阳之名始见于史册。前221年，秦始皇统一六国，置安阳县，隶属邯郸郡。

秦二世三年（前207年），秦将章邯围攻赵国巨鹿（今河北平乡县西南），楚怀王派宋义为上将军，项羽为次将，率军救赵。宋义行至今安阳内黄县楚旺一带，滞留不前，项羽杀宋义，带兵渡过漳河，破釜沉舟，以表死战决心，此战役成为古今著名战例。

## ●南北朝时期

东汉末年至魏晋南北朝时期，安阳古都

殷墟博物院马车坑

文明薪火相传。三国时期的曹魏，十六国时期的后赵、冉魏、前燕，北朝时期的东魏、北齐，先后建都于邺。殷都废而邺都起，邺都衰而相州继，相州改而彰德立，古都文明的薪火，在安阳这片土地上传承不断，安阳成为“七朝古都”。

北周大象二年（580年），杨坚辅政，相州（邺行台所辖六郡）总管尉迟迥不服，发兵讨杨坚，兵败自杀，杨坚下令焚毁邺城，并徙相州、魏郡、邺县治所及邺民于邺南20千米之安阳城，安阳城遂为相州、魏郡、邺县治所。

北朝时期，安阳地区因处于京畿之地，生产力发展迅速，以相州窑为代表的瓷器制造业逐渐兴盛起来。相州窑始烧于北朝时期，盛于隋，延续至唐初，是当时我国青瓷窑址中规模最大的一处。

## ●隋至清朝

隋炀帝大业七年（611年），今安阳滑县人翟让领导农民起义，以瓦岗寨（今滑县南）为根据地，史称瓦岗军。618年，起义军被降唐隋将王世充打败，遂降李渊。

宋初，相州隶属河北西路，并置彰德军节度。金章宗明昌三年（1192年），彰德升为府。明、清亦称彰德府。

天宁寺塔

## ●近现代

清光绪二十五年（1899年），安阳小屯村发现刻有文字的“龙骨”，后经专家认定为甲骨文。甲骨文的发现震惊了中外学术界，成为19世纪末20世纪初世界考古学界的重大发现。

1949年5月6日，安阳解放。1949年8月1日，成立平原省，安阳为省辖市。1952年11月30日，撤销平原省，安阳市划归河南省，为省辖市。

20世纪初，殷墟因盗掘甲骨而被发现，1928年正式开始考古发掘；2001年3月，殷墟被评为“中国20世纪100项考古大发现”之首；2006年7月13日，安阳殷墟入选世界文化遗产名录。

2009年底，安阳县安丰乡西高穴村发现曹操墓葬高陵，但至今对其仍存真伪论辩。

## 殷墟都城遗址——盘庚迁都后的繁华

20世纪上半叶，人们在河南安阳发现与发掘了殷墟商代晚期都城遗址，该遗址至今有3000多年的历史。

迄今为止，考古工作者在殷墟共发现宫殿宗庙建筑群遗址50多座、王陵大墓12座、贵族平民墓葬数千座、祭祀坑1000座、城壕沟1700多米、手工业作坊5处、车马坑30多座，发掘出土甲骨15万片及大批青铜器、玉器、陶器、骨器等。目前所探明的殷墟长宽各约6千米，总面积约36平方千米，洹河从中间穿过。建筑群总体布局严整，以小屯村宫殿宗庙遗址为中心，沿洹河两岸呈环形分布。

原来，在前14世纪，商王朝的第20代国王盘庚曾经将国都从奄（今山东曲阜）迁到北蒙（今安阳市区小屯一带），从此，在这里又经历了8代12王，这就是历史上的“殷商”时代。盘庚迁都的原因，与他在继位前商朝混乱不堪的局面有很大关系。当时的商朝

中国文字博物馆

国力日渐减弱，盘庚为了改变当时社会不安定的局面，想出了以迁都的方式来挽救商朝的衰亡的办法。他认为，殷地的土地比较肥沃，自然环境也比较好，迁都过后，因为一切都得从头开始，王室、贵族将会受到抑制，阶级矛盾会得到缓和，另外，如此还可以避开外部的干扰，稳定统治。

盘庚和奴隶主贵族经过了几番角逐后，终于成功地带着平民和奴隶迁都。在盘庚的治理下，商朝的政治日趋稳定，社会经济和文化也因此有了更大的发展。在都城遗址中，国宝级文物司母戊大方鼎（后改称后母戊鼎）便在这里出土。这足以证明当时的商朝，铜的冶炼技术和铸造工艺已经大大提高。如今，它完整地保存在中国历史博物馆里，是世界上到目前为止发掘到的最大的青铜器。除了青铜器，在殷墟遗址中，还有大批乌龟的腹甲和牛的肩胛骨出土，上面刻着许多文字。这些文字是我国已经发现的最古的文字，它便是今天看到的著名的甲骨文。

由此可见，盘庚迁都在商代历史上具有划时代的历史意义，是中华文明乃至人类文明进程中的最重要的历史事件之一。

## 被岁月淹没的名都邺城

在安阳的大地上，有一个历经魏晋、南北朝的六朝名都邺城曾经在这里辉煌过，随着历史朝代的更迭，一代名都逐渐地变为了废墟，再加上漳水泛滥，邺城的城墙、宫室基础，早已经被埋在了漫漫黄土中，但岁月却掩盖不了那惊心动魄的历史故事。

邺城遗址由北、南两座相连的城组成，分别是邺北城和邺南城，现在的漳河横贯其间。春秋齐桓公时期，在现在的安阳城北开始筑邺城。战国初年邺地属魏。西汉置魏郡，郡治在邺城。东汉末年，邺城是冀州牧袁绍的驻地。后经官渡之战，曹操击败了袁绍，攻占了邺城，营建邺都。

当时的邺都规模庞大，东西长约3.5千米，南北长约2.5千米，外城四面共有七个城门。城内一条东西大街将城划分为南北两区，北区中部设置了宫殿和衙署，西部置苑，为铜雀苑。苑西以城墙为基修筑了三座高大的台榭——金虎、铜雀、冰井三台，南北相照，一线排开。宫殿东面是贵族集居区“戚里”。南区主要是居民区、商业区和手工业区。

邺都经历了改朝换代。建安二十五年（220年），曹丕正式建立魏国，定都洛阳，邺为北都；东晋十六国时期，后赵建武帝石虎迁都于邺约15年，冉魏都邺约3年，前燕都邺约13年；十六国后期，由于战争频繁，邺城逐渐残破。东魏、北齐时，这里曾经进行过大规模的整修。东魏天平二年（535年），这里又被定为东魏的都城，此时的邺北城仍继续使用。邺南城在邺北城的南边，紧靠东城。北城的南墙就是南城的北墙，北城的南门就是南城的北门。邺城的建筑布局在建筑史上也颇负盛名，前承秦汉、后启隋唐，中轴对称，分区显明。

北周灭北齐后，外戚杨坚篡权，他派兵攻克了邺城。大象二年（580年），杨坚将魏郡、相州、邺县三级机构和邺城居民南迁约23千米至安阳。后来，他下令放火将邺城烧毁。从此之后，邺城彻底被毁。

## 鹤壁历史大事记

前510年，齐桓公在鹤壁西牟山侧设中牟邑。前425年，赵国自邯郸迁都鹤壁中牟，定都于此39年。所辖淇县曾经是殷商首都“朝歌”及春秋时期最大诸侯国卫国首都“沬”。鹤壁市境内淇河是一条史河、诗河、文化河，《诗经》中有39篇描绘了其两岸风情。

鹤壁在元代以前就已形成集镇，因相传“仙鹤栖于南山峭壁”而得名。

1947年4月，晋冀鲁豫野战军进驻鹤壁，刘伯承、邓小平在鹤壁指挥豫北战役。6月21日，刘伯承、邓小平在鹤壁石林村召开高级军事干部会议，23日他们率部离鹤挺进大别山，实施战略大转移。

中华人民共和国成立后，国家把鹤壁煤田作为建设重点。1957年，因煤建市成立鹤壁市。

自1957年建市后，鹤壁市区由于矿区的建设，经历了多次搬迁。中山、老区大胡、淇滨区先后成为市区所在地。

## 濮阳历史大事记

### ●远古时期

上古时期濮阳一带是以黄帝为首的华夏集团与以少昊为首的东夷集团活动的交界地带。黄帝长子玄嚣青阳氏邑于顿丘（今清丰县南），次子昌意在今南乐县筑昌意城；黄帝史官仓颉始作书契，以代结绳，被尊为“造字圣人”，今南乐县梁村乡吴村有造书遗址及仓颉陵、仓颉庙。

中原地区继黄帝之后由颛顼统一治理，建都帝丘（今濮阳西南）。颛顼后，帝喾继位，初都帝丘，后迁都至伊洛平原。到尧舜之时，太行山区雨水丰沛，水患频仍，以秦（今范县）为活动中心的东夷首领伯益协助舜的水官大禹治水，两大集团在联合抗洪斗

鹤壁古城夜景

仓颉庙

争中进一步增进了民族融合。

## ●夏商周时期

夏王朝时期，濮阳一直是夏文化中心地带，不仅农业发达，制陶和冶铜技术也处于领先地位。

商汤时征服了昆吾、韦、顾等邦国，后灭夏建商，以帝丘（今濮阳）为其陪都。

西周时期以姬发为首的姬姓联邦集团联合其他邦国灭商后成为新的联邦王国的宗主国，帝丘一带称东国，为管叔封地。周成王四年（前1039年），周公旦东征，平定武庚及三监叛乱，封康叔于河、淇之间，建立卫国，帝丘一带受其节制。

## ●春秋战国

前629年，卫成公迁都帝丘（今濮阳），帝丘成为卫国政治、经济、文化中心，为都400年。前626年到前531年的近一个世纪内，各诸侯国在卫会盟15次，其中7次会盟于此。

濮阳之名始于战国时期，因位于濮水（黄河与济水的支流，后因黄河泛滥淤没）之阳而得名。战国后期，大国争霸，帝丘一带战争频繁，卫国衰落。前241年，秦取濮阳等地，卫君角被迁到野王（今河南沁阳），卫此时名存实亡。至前209年卫君角被废为庶人，卫亡。

## ●秦至南北朝

秦汉时期秦统一中国后，为束黄河之水，曾修金堤。东汉明帝永平十二年（69年），在著名水利专家王景主持下，濮阳人民修渠筑堤千余里，固河道于濮阳城南，黄河安澜700余年。

南北朝时，濮阳兵连祸结，干戈纷然，大量居民被迫迁徙，边塞游牧民族陆续入居濮阳，与汉族融合，同时把大片耕地改为牧场，农业生产受到破坏。至北魏时，孝文帝实行均田制，农业才有所恢复。

## ●隋至清朝

隋大业四年（608年），永济渠过濮阳后方，便利了交通，濮阳日趋繁荣。

唐朝中期，黄河安澜，濮阳的农业、手工业等得到长足发展。丝绢业闻名全国，丝织贡品列为上三等。

唐末至五代，濮阳一带又成了战场，仅后梁、后唐就在濮阳征战200余场。长期兵荒马乱，使濮阳唐代前期100多年的建设遭到严重破坏。

宋真宗景德元年（1004年），契丹兵临澶州（今濮阳市区西南），濮阳军民奋起抵抗，在寇准力谏下，真宗御驾亲征至澶。后由于种种因素对辽军不利，辽遂求和，双方签订了“澶渊之盟”。此后百余年，两国相安，宋时濮阳的农业、手工业、商业都得到较大发展。

明朝，因受战争破坏，濮阳一带“道路

濮阳戚城

皆榛塞，人烟断绝”，景象极为苍凉。明初，朱元璋下诏鼓励无田农民辟荒造田，并从洪武二十一年（1388年）起，数次将山西黎民徙居濮阳一带置屯垦荒，这就是历史上著名的“老鸹窝”移民。

清咸丰五年（1855年）黄河决堤，将濮阳大半变为泽国。这次大改道后，黄河经濮阳、范县及今台前县境奔东北入海，在境内横流泛滥，为害近30年。

### ●近现代

抗日战争时期，濮阳一带一直是冀鲁豫抗日根据地中心，境内发生多次大小战役。

1987年，在濮阳西水坡发掘出三组蚌砌龙、虎图墓葬。据测定，其年代距今6400年左右，蚌壳龙被考古界公认为“中华第一龙”。濮阳龙迄今仍是中华民族“龙图腾”的最早证物。

### 中国的“文字始祖”——仓颉

我们都知道，汉字的产生是中华文明的开端。关于汉字的创造者，民间传说是黄帝时期的仓颉。仓颉是黄帝的助手，他曾把流传于先民中的文字加以搜集、整理和使用，在汉字创造的过程中起了重要作用。

在距今大约5000年前，即炎黄二帝中的黄帝率领华夏部族入主中原前后，当时的人们还用结绳记事，但却发现这种方法多有不便：它很难让人们记住各自的劳动成果，也总是因不能分清财产而不断发生争斗，部落与部落之间长期厮杀。正因如此，部落中的所有人都盼望着能有更好的记事方式出现。仓颉漫游天下，观察鸟兽行迹和山川万物的形体产生了灵感，于是创造了一个又一个的符号，告别了结绳记事的时代。他依鸟兽山川的形状而造字，据说他造字成功时，还引发了天降谷雨鬼夜哭。

仓颉被尊为“文字始祖”，受到民族的尊敬和爱戴。全国各地有着很多仓颉的遗迹和纪念地，他也因此贡献而彪炳千秋，被万世传颂。

## 文化 CULTURE

### 中华文明史的基点——甲骨文

文字的出现，是人类社会进入文明时代的重要标志之一。我国早在3000多年前就已经有了成熟的文字——甲骨文。

殷墟甲骨文是殷王朝占卜的记录，是目前已知的中国最早的成熟的文字，被称为中国古代最早的“档案库”。目前发现了大约15万片甲骨，4500多个单字。这些甲骨文记载了丰富的内容，不仅包括政治、军事、文化、社会习俗等，而且涉及天文、历法、医药等科学技术。

甲骨文的书写材料一般为龟骨、牛肩胛骨，当时的人们还将字刻在墙壁、木器、石器等处，有用刀刻的，也有用朱书、墨书的。为什么甲骨文又叫卜辞呢？原来，当时的人们在占卜的时候，如果在甲骨背面钻凿处用火烧炙，甲骨的正面就会出现“卜”字形裂纹，当时的人们根据这个现象来定吉凶。占卜之后，人们会将所卜事项刻于甲骨之上。这些卜辞记载着殷朝的许多大事，所以一直是研究中国古代文字和古代史特别是研究商代历史的最重要的直接史料。

从甲骨文已被识别的约1500个单字来看，它已具备了“象形、会意、形声、指事、转注、假借”的造字方法，这是我国文字出现的标志。甲骨文不仅仅是一个文明的符号、文化的标志，它印证了包括《史记》在内的一系列文献的真实性，把有记载的中华文明史向前推进了近5个世纪。

## 经久不衰的老淮调

淮调是一个古老稀有、独具乡土特色的地方剧种，主要流行于豫北、冀南、皖北和苏北黄河故道区一带。2007年，淮调入选河南省首批非物质文化遗产名录。2011年，入选第三批国家级非物质文化遗产名录。

据《安阳县文化志》记载，早在隋唐时期，淮调就开始流行于黄河两岸。当时的淮调是以弦索调为基础，其艺术风格已初步形成。到了清康熙年间，淮调开始有了飞跃式的发展。淮调向南已发展到江淮地界，往北则到京津一带，除了在民间广泛流行外，还开始走进官府州衙，其中豫、冀各地的府衙及军队中已多唱淮调，除官衙公办戏班外，民间私办的淮调班也较为普遍，如彰德府的头皂班（刑警）、二皂班（内勤）、西营班（驻军）都蓄有淮调班，被称作“上三班”。当时曾出现了如名花脸“大头王”、名旦角天保、名小生杨凤山等一批在社会上很有影响、身怀绝技的名演员。当时流行一句顺口溜：“《夜看兵书》‘大头王’，火爆连天数‘二壮’，舍了爹，舍了娘，舍不了天保《反西唐》。”之后相继出现的名演员还有马柏锁、两合土、郭德胜、老遂成等。当时民间淮调众多，如安阳县都里、辛村、北郭和林州市东岗等地都有自己的淮调班社。

从第一支正规戏班上演淮调至今，经过近300年的发展，现有300多出传统剧目，大多是以颂忠除奸、保家卫国为主题的历史剧，如《收吴汉》《杨家将》等。经常演出的有《殷蛟下山》《皇逼宫》《两郎山》《吴汉反潼关》《三战吕布》《盔缨记》《摔饭罐》等经典剧目。

## 鹤壁特产——淇河三珍

鹤壁的著名特产有淇鲫鱼、缠丝蛋和冬凌草，它们有“淇河三珍”的美誉。

淇鲫鱼产于淇河中下游，体形奇特，味道鲜美，营养丰富，乃鲫中上品“国之瑰宝”，属中国四大名鲫之一。这种鱼的鱼刺较少，肉肥厚，质细嫩，腥气小，味鲜美，腮不苦，出肉率和蛋白质含量都很高，很适合清蒸和炖煮等。《本草纲目》和《中药大辞典》都在营养保健方面对它给予了高度评价。明代还把淇河鲫鱼列为宫廷贡品专门供奉给皇室。

缠丝蛋其实是一种鸭蛋，它产于淇河沿岸一带的特定水域，煮熟后切开蛋黄，能够看见一圈圈红色的色环，由外及内缠绕着中心，故名缠丝蛋、缠丝鸭蛋，自古有“金丝伴银线，极品缠丝蛋”的美誉。此蛋富含硒元素，具有食疗的功效。

冬凌草盛产于淇县和淇滨区西部沿淇河两岸的山区地带，又叫冰凌草，以冬季茎近地面处结冰而得名。自古以来，这种草在太行山区民间常年被当作茶叶饮用。因为它有清热解毒、清咽利喉、消炎止痛的功效，因此又被誉为“神奇草”。

冬凌草

景点推荐

# 林州旅游区

## 黄华神苑

山岳型自然风景旅游区

林州市西郊林虑山主峰东侧

20元

黄华神苑景区位于林虑山主峰东侧，这里集自然与人文景观于一身，汇古今奇观于一山。这里的主要景点有战国时期的赵国长城、黄华会馆，东魏高欢避暑宫，隋代的觉仁院，宋代的王母祠、慈明院，明清时期的水帘亭、黄华中院、玉皇阁等建筑群。此外，这里有金代著名书画家王庭筠在此隐居时创立的黄华书院及历代著名诗赋碑碣七十余通，还有石塔群两处和古树名木多株。

## 龙凤山

大自然中的人文特色

林州市东郊

龙凤山园林风景游览区是一处理想的市区公园和游览胜地。主要景点有文峰塔、青龙殿、216级青龙梯、龙凤阁、如意湖和红旗渠建设群雕园、林州博物馆等。景区内的烈士陵园有“小中山陵”之称。

## 五龙洞

闻名的宗教圣地

林州市五龙镇

8:00~17:00

20元

15836385958

五龙洞国家森林公园园内绿树成荫，林

海茫茫，形成了独有的森林原始生态环境。公园分五龙洞、四道沟、鸡冠山和驴驮沟四大景观区。

五龙洞是太行山第一大溶洞，洞内最宽处60米，最高处44米，深度目前已能走入700米。大厅分内厅、外厅，中间由一天然大石帘隔开。内厅分上下两层，在厅的南端有天窗直通山顶，又叫通天洞。洞内钟乳石呈金黄色，形成了十分逼真的观音菩萨、老寿星、龙王、吕洞宾等形象。

## 柏尖山

### 林虑山胜景之一

林州市原康镇

柏尖山集雄壮、峻秀于一身。群山众峰，形若瓶状，直刺苍穹，翠微的山色在白云间隐现。柏尖山殿阁建筑位置险峻，布局严谨，古朴典雅，金碧辉煌。三仙奶奶殿、玉帝殿、南海观音殿、二仙奶奶殿、十帝阎君殿、春秋楼、临宫殿七大殿阁和上、中、下三院屹立山巅。

太行山大峡谷

柏尖山

## 洪谷山

### 有“文物宝谷”之美誉

林州市合涧镇

0372-6936096

洪谷山是太行山脉林虑山支脉中的一座名山，这里山雄水秀，古迹繁多，被称为“文物宝谷”。尤其以北齐千佛洞石窟和唐代大缘禅师摩崖石塔最为著名。主要自然景点有：三级瀑布、甘露泉、黄龙潭、鹦鹉峰、擎天柱、龙须寨、蘑菇石、双龟望日等。

## 万泉湖 AAAA

### 豫北有名的旅游观光胜地

林州市临淇镇

30元

万泉湖景区是林州主要风景名胜区之一，因这里有豫北最大的涌泉群——石门涌泉。

石门涌泉大小泉眼有一百多个，汇流成长4000多米、宽100多米、深20多米的湖面，所以得名万泉湖。景区景观有石门古寺、沉金岛池、洞泉神水、探水神龟、慕景之椿和天仙桥等。周围又有雷音寺、关帝庙、红泉河、络丝潭、阳台寺等名胜古迹。其中雷音暮鼓、阳台晨钟、淇河晚照、石门涌泉、龙泉沟胜景闻名遐迩。

# 太行大峡谷 AAAAA

## “北雄风光”的典型代表

林州市石板岩乡

80元 400-0710-999

太行山大峡谷是北方山水风光的典型代表，又叫作“百里画廊”。谷内台壁交错，雄险壮观，被称为“天然地质博物馆”。

大峡谷以五指峡、龙泉峡、王莽峡三大峡谷为主线，开辟了紫团洞、云盖寺、水妖洞和真泽宫四大景区。共有峡景、水景、山景、石景、树景、林景和名胜古迹景观44处，景点400余个，景点主要有桃花谷、太行平湖、林虑山国际滑翔基地、冰冰背、猪叫石等。

### 玩家攻略

1.林州太行大峡谷最好是夏天去，太极冰山（当地人称冰冰背）值得一看，另外瀑布和大峡谷风景壮丽，更加值得观览。如果时间富余，可以从大瀑布穿越到对面的天脊山。

2.大峡谷景区内桃花谷和栈道边上都有一些很适合晚上喝酒品茶打牌聊天的场所，到那里消夏，闲闲地多待几天会很舒服。

3.石板岩乡里有很多农家院，分布在乡主要街道的两侧。

4.王相岩以“刺激”为主题，最刺激的是之字栈道和旋转天梯，天梯高88米。

### 桃花谷

桃花谷是大峡谷的主景区，在这里，可以看到三九冰雪桃花开和三伏酷暑洞结冰的冬夏倒置奇观。主要景点有黄龙潭、飞龙峡瀑布、飞龙峡栈道、九连瀑、桃花洞等。

### 王相岩

王相岩，又名老道岩、宝泉岩。这里山峦起伏，奇峰屹立，林深谷幽。王相岩景区东临溪水，西依悬崖，左右两侧峭壁环绕，形成了一个闭合性极强的围谷，与朱雀峰相迎，景色美不胜收。

### 仙台山

仙台山分小寺、凉沟两大景区。主要景点有九道弯一线天、青龙戏白莲、舍身崖、刘秀洞、如来佛大殿，以及汉明两代修筑的古长城、龙坑、护国寺等。

太行大峡谷

## 天平山

天平山景区是林虑山国家重点风景名胜区的重要景区之一，素有“北雄风光最胜处”的美誉。景区内怪石林立，古洞奇特。天平山海拔1600多米，有大峰6个、小峰5个，这些山峰环绕着天平寺分布。这里的主要景观有天平寺、古驿道、磊瀑沟、小西天等。

## 紫团山

紫团山主要有八大景点：仙翁崖、云盖寺、照壁山、倚秀峰、唐崖碑、将军峰、紫微洞和白龙潭。其中，云盖寺在山巅，也叫白云寺，有南向的二进院佛寺建筑，大殿上斗拱层叠，木质透雕，尤其以四组戏剧砖雕而著称。紫微洞也叫紫团洞，是紫微道人面壁的地方，走进洞里，就像是走进了迷宫一样，这里宽窄不等，最高处50多米，最宽处30多米，最低窄处则仅容一人侧身进去。洞中有“天神”“罗汉”“八仙过海”“玉龙捧寿”等溶岩层景点151处。

## 真泽宫

真泽宫景区以真泽宫为中心，里面雕梁画栋，主要景点有香道、牌坊、山门、当央殿、万寿亭、钟鼓楼、寝宫、圣公母大殿及两侧的楼阁式配殿，有阳宫、阴宫、婴儿宫、奶水宫、梳妆楼等。

## 五指峡

五指峡中的黑龙潭水很清澈，五指峰是五指峡的入口，形状好像是伸出的五指。五指峡就是因此山而得名。五指峰集雄、奇、险、幽、美于一身，不仅有刀削斧劈的悬崖，还有千奇百怪的山石。

## 龙泉峡

龙泉峡是不同于五指峡的气候带。这里水丰草美，物产丰富。龙泉峡瀑布以它震耳的轰鸣声、飞溅的瀑布，给人以强烈的冲击感。

## 女妖洞

女妖洞风景区是太行山大峡谷国家森林公园主要景区之一，女妖洞号称天下“第一无底洞”，洞里面钟乳石壁立，怪石千姿百态。有金瓜吊灯、鱼跃深潭、水怪出洞、小妖吃奶、群妖坐殿、金瓶溢酒等上百个景观。

### 太行平湖

太行平湖即南谷洞水库，是太行大峡谷河流“露水河”的拦河蓄水工程，是红旗渠补源工程。这里有仙丹洞、水上乐园、钓鱼湾、水下龙宫、情人洞、天坛峰等景点。

## 红旗渠 AAAAA

被称为“人工天河”

林州市北部

80元

0372-6811466

红旗渠是当地人民在太行山悬崖绝壁上开凿出来的水利枢纽，总长1500多千米，有“当代万里长城”“世界第八大奇迹”的美称。旅游区包括分水苑、青年洞和络丝潭三个景区。红旗渠以浊漳河为源，渠首位于山西省平顺县石城镇。

### 玩家攻略

红旗渠的风光特点以水为主，要水量大才能看出它的气势宏伟，所以应该夏天前往。红旗渠气势恢宏，在悬崖峭壁之间犹如白练。

### 链接

**开凿红旗渠**

1960年2月，红旗渠由横水公社320名青年开始施工。这一年的11月，因为自然灾害和国家经济的困难，总干渠暂时停工了，为了尽快将浊漳河水引入林县，建渠干部群众坚持施工。石英岩很坚硬，人们一锤打下去就打出一个白点，十数根钢钎打不成一个炮眼，就是在这样的艰难困境下，人们创造了连环炮、瓦缸窑炮、三角炮、抬炮、立炮等新的爆破技术，使日进度由起初的0.3米提高到2米多。经过一年零五个月的奋战，1961年7月15日，隧洞终于开凿成功了。

### 分水苑

分水苑景区是红旗渠总干渠分为三条干渠的地方，处于林虑山北部向东分支的大驼岭、猫儿岭之间凹腰处，原名“坟头岭”，后改名为“分水岭”。这里各景点排列有序，规划严整，翠柏簇拥，渠水奔腾。这里有红旗渠纪念馆等众多景点，山水秀丽的风光令人心旷神怡。

### 青年洞

青年洞风景区山高路险，红旗渠悬挂在巍峨雄险的太行山悬崖绝壁的上面，游客可以领略“人工天河”的无尽诗意，主景“青年洞”靠断壁而凿，这里融太行美景雄、险、奇、秀的特色为一体，美不胜收。

### 络丝潭

络丝潭因潭似一绺蚕丝而得名，又因为浊漳河有“九峡十八断”，这里是一处比较大的断崖，上面有连接豫、冀两省的峡谷索桥，所以又叫作“天桥断”。这里有漳河名胜“小三峡”，有神秘莫测的“神龟洞”，还有凌空高悬的“铁索桥”等古迹名胜。

红旗渠

景点推荐

# 安阳周边景点

## 殷墟博物馆 AAAAA

中国考古学的诞生地，甲骨文发祥地

- 安阳市殷都区纺织路与纱厂路交叉口
- 8:00~17:30（16:30停止售票）
- 通票70元
- 0372-3161013

殷墟是商代后期的都城遗址，横跨洹河南北两岸。主要分为王陵遗址、宫殿宗庙遗址、洹北商城遗址三部分。殷墟王陵遗址是商王朝的皇家陵地与祭祀场所、举世闻名的后母戊鼎出土地，包括车马坑、王陵墓葬展、M260展厅、祭祀场景等。宫殿宗庙遗址有殷墟博物馆、妇好墓、车马坑、YH127甲骨窖穴等景。

### 殷墟宫殿区

殷墟宫殿区由50余座建筑遗址组成，分“宫殿、宗庙、祭坛（甲、乙、丙）”三组，宏伟壮观。另外，这里还发现了铸铜遗址等。宫殿区出土了大量的甲骨文、青铜器、玉器、宝石器等珍贵文物。

### 殷墟车马坑

殷墟车马坑是中国古代最早的车马实物和道路遗迹，博物苑展出了6处保存基本完整的殷代车马坑和道路遗迹。这几处车马坑，每坑葬着1车，其中5坑随车都葬着两匹马，其中有4坑各葬1人。

## 玩家 解说

畜力车是古代的人在陆地上最重要的交通工具。殷代的车子，考古学家已经多次发现，而且结构基本定型。古文献中说，人们在夏代就发明了车，但是至今未发现夏代车的遗存。殷墟考古发掘的殷代车马坑是华夏考古发现的畜力车最早的实物标本。由此证明，我国是世界上最早发明和使用车的文明古国之一。

## 54号凹形遗址

54号基址发现于20世纪80年代初。该基址濒临洹水西岸，整体呈凹字形，缺口向东。包括南、北、西三组基址，这些房基构成半封闭状的建筑群，面积达5000平方米，结构严谨，构思精巧，已具备了中国"四合院"的雏形。

## 殷墟甲骨碑林

殷墟甲骨碑林展示的全是甲骨文。甲骨文是殷王朝占卜的记录，是目前已知的中国最早的成熟的文字，已发现有大约15万片甲骨，4500多个单字。博物苑按原片放大契刻了30块甲骨碑，可供认识甲骨文。

## 妇好墓

于1976年被考古工作者发掘的妇好墓，是殷墟唯一保存完整的商代王室墓葬。

妇好墓位于丙组基址西南，保存完整，南北长5.6米，东西宽4米，墓上建有享堂（母辛宗）。享堂前有汉白玉妇好雕像。墓室有殉人16人，并出土了1928件精美的随葬品，其中青铜器468件，玉器755件，骨器564件；并出土海贝6800枚。

## 玩家 解说

妇好是商王武丁60多位妻子中的一位，也就是祖庚、祖甲的母辈"母辛"，生活于前12世纪的前半叶，也就是武丁重整商王朝的时期，是我国最早的女政治家和军事家。

## 殷墟王陵遗址

安阳市洹河北岸的武官村北地

20元

公交车15路可达

殷墟王陵遗址是我国目前已知最早、最完整的王陵墓葬群，这里相继发现了13座王陵大墓（包括一座未完成的大墓）、2000多座陪葬墓、祭祀坑与车马坑，出土了数量众多、制作精美的青铜器、玉器、石器、陶器等，举世闻名的后母戊方鼎就发现于这里。殷墟王陵遗址是殷商王朝的陵地与祭祀场

殷墟博物苑

## 文峰塔

所，开创了中国帝王陵寝制度的先河。目前，它已经成为一座初具规模的融文物保护、科学研究、宣传教育和旅游休闲为一体的大型遗址公园。

**玩家 解说**

司母戊大方鼎（现称“后母戊鼎”）是中国商代后期，王室祭祀用的青铜方鼎。1939年3月19日在安阳市武官村一家的农地中出土，因其腹部有铭文“司母戊”三字而得名，现藏于中国国家博物馆。

### ■ 洹北商城遗址

洹北商城遗址城址略呈方形，南北长2.2千米，东西宽2.15千米，总面积约4.7平方千米，宫殿区内现已发现大型夯土基址30余处。宫殿区以北近200万平方米的范围内，分布有密集的居民点，房址、墓葬、灰坑、水井密布其间。

## 文峰塔

### 安阳城的象征

- 安阳市文峰区寺前街
- 乘25、26路公交车可直达
- 24元

文峰塔塔身上大而下小，呈伞状，为国内外所罕见。塔身有五层重檐，从下往上逐级增大，每层檐角都挂着铜钟。文峰塔的构造为平面八角形，塔的八面壁上分别饰有直棂窗、圆券门和佛教故事砖雕，最下面的塔基上有一个圆形莲花座。

## 袁林

### 袁世凯的墓地所在

- 安阳市北关区胜利路
- 乘8路公交车可到
- 35元

袁林也叫袁公林，是袁世凯的墓园所在

马氏庄园

处，墓区占地约10公顷，耗银70余万两。前部分是中国明清陵寝的风格，后边部分是西洋陵寝风格。安阳市博物馆设在袁林。这里的主要建筑有照壁、牌楼、碑亭、东西配殿、景仁堂、墓台等。

## 民间艺术博物馆

一座宏伟的古建筑群

安阳市文峰区鼓楼东街6号

0372-5923355

安阳市民间艺术博物馆的馆址在原府城隍庙内，主体建筑包括五个大殿及东、西厢房，是一座宏伟的古建筑群，省保护文物。馆藏一千多件民间艺术品。馆内的主要展品有秦氏绢艺、汤阴剪纸、滑县木版画等。

## 洹水公园

大型市民休闲园林

安阳市龙安区彰德路北端

洹水公园是安阳市的一座风景园林，总占地面积30公顷，其中水面8.7公顷。这里有风景秀丽的园林景观，是根据安阳周遭历史典故建成的历史文化公园。主要景观有袁世凯垂钓处、拜相台、拜相阁、会盟处等古迹和荷塘听香、幽谷烟竹等秀色。

## 珍珠泉

居全国首位的泉群

安阳市安阳县水冶镇

60元

珍珠泉以其规模、景观和历史在全国多处珍珠泉中位居首位。由马蹄泉、拔剑泉、卧龙泉等8个泉眼组成珍珠泉群。泉水汇聚成湖，湖中有半岛，岛上有小亭和古柏。“柏门珠沼”居安阳八景之首。

## 马氏庄园 AAAA

封建官僚府第建筑标本

安阳市安阳县蒋村乡西蒋村

马氏庄园建于清光绪至民国初期，是清末头品顶戴、兵部侍郎、都察院右副都御史、广西广东巡抚马丕瑶的故居。整个建筑群由南、中、北三个区域组成，共6路建筑22处院落，占地2公顷，建筑面积5000多平方米，有厅、堂、楼、廊、室等401间。

**玩家解说**

庄园的建筑全为砖木结构，灰瓦盖顶，布局严谨，古朴典雅。除北区、中区东路外，每路均由四个“四合院”组成，前后开九门，俗称“九门相照”。这里既有典型的北京四合院宽敞明亮的建筑风格，又有晋商大院深邃富丽的建筑艺术，还有中原地区蓝砖灰瓦、五脊六兽挂走廊的建筑特色，具有高雅的文化品位和厚重的历史底蕴。

**链接**

**马氏庄园庄主——马丕瑶**

庄园的主人马丕瑶（1831—1895），是安阳县西蒋村人，清同治元年（1862年）进士，后为官30多年，勤政务实，恪尽职守，忠心爱民，政绩卓著，深受百姓爱戴和朝廷信赖，百姓称他为“马青天”，光绪帝还用“鞠躬尽瘁”“百官楷模”夸赞他。马丕瑶去世以后，又被追封为“光禄大夫”“威武将军”。

### 龙抱槐

龙抱槐是马氏庄园一大奇观：一株胸径约20厘米长的葛藤犹如一条巨龙，平地卧起，向上缠绕在附近的一棵古槐上。葛藤与古槐像一对亲密的异姓兄弟，互为依存，相映成趣。

### 慈禧赐马丕瑶“寿”字轴

“寿”字轴是慈禧太后为奖励马丕瑶的卓著政绩所赐，长2.87米，宽1.08米，撒金粉红底，正中书一巨型“寿”字。字首盖有“慈禧皇太后御笔之宝”的朱红御印。

### 文昌阁

文昌阁坐落在马氏庄园附近的东南方。底层高台基，中辟一石券门洞，为通道。台上建“一殿一包厦”建筑，砖木结构，灰瓦盖顶，给人以古朴、典雅和神秘之感。

### 马氏义庄石刻匾联

马氏义庄是马丕瑶专为救济鳏寡孤贫而修建的。其大门额镶嵌有“马氏义庄”四个大字的石匾额。两侧为“万支本是一身田制鱼鳞聊赡我亲疏族党”“富贵敢忘微贱清分鹤俸先给他鳏寡孤贫”。匾联均为马丕瑶撰书。

## 小南海

**宗教活动集中地**

安阳市安阳县善应村一带

小南海风景区是一处可游览观光、休闲避暑的旅游胜地。这里有精巧玲珑的南海古庙、奇特的南海磊桥、河南省发现最早的旧石器文化遗址原始人洞穴、北齐佛教的精华小南海石窟，还有全国罕见的石刻珍迹元代圣旨碑等。

## 汤阴羑里城 AAAA

**中国第一座国家监狱**

安阳市汤阴县城关镇羑里村，北距安阳市区15千米

安阳至汤阴的1路专线车可直达

38元

羑里城是我国历史上自有文字记载以来第一座国家监狱。现存羑里城遗址，为一

羑里城

片高出地面丈余的土台，南北长105米，东西宽103米，面积达万余平方米，主要景点有文王庙、演易坊、演易台、古殿基址等建筑。

### 玩家解说

羑里城是《周易》的发源地，周文王姬昌曾被纣王囚禁在这里。在被囚的岁月里，他潜心研究，将伏羲八卦演为16卦、384爻，用了整整7年的时间，著成《周易》一书。

### 链接

**八卦阵**

“八卦阵”建筑面积2873平方米，完全按照文王八卦方位图的设计所建。据说，三国时期的诸葛亮将其布成著名的“八阵图”，曾屡困曹军。八卦阵包括群英、长蛇、卧龙、十面埋伏等，相传是三国时期诸葛亮按照九宫八卦方位和五行生克原理布成的作战阵图。经过历史演变，现已成为人们娱乐健身的一种形式。景区内八卦阵为20世纪90年代兴建，按传说中的八卦阵图，以青砖筑就诸阵，供游人玩赏。

## 岳飞庙

### 国家保护文物

安阳市汤阴县城关镇西南街

安阳至汤阴的2路专线车可直达

8:00~17:30

50元

岳飞庙原名精忠庙，规模宏大，是国家保护文物。始建于明景泰元年（1450年），总面积4000多平方米，九进院落，殿庑建筑百余间，彩色塑像30余尊，历代名人碑碣300余通。庙内建筑有正殿、精忠坊、施全祠、碑林、肃瞻亭、观光亭、御碑亭、贤母祠等。

### 链接

**岳飞**

岳飞（1103—1141），南宋军事家，中国历史上著名的抗金将领、战略家。

岳飞精忠报国的精神深受中国各族人民的敬佩。他在出师北伐、壮志未酬的悲愤心情下写的千古绝唱《满江红》，至今仍是令人士气振奋的佳作，其率领的军队被称为“岳家军”，民间流传着“撼山易，撼岳家军难”的名句，表示对“岳家军”的最高赞誉。

## 二帝陵

### 上古时代帝王陵

安阳市内黄县梁庄乡三杨庄村西

二帝陵是上古时代“五帝”中颛顼、帝喾两个帝王的陵墓。每年农历三月十八日这里会举办盛大庙会。现有石碑、大殿、长廊、陵墓围墙，占地20公顷以上。豪华的二帝陵因清末宣统年间的一场风沙南迁而被掩埋在沙丘之中，现在地面仅存石碑两通。

岳飞庙

景点推荐

# 鹤壁周边景点

## 云梦山 AAAA

寻根朝拜地

鹤壁市淇县北阳镇

60元

云梦山又名青岩山，素有“云梦仙境”之称，相传这里是鬼谷子隐居处。山上以水帘洞和云梦大草原（位于山巅，面积约4平方千米，一派北国风光，是观日出和雾海的佳地）最有名，还有孙膑洞、毛遂洞、鬼谷祠、舍身台、鬼谷墟、孙膑墓、一线飞瀑、龙泉、五里鬼谷、《鬼谷子》摩崖、摩崖题记和碑刻等景点。

### 玩家攻略

云梦山的山道虽好，但不比平路，登山时宜穿胶底鞋、布鞋，不宜穿皮鞋，以防滑跌。最好准备一根手杖，这样更有利于攀登。

### 玩家解说

战国时期著名军事家鬼谷子曾在云梦山隐居讲学，在水帘洞开办中国第一座古代军校，培养出了苏秦、张仪、孙膑、庞涓等纵横家、军事家。

### 南天门

南天门就云梦盆地垭口的南山峭壁的钟乳石而建，上下两层，由四根柱石构成，形似大门，整个门的门洞都是由石料构成的。其上层的一尊白衣观音是钟乳石自然形成的。

### 映瑞池

映瑞池原名三溪池，为云梦山水帘、青龙、龙背三溪汇流处。映瑞门是城堡式建筑，正门为石砌圆拱形，拱上平台建有正背歇山重檐回廊小楼。

古灵山铜顶

## 水帘洞

水帘洞洞高10米，宽6米，进深80多米，是一处天然洞穴。洞顶上有很多奇形怪状的钟乳石，洞壁有不少摩崖题记与碑刻，现存摩崖和碑刻233方，是古人留下的书法艺术珍品。

# 古灵山 AAAA

## 激水漂流的胜地

鹤壁市淇县桥盟乡

40元

古灵山风景区游览面积18平方千米，由太公湖水上漂流、玉带河天然浴场、梨花坡休闲纳凉、五龙峡观光、凉水泉石头城女娲庙古建筑等六大景区组成，现有景点110多处，主要景点有女娲峰、古佛洞、灵湖、黑龙潭、白龙潭、玉带河、梨花坡、柿树沟等景。

### 玩家攻略

看点一：灵山抱妙寺，神泉涤心埃

灵山寺坐落于群山环抱之中，峰峦拱翠，龙虎二山保驾，灵山、馒头山前后呼应着，白天就像莲花怒放，晚上就像是众星捧月。这里山岩嵯峨，曲溪清泉，峰回路转，步移景迁，绿树红花，百鸟欢歌，亭阁相映，景色优美，正如诗词所言"灵山抱妙寺，神泉涤心埃"。

看点二：女娲修行补天处

灵山寺虎山山峰前有一座70多米高的女娲峰，其峰形状像是女娲，头挽发髻，面目慈祥，身着舒袖褒衣，双肘曲于胸前，庄严肃穆，回眸大地，就像是在观览人间的真善美和假恶丑，又像是为芸芸众生默默地祈祷。

看点三：灵山闲居

灵山寺集秀丽的山水、古老的人文景观和神奇的传说于一身，观赏性、娱乐性很强，到灵山旅游会心旷神怡，百愁俱消。灵山还盛产各种野菜，这些野菜营养丰富，味道鲜美，游玩过后，坐在石凳上，吃上一席丰盛的野菜宴，别有一番风味。

## 朝阳寺
### 林立在山峰中的古寺

鹤壁市淇县铁西乡

朝阳寺景区因朝阳寺而得名，朝阳寺原为殷故宫，位于朝阳山半山腰上，绝壁而立，飞檐凌空，全称“朝阳悬空寺”。山后有著名的清凉庵。景区内还有千佛洞、九龙柏、泪石、饮马泉、长眠道人墓、花台、圣儒峰、王莽洞、莲花壁、尖山门（天下第一门）、天书崖等景点及众多摩崖石刻、石窟。

## 纣王墓
### 远古时代的坟墓遗址

鹤壁市淇县西岗乡河口村淇河大堤内

纣王墓冢高大，上面荆榛丛生，“纣王滩声”曾是明代淇县八景之一。墓北边还有两个小冢，一曰娘娘冢，一曰妲己冢。纣王墓呈长方形，为土冢，长50米，宽15米，高7米。墓前原来立着一通巨碑，上篆书“殷纣辛之墓”，今已不存。1987年9月重新立碑一通，上镌周谷城题“纣王之墓”。整个墓区清净素雅，风景宜人。

## 朝歌城
### 商朝末年的国都

鹤壁市淇县朝歌镇

朝歌城古称沬邑，现在是淇县的县城，有摘心台公园、淇园、三海子淇水关、荆轲冢、卫国城墙等景。摘心台是个高大的土台，原名摘星楼，因纣王叔父比干在此掏心而得名，景区内有三仁祠、箕子庙、碑廊等景点。

## 鹿台
### 淇园八景之一

鹤壁市淇县朝歌镇西南郊6千米

鹿台因传说纣王在此屯粮聚宝、姜子牙在此设台封神而得名。景区里有一条长约数百米的深洞，有一块高约30米的崖壁，是探险、攀岩的好去处。

## 金山嘉祐禅寺
### 独特的仿古寺院建筑群

鹤壁市淇县朝歌镇西北3千米，黑山南侧

金山嘉祐禅寺创建于宋仁宗嘉祐年间，是经战乱而重建的仿古建筑群。寺院坐北向南，主要建筑有卧佛殿、大雄宝殿等，寺南有“三步两眼井”；寺前山峰上的雷峰塔，相传是《白蛇传》中法海禅师镇白蛇之塔。

## 大伾山 AAAA
### 大禹治水登临此山

鹤壁市浚县城关镇西郊

¥ 50元

大伾山风景区是一座在千里平原上突起的青石山峰。虽然海拔只有135米，但因当年大禹治水登临此山，因此历代又称其为“禹

古灵山风景区内景观

大伾山

贡名山”。这里有“全国最早，北方最大”的大石佛、千年古刹天宁寺、清静幽雅的吕祖祠等一处处佛寺道观。景区还有天齐庙、兴国寺、吕祖祠、碧霞宫、千佛寺、龙洞及王阳明、王铎等历代名家的摩崖题记笔刻等。

**玩家攻略**

大伾山的大古佛及摩崖古刻处是大伾山庙会最热闹的地方，高潮日达20万人，是每年不可错过的旅游佳地。

### 天宁寺

天宁寺原名大伾山寺，坐西向东，始建于北魏太和年间（477—499年），占地2600平方米，有殿宇30多间，形成东西、南北两条轴线布局。南北轴线一进四院，主体建筑有地藏殿、天王殿、罗汉殿、大雄殿、水陆殿；东西轴线一进三院，有山门、藏经阁、大佛楼等。

### 碧霞宫

碧霞宫全称为碧霞元君行宫，又名圣母庙，俗称奶奶庙，是一处规模宏大、布局严谨的古代建筑群。碧霞宫始建于明嘉靖二十一年（1542年）。碧霞宫坐北面南，分前、中、后院，建筑艺术精湛，集我国南北建筑之长，自成独特风格。

### 千佛寺

千佛寺始建于唐代。该寺坐北面南，有山门，一进三院，规模宏大。现存的建筑有水陆殿7间，十八罗汉殿5间，两廊各5间。寺内前院有一突起的小山头，平顶削壁，高约4米，上面建有真武阁。崖下面有凿洞两个，洞内凿有大小佛像近千尊，也叫千佛洞。千佛洞进深3米，窟的四壁有唐代所雕佛像996尊，故称“千佛洞”。

## 浚县古城墙

### 明代风格的古城墙

鹤壁市浚县城关镇

浚县古城墙始建于明初，现在仅存西门北沿卫河一段，长700米，高12米，宽7米。城墙上有两个小门，构造精细。景区内浚县文庙结构完整，大成殿和廊房建筑规模宏大，式样古朴，庄重大方。在院中，还能看到槐抱榆的奇观。

## 文治阁

### 浚县古老文明的象征

鹤壁市浚县县城中心地带

文治阁原名中心阁，是浚县目前保存完好的古楼阁之一，又叫作钟鼓楼，通高约20米，分楼、台两部分，楼分两层。文治阁高峻壮丽，庄重典雅，为浚县古老文明的标志，是省级重点文物保护单位。

## 五岩山

### 有浓厚的历史文化内涵

鹤壁市鹤山区，市中心西北10千米

五岩山，又名苏门山，因为该山有五谷五峰，所以叫作五岩。山谷北侧绝壁上有东魏石窟。唐代名医孙思邈曾在五岩山上隐居行医，孙真人洞至今尚存。有上峪地幔现象、五岩寺等景观。

景点推荐

# 濮阳周边景点

## 戚城文物保护区 AAAA

### 春秋时卫国的重要城邑遗址

濮阳市华龙区京开大道路西

戚城又叫“孔悝城”，是春秋时卫国的重要城邑，城东80米处有一夯土台是当时诸侯会盟的盟坛基址。目前整个景区包括会盟台、城墙、阙门、历史陈列室、孔子居卫十年的孔子侯馆、颛顼帝进行宗教改革的圣地玄宫、反映春秋战国时卫国文化氛围的“桑间濮上”苑、表现濮阳古战场的“历史名战微缩景观”、龙宫、龙湖、车圣相士和他发明的马车、伏羲之母华胥的卧雕及伏羲亭、夏后启在昆吾所铸之九鼎及铸鼎轩等。

### 子路墓祠

子路墓祠自南而北有墓冢、墓碑、石像生、享殿、石坊、山门等建筑。据传，子路坟修于汉代。坟高4.30米，直径约29米。墓侧古柏肃穆，四周围墙环绕，坟前有石柱、石门、石碑、石狮、石龟等。

### 历史陈列馆

历史陈列馆是一组仿汉代建筑风格的建筑群，陈列的是在濮阳出土的一些文物，距今年代比较久远。以长1.78米的蚌壳龙最为有名，是我国考古界目前发现的形体最长、距今年代最久远的龙的形象。

### 颛顼玄宫

颛顼玄宫相传是颛顼制定历法的地方。后人为了纪念他，在这里修建了颛顼玄宫。大殿里不但有颛顼和夫人的塑像，两侧还用壁画的形式展示了颛顼的功德事迹。

濮上园

## 中原绿色庄园
### 大型自然生态公园

濮阳市华龙区西北部的黄河风沙区

免费

中原绿色庄园是一处集生态保护、科技示范、观光旅游、度假诸功能于一身的大型自然生态公园。主要景观有龙乡槐魂、松风听涛、竹溪观鱼、霜林赏秋、万梅闹春、森林休闲等十多处，植物园区有百果园、百花园、水杉园、玉兰园、丁香园等，娱乐项目有水上乐园、森林娱乐、迷宫等。这里自然景观和人工景点巧妙融合，充分体现了人与自然和谐共处的主题风格。

**玩家攻略**

庄园中有三大文化活动不得不看：第一是梦幻庄园杂技表演，庄园杂技以高、难、惊、险等特点著称；第二是精彩绝伦的动物剧场；第三是天天剧场文艺表演，有中国最古老的乐器埙表演、宫廷乐队演奏等。

## 濮上园 AAAA
### 中原绿色庄园二期工程

濮阳市中原路西段

可乘16路公交车直达

免费

濮上园面积310公顷，是一处集生态保护、园林观赏、休闲野营、娱乐度假等功能于一身的城郊型生态旅游度假景区，主要功能景区有：濮水风情园区、生态养殖园区、森林野营园区、园林苗圃与管理服务园区、度假别墅园区等。这里的主要景点有雷泽湖、西秀湖、东灵湖、鸭知湖、水杉园、女贞园、雪松园、银杏园、樱花园、荷风园、竹园等。

## 天街
### 生态景观商业街

濮阳市华龙区任丘路东段

天街是中国第一条人工智能降雨街和中国最长的摩崖石刻一条街，全长400米，宽28米，是一条融文化、艺术、休闲、娱乐、购物为一体的公益性生态旅游景观商业街。

## 濮阳清真寺
### 伊斯兰教活动的场所

濮阳市华龙区长庆中路

濮阳清真寺始建于清光绪七年（1881年），坐南朝北，大门横匾上面写着“清真寺”三个斗大金字，字为清末拔贡李多助所写。门额绘制的是山水松鹤图案，顶部两端及中部设计成日月模型，十分别致。

## 东北庄杂技文化园区 AAAA
### 闻名全国的杂技之乡

濮阳市华龙区岳村镇东北庄镇南

0393-6986599

东北庄，一个位于我国华北地区的小镇，以其深厚的历史底蕴和独特的杂技文化，闻名于全国各地。如今，这座小镇依托其丰富的杂技文化资源，打造出了一座全国独一无二的东北庄杂技文化园，为广大游客展示着杂技之乡的独特魅力。东北庄杂技文化园的核心区域是单体杂技博物馆，这是我国第一座专门为杂技艺术设立的博物馆。馆内陈列着丰富多样的杂技艺术品和珍贵的历史资料，生动地展现了杂技艺术的发展历程和东北庄杂技的悠久历史。在这里，游客们可以一边欣赏古老的杂技道具，一边了解杂技技艺的传承与发展。此外，东北庄杂技文化园还设有东北庄杂技艺术学校，在这里，游客们可以近距离感受到杂技演员们的敬业精神。为了让更多人了解和参与到杂技艺术中来，东北庄杂技文化园还打造了杂技文化广场。广场上经常举办各类杂技表演活动，吸引着众多游客前来观看。在这里，游客们可以亲身感受到杂技表演的魅力，并与杂技演员们互动，体验杂技表演的乐趣。

## 龙园

### 展现龙乡的古老文明

濮阳市濮阳县城关镇西南角

龙园占地面积是1.2公顷，园内栽植了各种花卉、草坪、树木，修筑了曲径。这里的主要景观是中华龙碑，龙碑总重380吨，高19.97米，中座周围镶砌着8幅浮雕。碑身为三棱形，由3根12米高的盘龙石柱支撑。

龙园

## 张挥公园

### 纪念张姓始祖的公园

濮阳市濮阳县城关镇顺河东路

张挥公园坐落在濮阳县东关老虎台地，金堤以北，南环路以南。张挥公园以张挥墓和碑为中心向东、向西200米，主要景点有挥公墓、挥公雕像、挥公碑、香炉、祭祀广场等，这里常举办寻根谒祖活动。

## 回銮碑

### 濮阳八景之一

濮阳市濮阳县城关镇御井街

回銮碑，也叫作契丹出境碑，是记载宋辽订立的“澶渊之盟”的唯一实物。此碑原为青石，高2.6米，宽1.3米，碑文是宋真宗写的诗《契丹出境》。南面有一古井，这里的水清澈甘甜，相传是真宗驻跸时凿的，所以叫作“御井”。

## 玉皇阁

### 曾经祭天的地方

濮阳市濮阳县城内西北偶高岗之上

濮阳玉皇阁始建于明朝弘治年间，阁旁有千年古槐，亭台楼阁和古树交相辉映，十分壮观。正殿为高大八角阁楼，殿内供奉着玉皇大帝神像。后来日军拆庙毁殿，盖炮楼修工事，使玉皇阁变成了一堆瓦砾，至新中国成立前，只留下民众用砖头垒的小庙。

## 八都坊

### 显示匠人运用力学的技艺

濮阳市濮阳县城内北大街

八都坊，又叫澶渊名阀坊，坊为青石结构，由石条、石板、石块、石柱叠砌嵌合，浑然一体，坚固耐震。坊高四丈，宽四丈二尺，气势挺拔，雄伟壮阔，实为濮阳一大观。

## 唐兀公碑
### 造型罕见的墓碑

濮阳市濮阳县杨什八郎村南

唐兀公碑建于元顺帝至正十六年（1356年），通高3.2米，碑身高0.7米，下端的每面都是浮雕，斗拱三垛，盝顶，碑码上圆下方，仰莲底座，看起来娟秀雅致，这种镂雕式现在已经十分罕见。

**玩家解说**

唐兀公碑的碑身上面刻着“大元赠敦武校尉军民万府百夫长唐兀公碑”，碑文记述了自唐兀台至唐兀闾马、达海、崇喜等历代墓主情况，是蒙汉两族融合的实证，具有很高的历史、艺术、科学价值。

## 濮阳耶稣教堂
### 爱国主义教育场所

濮阳市濮阳县城东关街路北

耶稣教堂坐北朝南，是美籍传教士博清来到中国后所建，面积约800平方米，呈平面十字形。前面是钟楼，高三层，长形玻璃窗，尖顶，顶上四角立有方柱，建造别致；左右有耳房，呈圆形，有木梯可攀楼顶。中间是圣堂，即小礼堂，周围有五彩玻璃窗。北端设着祭台，东西有侧门，可通两厢。

## 濮阳天主教堂
### 省级文物保护单位

濮阳市濮阳县城东街路南

濮阳天主教堂坐南朝北，大门顶是尖塔式建筑。天主教堂建筑宏伟，前有厅，后有祭台，里面有十二明柱，雪白旋涡顶，五彩玻璃。大堂里面排放着连椅，下面放着棉垫，是教徒跪拜祈祷的地方。祭台神龛里面，绘着若瑟抱小耶稣的彩色画像，前面是供桌，供着鲜花果品。教堂两面墙壁上有玻璃镶嵌的二十四幅耶稣蒙难史画。

濮阳天主教堂

## 将军渡
### 沟通豫、鲁的重要纽带

濮阳市台前县孙口乡

将军渡现在的渡口有上百吨的双身钢质渡轮两艘，趸船一艘，建成了石质四级码头。在紧靠渡口的临黄大堤上，耸立着一座高3米、宽1米的石碑，石碑坐北朝南，正面阴刻“中国人民解放军晋冀鲁豫野战军孙口渡河处”。

**玩家解说**

1947年6月30日夜，解放军晋冀鲁豫野战军一、二、三、六纵队十万大军，在司令员刘伯承与政委邓小平的率领下，在距离东阿至濮城横亘300华里的地段上，强渡黄河，挺进中原，揭开了解放战争战略反攻的序幕。因为孙口渡口是刘邓野战军司令部渡河的地方，因此，人们叫它“将军渡”，为纪念这一重大历史事件，在这里立了一块碑来表示纪念。

## 毛楼
### 生态旅游区

濮阳市范县辛庄乡毛楼村

免费

毛楼生态旅游区是在黄河流域自然生态环境的基础上，精心改造的自然景观。有黄河奇观、大河观澜、月下听涛、沙滩消夏等八大景观和旅游设施。景区里有众多游乐项目，如激流飞舟、水上摩托、河边赛马、河滩驼铃、开心乐园、池塘垂钓、弩箭狩猎等。

郑板桥纪念馆

玩家攻略

到了黄河边，自然要品尝一下黄河鲤鱼，垂钓中心为喜欢垂钓的游客提供了一个理想场所。在这里，垂钓、纳凉、休息或小酌一杯，更能体会乡土气息。既可以休闲娱乐，又可以品尝味道纯正的黄河鲤鱼，别有一番乐趣。

在农家，游客还可以当家做主人，到田间、菜园亲手采摘鲜果、鲜菜，支锅野炊，品味美好的田园风光；还可以坐上船，撒网捕鱼；或在月光流溢、星光闪烁的夜晚，在沙滩上席地而坐，举行篝火晚会，在黄河滩放声高歌等。

## 郑板桥纪念馆

### 三层仿古建筑纪念馆

濮阳市范县辛庄乡毛楼村

郑板桥纪念馆占地1.9公顷，主体建筑是“三绝堂”，这里展示的是郑板桥生活、写作、作画的场景；除了三绝的诗书画作品展览外，还设有金水桥、板桥故居、幽逸廊等建筑。

链接

郑板桥

郑板桥（1693—1765），清代画家、书法家、诗人。名燮。兴化市（原属扬州）人，是“扬州八怪”代表人物之一。

## 渠村分洪闸风景区

### 有“亚洲第一分洪闸”之称

黄河下游，距濮阳约45千米处

渠村分洪闸黄河游览区以渠村分洪闸这一宏伟工程为依托，整个景区按寓意分为工程雄姿、龙湖泛舟、鱼塘秋月、黄河听涛、大河观日、民族风情、高塔浮云、春华秋实八大景观，是一个融生态、观光、休闲、娱乐、度假等多功能为一体的水利风景区。

## 南乐牌坊

### 南乐四大名胜之一

南乐牌坊大多建于明后期和清前期，分为木质结构和石质结构。木构坊是纯木扣合，朱漆涂拱，金箔贴额；石构坊是纯石嵌砌，珍禽活现，瑞兽如生。南乐群坊林立，宏伟峻拔，古朴壮观。南乐牌坊与七奎庙、八虎街、八大槐合称为南乐四大名胜。

链接

南乐十二牌坊

南乐牌坊建得最好的有十二座，它们分别是：

丹桂秋香坊：位于东街，为云南按察史董俊立；

豸秀承恩坊：位于东街，为大理寺卿梁天奇立；

科贡联芳坊：位于东街，为裕州知州石鼎及石富、石金立；

一代名臣坊：位于南街，为都察院御史魏允贞立；

四世一品坊：位于南街，为东阁大学士魏广微及上世立；

三世中丞坊：位于南街，为工部尚书李从心及上世立；

四世一品坊：位于南街，为李从心及上世立；

疏瀹九河坊：位于南街，为李从心立；

总督三边坊：位于南街，为李从心立；

青云接武坊：位于南街，为李从心立；

解云会魁坊：位于北街，为吏部主事魏允中立；

人瑞百龄坊：位于十字街，为允贞父青州通判魏怡立。

## 南乐文庙

### 经过几代扩建的庞大建筑群

濮阳市南乐县城东南隅

南乐文庙即孔子庙，俗称“黉学”（学堂），唐开元二十七年（739年），朝廷封孔子为文宣王，称孔庙为“文宣王庙”，元明以后简称“文庙”。历经几代的扩建，文庙现在已经成为一所规模庞大的建筑群，主要建筑有大成殿、寝殿、戟门、棂星门、月新斋、时习斋。其中大成殿和寝殿，俗称“大殿”和“小殿”，为古遗存。

## 仓颉陵遗址

### 古代先民的一个聚居地

濮阳市南乐县梁村乡吴村

仓颉陵遗址始建于汉朝，遗址上建有仓颉陵墓和仓颉庙，还有藏甲楼、故宅井及部分石刻、碑刻。目前主要修复的建筑有万古一人殿、仰圣门、碑亭、朝天门、六书殿、字圣坊、造书台和碑林。

**链接**

**仓颉**

仓颉，史皇氏，是现在濮阳市南乐县吴村人。相传仓颉是黄帝时期造字的史官，他仰观天象，俯察鸟兽虫鱼的足迹，总结远古各部落的刻画符号首创文字，从而结束了远古先民结绳记事的历史，后人尊称他为“造字圣人”。

## 宋耿洛汉墓群

### 东汉时代遗留下的墓葬

濮阳市南乐县东北23千米福堪乡宋耿洛村南300米处

宋耿洛汉墓有三大土冢，呈“品”字形，最大冢高10米，面积1000多平方米，俗称“赫王坟”“冢垌堆”。墓冢为砖石结构，由甬道、墓门、前室、中室、后室及两侧面四耳组成。墓室东西长22.5米，南北宽19米，高5.25米，其规模结构，就像是帝王陵一样。

## 清丰亭

### 流传着清丰孝行故事

濮阳市清丰县城西北隅的十字路口

清丰亭是1987年新建的，亭里面有“隋张清丰孝子祠”碑，后面雕塑着张清丰石像。亭四周栽种花木，铺小路，是瞻仰古人、教育后代的好处所。张清丰为隋朝开皇年间人，以其孝行感动世人。

## 普照寺

### 再现明代木结构建筑

濮阳市清丰县城西南隅

普照寺原名圆明寺，始建于唐上元元年（674年），到至元十九年（1282年）改名叫普照寺，建有大殿、禅房，元末被兵燹所毁。明洪武年间进行复修，并扩建有天王殿、水陆殿等建筑二百多间。1933年，这里改为中山公园，又开辟建设了戏楼、假山、月牙河等。1938年，园内建筑惨遭日寇破坏，现仅存大雄宝殿。

仓颉陵遗址

## 安阳

安阳火车站位于市中心解放路西段，有京广线贯通，铁路交通极为方便。在市区乘22、26、28、37、2、3、5、7、16、17、20路公交车都可到火车站。

安阳的交通十分方便，市内有多个汽车站，包括安阳长途汽车站（安阳火车站东侧和平路）、安阳汽车站（安阳市和平路西段）、安阳客运东站、安阳客运西站。

安阳市内公共交通发达，现有30多路公交车，有多条公交车线路可直接通往旅游景点。如14、902路可直达殷墟博物苑，14、106路可直达殷都文化城，106路可直达殷陵馆，26路可达文峰塔、高阁寺、民间艺术博物馆，旅游专线可达岳飞庙、羑里城。

## 鹤壁

**鹤壁火车站：** 位于鹤壁淇滨开发区，火车班次较少，且均为过路车，大部分旅客北上去安阳或南下去新乡乘车。市内乘坐21、23等路公交车均可抵达。

**鹤壁东站：** 为高铁站，位于鹤壁市淇滨区朝歌路16号，可乘22、28、109等路公交车前往该站。

鹤壁火车站

鹤壁市有3个汽车站。

**鹤壁淇滨客运总站：** 位于鹤壁市淇滨区淇滨大道与107国道交叉口。主要运营开往北京、上海、天津、深圳、威海、郑州、新乡、安阳以及周边县市的线路。☎ 0392-3329482

**鹤壁奔流街汽车站：** 位于鹤壁市山城区山城路奔流街交叉口向东200米路北。☎ 0392-2622885

**鹤壁高铁汽车站：** 位于淇滨区泰山路西侧珠江路北侧。☎ 0392-3661188

## 濮阳

濮阳有濮阳站和濮阳东站两个火车站。

**濮阳站：** 位于濮阳市华龙区开州南路，可乘3、12、35等路公交车前往该站。

**濮阳东站：** 濮阳市华龙区黄河东路北侧，途经线路为济郑高速铁路。可乘16、25、K1等路公交车前往该站。

安阳街道

濮阳有2处较大的汽车站。

**濮阳长途汽车站**：位于京开大道与黄河路交叉口。 0393-4414856

**濮阳飞龙汽车站**：位于京开大道中段247号。 0393-4429234

## 住宿

### 安阳

来到安阳，住宿不用费很多心思。安阳市中心有几家比较上档次的宾馆，安阳宾馆、相州宾馆、长城宾馆，均为三星级宾馆，价格为每天200元左右。

其次是100元左右的经济型酒店，如中州快捷酒店等。如果是到离市区较远的景点去（比如林虑山），可以考虑一下当地的农家小院。

#### ●安阳迎宾馆

安阳迎宾馆距离安阳市新的行政中心约1千米，附近是国家文字博物馆、万达广场，交通便利。 安阳市文峰区文峰大道东段609号 0372-2199999

#### ●安阳万达嘉华酒店

安阳万达嘉华酒店，客房与套房设计时尚，优雅舒适，房间设施齐全，酒店配备室内游泳池和健身中心。 文峰区中华路南段29号 0372-3779999

#### ●林州汇丰酒店

林州汇丰酒店是一所按照四星级标准装修的综合型酒店，配有商务中心、休闲中心、购物中心，酒店提供24小时热水、卫星电视、国内外长途直拨、免费网络、客房冰柜、保险箱等。 林州市红旗渠大道与龙安路交叉口 0372-6010888

### 鹤壁

鹤壁市作为河南省的旅游城市，住宿方便，各种大小宾馆、旅馆比比皆是，游客可以根据自己的条件选择。

#### ●鹤壁迎宾馆

鹤壁迎宾馆是按照国际五星级标准兴建的集餐饮、住宿、会议、商务、娱乐、休闲、度假于一身的综合智能型花园式宾馆，总占地面积约40公顷，总建筑面积约5万平方米。 鹤壁市新区鹤煤大道中段 0392-3371888

#### ●鹤壁益元商务宾馆

鹤壁益元商务宾馆是一家三星级旅游涉外酒店，拥有各类客房73间，2个行政楼层尊贵典雅，3个商务楼层简洁明快，

鹤壁淇河沿岸风光

安阳风光

5间套房豪华高贵，是理想的假日休闲场所。✉ 鹤壁市开发区淇滨大道与兴鹤大街交叉口 ☎ 0392-6690999

## ●中州快捷酒店

中州快捷酒店是商务及旅游的客人的理想选择。酒店拥有布置温馨、时尚的标准房、大床房、商务套房等各类房型。✉ 鹤壁市淇滨区兴鹤大街与淇河路交叉口 ☎ 0392-3297777

## ●更多住宿推荐

鹤壁国汇大酒店/淇滨区淇滨大道262号/0392-3299999

鹤壁朝歌里月宿地艺术酒店/鹤壁淇滨区淇水大道与黄山路交会处/0392-6909990

鹤壁淇河宾馆/淇滨区兴鹤大街237号/0392-3313800

### 濮阳

濮阳市有各种档次的酒店，价格比较便宜，方便住宿，是游客的理想佳所。

## ●濮阳柏维联华商务酒店

濮阳柏维联华商务酒店是一家集住宿、餐饮、娱乐、购物于一身的四星级涉外旅游商务宾馆，设有高级房、商务大床房、观景大床房和精英商务套房四种房型共115间，是商务、旅游、休闲的首选。✉ 濮阳华龙区京开大道与胜利路交会处 ☎ 0393-8183333

## ●濮阳路尚龙乡宾馆

濮阳路尚龙乡宾馆是濮阳的品牌酒店，处于市中心繁华地段，紧挨着长途汽车站、飞龙汽车站，步行10分钟就可以到达黄甫路商业街、广宇体育中心，位置优越，交通便利。✉ 濮阳市黄河路与京开路交叉口东北角 ☎ 0393-5568588

## ●濮阳县澶州酒店

濮阳县澶州酒店是一家商务、会议型豪华酒店。酒店坐落在濮阳县中心，酒店按古城文化以及欧式风格设计装修，环境优美，格调高雅。酒店临近濮阳古城、湿地公园、古老牌坊、城隍庙等景点，交通极其便利。

✉ 濮阳县红旗路108号 ☎ 0393-8638666

# 美食

安阳的风味小吃有很多，主要有皮渣、三不沾、安阳血糕、粉浆饭、安阳“三熏”、抽丝火烧、蓼花、老庙牛肉、林州山楂饼等。

鹤壁的地方风味小吃有缠丝鸭蛋、浚县王桥豆腐、豆腐皮、冬凌草茶、浚县粉皮，独特的口味为旅游增添情趣。

濮阳的传统和地方小吃堪称一绝，有渠村黑牛肉、六百居香肠、濮城烧羊肉、张氏烧鸡、濮城沈家羊头等，各有千秋。

## 安阳

**道口烧鸡：**豫北滑县道口镇，素有“烧鸡之乡”的称号。“义兴张”的道口烧鸡，在全国食品中独占鳌头，誉满神州，名扬海外。道口烧鸡具有五味佳、酥香软烂、咸淡适口、肥而不腻的特点。道口烧鸡创始于清顺治十八年（1661年），距今已有三百多年的历史。

**老庙牛肉：**国家级地方名馐，自明朝末创始以来，其独特工艺流传至今。300年来，素有“豫北之花，中华一绝”之称。老庙牛肉用十五种佐料和陈年老汤，以木炭火煮制而成。

**安阳“三熏”：**安阳“三熏”（熏鸡、熏蛋、熏猪下水）是由熏鸡、熏蛋演变而来的。在豫北、冀南等地久负盛名，是一种具有独特风味的地方食品。“三熏”光泽鲜亮，表皮干韧，入口脆烂，肥而不腻，食之令人回味无穷。

老庙牛肉

## 鹤壁

**缠丝鸭蛋：**鹤壁市“淇河三珍”之一，产于淇河沿岸一带特定水域，煮熟后蛋呈黄红色，切开后可见一圈圈不同色环，由外及内缠绕着中心，故名缠丝蛋。其蛋纹理清晰，口感有肉劲，味道鲜美。

**浚县王桥豆腐、豆腐皮：**王桥村位于浚县县城西北1千米处，该村素有“豆腐故乡”之称，可考历史近300年。王桥豆腐加工考究，制作精细，质白细嫩，味道纯正，且软硬适度，炖煮不烂，煎炒不碎，油炸后松软。王桥豆腐皮薄而筋道，为凉拌佳品。

## 濮阳

**濮城烧羊肉：**传说发源于200年前的濮城南街李姓世家。其制作工艺是选用优质羊肉，香料用石磨磨制，抹在羊肉上卷制，用木柴烧火炖制而成。羊肉色泽深红、香气扑鼻、香而不膻、烂而不腻、营养丰富，集滋补、壮阳、安神于一身，老少皆宜。

**徐家炖鸡：**历史悠久的名吃。徐家炖鸡采用农村家养小公鸡为主料，以熟地、当归、人参、生地等十几种名贵滋补药材为配方，炖出的汤汁奇香浓郁，鸡肉鲜嫩不腻、营养丰富，有“门外闻香人下马，途中思味客催车”之称。

**清丰猪蹄：**采用新鲜猪蹄，经过多道工序，加入十几种名贵佐料和多年循环老汤精心卤制而成，成品熟烂脱骨，五香纯正、色泽鲜艳、口感上乘，冷热风味各异，有滋补、养颜之功效。清丰县城南关“李记猪蹄”最负盛名。

# 购物

安阳知名的土特产有内黄大枣、山楂、

安阳万达广场

核桃、阳梨、板栗、大红袍花椒等。鹤壁的特产主要有中药材、纯红薯粉条、腐竹、禹州钧瓷、许昌烟叶等。濮阳除了有很多特色美食外，还有很多地方特产，口味独特。

## 安阳特产

**内黄柳编：**内黄县柳编工艺年代久远。柳编产品制作工艺复杂，对柳条进行抽、刮、蒸、煮、漂、洗等工艺处理，然后手工编织成各种形状的工艺品，广泛用于包装、装饰、生活用具等。柳编产品在东庄、梁庄、中召、六村等乡镇均有制作，以马上乡一带较为出名，品种达150余种。

**梁庄状馍：**产于内黄县梁庄镇，是用精制面粉擀成面片，将瘦肉、大葱等用调料拌成馅夹在中间，在煎盘上煎烤、油烙而成。

**红枣花生篮：**红枣花生篮是独具内黄风情的民间工艺品。以花生为主，用线手工穿制成主篮，篮内置放红枣，篮外缀置尖椒，造型古朴自然，令人赏心悦目，人们还给它取了个漂亮的名字——枣香三宝篮。

**安阳购物去处：**安阳的主要商业街有红旗路、北大街、南大街，主要的商场均分布在这些商业街的周围。街边还有不少以出售当地土特产品为主的小店铺。

## 鹤壁特产

**泥玩具：**泥玩具是这里历史悠久的工艺品，在民间颇具盛名。县城东杨玘屯有“泥玩具之乡”之称。杨玘屯全村有700多户，家家都精通泥塑手艺。据传，泥塑源于隋末，距现在已经有1200多年的历史。

**禹州纯红薯粉条：**禹州纯红薯粉条不含任何人工色素，属绿色天然食品，柔软可口，营养丰富，久煮不化，宜烹饪、耐保存，素有“人造鱼翅”的美称。

**禹州钧瓷：**禹州钧瓷是我国五大名瓷之一，以它的“入窑一色，出窑万彩”的神奇变幻而著称。

## 濮阳特产

**牛骨髓油茶：**骨髓油茶的主要成分是炒黄的芝麻、核桃仁、牛肉干、花椒、八角、丁香、五香粉、精盐、味精等，味道鲜美可口，五香味浓郁。

**河南草帽辫：**这种草帽辫以麦秸为原料，大致有三种——荥阳桥辫、鹿邑白辫和莱州花园草，其中以“莱州花园草”最负盛名。该草帽辫具有质地轻柔、热不变形、冷不发脆、无异味的特点。

**九鼎酒：**九鼎酒是南乐县出产的酒，颜色微黄，52度，入口滋味醇香。

## 节日和重大活动

| 节日 | 地点 | 时间 |
|---|---|---|
| 殷商文化旅游节 | 安阳 | 9—10月 |
| 泼水节 | 鹤壁 | 7月21日到8月21日 |
| 民间传统艺术展演 | 濮阳戚城文物景区 | 2—3月 |
| 黄华花会 | 濮阳黄华神苑 | 3月3日和7月18日 |

发现者旅行指南

# 焦作·济源

# 概览

## 亮点

### 云台山

云台山以独具特色的“北方岩溶地貌”被列入首批世界地质公园名录，以山称奇，以水叫绝，植被完整，是生态旅行的好去处。

### 青天河

集江南水乡与北国田园风光于一身，被誉为“北方三峡”，河南省十大热点旅游景区。

### 神农山

汇峰、谷、洞、石之精华，集松、花、鸟、兽之珍异，神农山是太行山脉的一处胜景。

### 小沟背

位于太行山南端和中条山东端交会点，属典型的以火山岩构造为主的自然风景区。主要景点有堆石洞、七叠瀑、凤凰台、青龙瀑等。

### 必逛街道

**大红门休闲商业街**：处于焦作新城与老城的交会处，紧邻新区商务圈，以休闲、风情特色为主，除了自身风情化的规划、富有特色的外立面和优质的商铺产品设计外，附近还有生机勃勃的月季公园。

**宣化街**：地处济源市中心，是济源市最大的商业汇集中心，宣化街为济源市最繁华的商业街，全长3千米，共有各种门面一千多间，经营各式服装、家电、土产、百货、化妆品、纺织品、家具、医药、副食等上万种商品，有“放心购物一条街”的美誉。

## 线路

### 河南云台山二日游

第一天游览红石峡、潭瀑峡、泉瀑峡、猕猴谷、地质博物馆，看看云台山的特色，各种瀑布会让人感到眼花缭乱，各种美景是拍照留念的佳选；猕猴谷可以让人观赏到猕猴生活的百态；地质博物馆可以丰富自己的地理常识。第二天游览茱萸峰、万善寺，茱萸峰的各种山峰独具特色，万善寺是一个自然景观和人文景观都很丰富的地方。

### 万仙山二日游

第一天先游览世界第八大奇迹之绝壁长廊、天池、崖上人家、红岩绝壁大峡谷、红石桥、乳泉门，看看万仙山独特的风景；然后再到郭亮村看看，鸳鸯石、喊泉、瑶池等定会让人眼花缭乱。

第二天，好好观赏附近的奇石和瀑布，喜欢摄影的游客一定要抓住机会，清幽山乡南坪、日月星石、将军石等地，游人可以尽情地进行多角度抓拍。

## 为何去

焦作山水融合了中国山水之大观，这里的主要景点有云台山、青龙峡、青天河、神农山、峰林峡等，自然风光秀丽，山水景观独具特色。

青天河

济源是中原历史名城，风光旖旎，文物古迹和文化遗址遍布各地。

## 何时去

焦作一年四季分明，7月最热，1月最冷。到焦作旅游四季皆宜。金秋时节推荐前往云台山，届时红叶漫山，一派迷人秋景。另外，焦作的山水旅游资源很丰富，每年的5—10月，位于泉瀑峡的云台瀑布、红石峡等景点内水量丰富，景色优美，适合出游。

神农山

去济源的最佳旅游时间为每年的春秋两季。

焦作汽车总站

# 区域解读

焦作、济源区号：0391

总面积：约5969.73km²

总人口：约425.25万人

## 地理 GEOGRAPHY

### 区划

焦作市下辖4个区（解放区、中站区、马村区、山阳区）、4个县（修武县、博爱县、武陟县、温县）、2个地级市（沁阳市、孟州市）、1个城乡一体化示范区。

济源市为省辖县级市。

### 地形

焦作市地处太行山脉与豫北平原的过渡地带。地貌由平原与山区两大基本结构单元构成，地势由西北向东南倾斜，由北向南渐低。从北部山区到南部平原呈阶梯式变化，层次分明。

济源市地形北高南低，北部为群峰峥嵘、绝壁林立的太行山脉，主峰天坛山号称豫北群山之冠。

青天河

### 气候

焦作和济源均属暖温带季风气候，受季风影响显著，四季、冷热分明，干旱或半干旱季节明显。春季气温回升快，多风少雨、干旱频发；夏季炎热，热量充足，降雨集中；秋季秋高气爽，气温降幅较大，雨量减少；冬季寒冷，雨雪稀少。一般来说，6—9月为当地最佳旅行时间。

## 历史 HISTORY

### 焦作历史大事记

焦作是一个历史文化非常悠久的城市，古称山阳、怀州，是华夏民族早期活动的中心区域之一。目前已经发现的沁阳邘部祖先洞、博爱汉高城和六堆峪、济源王屋山的旧石器文化，说明距今5万—3万年前先民已在这里生息。

夏代建立以前，善于养殖的雍人迁居焦作一带，从事畜牧业生产；夏代初年，善于种麦的麦人迁居沁阳一带，从事农业生产。夏商周三代，洛阳成为国家的都城、权力的中心，焦作地区成为联系山西高原、伊洛盆地和华北平原的通道和门户，是拱卫洛都的屏障。

云台山红石峡

焦作地区与黄河南岸的郑州至洛阳一带，自古就是沟通大半个中国的水上运输中枢。黄河、洛河、沁河、丹河、卫河、汴水等自然河流和隋唐大运河等人工河流交汇于此，发达的水路漕运为各地经济文化交流提供了方便的条件。

抗日战争时期，焦作境内各县遭日军破坏严重，人力、财力损失惨重。国共两党领导的抗日队伍在这里与日军多次发生交锋，有李屯伏击战（国共合作抗日）以及八路军太行军区道清战役等大小战役多起。

从1999年开始，依托煤炭工业起家的焦作市开始推动经济转型，逐渐走出一条发展旅游业的成功之路，创造了闻名中国旅游业界的“焦作现象”。

**名单** 焦作历史名人

孔子高徒之一卜子夏

“竹林七贤”之山涛、向秀

三国曹魏重臣司马懿

西晋王朝奠基人司马昭

唐代文学家韩愈

唐代著名诗人李商隐

## 济源历史大事记

据考古发现，早在旧石器时代末期和新石器时代早期（距今1万年前），人类就已在济源繁衍生息。

前5000年左右，济源境内有裴李岗文化，分布在邵原北寨、下冶长泉；夏代少康中兴，迁都于原（现济源火车站一带），帝杼曾

焦作古建筑

在此实行对全国的统治，济源成为全国的政治、经济、文化中心；轵城是战国时期韩国的国都及汉代的诸侯国都，列为名都之一，至今城墙仍存。

隋开皇十六年（596年）济源设县，1988年撤县建市，原属新乡地区，后划归焦作市。

1994年9月，国家在济源和洛阳相邻的黄河小浪底开工建设小浪底水利枢纽工程，工程于2001年12月全部竣工，该工程是黄河中游至下游地带最重要的水利枢纽工程。

1997年，济源实行省直管体制，成为河南省唯一的省直辖县级行政单位。

**名单 济源历史名人**

传说中的历史人物愚公

中唐著名诗人、“茶仙”卢仝

北方山水画派开创者荆浩

## 焦作转型记

焦作市是我国著名的“煤城”之一，是全国重要的优质无烟煤生产基地。在一百多年前，这里只是一个矿区小镇，后来，英国殖民者在这里开设了煤矿，以便于供英国女王取暖用。

云台山飞流

然而到了20世纪90年代末，这座因矿而建、因煤而兴的资源城市却面临资源萎缩的残酷现实，急需进行经济转型。2008年5月，焦作市被国家发展改革委正式列为资源型城市转型试点。

由于焦作有着丰富的旅游资源，使得这里的旅游业被逐渐开发。这里有钟灵毓秀的云台山，有雄险奇绝的神农山，有原始神秘的青龙峡……焦作先后投入13亿元重点开发建设了北部太行山一线以云台山、青天河、神农山、青龙峡、峰林峡5大景区为主的自然山水景观。经过努力，2004年，云台山入选首批世界地质公园。2005年，神农山、青天河成为国家重点风景名胜区。2006年，云台山成为国家首批创建AAAAA级旅游区示范单位。

就这样，老“煤城”成功转型为旅游新城，焦作还因此荣获了“焦作山水”“云台山世界地质公园”“太极圣地”“世界杰出旅游服务品牌”等众多旅游知名品牌和荣誉。

# 文化 CULTURE

## 代代相传的“愚公移山”精神

愚公移山的故事对于我们并不陌生，这个故事出自战国列御寇的《列子·汤问》篇，讲述的是愚公不畏艰难，坚持不懈，挖山不止，最终感动天帝将山挪走的故事，这则古老寓言的发生地就在今天的济源。

多少年来，愚公移山的精神一直代代传承着，甚至在美国、韩国等国家也备受推崇。愚公精神的精髓——敢想敢干、开拓进取、坚忍不拔、团结奋斗，这是古老寓言阐发出的富有时代特色的新精神。

1940年，我国现代著名画家、美术教育家徐悲鸿创作了国画《愚公移山》，以形象生动的艺术语言表达了抗日民众的决心和毅力，鼓舞人民将抗日进行到底。就这样，这幅画激励出了人们对于胜利的渴望，激起了人们心中艰苦奋斗、不怕牺牲的精神。

1945年春，在中共“七大”上，毛泽东先后三次论述了“愚公移山精神”，并以“愚公移山”为标题，把这个寓言故事写进闭幕词中。他把“愚公移山精神”概括为四句话：“下定决心，不怕牺牲，排除万难，去争取胜利。”从此，愚公移山精神成为激励全国人民克服困难争取胜利的强大精神力量。

现如今，济源市人民将愚公移山精神确定为济源城市精神，它将引领着更多的济源人，迈向崭新而美好的未来。

## 太极故里——怀川大地

太极拳对于很多人并不陌生，很多老人现在将其列为晨练的必备功课。据不完全统计，全世界有超过1.5亿人练习太极拳，80多个国家和地区建立了太极拳组织。论及最早的太极拳流派，很多人也许并不晓得，它源于河南焦作的陈氏太极拳。

太极拳有很多流派，有陈式、杨式、孙式、吴式、武式以及武当、赵堡等多种流派。然而要说到最早的太极拳流派，还得把眼光聚焦到河南焦作陈氏太极拳上。发展至今，它已经走过了近400个年头。

陈氏太极拳的创始人是温县陈家沟人陈王廷。陈王廷自幼聪颖好学，文武双修；成年后学识渊博，武功超群。到了晚年的时候，他想创造一种融入民族精神、富有文化内涵的拳术，于是就在祖传拳术的基础上，参考了民间众多拳术的长处，按照《河图》《洛书》《太极图》《太极八卦图》的太极阴阳学说，又结合了道家导引术、吐纳养生术和中医经络学说，进行了大胆的创新，创编了一套阴阳开合、虚实转换、刚柔相济、快慢相间、老少咸宜的新拳术——太极拳。

陈王廷创编的太极拳和器械有：五套拳、五套锤、十五红、十五炮、红炮锤、一百单八式太极长拳（陈氏通臂拳）、双人推手，

愚公雕像

刀、枪、棍、锏、双人粘枪等器械，均以太极命名。在创编太极拳的同时，陈王廷还创立了太极拳理论。它包括了柔中寓刚，避实击虚，随机应变，以意行气、劲力内换，人不知我、我独知人，因敌变化等内容。

现在，太极拳已经成为一项大众喜爱的强身健体的运动，它融技击、强体、健身、益智和修性为一体，已经成为中华民族的瑰宝。

**链接**

### 陈氏太极拳家族传承大师

陈氏太极拳是太极拳的宗祖，自创始人陈王廷后，陈氏家族出现了众多传承大师。

陈长兴（1771—1853），陈氏十四世传人。他在陈王廷创编的一至五路太极拳（108式太极长拳）的基础上，概括归纳，化繁为简，精心创编了流传至今的陈氏太极拳老架（大架）。另外，为人豁达大度的陈长兴还打破了陈氏家族“太极拳不传外姓”的族规，在村里开办武学，破例收河北广平府人杨露禅为徒，尽心传授，杨露禅终成杨式太极拳创始人。

景点推荐

# 南太行景观带

## 云台山 AAAAA

独具特色的“北方岩溶地貌”

焦作市修武县西村乡

180元

0391-7709001、7709300

云台山是全球首批世界地质公园，同时也是集河南省的国家文明风景旅游区、国家地质公园、国家森林公园、国家水利风景名胜区、国家猕猴自然保护区于一身的风景名胜区。

云台山整个景区面积约190平方千米，有奇峰秀岭36座，天然溶洞20余个，泉潭流瀑不计其数，人文景观丰富。云台山有叠彩洞、子房湖、猕猴谷、百家岩、万善寺、茱萸峰、泉瀑峡、潭瀑峡、红石峡、青龙峡等十个景区。其景区人文景观有汉献帝的避暑台和陵基、魏晋“竹林七贤”的隐居故里、唐代药王孙思邈的采药炼丹遗迹等。

### 玩家解说

云台山的名字因历史的沿革几经变更：

远古的神话传说记载：“黄帝陶正之官宁封子授黄帝御龙飞云之术。自焚则随路五色之烟上下升腾，其骨骸葬于‘宁北山’中。”宁北山即为现在的修武县北云台山。修武县古代叫作“宁”。后来，神话传说中又称此山为盘古山、女娲山、五行山。

东汉时期，云台山泛称为太行山。当时的末代皇帝刘协禅让帝位于魏王曹丕，被封为山阳公，死后葬在了云台山的南麓，后人称这里为古汉山。

魏晋时期，云台山因“竹林七贤”在这里相遇、交好、啸傲林泉而闻名青史，但古籍只记载着“竹林”的称谓。东晋时此山开始被叫作云台山。著名的大画家顾恺之，因此画“竹林七贤”之一嵇康及其四言诗“目送归鸿，手挥五弦”，还写了文稿《画云台山记》。唐代的时候这里也叫作覆釜山，唐著名诗人钱起的诗《夕游覆釜山道士观因登玄元庙》之中有记载。东部称作天门山，这在钱起诗《天门山题孙逸人石壁》中可以见到。金代时叫作云台山，可见证于茱萸峰的金代残碑刻。清代时云台山叫作小北顶，修武北关祖师庙《金顶圣会》碑记上面有此名称。

## 云台山

云台山以山称奇，主峰茱萸峰海拔1304米，登上茱萸峰顶，可以看见巍巍群山重峦叠嶂；云台山以水叫绝，这里素有“三步一泉，五步一瀑，十步一潭”的美称。落差为314米的全国最高大的瀑布——云台天瀑，就像是擎天玉柱一般；天门瀑、白龙潭、黄龙瀑、丫字瀑等都飞流直下，形成了云台山独有的瀑布景观。

## 叠彩洞

叠彩洞总长4000多米，洞内奇石林立，洞外有三秀峰、西瀛观等景。这里的奇石有“蜗牛爬山”“军舰巡山”“茅笋入云”“下不来”“赤兔受惊”“双鹁斗”“一线天”等。

## 猕猴谷

猕猴谷是云台山风景名胜区较新的一个景点。1998年8月，云台山被国务院公布为国家级猕猴自然保护区。云台山有数量众多的野生太行猕猴群，其观赏性、趣味性很高。

## 万善寺

万善寺坐落在阎王鼻山峰下面，因为寺内供奉着一尊金佛，所以又叫作“金佛寺”。该寺始建于明朝的万历年间，相传是朝廷为了镇治这里的帝王风脉而建，寺名也是御赐的。这里的住持是中国金刚法大师——释海空。寺内放置了2米高的铜佛，景区内有一线泉、聚宝盆、枯井、仙家洞、敬德试鞭石、望亲台等诸多景观。

## 茱萸峰

茱萸峰，俗名小北顶，海拔1308米，峰顶有真武大帝庙、天桥、云梯等景观，另有“厨灶洞”“阎王洞”“黄泥洞”等十余个洞穴。景点里面的名泉就像是一斗水。另外，杜鹃峰、浮丘峰、翠微峰、云门峰也都各具特色。

## 潭瀑峡

潭瀑峡又叫小寨沟，地处云台山北部略偏西的方向，沟长1270米，南北走向，它是主要河流子房河的一个源头。潭瀑峡里面是三步一泉、五步一瀑、十步一潭，有千变万化的

飞瀑、帘瀑、流泉、彩潭、奇石等景观，所以又有一个雅称叫作“潭瀑川”。

## 红石峡

红石峡又叫作温盘峪，红石峡集泉瀑溪潭涧诸景于一谷，融雄险奇幽诸美为一体。谷里分布着“首龙潭”“黑龙潭”“青龙潭”“黄龙潭”“卧龙潭”“眠龙潭”“醒龙潭”“子龙潭”“游龙潭”，构成“九龙溪”。谷口南端有一狭窄的峡谷叫作“一线天”，还有瀑高60余米的白龙瀑布。

# 青天河 AAAAA

## 素有“北方三峡”之誉

焦作市博爱县北部　7:00~17:00

60元　0391-8972950

青天河风景名胜区集江南水乡风光与北国田园风光于一身，素有“北方三峡”之美称和“奇泉异洞盖中原”的美誉。青天河景区由古道、大泉湖、月山寺、凤凰岭、石佛滩5个分景区108个景点组成，景区的面积为45.2平方千米。景区内的丹河峡谷和太行群峰，素有“北方三峡”和“豫北小桂林”的美誉。

### 玩家解说

进门后要到码头坐船。上岸后有两条线路可以游览，一条是西线，下船后一直走就是，最后到达天然大佛，这条线比较原始，来的人相对少一些；另一条线路是下船后右拐穿过吊桥，直达佛耳峡，这条线路景色极好，游览的人相对较多。

## 天井关

天井关是历史上著名的古战场和晋豫的交通要塞，有“一夫当关，万夫莫开”的惊险，历史上为“太行八陉”之一，曹操北上壶关伐高干曾路经这里，写下著名诗篇《苦寒行》。

## 凤凰岭

凤凰岭景区里面有建于唐朝贞观二年（628年）的豫北最大道观火炬观，是唐太宗李世民为感谢孙思邈治病的功劳而下诏赐建的。

## 石佛滩

石佛滩景区上依太行八百翠微峰，下临丹溪三千琉璃水，景色如江南一样秀美，有“两面环山三面水，一川山色一畦田”的意境，到处是一派悠然自得的北国田园风光。

## 月山寺

月山寺始建于金正隆三年（1158年），是历史上著名的佛教圣地，与少林寺、白马寺并称为“中原三大古寺”。景区内有著名的八大景、七小景、五大奇观，还有砖塔31座。

## 大泉湖

大泉湖游览区呈峡谷一线青天之壮观景色，其主要景点有：九曲涧、世界独一无二的天然长城、三娘教子处、野鸭乐园等。

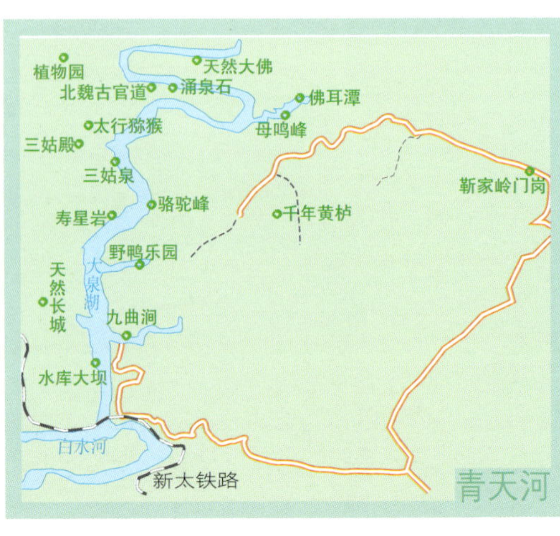

## 神农山 AAAAA

### 拥有深邃的人文历史

河南省沁阳市紫陵镇赵寨村

通票128元

0391-5036466

神农山风景名胜区总面积是50.2平方千米，因为炎帝神农在这里播五谷、尝百草而得名。该景区由紫金顶、云阳河、仙神河、黑龙潭、白松岭、临川寺、悬谷山、尧舜路八大景区组成。这里是中原古文化的一部分，有仰韶、龙山、夏商文化遗址多处，历经隋、唐、五代、宋、元、明、清诸朝代，浓缩了数千年的中原文明，素有“道教中心，佛教圣地”的美誉，成为自然景观与人文景观相互渗透、峥嵘并茂的风景胜地。

#### 云阳寺

云阳寺为一处释道合流的寺院，包括寿圣寺、胜果寺、云阳寺、清静宫四组建筑，清静宫尚保存完好，其余3处坍塌。这里现在保存有方形密檐闭幕式砖塔3座，塔高4~6米，仿唐代风格，分别为元、明、清三代建造。另外，在寿圣寺等遗址上还保存有北宋天圣八年（1030年）的石经幢构件和碑碣8通。

#### 二仙庙

二仙庙本名叫静应庙，位于仙神河河口东岸，这里自然景色十分优美。二仙庙始建于唐代，宋、元、明、清时经过重新修整。二仙庙进深一千五百多米，通阔近百米，前有五重门，后有天王、金刚像、钟鼓楼、五间重檐阁，里面还设有多通圣谕碑石。

#### 沐涧寺

沐涧寺位于二仙庙北1千米处的仙神河西岸，在沐涧山海拔850米的山腰，寺位于东、南、西三个沟交口处的二级坡台上。沐涧寺四周有高大的山峰，溪流洄谷，有峥嵘的山石，有苍郁的篱笆，是优质的旅游资源。

#### 紫金顶

紫金项海拔1028米，就像是擎天玉柱直插入云霄一样，融雄、奇、秀、神为一体，以景层高、旅程长、气象奇特而独具一格。紫金顶还有个俗称叫作“小北顶”，峰顶常年紫气缭绕，金光流溢，与“南顶”武当山并誉海内外。

## 峰林峡

### 有南北山水特色的风景名胜区

焦作市中站区，跨越数区县，距市区25千米

60元

峰林峡景区内河流、湖泊深秀，高山、峡谷险峻，悬崖、溶洞遍布，奇峰、怪石林立。

景区以翡翠湖（原名群英湖）为中心，有小孤山、大坝（高100.5米）、老君滩、葫芦岛、天王岩、睡美人、三潭印月等景点。景区分三大旅游主体内容：一是人文景观及历史文化游，包括世界名坝、水力发电、隋代摩崖石刻及古兵寨城堡等；二是奇山秀水休闲游，包括水上游、黄金步道天街游、原始次生林生态游和观猕猴；三是周围山村田野民俗游。

神农山

景点推荐

# 焦作南部景点

## 黄河文化影视城 AAAA

### 中原地区唯一著名的影视基地

焦作市解放区北郊1千米凤凰山上　坐13路公交车直达　35元

焦作黄河文化影视城建筑面积是15万平方米，居全国各大影视城之首。影视城依山而建，气势磅礴，由城门广场区（大型浮雕和雕塑）、周王宫（含摄影棚和灵台）、楚王宫区（含琵琶湖）和市井区（春秋战国时期的场景）四部分组成。

## 龙源湖乐园

### 以龙源湖为特色的公园

焦作市解放区丰收路塔南路口　乘12路、30路公交可到达　免费

以龙源湖为中心开发的龙源湖乐园总面积约110公顷，主要由门区、动区、静区、高科技区、休闲健身区、戏水风光区等十大功能区组成。这里拥有河南省面积最大的雕塑广场、最大的人工湖，是目前河南省现代化程度最高，游乐项目种类最多、最集中，面积最大的城市乐园。

## 府城遗址

### 聚集众多文化遗址

焦作市西南郊10千米处的府城村西北部的台地

府城遗址底蕴丰厚、内涵丰富，汇集多个历史时期的文化遗址。该遗址的重要部分是早商文化遗存，分布于遗址的中部，目前已经发现的遗迹有城址、宫殿基址、房基、灰坑等。

## 山阳城遗址

### 竹林七贤曾经的居住地

焦作市山阳区恩村乡墙南村

山阳城遗址气势宏伟，约建于商周时

山阳城遗址

期，东汉时嵇康、阮籍等“竹林七贤”曾居城内。现存的山阳城古城大部分高出地面，清晰可见，其平面呈不规则长方形，周长约5000米，有九门遗迹。

**玩家解说**

据《郡国志》载：蔡父子蔡叔监殷食于河内、山阳。春秋时长信侯又居此。《史记》云：秦长信侯嫪毐于山阳之地居之。《后汉书》记载有：魏黄初元年（220年），以河内山阳邑万户奉汉献帝为山阳公。从以上的记载来推测，“山阳”之名，最少在战国时代应有。因此，山阳城很可能建城于商周时期，经过秦、西汉，到东汉晚期因献帝被贬封“山阳公”而名声大振。

## 妙乐寺塔

### 古老的第五代御塔

焦作市武陟县三阳乡北张村

妙乐寺塔，又叫妙乐寺真身舍利塔，建于后周显德二年（955年），是我国现存最古老、保存最完整的第五代御塔。寺已早废，只有塔保存着，塔身呈方形，高30余米，为13层砖砌建筑。塔身南壁2~13层各有一龛，里面放着铜佛，塔里面有楼梯。

**链接**

**藏有舍利子的千年古寺**

“妙乐”一词来自古印度，是古西印度国的国名，妙乐寺塔又称为阿育王塔。阿育王是古印度历史上最著名的帝王，历史上记载说为了统一江山，阿育王血腥暴力，有“暴君”之称，晚年皈依佛门，将释迦牟尼的佛法发扬光大，被称为佛教“护法”。

## 嘉应观 AAAA

### “黄河上的小故宫”

焦作市武陟县嘉应观乡

8:30~17:00

40元

嘉应观，俗名庙宫，又叫作黄河龙王庙，始建于清雍正元年（1723年），是雍正皇帝为祭祀河神、封赏历代治河的功臣而修建的。集宫、庙、衙三位于一身的龙王庙，建筑风格就像是故宫，建筑主要包括山门、御碑亭、治河功臣殿、中大殿、禹王阁等，这里规模宏大，有“小故宫”的美誉。

**玩家解说**

嘉应观的镇观之宝，是位于前院正中的一通大铜碑，铜碑之上是一个伞形圆顶六角重檐式建筑——御碑亭，顶上覆盖着褚黄色的琉璃瓦，非常像清朝皇帝的皇冠。御碑铁胎铜面，二十四龙缠绕，底座为独角兽，由雍正皇帝亲笔撰文书丹，制作精致，称得上是中华第一铜碑，堪称国宝。

## 千佛阁

### 典型的明代阁楼

焦作市武陟县木城镇南大街北端

千佛阁建于明嘉靖三十六年（1557年），

千佛阁

清咸丰元年（1851年）又进行了重修。阁内因佛像甚多，楼上有千手千眼佛，故称千佛阁。该建筑为三檐歇山顶回廊式建筑，面阔五间，进深五间，东西长17.4米，南北宽15.7米，绿色琉璃瓦覆顶。

## 慈胜寺

### 元代建筑风格的建筑群

武陟县西大吴村

慈胜寺是元代建筑，始建于唐贞观年间，占地面积7000平方米，现存山门、天王殿、大雄殿3座建筑，是一组宏伟壮观的建筑群。

## 天宁寺三圣塔

### 河南三大金代塔之一

沁阳市市区覃怀东路

天宁寺三圣塔位于沁阳市博物馆院内，为河南现存形体最大、保存最完整、石刻艺术和塔铭题记最丰富的金代塔之一。

该塔建于金大定十一年（1171年），距今已有800多年的历史，位居河南三大金代塔之首。塔平面呈正方形，共十三级，高32.76米，由基座、塔身、塔顶三部分组成。

## 朱载堉墓

### 明代科学家朱载堉之墓

沁阳市东北山王庄乡张坡村东

朱载堉墓位于沁阳市东北15千米处的山王庄乡张坡村东九峰山下。北面挨着太行山，南面可以看见怀川，墓的周围有潺潺流水，环境十分幽雅。

朱载堉墓上原来有高大的封土堆，墓前有神道，神道两侧有石像生等。墓上封土高2.5米，底部直径7.6米，四周垒砌着保护墙。这里还修复了宽10米、长126米的神道。墓前树有石碑。

**链接**

**东方文艺复兴式的圣人——朱载堉**

朱载堉（1536—1611），字伯勤，号句曲山人，明宗室郑藩王朱厚烷之子，明代著名的律学家（有“律圣”之称）、历学家、数学家。朱载堉在音乐、数学、天文历法、美术、舞蹈、哲学方面都有惊人的建树，他曾被英国著名学者李约瑟博士称为“东方文艺复兴式的圣人”。1997年，江泽民主席访问美国在哈佛大学演讲的时候，曾经称赞我国历史上对人类有杰出贡献的三位科学家，其中就有朱载堉。

天宁寺三圣塔

司马故里

## 陈家沟 AAAA

### 陈氏太极拳发祥地

焦作市温县赵堡镇陈家沟村清风岭中段

30元

乘公交1路可到达

陈家沟原名常阳村，是太极拳的发源之地，以习武之风著称。

陈家沟有历代宗师名人名园、太极拳祖祖祠、陈照丕陵园、陈家沟武术院、河洛汇流处（天然太极图）、黄河滩风光等景点，在这里还可以观摩太极拳表演。

陈家沟武术馆，不仅展现了太极拳的悠久历史，还能让游客一览当代太极拳师们的风采。走进陈家沟武术馆，你会被大厅的四面墙壁上展示的当代太极拳名家以及后起之秀的展板所吸引。这些展板详细介绍了太极拳的发展历程、流派特点以及各位名师的成就。它们仿佛是一部生动的太极拳百科全书，使人对这项传统武术有更深入的了解。

**玩家解说**

陈家太极拳是太极拳的根源，是各派太极拳的母体。关于陈家太极拳的起源，到现在为止依然说法不一致。现在已经明确的是河南温县陈姓一族一直都练着太极拳。太极拳因为拳法变化多样，就用中国古代的"阴阳""太极"的哲学理论来解释拳理，因而被后世所命名。陈氏一族流传的太极拳，传到后世又分出了很多支派，为了区别于其他各派的太极拳，所以又叫作"陈家太极拳"，有的时候也叫作"陈氏""陈派"或"陈式"太极拳。

## 司马故里

### 司马懿的旧居

焦作市温县招贤乡安乐寨村

司马懿故里安乐寨原为温邑故城，隋炀帝时县城迁至此处。这里也是晋宣帝司马懿的故居，所以又叫作"司马故里"。

当年司马昭被封为晋王后，为了扩大自己的霸业，选故邑按照帝都规模筑城建都，所以这里又叫作"古晋城"。古晋城分内城和外城，内城是安乐宫，外城有上花苑。

## 韩愈陵园

### 寻找韩愈的足迹

孟州市区西郊6千米，紫金山之阳

韩愈陵园是为了纪念唐代伟大的文学家韩愈而建的，面积约7公顷，景区的主要景点有牌楼、神道、唐宋八大家及韩湘子汉白玉雕像、祭祀台、景亭、飨堂、陵墓、碑刻、唐柏双奇等，其势宏伟壮观、气势磅礴。

**链接**

**韩愈**

韩愈（768—824），字退之，河阳人（今焦作孟州市人），唐代杰出文学家、政治家、思想家、哲学家和教育家。他倡导和发起了古文运动，大力提倡使用秦汉以前的古文，并且用自己的实际行动实现了自己的主张，树立了一代文风。他反对藩镇割据，拥护中央集权。他济爱黎民，为民谋利，还重用人才，尽力传播中原文化。因此，他赢得了人民的千年崇敬和景仰，后来人们又尊称他为"百代文宗"。此外，韩愈还位列"唐宋八大家"之首。

韩愈陵园

# 济源旅游区

## 王屋山 AAAA

古代名山之一

济源市邵源镇　乘至王屋景区的旅游公交车即到　50元

王屋山国家级重点风景名胜区，面积265平方千米，分7个景区，125个景点。王屋山为道教十大洞天之首，有阳台宫等道教“三宫”，主峰天坛山海拔1715米，区内峰峦叠翠，气壮势雄。王屋山是一处有万年文化积淀、千年道教文化传统的融人文、自然为一体的山岳风景名胜区。

王屋山是中国古代九大名山之一，汉魏时被列为道教十大洞天之首。这里号称“天下第一洞天”的主峰天坛山是华夏祖先轩辕黄帝设坛祭天之所，世称“太行之脊”“擎天地柱”。主峰往北到王母洞是原始森林，这里面有很多珍稀动物，是探险寻奇的好去处。景区里面人文景点丰富，有存活了两千多年的银杏树，久旱不竭的不老泉，更有古朴典雅的愚公故居，都有很高的观赏、研究价值。

## 九里沟景区

人文景观丰富的游览地

济源市思礼乡　10元

九里沟景区属国家级风景名胜区，是一处风景名胜集中、文化底蕴深厚、仙道意境藏真的游览胜地。

该景区主要景点有延寿台、卢仝茶社、九里飞瀑、猕猴保护区、禅堂古寺、金炉顶、东王母洞、奔月天桥、侍郎寨、水洪池避暑胜地、仙人桥、天仙洞天然大溶洞、冰瀑奇观等。

### 玩家攻略

游九里沟共两条线路。东线从通幽亭沿步行道可达九里飞瀑、逸仙洞、猕猴驯化场、禅堂古寺、金炉顶、原大寨、东王母洞、望郎岭、侍郎寨、桃花崖等景点；西线可乘车直达“世外桃源”水洪池，主要景点有仙人桥、天仙洞、凤凰洞、黄龙洞、天然大溶洞、仙人洞、圪栏桥、虎观岭、冰瀑奇观等。

## 五龙口 AAAA

### 以猕猴、温泉为特色的景区

济源市五龙口镇

在济源汽车站有前往景区的车

7:30~18:30

40元，联票50元（含观光电梯）

0391-6751588

五龙口风景区呈块状分布，景区大部分为山地自然景观，其主要景区又分为五个近似于平行的南北走向的景区，由西到东分别为盘谷景区、泌河景区、温泉景区、愁儿沟景区、白涧阳落山景区。

这里共有自然和人文景观68处，是一处以自然景观为主，以猕猴、温泉为特色的山岳型风景区，也是国家级猕猴自然保护区。它融山水、古迹、稀有动物、温泉为一体，是休闲度假、观光旅游的理想去处。

## 小沟背 AAAA

### 神话女娲补天的发源地

济源市西北部晋豫交界的邵原镇境内

济源公交车站乘济源至黄楝树的旅游公交车可到 8:00~22:00 50元 0391-5618133

小沟背风景区位于太行山南端和中条山东端交会点，属典型的以火山岩构造为主的自然风景区。

小沟背风景区是王屋山世界地质公园的精华景区。主要景点有堆石洞、七叠瀑、凤凰台、青龙瀑、龙槽风池、银河峡、伏羲台、通天河、女娲庙、太极石、四象石、金蟾望月石等。

**玩家解说**

在王屋山由海变成山的过程中，小沟背形成了罕见的地质奇观，满沟的五色石千姿百态地点缀在这里，大的就像是楼宇，小的就像是鸟卵，因此，这里被人们形象地称为“彩石谷”。

### 银河谷地

银河是贯穿小沟背景区的主要河流，溪水源自析城山，四季长流不断，全长12千米。河

五龙口

小沟背

道开张闭合，宽窄不一，河水清澈透底，其中急流、浅滩、暗河、飞瀑、跌水、幽潭随处可见。

### 堆石洞

银河谷地巨石林立，经千万年自然风化和河水冲刷，在堆石洞一带形成奇景，有水门、石盆、堆石洞、簸银潭、流金槽、七叠瀑、仙人岭等景观。

### 小沟背村

小沟背村坐落在山间盆地的银河两岸，有梯田数十亩，农舍十数家，同时还有南沟、柳庄等小自然村分布南北，宛如世外桃源。小沟背村西北的山体，可称得上是地质奇观。

### 银河峡

银河峡总长1千米，河段落差60米，峡谷宽度只有10米左右。银河峡大部分河床基岩裸露，清澈的溪流在墨绿色的火山岩上奔腾跳跃，峡深水急，台壁交错，光滑如镜，无路可攀。游银河峡，主要是观水赏石。

## 济渎庙

北方的“古建筑博物馆”

济源市市区济渎大道中段

30元

济渎庙，全称济渎北海庙，是古四渎唯一一处保存最完整、规模最宏大的历史文化遗产。济渎庙坐北朝南，总体面积布局呈“甲”字形，现存古建筑72间，现存的建筑有清源洞府门（山门）、清源门、渊德门、接官楼、玉皇殿和长生阁等。

## 延庆寺舍利塔

埋有舍利佛珠的宝塔

济源市区西北郊2千米延庆寺内

延庆寺舍利塔始建于北宋景祐三年（1036年），它的塔门面向南面，平面呈六角形，为七层密檐砖塔，高约28米。塔外各层壁面嵌砌佛像砖雕或辟设圭形塔门。塔檐由简单的叠涩砖层组成，塔身轮廓略呈抛物线形，塔的里面是六角形塔心室。

**链接**

**延庆寺**

延庆寺塔初名“云龙”，因为塔址在云龙山下延庆寺前，南宋建炎四年（1130年）改称延庆塔。延庆寺塔与1165年竣工的杭州六和塔相比，要早一百六十三年。现存塔体砖铭还有“淳化五年（994年）六月中”的字样，这足以证明塔为北宋原物，是唐风宋塔，而杭州六和塔则是宋风宋塔。

## 奉仙观

古老的木质结构建筑

济源市北海办事处三庄村

奉仙观创建于唐垂拱元年（685年），在金大定年间重修，距今已有一千多年历史。奉仙观因观中的三清大殿用荆根做梁而得名，是金至清时期的古建筑。原来建筑很多，占地4公顷，现仅存山门、玉皇殿、三清大殿、碑亭、东西4座配殿。

## 大明寺

内涵丰富的文化宝藏

济源市轵城镇

大明寺创建于北宋，原名“通慧禅院”，现存元明清建筑多处。寺内有明朝石狮一对和千年娑罗树一株。山门正门面阔三间，进深六间，椽前后设廊，是明代单檐硬山式木构建筑。正门两侧设有掖门。正门的前后檐柱头平齐，柱顶石分为三层。

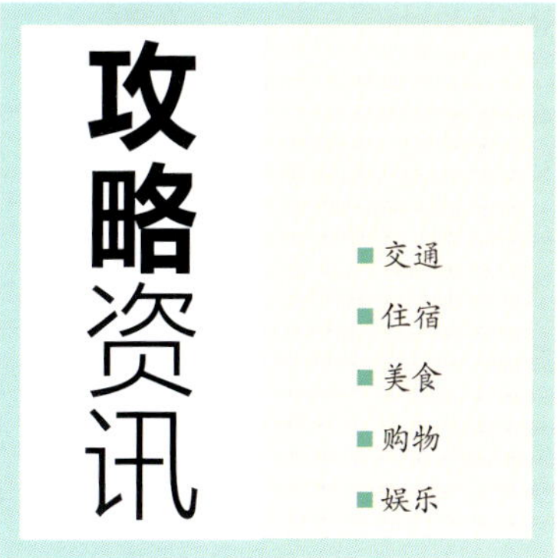

# 交通

## 飞机

离焦作和济源最近的机场是郑州新郑机场和洛阳北郊机场。

焦作市距新郑机场约130千米，济源市距郑州机场150千米，距洛阳机场60千米。

## 火车

**焦作站：**位于焦作市解放区民主路，可乘2、13等路公交前往该站。

**焦作西站：**位于焦作市博爱县人民路，可乘快1路公交前往该站。

**济源站：**位于济源市荆梁北街886号，可乘105、205等路公交前往该站。

焦作火车站

焦作市区

## 汽车

### ●焦作

焦作公路交通四通八达，公路干线有106、107、310等国道。焦作市的汽车站主要有焦作汽车客运总站与焦作旅游中心站两个车站。

**焦作汽车客运总站：**位于焦作市迎宾路361号，主要经营河南省省内各省辖市及北京、上海、天津、山西、陕西、湖北、江苏、浙江等主要城市营运线路。通往焦作汽车客运总站的公交班车有4、7、10、12、13路等。

☎ 0391-2981000

**焦作旅游中心站：**位于焦作市建设中路1号，是焦作市区到焦作下辖周边县市的公路交通枢纽中心，同时还兼运去往焦作各主要

焦作汽车总站

景点的公交线路，例如去往云台山、神农山等。 0391–2629095

### ●济源

**济源总站：**位于济水大街东段赵礼庄路口。拥有济源至珠海、上海、西安、垣曲、太和等跨省线路。 0391–6606078

**济源老公交站：**位于济源市济水大街汤帝路交叉口。车辆主要往返于济源—郑州中心站，全程走高速。 0391–6628776

## 住宿

### 焦作

焦作的旅游业比较发达，住宿可以选择在市区或云台山景区。焦作市区星级宾馆住宿不算贵，多在200元左右，旅游旺季会上涨。云台山上有众多的农家旅馆和饭店。

### ●焦作亿万饭店

焦作亿万饭店是融住宿、餐饮、娱乐、商务、会议中心、商场、旅游等为一体的中外合作大型综合性服务企业，是焦作市首家四星级旅游涉外饭店。 焦作市民主中路189号 0391–2616666

### ●山阳宾馆

焦作市山阳宾馆是焦作市政府投资兴建的一座融餐饮、住宿、商务及休闲娱乐为一体的国有四星级旅游涉外饭店。 焦作市解放东路299号 0391–3929999

### 济源

济源市有满足不同游客需求的各种宾馆饭店，其中星级酒店7家，规模较大、装饰豪华、设备先进、环境优美。

### ●雅士达酒店

雅士达酒店是一家综合性涉外四星级商务酒店。酒店集客房、餐饮、会议、商务、旅游、信息服务、康乐休闲于一身，该酒店拥有88间品位高雅的客房。 济源市沁园中路 0391–6631111

### ●王屋山大酒店

王屋山大酒店是一家三星级旅游涉外酒店。酒店有各类客房160间（套），设施豪华、典雅舒适。 济源市天坛路89号 0391–6668888

焦作风光

焦作夜景

## 美食

### 焦作

焦作的餐饮以豫菜为主，其最为有名的土特产是：怀庆府的驴肉、五里源的松花蛋和武陟油茶。来到焦作，不尝尝这些美食真是一大憾事。

#### ●靳贤书烧饼

焦作市区最有名的烧饼靳贤书烧饼是以制作人的名字命名的。其烧饼具有制作精细、配料严格及成品黄焦酥脆不变形、不发硬的特点。靳贤书烧饼有几十年的历史，风味独特，在当地享有盛誉。

#### ●武陟油茶

相传楚汉相争时期，汉高祖刘邦受伤后出逃至焦作武陟，在此地食用武陟油茶后，对此茶大加褒扬。西汉时，武陟油茶被封为宫廷御膳。武陟油茶食用方便，芳香可口，营养丰富，还具有益肝、健胃、润肺、补肾、提神生津、强身益寿等多种功能。

武陟油茶

#### ●马村烧鸡

在焦作，提起马村烧鸡，可谓家喻户晓，人人皆知。马村烧鸡精选20余种名贵香料，精心调制配方，采用传统工艺与现代科学技术相结合的制作方法，以色鲜味美、骨酥肉烂、香味纯正为特点，多年来连续在省内外

马村烧鸡

各种风味小吃评比中夺魁。

### ●美食去处

焦作市大杨树餐饮娱乐街，位于焦作市核心商圈，东起和平街新华街交叉口，西到果园路，东西长320米，宽120米，占地4公顷，9栋商业楼一条主街道，是融餐饮、娱乐为一体的大型商业娱乐中心，堪称焦作美食娱乐的天堂。每当华灯初上，绚烂的霓虹灯照耀下的整条大杨树街成了不夜城，人们在这里品味开心杯的精致饮品、纯正的蒙古小肥羊涮锅、驰名中原的阿五美食……

## 济源

### ●鸡蛋不翻儿

此风味小吃外形美观，色泽鲜亮，洁白如玉，灿黄如金，为美食之佳品。

### ●西许石磨“碾转”

由绿色小麦胎盘经石磨碾成的纯天然绿色食品，无色素、无防腐剂及任何添加剂，色泽嫩绿、清香爽口，富含人体所需的多种氨基酸、微量元素。

### ●鲤鱼跃龙门

鲤鱼为黄河名鱼，自古就有“洛鲤伊鲂，贵似牛羊”之说。鲤鱼肉嫩味美，营养丰富，闻名中外。鲤鱼跳龙门，造型优美，寓意吉祥。只见烹制好的鲤鱼，昂首盘中，栩栩如生，仿佛欲跃而起。加之有青山衬托、状如门阙，颇富山野情趣。食之味美无穷。

鲤鱼跃龙门

## 购物

焦作主要特产是历史上著名的“四大怀药”：怀山药、怀地黄、怀菊花、怀牛膝。此外，这里还有怀菊花茶、清香菊花枕、地黄宝等。

济源特产有很多，如山楂、冬凌草、马村酥梨、济源土馍、鸡蛋不翻儿等，冬凌草为济源王屋山唯一特产，除此之外，这里的天坛砚在我国也十分有名。

### ●山楂

山楂也被称为红果，果实酸中带甜，有着帮助消化和增进食欲的功效。济源被称为

焦作购物广场

山楂

“红果之乡”，漫山遍野都种上了山楂。

## ●菊花枕

精选怀菊花、艾叶、合欢屯、枣仁、薄荷等多种中草药，经科学的组方、先进的工艺，精心研制后装入布袋做枕芯。枕之使人闻到芳香，有清脑明目、降低血压、美容养颜之功效。

## ●天坛砚

亦称盘古砚，因其砚产于济源之盘古、天坛山、砚山等地而得名，天坛砚的石质油腻湿润，纹理紧密细腻，具有坚而不脆、柔而不绵、滑而不溜的特点。天坛砚造型生动，雕工精巧，是我国名砚之一。

## ●冬凌草

自然界万物之中唯冬凌草会在冬季全株结满薄如蝉翼的冰凌，在阳光照耀下晶莹透亮，因此而得名冬凌草。它具有显著的清咽排毒、抑制肿瘤的功能，可排除咽部、肺部浓痰、黑痰等毒素。《中国土特产大全》将其列为济源王屋山的唯一特产。

## 节日和重大活动

| 节日 | 地点 | 时间 |
|---|---|---|
| 王屋山登山节 | 王屋山 | 4月中旬 |
| 焦作山水国际旅游 | 焦作 | 8月20日—8月22日 |
| 焦作国际太极拳年会 | 焦作 | 8月28日—9月1日 |
| 郑州国际少林武术节 | 郑州 | 9月1日—9月5日 |

发现者旅行指南

# 洛阳·三门峡

# 概览

## 亮点

### 龙门石窟

中国著名的三大石刻艺术宝库之一，石窟中保留着大量的宗教、美术、建筑、书法、音乐、服饰、医药等方面的实物资料。

### 白马寺

白马寺为中国第一古刹，乃佛教传入我国后官办的第一座寺院，被中外佛教界誉为“释源”“祖庭”。

### 天池山国家森林公园

景区山静如眠，水清如滤，石洁如洗，是中原地区风格独特的生态旅游胜地。

### 龙峪湾国家森林公园

国家级自然保护区，境内山巍、水澈、峰奇、石怪、洞幽、瀑壮、泉清。

### 重渡沟自然风景区

国家生态示范区、伏牛山地质公园、河南省十佳景区，融观光、休闲、购物为一体。

### 虢国博物馆

一座融文物陈列、遗址展示、园林景观为一体的现代化多功能博物馆。

### 必逛街道

**关林商贸城：**关林商贸城位于洛阳市洛龙新区关林镇，是购物、休闲娱乐、消费的理想场所。

**建业森林半岛商业街：**该商业街位于三门峡市湖滨区甘棠路与崤山路交会处北100米，各种商店门面云集，显示出如今三门峡市经济的蒸蒸日上。

## 线路

### 洛阳精华二日游

第一天先到关林去参观，再看看龙门石窟，接下来再到白居易墓园感受里面的人文色彩。

第二天上午参观中国的第一古刹白马寺，再去王城公园转一转，最后去黄河小浪底风景区观赏壮观的风景。

### 白云山经典三日游

第一天，到九龙瀑布观光区亲眼看看千姿百态的多级瀑布和深潭；第二天，登上中原第一峰——玉皇顶；第三天，先到白云山观光区游览，再到五马寺村参观。

### 三门峡二日游

第一天，上午参观中国现存的四大回音建筑之一——宝轮寺塔，下午到甘山国家森林公园观览。

第二天，上午参观三门峡大坝，这是著名的风景名胜和人文景观相结合的水库；下午到虢国博物馆参观，领略我国的古代文明。

## 为何去

洛阳有着三千多年的文明史，是中国著名的历史文化名城，这里有“诗都”和“花都”的美誉，其名胜古迹数不胜数。

洛阳鼓楼

三门峡集古老美丽与现代时尚于一身，被誉为黄河明珠、天鹅之城。三门峡是古虢国的统治中心，传承着古老的华夏文明。

## 何时去

游洛阳的最佳季节是秋天，“九月九日登高日”，秋高气爽，这个时候，游龙门石窟，登白云山都是不错的选择。另外，每年的4月中下旬至5月下旬，是洛阳牡丹花繁叶茂的时候，洛阳市会举办各种与牡丹有关的节庆活动，也是参观的好时节。

洛阳牡丹

春、秋季是到三门峡旅游的最佳时间。三门峡风景区比较多，到陕州风景区、三门峡大坝景区看山水景色以春秋季节为佳，此季节还很容易看到白天鹅。

洛阳王城公园

# 区域解读

洛阳区号：0379
三门峡区号：0398
总面积：
约25 135km²
总人口：938.75万人
主要少数民族：回族

## 地理 GEOGRAPHY

### 区划

洛阳市下辖8个区（涧西区、西工区、老城区、瀍河回族区、洛龙区、偃师区、孟津区以及洛阳高新技术产业开发区）、7个县（新安县、宜阳县、伊川县、洛宁县、嵩县、栾川县、汝阳县）。

三门峡市下辖2个区（湖滨区、陕州区）、2个县级市（义马市、灵宝市）、2个县（渑池县、卢氏县）。

### 地形

洛阳市位于河南省西部，整体地势西高东低，从西南到东北依次分布着中山、低山、低山丘陵、河谷与冲积平原等不同类型的地貌。

龙潭大峡谷

三门峡市地处黄河中游，整体地势为西南高、东北低，其地貌以山地、丘陵和黄土高地为主。

### 气候

洛阳整体上冬季盛行偏北风，寒冷干燥；夏季盛行偏南风，炎热多雨，季风气候明显。

三门峡市属暖温带大陆性季风气候。由于地貌特征复杂，形成了具有暖温带、温带和寒温带的多元气候。

## 历史 HISTORY

### 洛阳历史大事记

**●史前文明**

以洛阳为中心的河洛流域地区是华夏文明的重要核心发祥地。中国古代伏羲、女娲、黄帝、尧、舜、禹等神话传说多起源于此。

**●夏商周时期**

洛阳偃师二里头遗址距今大约3800—3500年，时间大约为中国历史上的夏、商时代。1960年在二里头遗址的上层发现了一处规模宏大的宫殿基址，被认为是夏朝都城

龙门石窟

所在。

前16世纪，商汤灭夏定都西亳（今偃师城西洛河北岸尸乡沟一带）。前11世纪，周武王姬发率兵东至孟津（今孟津区东北，时为黄河重要渡口），召集八百诸侯来会，共商伐纣大计。周武王灭商后，迁九鼎于洛邑（今洛阳），大规模营建洛邑。

## ●两汉时期

东汉建武元年（25年），光武帝刘秀削平各地割据势力，统一全国，重建汉朝，定都洛阳，史称东汉。东汉时期的洛阳为当时全国的政治、经济、文化中心。

东汉永平八年（65年），汉明帝遣派使者赴西域拜求佛法。天竺高僧迦叶摩腾、竺法兰携带“贝叶经”四十二章及佛像，于永平十年（67年）用白马驮回洛阳。次年，官府于洛阳城西二里御道北建白马寺，是为中国佛教祖庭。

东汉延熹九年（166年），大秦国王（古罗马帝国皇帝）安敦遣使来到洛阳。这是中国与欧洲国家直接往来的开始。

东汉时期，班固修《汉书》、许慎作《说文解字》、蔡伦改进造纸术、张衡发明地动仪，这一系列重大成就均诞生于洛阳。

## ●魏晋南北朝

建安二十五年（220年），曹丕废汉献帝，自立为皇帝，建都洛阳。魏继承两汉制度，于洛阳设立太学，置五经博士；以“九品中正制”选拔官吏。魏兴修水利，使洛阳成为全国水利事业发达地区之一。

晋泰始元年（265年），晋王司马炎废曹奂自立，国号晋，史称西晋，以洛阳为都。

西晋时，秘书郎左思广泛搜集历史资料，游历三国旧都，历经10个寒暑，在洛阳创

二里头遗址

作出雄浑精深的《三都赋》，举国轰动，豪贵人家争相传抄，一时纸张供不应求，纸价为之飞涨，留下“洛阳纸贵”的千古佳话。

西晋后期，中原经历八王之乱与永嘉之乱。长时间的动乱严重破坏了洛阳的社会生产。特别是永嘉五年（311年），匈奴贵族汉主刘聪派刘曜等攻破洛阳，杀晋官民3万余人，掳晋怀帝，焚烧洛阳城，洛阳化为灰烬，西晋灭亡。

北魏太和十八年（494年），孝文帝迁都洛阳后，实行了一系列汉化措施。鲜卑族接受汉文化，推动了北方民族的大融合，洛阳城获得新生。

## ●隋唐时期

隋炀帝继位后，决定将都城从长安迁往洛阳。大业元年（605年），炀帝令著名建筑工程专家宇文恺营建东京（即洛阳），次年修建完工。洛阳城规模宏大，布局有序。

隋炀帝时，修永济渠和江南河，连接早期各支运河，开通以洛阳为中心、南通余杭（今杭州）、北达涿郡（今北京）的大运河，使洛阳的交通更加方便，经济更加繁荣。

唐显庆五年（660年），高宗病重，武则天执政，她以洛阳为神都。天授元年（690年），武则天废唐为周，立号为圣神皇帝。武周都洛期间，建造明堂，创立殿试，又建洛阳外城，铸天枢、九鼎，开凿龙门石窟。

洛阳老城

唐天宝十四年（755）冬，安禄山、史思明起兵叛乱，安禄山、史思明之子安庆绪、史朝义先后在洛阳称帝。上元二年（761年），唐王朝借回纥兵收复洛阳。洛阳隋唐城在战乱中焚毁殆尽。

## ●五代、北宋

五代时期，后梁朱温、后唐李存勖、后晋石敬瑭先后在洛阳称帝。

北宋定都开封后，定洛阳为西京，对洛阳城进行了大规模重建。这一时期，洛阳的陶瓷业和文化产业发展到了一个高峰。宋瓷、《资治通鉴》、宋明理学均出现在这一时期。

## ●近现代

民国时期，吴佩孚驻兵洛阳，洛阳成为直系军阀的大本营。

1932年上海“一·二八事变”后，国民政府迁都洛阳，定洛阳为行都，并一度迁洛办公，洛阳成为北方抗日前哨。同年12月1日国民政府迁回南京。

1944年春，日本侵略军发动了以夺取洛阳为主要军事目标的河南战役。洛阳抗日保卫战异常惨烈，中国军队阵亡13万人，日军被歼2万余众，后洛阳城沦陷。

1948年，洛阳解放，成立人民政府。

1954年，中央在洛阳建立东方红拖拉机厂、矿山机器厂、热电厂等国家工程项目，确定洛阳为重点建设城市。

1997年10月28日，国家特大型重点工程项目黄河小浪底水利枢纽工程顺利截流。

**名单 洛阳历史名人**

古代著名贤相伊尹

战国时期纵横家苏秦

西汉著名文学家贾谊

唐初名臣长孙无忌

唐代高僧玄奘

唐玄宗李隆基

唐代文学家刘禹锡

新乐府运动倡导者元稹

元代文学家姚燧

## 三门峡历史大事记

相传大禹治水，使用神斧将高山劈成“人门”“神门”“鬼门”三道峡谷，河道中由鬼石和神石将河道分成三流，如同有三座门，“三门峡”由此得名。

前21世纪至前11世纪，地处黄河流域母亲河南岸的三门峡一带是夏、商王朝统治的中心区域，是华夏文明的发祥地之一。

1921年在今渑池县城北仰韶村发现的仰韶文化遗址是黄河流域母系氏族文化的典型代表。

20世纪50年代，考古学家在三门峡市上村岭发现虢国墓地，西周时期受封于今三门峡境内的重要姬姓封国之一虢国对西周历史与文化的影响广泛而深刻。

东周时期，著名思想家老子晚年在函谷关（今灵宝市境内）著就的《道德经》奠定了中国道家、道教的基础，其影响渗透到了中国社会意识形态的各个方面，成为中华民族最宝贵的文化遗产之一。

战国时，战国七雄除秦以外的其余六国曾联合对抗秦国，但秦国在函谷关成功抵御住六国联军的攻势。自此以后，函谷关成为中国古代史上屡次被提及的战略要地。

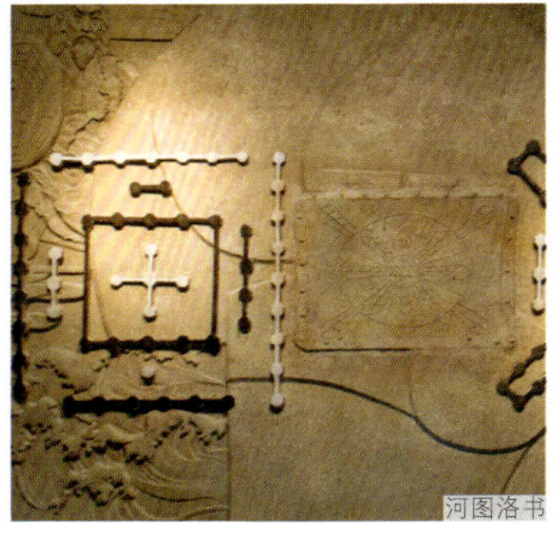
河图洛书

大运河含嘉仓遗迹

抗日战争时期，今陕州区一带发生过多次战斗，如五原战役、上官村战斗、岘山庙战斗、草庙集战斗等多次大小战役。

1957年，随着举世闻名的万里黄河第一坝——三门峡大坝的建设，三门峡正式建市，成为河南省辖地级市，并沿革至今。

**名单** 三门峡历史名人

唐代名将张士贵

武周巾帼首相上官婉儿

唐代名相姚崇

明初著名理学家曹端

清末秀才、乡土教育家曹植甫

现代文学翻译家曹靖华

## 中国最早的文献——河图洛书

我们知道，古代史实之所以能流传至今，是因为古人将其全记载在了文献上。中国最早的历史文献出自河南洛阳的“河图洛书”，它被视为中华古文明的第一高峰和重要里程碑。

当时，被奉为“人文始祖”的伏羲氏，根据河图和洛书画成了八卦和九畴。从那以后，洛阳的文明时代在这里开启：汤、武定九鼎于河洛，周公“制礼作乐”，老子著述文章，孔子入周问礼。孟津有龙马负图寺，据说是“河出图”之处；洛宁有“洛出书”碑，据说是神龟负书出的地方。

当文明开启后，中国古代四大思想流派无一不与洛阳有密切的关系。道家经典创作于洛阳，儒家经典集成于洛阳，释教佛学发展于洛阳，伊洛理学渊源于洛阳。此外，经学兴盛于此，玄学也在这里形成。这些长期处于统治地位的思想的形成与发展，足以说明洛阳在中国文化发展史中的突出地位与重要作用。

## 洛阳与大运河

隋大业元年（605年），隋炀帝在洛阳指挥开凿了世界历史上最长的人工运河，这条以东都洛阳为中心，北达涿郡（今北京）、南至余杭（今杭州），总长2000多千米的南北大运河，堪称与万里长城齐名的世界人工奇迹。

大运河的开凿无疑有着重要的历史意义，使得当时洛阳的地位更加重要，洛阳的工商业得到了空前发展，洛阳成为当时世界上最大的商业城市之一，繁华异常；运河也促进了各国各地人员往来和文化交流，隋唐时期，日本和朝鲜半岛新罗、百济的遣隋、遣唐使到达中国后，多经大运河到达洛阳。

元世祖忽必烈时期，对隋代大运河又进行了一次大规模的整治和开发。元代开凿济州河、会通河、通惠河等河道，取捷径改道山东，使大运河直接贯通南北，不再绕道洛阳，大大缩短了南北运河的距离。虽然这次整修阻断了洛阳和大运河的联系，使其经济走向了衰落，但其对以后依然有深远影响——这次开凿和疏通，奠定了如今京杭大运河的基本走向和规模。

至今洛阳境内仍留有众多与大运河有关的历史遗存。洛河与当年大运河的河道基本

白马寺

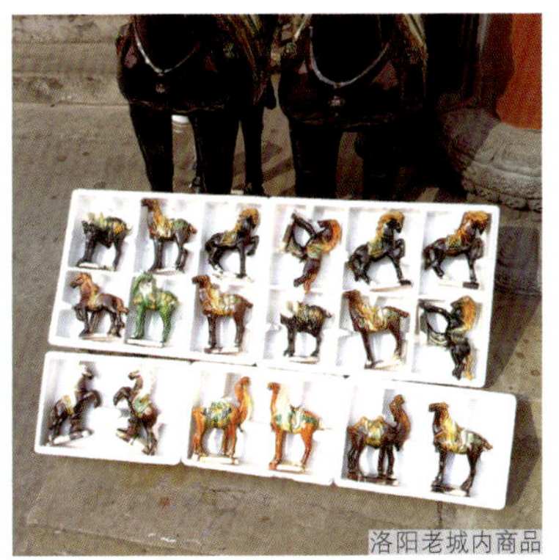

洛阳老城内商品

一致，在其河床内发现了古代的石砌河堤。洛河北边的隋唐洛阳城有天津桥，旁边有隋唐时期的含嘉仓遗址。

## 中国农业发展的见证——仰韶文化

在三门峡渑池县，坐落着一座以仰韶文化为专题的博物馆，这里展出大量的珍贵文物，见证了中国农业发展的悠久历史。

1951年，中国科学院考古研究所对仰韶遗址进行了小规模发掘，发现这里有四层文化层相叠压，自下而上依次是仰韶文化中期—仰韶文化晚期—龙山文化早期—龙山文化中期。1994年，中国历史博物馆组织中国和美、英、日等国的考古专家进行国际田野文物考察，在仰韶村附近的班村发现了大量珍贵的文物，其中最有价值的当数十斤5000年前的小米。

仰韶文化被定义为远古时期新石器时代晚期文化，当时的生产工具以发达的磨制石器为主，常见的有刀、斧、锛、凿、箭头、纺织用的石纺轮等，骨器也制作得相当精致。各种水器、甑、灶等日用陶器以泥红陶和夹砂红褐陶为主，主要呈现红色，红陶器上常彩绘有几何型图案或动物型花纹，是仰韶文化的最明显特征，古代也叫作彩陶文化。

仰韶文化对于中国考古学意义非凡，仰韶村遗址的发掘，被视为西方近代田野考古学真正传入中国的标志性事件，这标志着中国新石器时代考古学就此起步。

## 古老神秘的虢国

1956年冬天，考古队在三门峡上村岭发现了一处古代墓葬群。在出土文物的铭文上，人们多次发现一个字：虢。古虢国渐渐地出现在人们眼前。

至今为止，在这片土地下一共发掘出了250余座墓葬，7座车马坑，3座马坑，包括两座虢国国君墓、一座国君夫人墓、两座太子墓、十多座高级贵族墓和四座贵族夫人墓，出土各类珍贵文物两万多件。那么，过去的虢国究竟是一种怎样的情形呢？

根据史书记载，在西周初年，周文王曾把都城附近的两块土地分封给两个弟弟，一个称东虢，一个称西虢。东虢国后来在历史的征战中逐渐消失，史书上没有留下更多的记载。西周末年幽王时期，西虢国的国君虢石父在周王朝内担任卿士，地位相当于后世的宰相，总揽朝廷大权。在西周灭亡之前，西虢国的虢石父利用权势灭掉了三门峡一带的焦国，逐渐将统治中心从今陕西宝鸡一带迁往这里，人们通常把这个王国称为虢国。根据史书记载，虢国的强盛一直延续到战乱迭起的东周时代。东周时，周王的权力日渐萎缩，各个诸侯国之间连年争战，抢夺地盘。在争霸的过程中，虢国努力保存实力。但是，终究比不上一些大诸侯国。前655年，晋

函谷关

三门峡大坝

国借道虞国，消灭了虢国，留下了“假虞灭虢，唇亡齿寒”的故事。同时，“假道伐虢”之计入选了著名的“三十六计”。

现如今，虢国国君的地下世界重新展现在世人眼前，向我们再现了那遥远的历史和它曾经的繁华。

# 文化 CULTURE

## 我国佛教的发源地——白马寺

来到洛阳，白马寺是必去的景点，它被认为是我国佛教的发源地，是佛教传入我国后由官方营造的第一座寺院。

相传白马寺的建立与我国佛教史上著名的“永平求法”紧密相连。相传永平七年（64年），汉明帝刘庄夜里在南宫休息，做梦梦见一个金色的神仙头冒白光，在殿庭上空飞绕。第二天，他询问百官后才知道原来自己梦见的是佛祖，于是便派遣使臣蔡愔、秦景等人前往西域拜求佛法。蔡、秦等人在大月氏遇上了在该地游化宣教的天竺（古印度）高僧迦叶摩腾、竺法兰。于是他们便邀请高僧们到中国宣讲佛法，并用白马驮载佛经、佛像，用了十年的时间才到了京城洛阳。后来，汉明帝下令仿照天竺的式样修建寺院。为了纪念白马驮经的功劳，便给寺院起名为“白马寺”。后来，在信奉佛教的汉明帝的弟弟楚王刘英的请求下，白马寺建成后便成了东汉最主要的译经场所。迦叶摩腾、竺法兰首先在这里译出了第一部汉文佛经《四十二章经》，后来，天竺僧人昙柯迦罗又译出了第一部汉文佛律《僧祇戒心》。

后来，历代高僧甚至外国名僧都来到白马寺览经求法，所以白马寺又被尊称为“祖庭”和“释源”。

## 盛唐时代的灿烂文明——唐三彩

唐三彩是一种盛行于唐代的低温铅釉的彩釉陶器，它最初发现于1905—1909年陇海铁路修筑期间，是在洛阳北邙山一带因施工而毁坏的一批唐代墓葬中发现的。

陶器釉彩有黄、绿、白、褐、蓝、黑等色，以黄、绿、白三色为主，因此人们习惯地称它为“唐三彩”。由于唐三彩在洛阳发现最早、出土最多，所以又叫“洛阳唐三彩”。在烧制唐三彩的过程中，由于铅釉的流动，各种颜色都呈现出浓淡的层次或各色巧妙地交织在一起，形成了绚丽多彩的色釉。

常见的出土的唐三彩陶器有三彩马、骆

驼、仕女、乐伎俑、枕头等。最富特点的是三彩骆驼，它们背载丝绸或驮着乐队，仰首嘶鸣，那赤髯碧眼的骆俑，身穿窄袖衫，头戴翻檐帽，将中亚胡人的生活形象表现得栩栩如生。

如今，各国游客来到洛阳观光时，都会带回唐三彩制品作为纪念，一些国家领导人出国访问时会将“唐三彩”作为礼物馈赠他国。

**链接**

### 唐三彩的制作工艺

唐三彩的制作工艺十分复杂。首先要将开采来的矿土经过挑选、舂捣、淘洗、沉淀、晾干，然后用模具作成胎入窑烧制。唐三彩的烧制采用的是二次烧成法。从原料上来看，它的胎体是用白色的黏土制成，在窑内经过1000℃—1100℃的素烧，焙烧过的素胎经过冷却后，再施以配制好的各种釉料入窑釉烧，其烧成温度为850℃—950℃。在釉色上，利用各种氧化金属为呈色剂，经煅烧后呈现出各种色彩。

釉烧出来以后，有的人物需要再开脸。所谓的开脸就是给人物的头部进行加工，要经过画眉、点唇、画头发这么一个过程，然后这一件唐三彩的产品才算完成。

## 天鹅之城——三门峡

三门峡有一片数万公顷的沼泽湿地，每到入冬时分，这里就会迎来来自西伯利亚的越冬精灵——白天鹅。

这些来“过冬”的白天鹅主要分布在三门峡湖滨区王官、三水厂和上村，其中以王官的白天鹅数量最多。除了天鹅，还有黑鹳、白鹳、大鸨等国家一级保护动物栖息在这片湿地。三门峡市区西的天鹅湖景区是观赏天鹅的最佳点。所谓的天鹅湖，是两个连在一起、水面达几千亩的人工湖，原名叫青龙湖和苍龙湖。

此外，三门峡市政府还先后投入一亿多元，在湿地保护区修建了青龙坝、苍龙坝，新增湿地面积约470公顷，建成保护点业务用房10处，设立白天鹅、湿地植被、湿地鹭类等三个类型的固定观测样地15个。

每年入冬，在三门峡湖区广阔明澈、碧波荡漾的湖面上，成千上万只白天鹅自由自在地在这里飞翔、嬉戏、休息。在它们周围，还围绕着很多观看鸟的人和为鸟拍摄的人，构成了一幅祥和平静的美丽画卷。

## 属于三门峡的文化——黄河旅游节

20世纪90年代初，三门峡开始举办以黄河文化为主题的旅游节，2011年7月25日黄河旅游节一跃升格为国家级节庆活动。

1992年4月20日，由国家旅游局和河南省人民政府主办的“黄河之旅——中华民族之魂首游式暨首届三门峡国际黄河旅游节开幕式”在三门峡隆重举行。后来，三门峡承前启后，大胆创新，创新节会思路，吸纳现代元素，加大经贸活动分量，追求节会实效，最终使得三门峡国际黄河旅游节成为河南省重大节庆活动之一。

2010年，三门峡首次举办了中华人民共和国成立以来最大规模的“横渡母亲河”活动，千人横渡，万众瞩目，在全国引起强烈反响，大批新闻媒体慕名而来，旅游者纷至沓来，引发了“横渡黄河热”。2011年第17届黄河旅游节上，“横渡母亲河”活动成为一项全民健身活动和社会公益活动。

现如今，黄河旅游节一般在5月18日举办，为期4到5天，整个城市被装扮得更加富有文化气息。

天鹅

景点推荐

# 龙门风景区

## 龙门石窟 AAAAA

石刻艺术宝库

洛阳市洛龙区龙门镇伊河岸边

洛阳火车站有一日游专车可到，也可乘71路公交车前往

90元

0379-65980972

龙门石窟以石刻艺术著称，龙门石窟南北长达1千米，至今仍存有窟龛2100多个，造像10万余尊，碑刻题记3600多品，数量之多位于全国各大石窟之首。

这里的洞窟，建于北魏时期的约占30%，建于唐代的占60%，建于其他朝代的仅占10%左右。其中最大的佛像卢舍那佛高达17.14米，最小的佛像仅有2厘米。龙门石窟是中国古碑刻最多的地方，有古碑林之称，共有碑刻题记2860多块，其中久负盛名的“龙门二十品”和褚遂良的《伊阙佛龛碑》，分别是魏碑体和唐楷的典范。

链接

**中国三大石窟**

中国的三大石窟，除了龙门石窟，还有敦煌莫高窟和山西云冈石窟。

敦煌莫高窟也叫千佛洞，位于敦煌市东南25千米的鸣沙山下，因其地处莫高乡而得名。

云冈石窟位于山西省大同市西郊武周山北崖，石窟依山开凿，东西绵延1000米，现存主要洞窟45个，大小窟龛252个，石雕造像51 000余躯。

### 奉先寺

奉先寺是龙门石窟规模最大、艺术最为精湛的一组摩崖型群雕，因为它隶属于当时的皇家寺院奉先寺而被俗称为“奉先寺”。

此窟建开凿于唐高宗初年，咸亨三年（672年）皇后武则天赞助脂粉钱两万贯，上元二年（675年）功毕。此窟长宽各30余米，洞中佛像明显体现了唐代佛像艺术特点，面形丰肥、两耳下垂，形态圆满、安详、温存、亲切，极为动人。主佛莲座北侧的题记称之为“大卢舍那像龛”，这里共有九躯大佛，中间主佛为卢舍那大佛，为释迦牟尼的报身佛。

## 潜溪寺

潜溪寺高、宽各九米多，进深近七米，建于一千三百多年前的唐代初期。窟顶藻井是一朵浅刻的大莲花。主佛阿弥陀佛端坐在须弥台上，他的左侧是弟子迦叶，右侧是弟子阿难。两弟子的旁边分别是观世音菩萨与大势至菩萨。

## 宾阳中洞

宾阳中洞是北魏时期最具代表性的洞窟。它开凿于北魏时期，是北魏的宣武帝为其父亲孝文帝做功德而建。它的里面是马蹄形的平面，穹隆顶，中央雕刻着重瓣大莲花构成的莲花宝盖，莲花周围是八个伎乐天和两个供养天人。主佛是释迦牟尼，旁边有他的侍立二弟子、二菩萨。

## 万佛洞

万佛洞因洞里面南北两侧雕有整齐排列的一万五千尊小佛而得名。洞窟呈前后室结构，前室造二力士、二狮子，后室造一佛二弟子二菩萨二天王，是龙门石窟造像组合最完整的洞窟。

## 龙门石窟奉先寺

### 古阳洞

古阳洞在龙门山的南段，是由一个天然的石灰岩溶洞开凿成的。该洞开凿于493年，是龙门石窟造像群中开凿最早、佛教内容最丰富、书法艺术最高的一个洞窟。洞中北壁刻有楷体“古阳洞”三个字。

### 药方洞

药方洞因窟门刻有诸多唐代药方而得名。洞中有五尊佛像，洞门两侧刻有药方150多种，所用药物多是植物、动物和矿物药。药方涉及内科、外科、小儿科、五官科等，所涉及药材在民间都能找到，很大程度上方便了老百姓。药方洞的药方是中国现存最早的石刻药方。

### 看经寺

看经寺是双室结构，前室崖壁上有数十个小龛造像，三壁的下部雕出29尊（正壁11尊，两壁各9尊）高均180厘米的罗汉，即传法罗汉二十九尊，是中国唐代最精美的罗汉群像。看经寺的29尊传法罗汉如今保存完好。

## 香山寺

### 中国观音菩萨第一祖庭

洛阳市洛龙区龙门镇龙门东山山腰

可乘53、60、89等路公交车到达

包含在龙门石窟门票中

香山因盛产香葛而得名。香山寺始建于东汉，兴盛于唐、宋至明。唐天授元年（690年），武则天予以重修，正式命名为“香山寺”。现在的香山寺，在原址上新建了钟楼、鼓楼、大雄宝殿，整修了天王殿、罗汉殿、游步道等，是个不错的旅行地。

## 白园

### 追寻白居易的生活印迹

洛阳市洛龙区龙门镇龙门东山琵琶峰

白园是唐代诗人白居易的墓园，占地面积3公顷，是一座秀色宜人的小巧园地。主要景点有松风亭、白亭、翠樾亭、诗廊、青谷区、乐天堂、墓体区、日本书法廊、道诗书屋等景。

**玩家解说**

白居易，字乐天，晚年居住洛阳18年。虽被尊为“少傅”，但他一生清贫，喜酒也爱好写诗，对龙门山水很眷恋，他去世后，人们遵照他的遗嘱把他葬在这里。

## 广化寺

### 北魏所建的龙门八寺之一

洛阳市洛龙区龙门镇龙门石窟北500米处

广化寺始建于元魏时期（386—534年），寺前山坡上建有石阶，中有五重高大建筑，包括高山门、天王殿、伽蓝殿、三藏殿、地藏殿。广化寺现占地20公顷，有入口牌坊、百步石阶、天王殿、大雄宝殿等建筑，寺内有身高1.5米的五百罗汉塑像。

香山寺钟楼

景点推荐

# 洛阳城区景点

## 王城公园

全国第一个遗址公园

洛阳市西工区中州中路312号

乘101、102、103、9、10、11、15、19、40、50、59路公交车可到

6:00~21:00

免费

0379-63938545

王城公园是河南省最大的综合性公园，它始建于1955年，因其修建在东周王城遗址上而得名。王城公园融牡丹文化与历史文化、人文园林与自然园林为一体，堪称“城市氧吧”，形成了独特的牡丹精品、周鼎雄踞、河图洛书、靓思飞瀑、凤阙迎毂等王城景观。园内辟有牡丹观赏区、牡丹文化区、历史文化区、大型游乐区、动物园五大景区。

## 中国国花园 AAAA

牡丹专类观赏园

洛阳市龙门大道1号（洛阳桥南）

乘15、92路公交车到洛阳桥南下

6:00~21:00

免费

中国国花园总面积103公顷，自西向东共分为六个景区：西入口景区、牡丹文化区、牡丹历史文化区、堤面游赏区、东入口景区、生产管理区。园内现有牡丹1000多个品种40余万株，包含牡丹的九大色系，还种植乔、灌木及各类植物100多个品种200余万株。

洛阳老城

## 神州牡丹园

### 牡丹专类园

✉ 洛阳市洛龙区白马寺镇，白马寺对面

¥ 50元

神州牡丹园占地40余公顷，园内共分五大景区：盛唐建筑风格的牡丹文化区，展示的是牡丹千年发展的辉煌历程及“洛阳牡丹甲天下”的历史渊源；高科技四季牡丹展示区，能让人观赏到四季盛开的牡丹；古典山水园林的牡丹休闲区，可以让人领略盛大的唐装表演，感受盛唐时代的繁荣；牡丹观赏区，让人感受“花如海、人如潮”“天下真花独牡丹”的壮丽风采；商品牡丹综合区，供游人选购各种牡丹盆景和独一无二的牡丹工艺品。

## 国际牡丹园

### 中外牡丹精品园

✉ 洛阳市机场路（王城大道北段机场花坛西100米）

🕗 7:30~21:00

国际牡丹园占地约30公顷，拥有紫斑牡丹、稷山矮牡丹、卵叶牡丹、杨山牡丹、四川牡丹、狭叶牡丹、大花黄牡丹等，有野生牡丹群以及中原牡丹、西北牡丹、西南牡丹、江南牡丹四大园艺牡丹种群。此外，园里还有300多种芍药，是国内最大的芍药观赏园。

## 洛浦公园

### 开放性公园

✉ 洛阳市区南侧的洛河之滨

洛浦公园融河堤、阶堤、滩塘、河道为

洛阳牡丹

洛阳博物馆

一体，集园林绿化、园林建筑、园林景观、园林文化于一身，由上阳宫、同乐园、华林园、洛神赋和滨河游园五大园区组成。园内牡丹种植面积近百亩，是中国目前规模最大的城市滨河公园。

## 国家牡丹园
### 国家的牡丹基因库

洛阳市邙岭大道（原310国道）华山北路交叉口东北角

从火车站或谷水西乘51路公交车国家牡丹园下车即到

国色牡丹园汇集了中原牡丹品种450多种，被称为“国家牡丹基因库”，占地33公顷。园中的品种主要有黑牡丹、绿牡丹、复色牡丹等九大系列，品种极为珍贵。这里每年都会举办牡丹花会。

## 西苑公园
### 有游园性质的古典式公园

洛阳市涧西区南昌路

可乘6、12、63、95路公交车前往

免费

西苑公园分为浏览区和生产管理区两大部分。该区观赏植物按照“门、纲、目、科、属”进行系统的分类，结合园林艺术及景观的需要进行配置，分为裸子植物、被子植物、单子叶植物三个区。此区现已从国内外收集引种园林植物达八百多种，其中既有我国特有的乡土树种，又有国外名贵花木及珍稀植物。

## 牡丹公园
### 牡丹的世界，花的海洋

洛阳市涧西区牡丹路

牡丹公园是以各种牡丹为主题的公园。西面有人工湖，湖北面有儿童乐园。园内有牡丹一万多株，200多个品种，如姚黄、魏紫、洛阳红、火炼金丹等传统名品，其中以姚黄、魏紫、豆绿、黑魁最为有名。

## 洛阳博物馆
### 中国地方性历史博物馆

洛阳市西工区中州路中段

乘77路直达

夏季：8:30~17:30，冬季：9:00~17:00

免费

0379-65295901，0379-65295906

洛阳博物馆新馆是一座琉璃瓦装嵌的民族形式建筑，主要展品有五万年前的大象化石，新石器时代的彩陶器，夏商周时期的青铜礼器，汉魏时期的彩绘陶器及百戏俑，隋唐时期的彩绘乐舞俑和釉色鲜艳、形态各异的唐三彩等。其中夏代的青铜爵、战国时期的错金银铜鼎、北魏时期的陶塑、唐代的三彩灯和三彩马有“国之瑰宝”的美称。

**玩家解说**

博物馆的一级藏品有：商周时期的王姒方彝，有组合的西周铅器和多种器形的“原始青瓷”，春秋时期的“齐侯宝盂”，战国时期的金村大鼎和“繁汤之金”剑，西汉的彩绘壶和北魏王侯的仪仗俑以及绚丽多彩的唐三彩等。

洛阳博物馆展品

## 洛阳周王城天子驾六博物馆

有世界唯一的“驾六”遗存

洛阳市西工区王城广场

从洛阳火车站坐56、48、5、81、68、103公交车到王城广场下车即到　30元　0379-63912399

洛阳周王城天子驾六博物馆是一座以东周时期大型车马坑为主体的专题博物馆。整个博物馆占地1700多平方米，分为两个展区，以东周王城概况、近年来王陵考古的新发现及部分东周时期珍贵文物为主题。

## 上清宫

道教名观

洛阳市老城区邙山镇翠云峰　10元

上清宫现南北长500米，东西长300米，有戏楼，山门，一、二、三殿，以及配殿、厢房等。抗战时期上清宫为日寇飞机炸毁，现在是一座修复扩建的青砖庙院，规模宏伟，殿堂巍峨，内有壮观的壁画。景区内有山门、窑洞（翠云洞）和配房数间，翠云洞上有玉皇阁三间。

## 吕祖庵

为纪念吕洞宾而兴建

洛阳市老城区邙山镇

洛阳吕祖庵又叫吕祖庙，现存建筑为清代所建。庙里面现存一通古碑，记载着这座庙宇的建筑年代。吕祖庙现有殿堂26间，坐西朝东，依山势起伏而建，从山门、卷棚、前殿到正殿依次呈台阶式上升。

## 古墓博物馆

独具特色的墓葬博物馆

洛阳市老城区机场路6号

在市内乘83路公交车即到

免费　0379-62265740

博物馆是一组气势宏大、环境幽雅的仿汉代式建筑群，占地4公顷，建筑面积7600平方米。古墓博物馆分为地上地下两部分。地上部分有汉白玉雕成的仿汉门、序幕大殿和东西两侧殿。东侧殿设有原始社会、夏、商、周墓葬模型陈列室，历代葬具陈列室，丧葬仪式陈列室。地下建筑呈“回”字形，分两汉厅、魏晋厅、唐宋厅和精品厅，两汉厅、魏晋厅和唐宋厅陈列有关朝代的典型文物，精品厅陈列两汉的典型艺术品和墓室壁画的临摹画。

## 周公庙

明清建筑群

洛阳市老城区周公路

洛阳周公庙是纪念西周时期著名的政治家、军事家、思想家、古代洛阳的缔造者、中国儒家思想的奠基人周公姬旦的祠庙，也叫元圣庙。周公庙现存一组古建筑——定鼎堂、礼乐堂（会忠祠）、三殿及东西廊房，是洛阳市保存下来的为数不多的明清代的建筑群之一。

**链接**

**周公**

周公曾经协助武王伐纣灭商，辅佐成王摄政，东征平定管叔、蔡叔、霍叔“三监”与纣王的儿子武庚叛

潞泽会馆

乱，营建了洛邑并制礼作乐，使中国成为文明古国、礼仪之邦。因为周公开创了千秋伟业，因此被后世奉为天下第一圣人——"元圣"。

## 潞泽会馆
### 洛阳民俗博物馆

洛阳市老城区东关新街南端

乘22路公交即到　免费

潞泽会馆俗称东会馆。现存有舞楼及东西配房、钟鼓楼、大殿及东西配房、后楼及东西厢房等建筑，大多数是清代建筑遗存。另有石狮两对，古碑石数通等。潞泽会馆现在是洛阳民俗博物馆。

## 隋唐城遗址植物园
### 原为隋代皇家园林

洛阳市涧西区南昌路长江路口

乘88路公交车可到　0379-65917101

隋唐城遗址植物园是一座以栽培海内外植物名品为主、园林风光无限的古典式公园。该植物园占地13公顷，园里面的植物共1500多种。植物园有仿古式殿门，园内有大型仿古建筑植物展览馆，面积达3900平方米，馆内按植物不同分类为9个展览室。园内还有牡丹、月季、竹类等专类庭园及牡丹岛、樱花洲。

## 关林 AAAA
### 全国三大关帝庙之一

洛阳市洛龙区关林镇

乘15、39、58路公交车可达

40元

关林，也叫关帝冢，相传是埋葬三国蜀汉名将关羽首级的地方。关林是一处保存完整的古建筑群，也是我国唯一的冢、庙、林三祀合一的古代经典建筑，主要景点有舞楼、碑廊、大门、仪门、石栏板甬道、月台、拜殿、大殿、二殿、三殿、石牌坊、碑亭、墓冢等。

### 舞楼

舞楼建于清乾隆五十六年（1791年），是一座平面呈凸字形的高台建筑，它的上面是歇山和硬山相结合的设计，就像是重檐楼阁，堪称我国舞台建筑的典型。

### 关林大门

关林大门是5开间3门道硬山式建筑，门前的1对白色大理石雄狮是洛阳现存明代石狮中最大者。仪门原来是明代关庙的大门，清扩建时改为仪门。

### 关林拜殿

关林拜殿是5开间卷棚顶的明代建筑，是举行祭礼时谒拜的场所。殿中间有乾隆、慈禧亲笔书写的匾联，西端竖立着高35米的

关林

关羽大刀。正门两侧木雕有桃园三结义、三顾茅庐等13幅故事画。

### 大殿

大殿是关林最雄伟的建筑，面阔七间，进深三间，高约20米，总面积为760平方米。庑殿顶上被琉璃瓦所覆盖，五脊横立，六兽扬武，飞檐斗拱，朱柱盈围；殿内饰以庞涓、韩信、罗成、周瑜四神将，悬挂着铁马金铃。殿里面有暖阁三间，透雕花龙。

## 白马寺 AAAA

有“中国第一古刹”之誉

洛阳市洛龙区洛白路6号

乘56、58路公交可到

50元

0379-63789053

白马寺是东汉时佛教传入中国后的第一所官办寺院，是东汉最主要的译经场所，一直被佛门弟子尊为“释源”，也就是中国佛教的发源地。现有五重大殿和四个大院以及东西厢房。前为山门，山门是并排的三座拱门。山门外，有一对石狮和一对石马，分别立在左右两边，山门里面的东西两侧有迦叶摩腾和竺法兰二僧墓。

### 齐云塔

齐云塔，又叫释迦舍利塔，创建于东汉永平己巳年（69年）。现在保存下来的齐云塔，高35米，共13层，它坐北面南，占地面积约3公顷。现建有禅堂、观堂、僧房等三十余间及山门、碑廊，成为河南第一座比丘尼道场。

### 天王殿

天王殿是元代的建筑物，明、清两代对其进行了重修。天王殿是歇山顶式建筑，正脊中央装饰着圆形的“佛光”，殿中间供奉的是一尊满面笑容、赤脚打坐、右手持念

珠、左手握布袋的弥勒佛。

### 大佛殿

大佛殿是寺院的主殿，为明代建筑。大

齐云塔

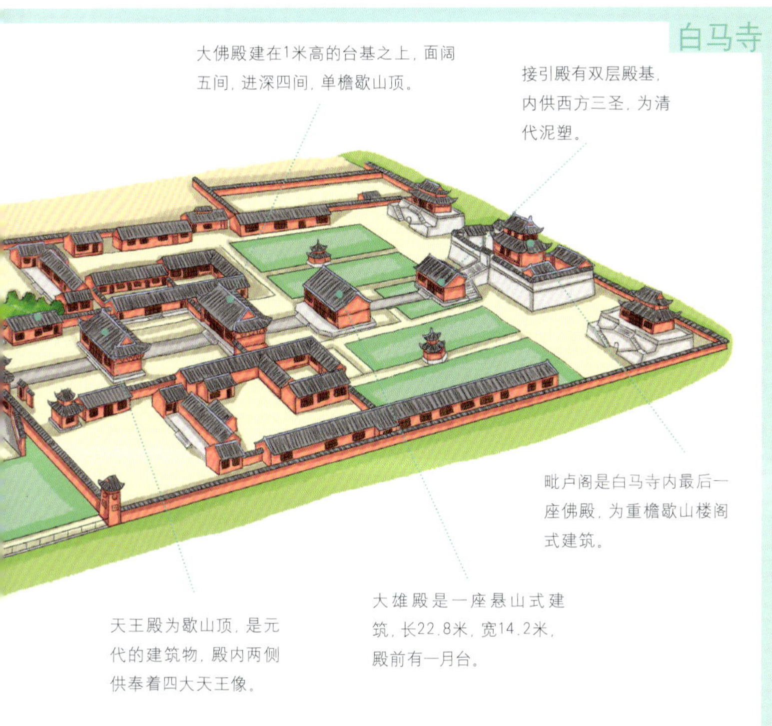


佛殿的殿顶有九个脊柱，正脊上有“佛光普照，法轮常转”八个大字。大佛殿供奉的主尊佛像是佛教的创始人释迦牟尼佛，其他佛像有摩诃迦叶尊者、阿难尊者、文殊菩萨、普贤菩萨等。

### 清凉台

清凉台东西长42.8米，南北宽32.4米，高约6.5米。清凉台于明代嘉靖三十四年（1555年）进行过重修。第一本汉文佛经《佛说四十二章经》便是在这里译出问世的。自东汉后，清凉台就是历代藏经的地方。

## 狄公祠

### 纪念狄仁杰的处所

洛阳市洛龙区白马寺镇

乘505路南线公交车可达

狄公祠因唐代名相狄仁杰死后葬于白马寺东侧而得名。狄公祠所有建筑均为唐代风格。狄公祠原来是唐代旧县街北门衙狱，因为百姓感激狄仁杰的恩德，将土堆放在狱侧，慢慢地变成小丘，后人称这里是“纵囚墩”，后人在“纵囚墩”上建狄公祠。

## 汉魏洛阳故城

### 我国著名的古代都城遗址

洛阳市洛龙区白马寺镇白马寺东

汉魏洛阳故城，又叫汉魏洛阳故城遗址，是我国著名的古代都城遗址，有城墙、太极殿、太学、灵台、永宁寺等遗址。今存遗址东垣残长3895米，西垣残长4290米，北垣残长3700米，城里面的主要建筑有宫城、宫殿、衙署、花园等。

景点推荐

# 洛阳郊区景点

## 隋唐洛阳城遗址

### 见证隋唐两代的都城风貌

✉ 洛阳市市区及近郊，南望龙门，北依邙山

隋唐洛阳城遗址是中国隋唐两代的东都城遗址。城平面接近正方形，由宫城、皇城、圆壁城、曜仪城、东城、含嘉仓城（粮仓）和外郭城组成。其中最大看点是明堂、天堂。

明堂是唐代武则天时期的神都洛阳皇宫正殿，又叫万象神宫。明堂是武则天时期政教之场所，凡祭祀、朝会、庆赏、选士等大庆典均在此举行。明堂又是国家举行祭祀大典的场所，武则天亲祀明堂，合祭天地。北京天坛的祈年殿，就参考了唐洛阳明堂的建筑特点。后又在明堂之北隋大业殿处修建高至五层的天堂，以放置巨大的佛像。

明堂、天堂是唐代修建的最高大的木结构建筑，充分显示了唐代极盛期建筑的高超水平。明堂、天堂的建造，一改宫中主殿为单层的传统，极大地改变了洛阳宫的面貌和立体轮廓，是唐代宫殿建筑上的大事。

## 万山湖

### 以自然山水为主的旅游区

✉ 洛阳市新安县北部

万山湖生态旅游区主要包括黛眉山旅游区、荆紫山旅游区、龙潭峡谷旅游区、青要山风景名胜区、大禹峡旅游区、始祖山旅游区、鹰嘴山旅游区、汉函谷关旅游区、土古洞生态保护旅游区、郁山森林公园等旅游景区。

## 龙潭大峡谷 AAAAA

### 罕见的山水画廊

洛阳市新安县石井乡境内

40元

龙潭大峡谷以峡谷的地貌、地质内涵著称，可谓“红色砂岩峡谷博物馆”。大峡谷景区分为古檀迎宾宽谷景段、龙潭水峪峡谷景段、深潭卧龙嶂谷景段、梦幻山水隘谷景段、山崩地裂峡谷景段、大地丰碑峡谷景段以及凌空观峡景段等。这里的主要景点有五龙潭、五龙瀑、花瓶峡、一尺瀑、耳潭、一线瀑，以及五大自然谜团（水往高处流、佛光罗汉崖、巨人指纹、石上天书、仙人足迹）、八大自然景观（绝壁天碑、石人春秋、阴阳潭瓮谷、五代波纹石、天崩地裂、巷谷、神女出浴、五虎登天）等。

#### 玩家攻略

来龙潭大峡谷游玩，下面的七大景观奇迹不容错过：国内罕见的地质奇观、雄奇秀美的高峡丽水、别具特色的瓮谷洞龛、千变万化的波纹石、神秘莫辨的天书石、惟妙惟肖的象形石、琳琅满目的芳草嘉树，只要细心游览，这些自然景观会尽收眼底。

#### 五龙潭

五龙潭因为周围有五条山脉环绕，犹如五条巨龙环抱着一泓清水而得名。潭面长300米，宽50~150米，南侧为高一百多米、长达150米的赤壁丹崖。

#### 五龙瀑

龙潭大峡谷谷内河水从五龙潭后的绝壁悬沟口处跌落而下，形成一条壮观的瀑布，轰然作响，犹如虎啸龙吟，震撼整个山谷，人们管它叫“五龙瀑”。

#### 石上天书

石上天书是由于差异风化所形成的一种景观。在中厚层石英砂岩的层面上，常常会有薄层状的泥质砂岩或泥质粉砂岩，这些砂岩崩塌暴露于地表，在差异风化作用下，一部分风化流失，一部分残留下来形成各种不同类型的图案。“一人一石”是其中最为典型的图案。

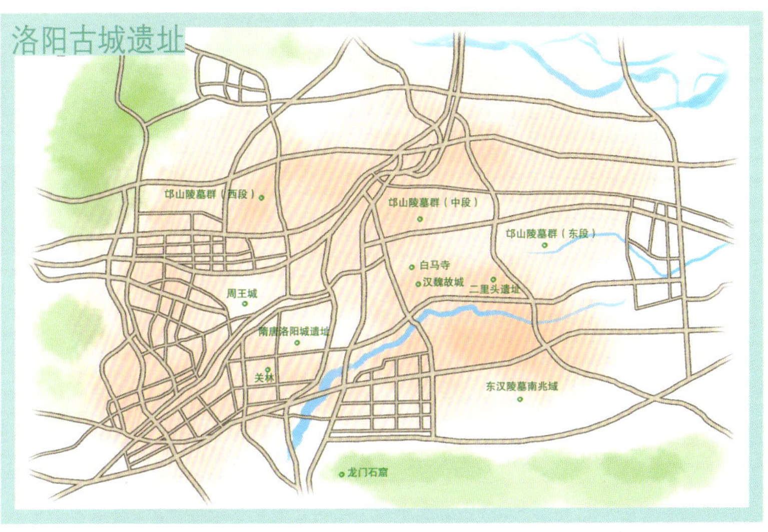

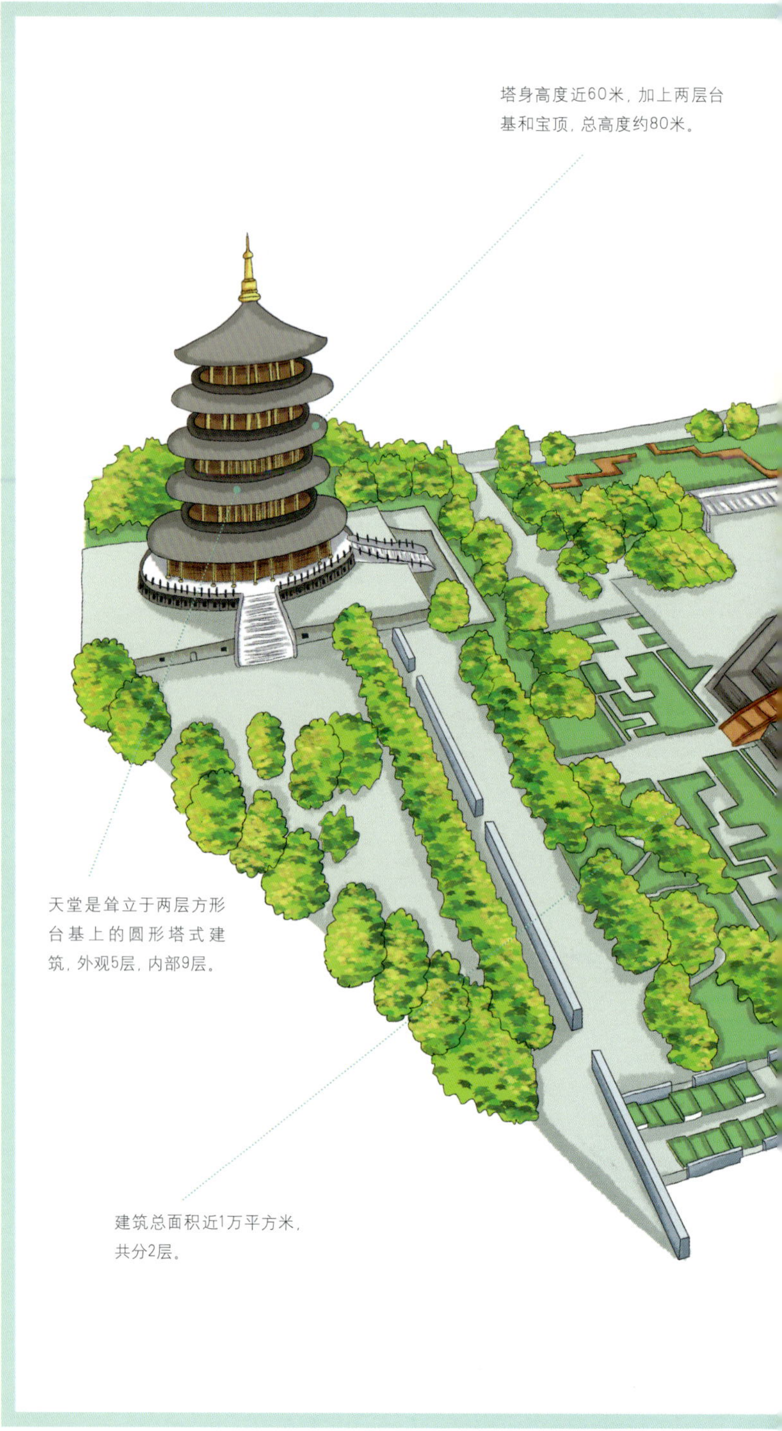

塔身高度近60米，加上两层台基和宝顶，总高度约80米。

天堂是耸立于两层方形台基上的圆形塔式建筑，外观5层，内部9层。

建筑总面积近1万平方米，共分2层。

## 明堂、天堂

明堂一楼中间是明堂的中心柱坑遗址，周围设有四个多功能展厅。

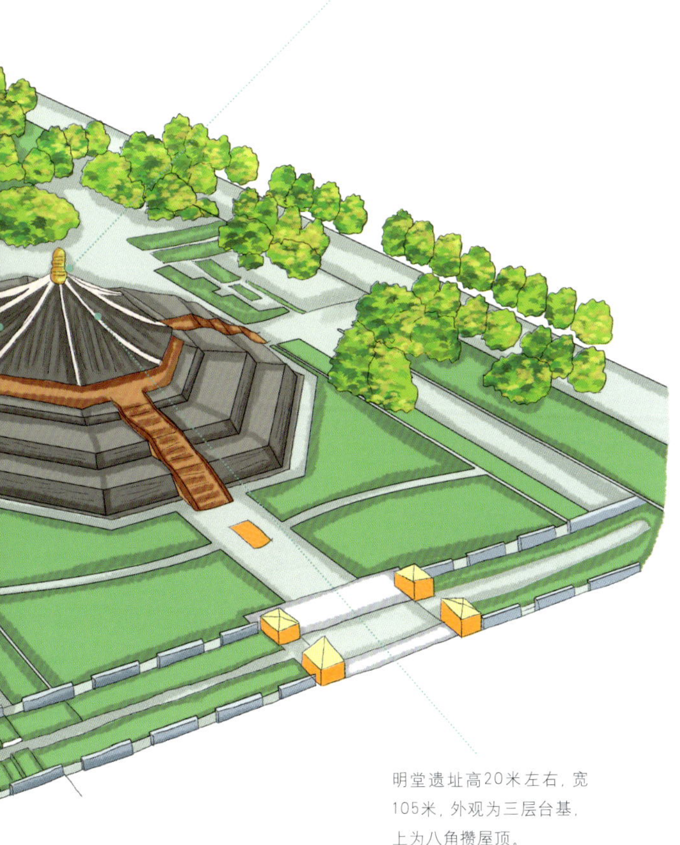

明堂遗址高20米左右，宽105米，外观为三层台基，上为八角攒屋顶。

## 青要山

### 黄帝巡游途中歇脚之处

洛阳市新安县曹村乡城崖地村

70元

青要山曾经是轩辕黄帝的“密都”，这里分为城崖地、始祖山、畛湖、龙潭沟、袁山、漏明崖等区。这里的主要景观有山中木兰山、三道箭、武罗山潭等。

**玩家 解说**

这里的山地都是被天然次生林覆盖，形成乔木、灌木、藤木、草木、菌类等各种自然植物竞秀的天然植物园；这里的山峰迭起，最高的西大塬海拔1385米；这里野生动物众多，有国家二级保护动物娃娃鱼及水獭、豹、麝、鹰、鹫、杜鹃、画眉、百灵等。

## 荆紫山

### “荆紫生岚”所在地

洛阳市新安县石井乡

荆紫山因山上有很多荆树而得名。山顶上有玉皇阁，是八角亭式建筑，并有明正德五年（1510年）《重建玉皇庙记》碑一通。北山的梁高处传为黄帝祭天的小天坛。其东侧下有真武堂遗址及残碑六通，是明代重修殿堂碑记。南山脚建有通仙观，俗称荆山庙，为宋元时所建，这里有殿宇数间及残碑五通。

千唐志斋

**玩家 攻略**

山上有通仙观，俗称“荆紫山庙”，每年的农历三月三这里都会有庙会，规模很庞大，人数多达四五万。主峰的绝崖下，有野牡丹园，长约3千米，宽数十米不等。游客如逢季节，会看见竞相开放的花朵万紫千红。

## 千唐志斋 AAAA

### 墓志石刻集中地

洛阳市新安县铁门镇

在洛阳站或谷水坐洛阳至新安县的长途汽车（1小时）到新安县，也可坐洛阳至义马、渑池、三门峡的长途车到沟头，转乘新安县至铁门的703路公交车即到

免费

新安县千唐志斋博物馆是我国唯一的墓志铭博物馆，以珍藏自西晋、魏以来的历代墓志石刻闻名。

这里现存石刻1400多件，其中唐志1185件，所以叫作“千唐志斋”。斋室包括一个走廊、三个天井、大小拱式砖窑十五孔，外走廊连接“蛰庐”，各天井之间均有过道相通。千唐志斋收藏有历代书画大家董其昌、郑板桥、米芾、刘墉、王铎以及近人康有为、章太炎、于右任等的书画及石刻。

**玩家 解说**

千唐志斋所藏的唐志上起武德、贞观，经历了盛唐、中唐直到晚唐，其中包括武则天的改元、安禄山的僭号。志主身份有位极人臣的相国太尉，封疆裂土的皇帝贵戚，雄踞一方的藩镇大吏，职司守土的刺史太守，官卑职微的尉墨参曹，也有悠游园林的处士名流，悟道参禅的寺观洞主，以及被深锁内宫、凄凉一生、死而不知姓名籍贯的宫娥彩女。这些墓志对我们研究当时社会、政治、经济、军事、文化、外交等方面的情况有重要作用。

## 花果山

### 国家级森林公园

洛阳市宜阳县穆册乡

洛阳客车一运站有发往花果山的专线车

30元

花果山国家森林公园总面积180平方千

米，主景区48平方千米，主峰海拔1831.8米。主要景区有北部、南部、石院墙、七峪沟、大里沟、岳顶山等，景点有天然石猴、水帘洞、唐僧石、摞摞石、寒心石、登云梯、玉皇顶等。

### 花山觅圣区

花山觅圣区位于公园中部，主要景观有花山庙、花山远眺、唐僧石、四僧朝佛，双猴接吻、悟空议事、南天门、夕照余晖、烟树千村等。

### 岳顶风光区

岳顶风光区位于公园东部，主要景观有森林风光、大里仙境、岳顶日出、岳山霁雪、入云梯登凌云阁、剑石瀑、狮头望月、一线天、悬心石、虎扑食等。

### 七峪飞瀑区

七峪飞瀑区位于公园的西部，面积938.1公顷。主要景观有碧玉潭、珍珠潭、青龙潭、串珠潭、隐龙潭、双叠瀑等。

## 福昌阁

农历三月举行古刹大会

洛阳市宜阳县三乡镇福昌村

福昌阁现存的建筑始于明代，此阁坐北朝南，阁顶覆盖着黄绿琉璃瓦，阁前筑有120多级的石阶。阁里面塑有玄武祖师金身，阁的东西两侧山崖上修建有吕祖、华佗、老君、鲁班、药王、西佛等神洞，阁下“燕堂书斋”是宋人乐辅国建造的。

## 二程墓

教育家程颢和程颐墓地

洛阳市伊川县城关镇西郊

二程墓是程颢、程颐和他们的父亲的墓地。墓冢包括程基、程祠两部分，前面是祠庙，后面是基冢。祠由门楼、厢房及大殿等组成，另有明清时代的石碑数十方。基冢前有碑及供案，四周有坟墙回护。

## 范仲淹墓

“扯儿背孙”墓葬形式

洛阳市伊川县彭婆乡许营村北约500米处

范仲淹墓景区分前后两部分，总面积约2.5公顷。前部分有范氏祠堂、范仲淹墓、秦国太夫人墓、纯佑墓，有一座青砖青瓦铺成的山门，还有石坊、石翁仲、石羊、石马等数件。后部分有纯仁墓、纯礼墓、纯粹墓及孙辈墓、裴遵庆墓。

## 王铎故里

明清大书法家王铎宅第

洛阳市孟津区会盟镇老城村十字路东

乘洛阳至扣马的班车可到　¥ 15元

王铎故居又叫“太保府”，是明清大书法家王铎的宅第，主要包括故居和宅居园林，占地面积约12公顷，建筑面积5000多平方米。景区主要由王铎故居纪念祠、拟山园、显彰园及水上活动区、九州园组成。

**链接**

**王铎**

王铎（1592—1652），字觉斯，号痴庵、松樵，别号烟潭、渔叟；因祖居洛阳孟津，故又称其为王孟津。他在书画上造诣高深，独树一帜，是明清著名的书法家。明、清加授太子少保，官至礼部尚书。

范仲淹墓

# 龙马负图寺

## 中原河洛文化圣地

洛阳市孟津区会盟镇雷河村

在洛阳汽车站乘到会盟镇的班车或在洛阳市乘996路公交车到雷河站即到　30元

0379-60600507

龙马负图寺是中华人文之祖、人根之祖伏羲氏的祭祀地，寺庙内因有龙马“负图出于孟河之中”而得名。山门两侧分立“图河故道”“龙马负图处”两座巨碑。主要景点有山门、钟鼓楼、伏羲殿、三皇殿等。

### 玩家 解说

龙马负图寺始建于晋怀帝永嘉四年（310年），一开始被定名为“浮图寺”，永嘉时改名为“河图寺”，梁武帝时改称为“龙马寺”，唐高宗麟德年间更名为“兴国寺”，明嘉靖四十二年（1563年）叫“负图寺”，清乾隆十九年（1754年）又改为“羲皇庙”，民国后又称其为“负图寺”。

# 汉光武帝陵

## 别具一格的皇帝陵墓

洛阳市孟津区白鹤镇

996、997路公交车可到

27元

原陵是东汉开国皇帝刘秀的陵墓，俗称“刘秀坟”。距今已有1900多年的历史，始建于汉明帝年间，由神道、陵园和祠院组成。光武帝的陵冢位于陵园北部，坐北朝南，占地面积7公顷，呈长方形，由祠庙、方丈院、陵园三部分组成。

### 玩家 解说

汉光武帝陵同其他皇帝陵寝相比，独具四绝：其一，历代皇帝选择陵墓葬地，皆是背山面河，以开阔通变之地形，象征其襟怀博达，驾驭万物之志。唯汉光武帝陵系“枕河蹬山”，一反常规。其二，汉光武帝陵内尚存隋唐植柏1458株，千年古柏，聚植一园。其三，汉光武帝陵园古柏为国内少有的乔木树种，其木色金黄，质坚性柔，柏体杏香，剖面色美，俗称“杏柏”。其四，阳春三月，清明前后，逢天朗气清、晨曦初现之时，古柏枝隙间紫烟弥漫，笼罩汉光武帝陵，状若轻烟，置身园中，如登凌霄，似游仙界。

# 黄河小浪底 AAAA

## “北方的千岛湖”

洛阳市孟津区小浪底镇黄河中下游交界处

孟津和济源都有班车前往

夏季：7:00~19:00，冬季：8:00~17:00

40元

0379-63898018

洛阳黄河小浪底风景区是河南省“三点一线”旅游的重要景点。小浪底水库库区全长130千米，总面积278平方千米。水利枢纽造就了“北方千岛湖”的壮观景象，这里分布着大量的半岛、孤岛、险峰，共分西滩、大坝、张岭半岛、黄河三峡四个景区。

### 玩家 攻略

每年的6月10日至7月5日，黄河小浪底都会举办观瀑节，站在黄河小浪底大坝的观水台上，可以感受到“黄河之水天上来”的意境。

### 大坝湿地公园

大坝湿地公园是该景区的核心，这里生长有各类草木上千种，水鸟175种，有天鹅、白鹭、鸳鸯等。这里的主要景观有月牙湖、三

汉光武帝陵

桥映月、湖心岛、吊桥等，是人们休闲度假的最佳去处。大坝湿地公园已成为中原地区的婚纱摄影基地。

## 白云观

### 利用沟坡建成的道观

洛阳市孟津区老城乡东良村翠云山上

原有祖师殿、崇圣母殿、老君殿、玉皇大帝殿等建筑，后均被毁，仅存清代石碑数通。1988年，附近的村民集资在原址上重建了玉皇殿，建筑式样采用五明三暗、单檐歇山式，整个大殿呈红门红柱状。

## 玄奘故里

### 唐代著名高僧玄奘的故里

洛阳市偃师区缑氏镇陈河村　30元

玄奘故里坐北朝南，建筑面积6000平方米。玄奘故里景区共有7个景点，即玄奘故里、皇家寺院佛光寺、陈家花园、凤凰台、马蹄泉、晾经台、西原墓地。

## 商城博物馆

### 中国历史类专题博物馆

洛阳市偃师区西南隅

可乘洛阳至偃师的车在偃化口下车即到

免费　0379-67711935

偃师商城博物馆是模拟夏商二里头的一号宫殿所建，是"四阿重屋"式的仿古建筑群。该馆馆藏文物近万件，主要有青铜器、玉器、象牙器、骨器、石刻墓志、绿松石微雕等。该馆的专题展览区展出二里头遗址和偃师商城遗址出土的大批礼器和生活用具。

## 二里头遗址

### 王国都城遗址

洛阳市偃师区大柳镇二里头村

二里头村遗址东西长约2.5千米，南北宽约1.5千米。时代约距今3800—3500年，相当于我国历史上的夏、商王朝时期。这里是当时中国乃至东亚地区最大的聚落，它拥有目前所知中国最早的宫殿建筑群、最早的青铜礼器群及青铜冶铸作坊，这里出土了大量石器、陶器、玉器等，现在已经被列为国家重点文物保护单位。

## 藏梅寺

### 有四层院落的寺院

洛阳市偃师区顾县乡回龙湾村

藏梅寺本名白云寺，因背靠白云山而得名，旧时香火鼎盛。藏梅寺规模宏大，共有四重院落。头一重是四大天王殿，殿前东壁塑有黄巢坐像，披盔戴甲，气势不凡。第二重大殿供奉弥勒佛像。第三重是大雄宝殿，供奉释迦牟尼佛。最后一重是僧人居所，现有两座三间宽的琉璃瓦硬山式殿堂。

## 颜真卿墓

### 书法家颜真卿之墓

洛阳市偃师区山化乡汤泉村

唐代杰出的政治家、书法家颜真卿墓，被当地人称为"颜鲁公坟"，墓长宽均为16米，墓前有明、清石碑各1通，现建有颜真卿纪念馆。

玄奘故里

景点推荐

# 汝阳旅游区

## 龙隐景区

亲近自然的理想之选

洛阳南，伏牛山东

龙隐景区由花溪、灵龙峡、飞来湖、桃花源、杜鹃岭、中央峰和通天云梯七大游览区组成，是一个特别适合周末或者闲暇时间来戏水、游峡、赏石、登山的新景区。

## 恐龙谷漂流

一站式漂流综合体

洛阳市汝阳县新村乡境内

恐龙谷漂流景区主要有激流飞瀑漂、勇士惊险漂、丛林探险漂、原生态竹筏漂等漂流方式。激流飞瀑漂最大落差为8米，连续落差最长的有300多米；激流漂有全国首创的集水上乐园、嘉年华及漂流滑道于一身的“凌空飞渡漂”和长度达到688米的天下第一超长滑道“空中栈道漂”。

## 西泰山

有“天然氧吧”的美誉

汝阳县城南52千米处的伏牛山腹地

西泰山，又名崆洞山，平逢山，号称八百里西泰山。旅游区内有千米以上山峰108座，主峰西泰山海拔1599米。景区内有炎黄峰、情侣峰、会仙峰、石龙沟、观世音菩萨峰等景观。

## 虎岭森林公园

让人流连忘返的旅游地

伏牛山北麓，汝阳县城北13千米处

虎岭森林公园是一处以神奇的沙页岩地貌、丰美的森林植被、丰富的人文景观和自然景观为旅游内容，融旅游、观光、度假、避暑、登山、科普等多种活动形式为一体的多功能综合性、城郊型森林公园。

景点推荐

# 嵩县旅游区

## 白云山 AAAAA

"中国最美的地方"之一

洛阳市嵩县白河乡

75元

白云山国家森林公园总面积168平方千米，森林公园里高峰连绵，其中玉皇顶海拔2216米，是中原第一高峰，也是看日出观云海的最佳选择。

白云山森林公园有万亩原始森林、唐代银杏林、野生牡丹园、红桦林、白河大峡谷等景观，还有众多湖潭、洞穴、怪石景观。现已开发白云山、玉皇顶、小堂山、九龙瀑布、原始森林五大观光区，建成了亚洲第一跳——白云山云飞蹦极。

### 玉皇顶

玉皇顶海拔2216米，为中原第一峰，是中原云海日出的最佳观赏点，因峰插天宫、顶如皇冠而得名。主要景点有：箭竹林、连香树、高山杜鹃林、千年杜鹃王、玉皇顶日出、中山落叶阔叶林带。

### 玩家攻略

游览全线需三四个小时。从游客中心至玉皇顶行程4.85千米；车辆可西行2.6千米开至玉皇顶停车场（散客可乘景区小出租前往），玉皇顶停车场以上2.25千米为青石台阶步道，需步行前往；返回时可沿原路乘坐滑道下行或步行返程，也可由玉皇门东行走小黄山观光区至玉皇顶停车场。

## 九龙瀑布

九龙瀑布观光区主要景点有白龙瀑布、鳄鱼戏水、金龟晒盖、野生牡丹园、洞天栈道等，还有亚洲第一跳—云飞蹦极、青龙瀑布、九龙瀑布、飞来石等。此外，还有古冰川作用的遗产—黄龙井、盘龙潭、珍珠潭。

## 锣鼓洞

锣鼓洞洞高18米，宽17米，深34米，隐现于古树密林中。锣鼓洞有两奇：一奇是洞中有一水池，水不盈尺，却神秘至极，无人饮不溢，众人饮不干，其因不得解；另一奇是如果有锣鼓铿锵、琴声悠扬的仙乐妙曲从洞中传出，则预示风调雨顺的好年景。

## 银杏林

白云山风景区中的银杏林里，有千年树龄的银杏树达千棵以上，有些树龄已经有2000年了。这里的千年银杏树树龄之长、数量之多堪称世界之最。

### 玩家 解说

银杏树，别名白果树、公孙树，最早出现于3.45亿年前的石炭纪。银杏树曾经在北半球广泛分布，50万年前，第四纪冰川运动使生长在欧洲、北美和亚洲绝大部分地区的银杏灭绝，只有中国的银杏树奇迹般地保存下来。所以科学家称之为“活化石”“植物界的熊猫”。目前野生、半野生状态的银杏群落个体稀少，雌雄异株，因此，该物种已被列为国家一级重点保护野生植物。

## 小黄山

小黄山位于白云山国家森林公园东南部，因为它酷似黄山，并且有黄山的韵、美、奇，所以得名。小黄山主峰海拔1845米，主峰酷似鸡角，故称鸡角尖。景区里面有很多颇具神韵的象形奇石。

### 玩家 攻略

小黄山原始森林观光区有两条旅游线路，一是自玉皇顶停车场东侧路口上山，由玉皇门乘坐滑道下行或步行返至停车场；二是自玉皇顶停车场西侧路口上山，由玉皇门东行走小黄山观光区而下。游览全线约需4个小时。

# 陆浑水库

## 水流量巨大的水库

洛阳市嵩县田湖镇陆浑村　¥ 10元

陆浑水库景区面积60平方千米，以陆浑水库为中心，包括两程故里（国家重点文物保护单位）、伊尹故里等旅游区。

# 木札岭 AAAA

## 原始生态旅游区

洛阳市嵩县车村镇东10千米

8:00~17:00　¥ 60元

木札岭原始生态旅游区由九撞沟、原始

森林、官帽峰三大游览区组成，有天河瀑、白龙撞、鲁班岭、官帽峰等景点200多个。其中，官帽天成、天河飞瀑、古木幽林、松桦月影、木楼逸情、灵石妙趣、云海仙境、流泉映翠合称“木札岭八景”。

### 玩家 解说

原始森林是植物的王国，其中有中华龙鳞榆、石楠藤等植物1886种，有包括香獐、羚羊等在内的高等动物188种。在木札岭景区中一般看不到羚羊，不过可以遇见野鸡、松鼠。

九撞沟景区有9条瀑布，合称“天河瀑布群”，其中包括天河瀑、三叠瀑、白龙瀑、通天瀑、雨花瀑、仙人瀑、天中瀑等。旺水季节，九大瀑布争先恐后，急流飞湍，汪洋恣肆倾泻而下，宛如九条白龙在山间飞舞、怒吼，让人惊心动魄，实在是气势恢宏，壮观至极。

## 天池山 AAAA

### 以森林自然景观为主

洛阳市嵩县西北部王莽寨林场境内

60元 13721644289

天池山森林公园因地壳运动形成了两个天然湖泊，故得名天池，这里是避暑、观光、探险猎奇、游山玩水、休闲疗养、科考的理想场所。这里已开发四个景区——天池景区、飞来石景区、玉女溪景区、二郎沟景区。

### 玩家 攻略

1.赏飞来石景区最好从中心广场沿石台阶上，虽然辛苦点，但感觉棒极了。

2.赏飞来石景区，千万要找准观“伟人卧像”的正确位置。

3.游天池景区千万不要错过50余公顷的水杉林、日本落叶松林，行走其间令人如醉如痴。

4.天池山天生丽质，一年四季，美景如诗如画。

5.每年4月初至10月底，每个星期六晚上一般都会有篝火晚会（免费）；如果应众多游客的请求，其他时间也可举办（收费）。

### 瀑潭景观

以天池、玉女溪、二郎沟、飞瀑为代表。其中天池海拔1630米，水域面积约1公顷，平均水深5.3米，是我国继长白山天池、天山天池之后的第三大高山湖泊。天池被群山环抱，清幽高爽，四季景色不同：春秋时节百花争艳；盛夏时节绿荫匝地；冬季坚冰如玉，是中原罕见的天然滑冰场。

### 险峰奇26石景观

以飞来石、石鹰、青石峡、群乳峰、玉兔峰为代表。天池山景区的飞来石海拔1500多米，石高26米，接触地面处不足十平方米，且向一方倾斜，摇摇欲坠，甚是奇特。

天池山飞来石

景点推荐

# 洛宁旅游区

## 神灵寨 AAAA

生态旅游基地

洛阳市洛宁县涧口乡三官庙林场

60元

神灵寨森林公园景区总面积5300多公顷，景区分神灵游园、神灵秀水、神灵名山、神灵古刹四个浏览区。这里有景点160多个，植物2000多种，动物300多种。景点多集中在十多千米的神灵峡谷内。

## 绿竹风情园

绿竹风情游第一园

洛阳市洛宁县城西南部

绿竹风情园内现有原生态淡竹约45公顷，其他观赏竹50余种。园内有郑板桥竹诗照壁、清代王铎著名诗句石刻、竹林宾馆、竹亭、竹文化长廊、竹茶楼、石桌椅。游人可在此风情园中住竹屋、观竹海、品竹茶、吃竹笋。

## 西子湖

休闲度假的理想场所

洛阳市洛宁县故县乡

西子湖景区因商圣范蠡携美女西施在这里泛舟戏水而得名，景区集湖光山色、旅游度假、拓展培训、漂流垂钓、会议接待于一身，是一处现代化多功能的旅游休闲度假区。

# 景点推荐 栾川旅游区

## 伏牛山滑雪场 AAAA

### 有“中原第一滑雪场”之称

洛阳市栾川县石庙乡

8:00~17:30

30元，滑雪60元/小时（含租用器材）

0379-66644888

洛阳伏牛山滑雪度假乐园海拔1800米，占地面积600公顷，分为山门湖滨观光区、综合服务区、滑雪区、高山娱雪区、高山观光区五个项目区，是一家融滑雪、滑草、滑翔、雪（草）地摩托、雪上飞碟、雪上飞船等数十种运动项目为一体的大型高山度假区。

**玩家攻略**

1.娱雪项目丰富：①雪地摩托（800米循环道）；②雪上飞碟（250米）；③德国旱地雪橇（1500米）；④意大利高山雪橇（1200米）；⑤儿童娱乐项目：攀登雪坡、雪地木马、弹跳飞人、韩国雪橇。

2.滑雪服务系统完备：①完善的提升系统：滚动扶梯1条，滑雪传送带（魔毯）2条，滑雪大拖牵索道4条，小拖牵索道2条，双人吊椅索道2条，滑车运送索道1条，提升能力8000人/小时；②覆

伏牛山雾松

盖率100%的人工造雪系统；③全景区电子监控系统；④全景区广播背景音乐系统；⑤电子管理系统。

### 玩家 解说

伏牛山滑雪度假乐园引进了世界最先进的造雪设备及管理模式，它的规模与专业水准居业界领先地位。伏牛山室内滑雪馆建筑面积近8000平方米，滑雪道长200米、宽60米，能同时容纳300人滑雪。室内温度常年保持在-2℃以下。伏牛山室内滑雪场拥有强大的专业滑雪教练队伍。该滑雪场日接待能力3000人次，设置有单板、双板、雪圈、戏雪等多种娱乐项目。

## 鸡冠洞 AAAAA

被称为“北国第一洞”

洛阳市栾川县栾川镇西郊4千米

¥ 80元

鸡冠洞是天然石灰岩溶洞，洞长1800米，观赏面积23 000平方米，由八大景区连缀而成，依次为玉柱潭、溢彩殿、叠帏宫、洞天河、瑶池宫、藏秀阁、逍遥宫、石林坊。洞中布满由石灰质水溶液滴凝形成的石柱、石塔、石瀑、石川、石花等。

### 玩家 攻略

栾川县具有地方风味特色的吃食有芝麻馍、水煎包、绿豆凉粉、秋扒烧饼、油条、糖油馍、三川调豆腐、油炸馍、小锅熬面、脂油馍、油炸“三条腿”、页子扁食、庙子牛肉汤等。

可在鸡冠洞迎宾馆住宿。

## 养子沟 AAAA

有“春秋之路”之称

洛阳市栾川县栾川镇南郊7千米

¥ 40元

养子沟因唐朝巾帼英雄樊梨花在这里安营扎寨、养子、教子而得名，景区可游览面积18.8平方千米。养子沟目前开发了梨花寨、老龙潭、石板河、百花谷、三清殿、原始森林六大功能景区。大小景点90多处，主要有锁儿崖、三清殿、风动石、峰糖崖、石板河、石塔、仙蛙石、秋千园、大佛山、慈母泉等。

### 玩家 攻略

景区里面拥有128家农家宾馆，5226张床位，游客可根据需求任意选择；这里一派田园风光，当地人纯朴自然，游客住在农家院，尽可放心地吃各种农家自种自采的无公害蔬菜，还可以吃到回味无穷的山果野菜、地道的土鸡等美味。

## 老君山 AAAAA

道教圣地，花岗岩奇观

洛阳市栾川县栾川镇东南郊6千米

在栾川县城乘5路公交车，在“老君山景区”站下车，转乘电瓶车即可到达票务中心（步行10分钟），或乘坐出租车直达票务中心 ¥ 60元

0379-66838888

老君山原名景室山，后因被道教尊为太上老君的李耳到此修炼而被易名为老君山，是国家级自然保护区，是伏牛山三大主峰之一，北魏时建有老君庙。

老君山是八百里伏牛山的主峰，海拔2200米，有山水景点72处，它的石林奇景被

老君山

专家称作是如今世界范围内发现的规模最大的花岗岩峰林奇观。

北魏至今，老君山从山门七里坪入口处起，有太清宫、十方院、灵官殿、淋醋殿、牧羊圈、救苦殿、传经楼、观音殿、三清殿、老君庙等庙宇16处之多。经历历代焚毁重修，现存6处，以顶峰老君庙最为壮观，在中原众多庙宇中首屈一指。老君山现已开发的景观区有6处，景点179个。

## 老子文化苑

老子文化苑是传承和弘扬老子思想的圣地，采用汉代建筑风格，主题思想是“大道行天下，和谐兴中华”。园区内的老子铜像于2014年被大世界吉尼斯收录为“大世界吉尼斯之最——最高的老子铜像。”

## 金顶增辉

老君山金顶道教建筑群依山而建，主要包括道德府、金殿、亮宝台、玉皇顶、钟鼓楼、南天门、朝阳洞、大道院、神道天桥、回廊等，全部采用明清皇家宫殿式建筑形式，特别是金殿、亮宝台、玉皇顶三座金顶建筑，成为老君山道观群的亮点。

## 中鼎云涌

云海，是老君山的一大奇观，而中鼎云海为老君山云海之首。云海出现时，放眼望去，云遮千里，雾锁万峰，犹如站在碧波万顷的汪洋大海之中，翠峰隐现似动若静。在上晴下阴的云海出现时，会显现出“海到天涯天为岸，山至极顶人为峰”的景观。

## 十里画屏

洛阳老君山峰林景观如刀劈斧削，犬牙交错，雄伟壮观，多姿多彩。老君山的岩体是由“斑状黑云母二长花岗岩”组成。它是在距今1.4亿—0.8亿年间秦岭造山带抬升造山过程中形成的相对年轻的岩体，被国内地质学家命名为“老君山岩体”，峰林之间内一步一景，步移景换，景景如画，故称之为“十里画屏”。

## 玩家攻略

1.老君山必游景点：十里画屏——拍多姿多彩的峰林景观；舍身崖——在悬空玻璃观景台看风景；追梦谷——漫步幽幽静谷，如梦如幻。

2.老君山到追梦谷是一个旅游环线，建议从老君山上山，从追梦谷下山。

3.5—10月每周六和法定节假日的晚上可以观看文艺演出。

4.景区住宿多为农家宾馆，由景区统一管理，推荐追梦山庄（追梦谷入口，0379-66677111），或者住在县城的星级酒店和快捷酒店。

5.豆腐宴、道家养生宴和栾川八大碗是当地特色美食。栾川山珍、老子圣像、《道德经》等可以适当选购。

## 玩家 行程

门票两日内有效。建议第一天乘中灵索道至中天门开始爬山，一路参观救苦殿、舍身崖、菩萨殿，在南天门游览国内最大的金顶庙宇群（老君庙、金殿、亮宝台、玉皇顶、南天门），欣赏优美的自然景色（十里画屏、马鬃岭、天台观海、栈道等）。而后游玩追梦谷，伴着一路山水瀑布下山。第二天上午游老子文化苑，参观世界最高的老子铜像及老君山照壁、浮雕墙等。下午去寨沟景区游玩。

# 追梦谷

## 集北国风光之大成

洛阳市栾川县栾川镇东

和老君山景区通用门票

追梦谷是老君山的姊妹景区，位于老君山西峰峡谷中。景区内水丰草沛，原始森林遮天蔽日，三步一潭，五步一瀑，移步换景，具仙境神韵，是目前栾川已开发景区中原始生态保存最好的景区。追梦谷曲径通幽，清爽宜人，最著名的是"追梦八景"：龙吟听泉、翠崖红叶、趣葩弄溪、幽谷蛙鸣、翠竹风声、玉圣吐香、幽林追梦、天瀑绝唱。

# 寨沟

## 集北国风光之大成

洛阳市栾川县栾川镇东3千米

0379-66838835

寨沟自然风景区是老君山的姊妹景区，位于老君山东部，景区分东西南北四个观赏区域和五大分景区。这里以寨沟湖为帷幕，以梨花寨为主体。有水上乐园、樊梨花寨、象鼻山、情人谷等景点20多处。有独特的七潭八瀑、过风洞，是游客休闲度假、旅游观光、消夏避暑、寻幽探险的良好去处。

# 鼎室山

## 属于原始森林景区

洛阳市栾川县栾川镇南郊2.5千米

鼎室山是消夏避暑、散心游玩的理想境地，属于国家森林公园。这里集密林、灵泉、奇石、秀山、深潭、幽谷于一体，就像一个世外桃源。有快活林、莲花潭、玉女池、彩虹瀑、将军潭、处女潭、聚仙谷、天池和原始森林区、中鼎山观景区等100多个景点。

# 龙峪湾 AAAA

## 被誉为"人间仙境"

洛阳市栾川县庙子乡

60元

400083397

龙峪湾，传说古为蛟龙沐浴化身天龙飞升之地，这里"龙"文化荟萃，神话传说优美，自然景观万千，四季景色秀丽。

中原首峰——鸡角尖，海拔2212.5米，山势雄伟，壁削万仞；千年太白杜鹃，花冠如拳，花香醉人；黑龙瀑喷珠吐玉，银光飞溅；仙人谷碧水清潭，流云飞瀑，景色极为壮观……

### 九曲碧水景区

九曲碧水景区全长1100米，融奇树、怪石、瀑潭流水为一体，形成了小桥流水的秀美景观。

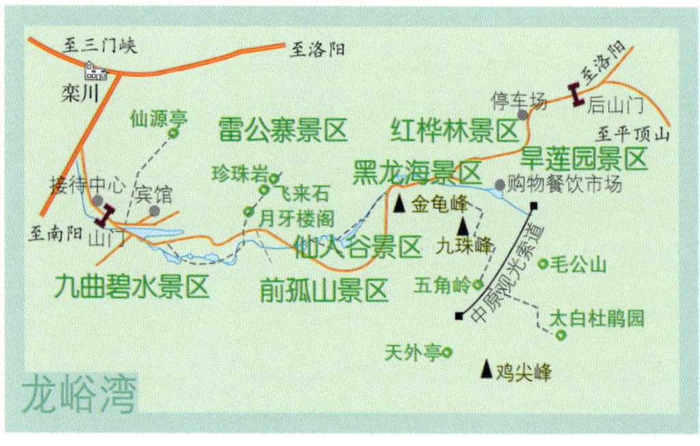

## 仙人谷景区

仙人谷景区全长3.7千米，水和潭环绕在一起，景色十分幽美。这里的激流振奋人心，缓流蜿蜒动人，水流还冲击出来各种怪石。各种树、藤、灌木交织在一起，再映衬着溪流的流淌声，宛如人间仙境一般。

# 重渡沟自然风景区 AAAA

### 有北国水乡之称

栾川县潭头镇西南10千米的熊耳山

120元

重渡沟风景区由金鸡河、海翠河、水帘仙宫等景区组成，有景点200多个，旅游面积30平方千米。整个景区分南沟和西沟两大区，南沟飞瀑流泉，突出“水”；西沟竹秀林茂，突出“幽”。主要景观有竹海、水帘仙宫、菩提神树、飞瀑流泉、高峡平湖、蘑菇崖、听涛岭等一百多个景点，以及海明农耕文化村、重渡沟漂流、滑草、滑索、滑道等历史文化景观和娱乐设施。

### 玩家攻略

景区里面有一险一缓两条环河道路，它们藏在密林浓荫中。景区内有供游客参与活动的滑道、生态娱乐健身园、滑草场等娱乐设施和项目，游客可根据自己的年龄、身体状况及兴趣爱好，自行选择适合自己的旅游线路和活动内容。

## 金鸡河

金鸡河景区全长3千米，由喷涌而出的剑插泉、象吐泉、铸链泉、天井泉等汇集而成。有5米以上的瀑布30多条，30米以上的瀑布5条，最长瀑布100多米，最宽瀑布8米以上，是一个庞大的瀑布群。

## 滴翠河

滴翠河景区位于重渡沟西北部，全长5.5千米，景区内有竹林千亩，主要有天女植竹、湖光翠影、教堂隐竹、竹林长廊、碧剑刺天、幽竹寻溪、农舍掩竹、竹海蝉声、震天雷瀑布等景观。

### 玩家攻略

这里是观光、休闲的好去处，游客可以看到赏心悦目的竹林风光，又可居住在宽敞明亮的竹楼客栈；既能睡竹床、坐竹凳、躺竹椅、跳竹竿舞，又能吃竹筒米饭，尝竹笋烩菜，品竹叶香茶，还能听到悠扬的竹箫声。

## 水帘仙宫

水帘仙宫景区位于滴翠河上游的石灰窑沟内，由水帘仙宫瀑布、水帘仙宫、仙翁登坛、千年豹榆、壁虎情缘等景点组成。其中，水帘仙宫瀑布长70米、宽8米。水帘仙宫高20米，宽10米，深40米。

# 天河大峡谷旅游度假区 AAAA

### 栾川重点开发景区

洛阳市栾川县叫河乡

120元

0379-66685666

天河大峡谷旅游度假区是豫西地区海拔最高、夏季气温最低、植被保存最完整的休闲、避暑生态旅游区，这里目前有6大景区86个景点，形成了循水觅幽和登山览胜两条线路。这里集奇石、雄山、秀水、幽林于一身，是休闲度假、避暑观光的绝佳之地。

### 链接

**倒回沟的历史传说**

西汉末年，王莽撵刘秀到此，恰遇漫天飞雪，刘秀倒穿靴子，造成出沟假象逃避了追杀，至南阳称帝（汉光武帝），倒回沟之名由此而来。

重渡沟

# 景点推荐 三门峡市周边

## 虢国博物馆 AAAA

### 依托西周虢国墓地遗址而建

三门峡市湖滨区北环路

40元

虢国博物馆是一融文物陈列、遗址展示、园林景观为一体的现代化、多功能博物馆。该馆始建于1984年，占地面积1200平方米，属仿古歇山式建筑。由虢国春秋、虢国出土文物展、梁姬墓出土文物展、虢国车马坑展几个专题展馆组成。

**虢国春秋：**虢国春秋展厅大约有300平方米，该展厅通过文字、图片、沙盘、壁画、艺术造型等多种陈列形式，向人们介绍虢国的由来、虢国都城、虢国疆域、虢国世系及虢国墓地的发掘情况。

**虢宝撷英：**虢宝撷英展厅展出了20世纪90年代以来从虢国墓地贵族区发掘的两座国君墓、一座国君夫人墓和一座太子墓中出土的文物精品。它们分别是青铜珍品、玉器精华、其他质地文物。这里的仿生动物玉器制作得最精美。展厅中的玉柄铜芯铁剑闻名中外，被誉为“中华第一剑”。

**车辚马萧：**车辚马萧展厅展示的是虢国大型车马军阵遗址群陈列，该陈列按以前的形状展出了国君虢季、虢季夫人梁姬及太子墓陪葬车马坑。这三座车马坑由南向北按行军队列摆放，开了以军阵随葬的先河，构成了我国真车真马随葬时代最早、规模最大的地下车马军阵。

**国君觅踪：**国君觅踪展厅共占地400平方米，这里按原状陈列出了2001号虢季墓及陪葬的三座侍从墓和两座马坑。

**梁姬风韵：**梁姬风韵展厅大约有200平方米，集中展示了虢季夫人梁姬墓出土的134件精美文物。

**链接**

**虢国春秋**

虢国是西周时期一个重要的姬姓封国。虢国墓地是我国到现在为止发现的唯一一处规模最大、等级齐全、排列有序、保存完好的西周、春秋时期的大型邦国公墓，总面积32.45万平方米，探明的各类遗址800多处，已经发掘的260多座墓葬中出土文物近3万件。

20世纪90年代发掘的虢季和虢仲两君墓出土文物最多。这里因为出土文物数量多、价值高和墓主人级别高，分别被评为1990年、1991年全国十大考古新发现之一。2001年4月，虢国墓地遗址被评为“中国20世纪百项考古大发现之一”。

虢国的开国国君是周文王的弟弟，武王的叔父。虢公多在周王朝中做卿士，辅佐周王征伐，参与大事决策，对周王朝的兴起、发展和衰落都有重大影响。

虢国原封宝鸡，后迁到了陕西，当时它的疆域比现在的三门峡地区大，国都上阳在今三门峡市的李家窑一带。

虢国博物馆车马坑

## 三门峡大坝

**被誉为“万里黄河第一坝”**

三门峡市湖滨区高庙乡，距市区30千米

30元　0398-2992070

三门峡大坝风景区是依托万里黄河第一坝——三门峡大坝而建，是风景名胜和人造景观相结合的水库观光游憩类人文景观。景区内有黄河古栈道（两条）、张公岛、梳妆台、大禹公园、迎宾阁、黄河三门峡展览馆、中日友好果园等景点。

### 玩家攻略

三门峡大坝因其峡谷险峻、景色秀美、两侧山体蜿蜒起伏著称。三门峡大坝建成后，因为水位随着季节的不同而一直变化着，库里面形成了大片的湿地。春秋时节，库区的水面碧波荡漾，展现出一片江南水乡的风貌，而当大坝泄洪时期，这里浊浪滔天、一泻千里，会让人领略黄河奔腾咆哮、桀骜不驯的本色。赶上每年的11月到第二年的2月，因为有大批从西伯利亚飞来的白天鹅在三门峡水库越冬，白天鹅会经常在水天之间嬉戏游玩，这道亮丽的风景使得三门峡市有“白天鹅之城”的美誉。

## 陕州风景区

**自然环境优美**

三门峡市湖滨区西北郊

陕州风景区位于三门峡市区的黄河岸边，是在陕州古城遗址上建设起来的城市园林。这里的城西是太阳渡，城北是万锦滩，城内有羊角山、钟鼓楼、宝轮寺、文庙、关庙、禹庙、召公构、蛤蟆泉、石牌坊等古建筑。此外，城东北隅上官巷有唐西台侍郎上官仪、昭容上官婉儿的故居，城东三里桥村有北宋诗人魏野的草堂。三门峡博物馆也在此景区里。

### 三门峡博物馆

三门峡博物馆是一座综合性博物馆，该馆主要收藏三门峡地区出土的历史文物和自

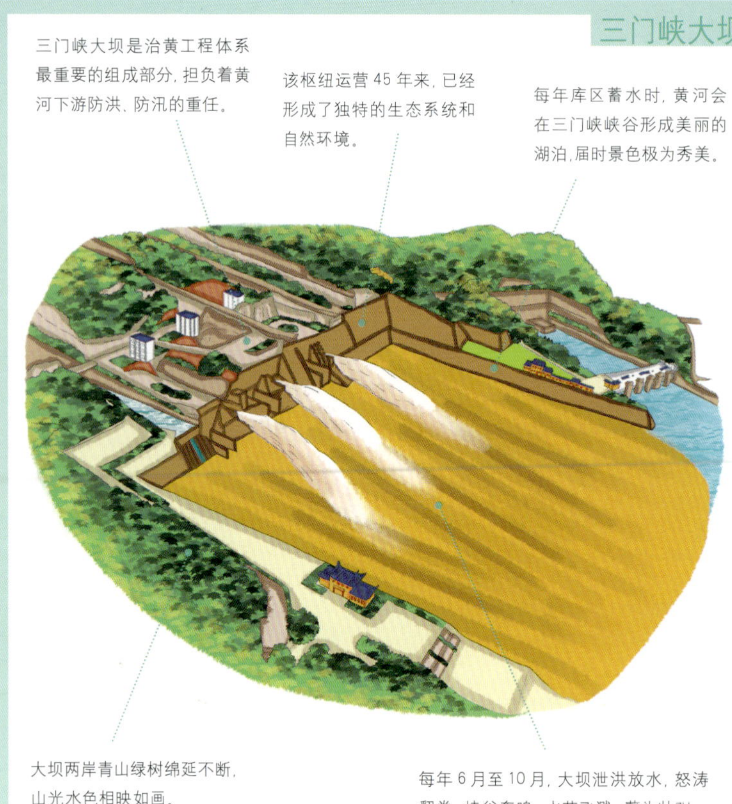


然资源标本，同时还举办各种不同类型的展览活动，展示出三门峡市的建设成就，豫西地区古朴淳厚的民风民俗，以及从大禹治水到现代治理黄河、开发黄河、利用黄河的历史概貌。

## 宝轮寺塔

宝轮寺塔原来是陕州城内宝轮寺的寺塔，全称宝轮三圣舍利塔，为13级叠涩密檐式砖塔，高26.5米。塔壁回音，似蛤蟆叫声，俗称"蛤蟆塔"，是我国现存古代四大回音建筑之一。该塔塔门面南，平面呈正方形，塔身由青灰条砖垒砌而成。塔底有台基和台座。

### 玩家解说

当游人站在塔四周不远处叩石、击掌时，会听到"呱呱呱"的类似蛤蟆的叫声。叩石或击掌声音越响、越快，这种蛤蟆叫的声音也越逼真、越响亮，所以人们管它叫"蛤蟆塔"。其实，蛙鸣的声音是因为回声原理。该塔同北京天坛回音壁、山西普救寺的莺莺塔、重庆潼南区大佛寺的石琴，同列为我国古代四大回音建筑。但它比回音壁早353年，比莺莺塔早387年，比石琴早250年，在四大回音建筑中历史最悠久。

### 玩家攻略

这个塔每层的塔身分别辟有半圆形拱券门、佛龛、窗洞，翼角下面挂有铁铃铛，当风吹动时，铃铛会叮当作响。塔里面有塔心室和梯道，在塔上登高远眺的时候，可以观赏到"黄河远上白云间"的壮丽景致。

宝轮寺塔

## 甘山森林公园 AAAA

### 中国摄影家学会创作基地

三门峡市陕州区西张村镇，距三门峡市区30千米

在三门峡市区乘坐旅游大巴或公交车即可到达

20元

0398-2826144

甘山国家森林公园是豫陕晋金三角地区一处融自然景观、休闲娱乐、时尚运动、避暑、度假、科考为一体的综合型生态旅游胜地。主要景区有蝴蝶谷景区、红叶观赏区、水上游乐区、森林游憩区、甘山文化区。这里的主要景观有红叶观赏、水上游乐、蝴蝶观赏、甘山钟楼、甘山瀑布、羊十八岭、召公雕像、天爷庙、千年槲树、杨树王、乾隆界碑、铁罗汉等。

**玩家攻略**

景区每年12月会举办甘山滑雪节，10月会举办甘山红叶节。目前，景区里面有红叶苑、镜湖别墅山庄两处，度假区宾馆、松林红房两处，可同时容纳300多人住宿、就餐等。

## 雁翎关

### 地势险要的悬崖峭壁

三门峡市陕州区菜园乡与宫前乡交界处

雁翎关位于陕州区东南菜园乡与宫前乡交界处，在春秋时叫南陵，北魏到唐时期叫西崤。这里是分陕扼秦的咽喉，平均宽度约200米，最窄处宽约30米，关口海拔851米，两侧尽为悬崖峭壁，地势颇为雄险。

**玩家攻略**

雁翎关口东南的响屏山是诸山之首。天气晴朗时登临峰顶，向东看会望见洛阳川朦胧如烟，向西看会隐约看见西岳华山。洛河、黄河就像是玉带一样。傍晚时分再登临此处，会看见映衬在夕阳下的各山峰如同波涛一般汹涌。

## 夏后皋墓

### “绣岭横云”所在地

三门峡市陕州区菜园乡，雁翎关关口北

夏后皋墓位于陕州区东南雁翎关的关口北，是夏代帝王孔甲之子的墓地，墓呈圆丘形，高约1.5米，周长约30米。距墓不远处还有唐绣岭宫遗址，“绣岭横云”是古陕州八景之一。

**链接**

**夏后皋**

夏后皋是夏代帝王孔甲的儿子，前1785年登基，在位11年。相传暴君夏桀就是他的孙子。夏的活动范围在豫西晋南一带，到皋的时候改了很多次都邑，可见他的统治基础已经不那么稳固了。当时部落间战争十分频繁，皋极有可能在转战途中死去并葬在这里。

## 陕州地坑院

### 地下四合院

三门峡市陕州区三道塬西张村镇

地坑院被国内外游人称为“建筑奇迹”，是中国北方的“地下四合院”。进入村庄，只闻人言笑语、鸡鸣畜叫，却不见村舍房屋。“见树不见村，见村不见房，闻声不见人”，这就是地坑院的真实写照，因此地坑院也被称为“地下的四合院”。该镇现今还存在着大批地坑院窑洞群，仍有100多个地下村落、近万座天井院，其中较早的院子有200多年的历史，住着六代人。

**玩家解说**

地坑院是一种古老的汉族建筑形式，是在平整的黄土地面上挖一个正方形或长方形的深坑，深六七米，然后在坑的四壁挖若干孔窑洞，各个窑洞按功用分为主窑、客窑、厨窑、牲口窑、茅厕、门洞窑等。

## 七里古槐

### 有“龙头凤尾”之说

三门峡市陕州区观音堂镇七里村

七里古槐因位于陕州区观音堂镇七里村而得名。古槐树高24. 4米，树围8米。该树树形奇特，挺拔苍劲。古槐旁边有龙山和商周文化遗址。

**玩家解说**

七里村环境优美，文化积淀深厚，在七里村的小河台岸上发现了龙山商周文化遗址，古槐周围也有秦汉砖瓦的残片，更增添了古槐的魅力。

## 高阳山

### 美景中藏着文化奇珍

三门峡市陕州区大营镇南部　免费

高阳山景区占地70公顷，原名温塘南山，这里有很多名胜古迹，有10个极具异国风格的温泉浴池。景区里的主要景点有刘秀峰、光武洞、王莽寨、曹祖池、姚懿碑、摩崖像等景点。

## 空厢寺

### 与白马寺同时期的佛门圣地

三门峡市陕州区西李村乡的熊耳山下

空厢寺是禅宗初祖菩提达摩的葬地，它以达摩舍身求法、开创佛教禅宗而闻名天下。空厢寺现存的主要遗迹有：达摩灵塔一座，石碑十块。目前寺内主要建筑有山门、天王殿、大雄宝殿、千佛殿、水陆殿、白衣观音阁等，其南有达摩塔、达摩殿、转角楼、南北僧院等。

## 安国寺

### 彩釉筒瓦的殿堂

三门峡市陕州区西李村乡

安国寺俗称琉璃寺，始建于隋朝，主体建筑群坐北向南，以火墙为界分前后两处院落。前院包括山门和前、中、后三重佛殿，另有经房、禅房、钟楼、东西莲池和石碑经幢等。后院有佛殿一重，石碣两块。

高阳山王莽寨

# 景点推荐 三门峡东部旅游区

## 秦赵会盟台

### “渑池会盟”事件发生地

📧 三门峡市渑池县城关镇南隅

秦赵会盟台相传是战国时秦昭襄王和赵惠文王会盟的地方，即“渑池会盟”事件发生的地方。会盟台高14米，台上有亭，亭中有碑。地面到亭顶高22米，其中台高14米。高台东西两面各砌台阶52级。台上亭高8米，是双层八角挑檐尖顶式仿古建筑。

## 仰韶文化遗址

### 被中外考古界称为“文化圣地”

📧 三门峡市渑池县仰韶乡仰韶村

¥ 免费

仰韶村文化遗址属于中国黄河流域新石器时代的遗址，是仰韶文化的命名地。该遗址主要包括有仰韶文化中期（庙底沟类型）、仰韶文化晚期、龙山文化早期（庙底沟二期文化）和龙山文化晚期（河南龙山文化）四层互相叠压的文化堆积。

仰韶文化遗址

远眺仰韶村

玩家解说

在仰韶文化层中，人们挖掘出圆形和椭圆形的窖穴。出土石器有斧、铲、刀、凿、镞、网坠、弹丸、犁形器以及刮削器、砍砸器等。其中，陶器的数量很多，以泥质红陶和夹砂红陶为主，器形有鼎、灶、釜、甑、钵、盆、碗、壶、罐、瓮、尖底瓶等。纹饰有线纹、绳纹、篮纹、弦纹、划纹、附加堆纹等；另外还有一定数量的彩陶，彩陶以黑彩最多，图案有圆点纹、弧线纹、带状纹、直边或弧边三角纹、月牙纹、网状纹等。

龙山文化层中发现4座房基和30多个窖穴，出土一批石器和相当数量的陶器。陶器以灰陶最多，器形有鬲、鼎、罐、盆、缸、豆、碗、杯、器盖等。

## 仰韶大峡谷

### 奇美、秀美、壮美

三门峡市渑池县段村乡南岭村247省道

80元　0398-2750888

仰韶大峡谷以险、奇、幽、雄著称，峡谷全长50多千米，总面积56平方千米，有自然人文景观500多处。现在主要有仙峡、神龟峡、龙虎峡、金灯峡、卧羊峡、悬棺谷6个景区。

## 韶山

### 神农尝百草的地方

三门峡市渑池县坡头乡，城北20千米处

韶山的主峰海拔1492.9米，因为山腰有云雾升起时，就像是云彩从这里生出来的一样，所以又叫“云门山”。有王朵山、关山、麦尽山等大小山峰35个。北麓十多千米是悬崖绝壁。主峰南侧有一座云门寺。

## 鸿庆寺石窟

### 各种佛龛的集萃之地

义马市常村镇石佛村

鸿庆寺现在主要有6窟，窟内雕有众多的佛，大部分为北魏时期作品。

**第一窟：**平面长方形，有中心柱。西壁刻着佛教故事，南壁刻一尊佛像坐在莲座上，北壁中间刻浮雕“降魔”变图，东壁刻有高大的城楼。

**第二窟：**正壁刻着荷花瓣形尖拱龛，左壁一龛刻三坐佛，右壁龛内刻一佛、二弟子、二菩萨。

**第三窟：**正面刻着释迦牟尼佛的坐像，两侧是二弟子、二菩萨；右壁有三龛，中间大龛是弥勒佛。

**第四窟：**窟顶刻莲花藻井并二飞天；正壁刻坐佛五尊；右壁尖拱龛里面刻着坐佛三尊，龛上刻着坐佛五尊。

# 景点推荐 灵宝—卢氏景点

## 函谷关 AAAA

### 我国建筑最早的雄关要塞之一

灵宝市函谷关镇王垛村

75元

函谷关古代处于洛阳至西安故道中间的崤山至潼关段，多在涧谷之中，深险如函，故称函谷。关口始建于春秋时期，秦孝公从晋国手中夺取崤函之地，在这里设置了函谷关。关城长7.5千米，谷道仅容一车通行。现存令尹望气台、孟尝君鸡鸣台、太初宫等景点。

函谷关自古以来就被誉为“天下第一雄关”。其独特的地理位置，使其成为历史上兵家必争之地。函谷关地处“两京古道”，即连接长安（今西安）与洛阳的重要通道，紧靠黄河岸边。这座雄关要塞，是我国历史上建置最早的关塞，具有极高的历史价值。

函谷关不仅在地缘政治上具有重要地位，更是文化底蕴深厚的圣地。这里是道家文化的发祥地，老子曾在这里著述了千古传世之作《道德经》。据史书记载，公元前5世纪，老子骑青牛过函谷关，在这里把守关口的关令尹喜请求老子留下智慧的光辉。于是，老子在这里撰写了《道德经》五千言，传授给了尹喜。这部著作成为中国哲学史上的一部伟大经典，影响了后世无数的文人墨客，奠定了道家学派的基础。

## 太初宫

### 老子曾经著经的地方

灵宝市函谷关镇东城门右侧

太初宫始建于西周，现存太初宫主殿建于唐以前，是殿宇式古典建筑。殿脊和山墙

函谷关

檐边上塑有麒麟、狮、虎、鸡、狗等珍禽异兽，神形兼备。

## 黄帝铸鼎塬

### 多次修复和重建的地方

灵宝市阳平镇

在陕州影剧院坐旅游大巴车可直接到达景点

10元

黄帝铸鼎塬位于长安古道，函谷关和潼关两雄关之间，曾经因为战火屡次焚毁修葺，现已修复的主要遗迹有献殿、始祖殿、长廊、墓冢、祀功柱、阙楼等，并铸造了象征天神、地神、祖宗的天、地、人三尊大铜鼎。

**链接**

**黄帝铸鼎的传说**

相传黄帝铸好鼎，黄龙来迎黄帝升天时，百姓苦苦哀求，不肯让他走，有的牵衣扯袍，有的抱手拽脚，脱下了他的金靴，扒下了龙皮、拔掉了龙须。人们把黄帝的靴子埋在他铸鼎之地，这里就成了世人拜祖的地方。

## 鼎湖湾

### 国家黄河湿地自然保护区

灵宝市西阎乡文东村

鼎湖湾风景区是一处以水波芦苇荡为主的湿地型自然风景旅游区，有着黄河第一荡——西部白洋淀的称号。其著名的景点有观景亭、鼎湖滑道、荷花观赏池、游船码头、渔民小区等。这里草木丛生、蛙鸣鱼跃，荷花亭亭，是游客旅游观光、垂钓、避暑、荡舟的好去处。

## 豫西大峡谷 AAAA

### 以瀑布、漂流闻名

三门峡市卢氏县官道口镇东汉村

8:00~21:00

门票50元

0398-7107999

豫西大峡谷呈东西走向，总长30余千米，宽30~50米，深50~200米，狭长而深邃的峡谷河流滩多水急，由大大小小99级瀑布及300多个潭池组成。

漂流

**链接**

情人池的传说

关于情人池，有一段动人的传说。相传，刘秀与泉鸠姑娘经常在池边幽会，缠绵悱恻，久不能分，于是旁边这两块大石头很是羡慕，也想体味一下那种缠绵的滋味，于是历尽数年，挪动躯体，最后终于合拢在一起。这两块巨石远看已经合拢，近看也只有很少的距离。据说从吻石下走过的人，定能婚姻美满，白头偕老。

### 豫西大峡谷漂流

豫西大峡谷漂流有“中原第一勇士漂”的美誉，该漂流刺激浪漫，全长3千米，全程约90分钟。峡谷内飞瀑高悬，溪流淙淙，潭幽池清，乘橡皮舟挥桨击水，穿流在翠岭幽谷中，就可以尽情享受漂流激情。

### 大淙潭瀑布

大淙潭瀑布落差30多米，宽10多米，飞流直下就像是一条飞舞的白练，又像一个巨大的惊叹号。它气势雄伟，声音恢宏，远听如雷，近听如鼓。瀑布下有一个大深潭，潭中有很多鱼龟虾蟹。

## 九龙洞

洞内景象神奇

三门峡市卢氏县双槐树乡

九龙洞系一天然石灰岩溶洞，洞分九重，洞体似龙腹，洞内石钟乳、石笋、石柱发育完好，有石钟、肝胆相照、断桥、莲花座、鹞子翻身、药盔等钟乳石景观，有仙家洞、天井、柯楠奇树、九龙圣母殿、石门瀑布等自然景观。

## 汤河温泉

能够露天裸浴的汤池

三门峡市卢氏县汤河乡

从卢氏县城坐车到五里川，在五里川转车到汤河

88元

汤河温泉，俗称“汤池”，为长江、黄河两大流域的分界岭，是中国南北地质、气候、生物分界岭。温泉天然溢出，水温达49℃。现已建成露天浴池、温泉疗养院、人工湖等设施。

**玩家解说**

这里的水温常年是49℃左右，时流量为10吨，水中含有硫、氟、钙等二十多种微量元素。常浴汤池水，可以医治风湿关节炎、皮肤病，以及麻痹症、神经痛等多种疾病，对痤疮、湿疹也有较好的疗效。洗浴后皮肤光滑、富有弹性。

## 玉皇尖森林公园

人文景观丰富的森林公园

三门峡市卢氏县狮子坪乡的淇河林场

玉皇尖森林公园包括长岭根、大块地、扁担沟、骑马沟四个景区。主峰玉皇尖海拔2058米。公园内植物种类繁多，自然景色秀丽，有阎王点将台、石船、阎王试刀石、玉皇庙、黄龙潭、白龙潭、龙井等数十处景点。

## 卢氏城隍庙

独具古代建筑艺术风格的寺庙

三门峡市卢氏县城关镇中华街北侧

卢氏城隍庙始建于明初，现存建筑有正殿五间，坐北向南；香祭亭转角楼和乐楼各三间；东西厢房各十间；左右香积厨各两间；门前三间，都是黄龙脊，绿瓦与各种脊兽相映成趣。这里是研究古代建筑艺术的科学依据。

# 攻略资讯

- 交通
- 住宿
- 美食
- 购物
- 娱乐

## 交通

### 飞机

洛阳北郊机场位于洛阳市北郊邙山，距市区10千米，现开通有洛阳至杭州、三亚、济南等多条国内航线，非常方便。可乘坐公交27路、27路李家营专线、D1路、1路、98路、995路公交车等往返机场。

### 火车

洛阳市内有陇海铁路横穿全市，过路车次较多。洛阳站有至郑州、北京、上海、福州、广州等地的始发列车。洛阳火车站位于北郊的道南西路，从市内乘33、37等多路公交车均可到达。

洛阳站，位于洛阳市西工区道南路1号。可乘快1、77路等公交车前往该站。

洛阳东站，位于洛阳市瀍河区大同街38号。可乘快3路公交车前往该站。

洛阳龙门站，位于洛阳市洛龙区通衢路19号，是徐兰高速铁路上的一座中间站。可乘77、986路等公交车前往该站。

三门峡市的铁路交通便利。陇海铁路横贯东西，从郑州、洛阳到西安、成都方向的列车都经过三门峡，过路车极多。从市区去火车站可乘6、11、17路公交车到达。

### 汽车

洛阳主要有207、310这两条国道，境内

洛阳高铁

洛阳体育馆风光

有从洛阳到开封、洛阳到潼关的高速公路。洛阳市的长途汽车站位于洛阳市金谷园火车站斜对面，有发往省外、省内以及洛阳市郊县的班车。

三门峡市里有很多趟长途汽车，在属于三门峡范围内的县城等地也有发往各个方向的长途汽车，交通十分便利。三门峡长途汽车站位于三门峡市崤山东路（邻近火车站）。

## 住宿

### 洛阳

洛阳市内拥有各种档次的住宿场所，且有很多距离各大景点很近。住宿价格在牡丹花会期间会猛涨，但过后大部分都较合理。

#### ●洛阳速8精选酒店

酒店位于龙门石窟、白马寺和关林庙必经之路，地理位置优越，交通便利，房间整体设计独特，舒适温馨。 洛阳市西工区九都路与洛浦西路交叉口

洛阳火车站

#### ●大为玖朝酒店

大为玖朝酒店位于凯旋东路，地处商业中心，东临大型购物广场，地理位置优越。酒店房间干净，基础设施完善，是一家性价比较高的酒店。 洛阳西工区凯旋东路59号 0379-63101220

#### ●栾川伊水湾大酒店

栾川伊水湾大酒店是栾川首家园林式五星级酒店，酒店里面有超豪华KTV、桑拿

洛阳十字街

栾川伊水湾大酒店

室、棋牌室、美容美发店、室外网球场等多种娱乐休闲设施。✉ 洛阳市栾川县城东开发区伊水路 ☎ 0379-66758888

## ●凯里亚德酒店

酒店位于洛阳市洛龙区，距高速公路甘泉河收费站不到1千米，距龙门高铁站15分钟车程，著名的旅游景点龙门石窟坐落于距酒店20分钟车程的位置，交通便捷，环境安静，是商务、会议、旅游、度假的极佳选择。✉ 洛阳洛龙区开元大道与李贺街交会处向南50米 ☎ 0379-81816888

# 三门峡

三门峡的酒店价格整体不高，市区三星酒店的价格也多在200元左右。

## ●金玫瑰大酒店

金玫瑰大酒店是集餐饮、住宿、休闲、娱乐和商务活动为一身的三星级酒店，酒店拥有豪华套房、蜜月间、三人间和标准间共145间/套，房间陈设豪华、舒适宁静。✉ 三门峡市湖滨区河堤路北中段 ☎ 0398-2966666

## ●三门峡大鹏国际大酒店

三门峡大鹏国际大酒店是一座花园式酒店，它以别墅园林式设计为主体，白墙红瓦，风格极为雅致。酒店内设施设备齐全，是一座集商务、旅游、会议、饮食于一身的大型综合型酒店。✉ 三门峡开发区三门峡风景区 ☎ 0398-2966000

## ●三门峡时代粤海酒店

三门峡时代粤海酒店是一家四星级酒店，这里有中餐厅、西餐厅和茶室，并且提供全天送餐服务。酒店内休闲娱乐场所有卡拉OK厅和棋牌室。✉ 三门峡湖滨区黄河路33号（时代广场） ☎ 0398-2166666

## ●更多住宿推荐

三门峡都亭驿精品酒店/三门峡五原西路与康园街交叉点/0398-2980000

三门峡天鹅湖国际大酒店/三门峡湖滨区 /0398-2966000

三门峡海联国际大酒店/三门峡崤山西路/ 0398-2990066

三门峡大鹏国际大酒店

# 美食

## 洛阳

洛阳的地方特色美食小吃品种丰富，具有独特的地方风味，让人一品为快。

### ●新安烫面饺

已有70多年的历史。新安烫面饺用精白粉作皮，用猪前胛后臀肉做主馅，特点是皮薄如纸、色泽如玉、五味俱全、鲜香不腻。

### ●阎家羊肉汤

至今已有1500年的历史。调料配置适当，汤鲜味美，闻名豫西城乡。阎家羊肉汤的特点是只用当天宰杀的新鲜羊肉，香料齐全、量大，用胡椒粉而不用辣椒，口味咸淡适口。

### ●美食去处

**洛阳十字街：**洛阳老城区西大街和东大街的八角楼金街。

**龙祥商业街：**洛阳市洛龙区开元大道河南科技大学对面。

**洛城中街：**洛阳市瀍河区九都东路与夹马营路交会处。

## 三门峡

三门峡的小吃颇负盛名，主要有三门峡麻花、观音堂牛肉、脂油烧饼、大刀面、水花佛手糖糕等。

### ●三门峡麻花

源于陕州大营麻花。这种麻花长尺许，色泽柿红透亮，有棱角，香甜可口，黄焦酥脆，久放而不干，营养价值较高。

麻花

### ●水花佛手糖糕

堪称豫西一绝。糖糕表层如同黄河的浪花，堆叠起泡，薄如蝉翼，色如红金，状如佛手。

### ●脂油烧饼

又叫脂油饼，是灵宝的一大名吃。它呈扁圆形，旋纹相套，外观焦黄明亮，咬开后层次分明，层薄如纸，外酥内软，浓香扑鼻。

### ●美食去处

上面说的小吃通常可以在美食街里吃

到，下面介绍几处三门峡的美食街。

**梦之城购物中心：**位于三门峡市湖滨区湖滨街道和平路239号，是集美食、购物、娱乐为一体的购物广场。这里的美食种类繁多，价格实惠。除了特色店铺，还可以吃到小水绿豆面、鸡蛋灌饼、牛肉汤等经典小吃。

**陕州巷子：**这是一个特色小吃美食街区，位于三门峡市陕州区轩辕路与金谷西路交叉口三门峡南站广场东侧陕州巷子。

**万达Darling潮流街区：**位于三门峡市湖滨区和平路与大岭路交叉口万达广场。

此外，三门峡市还有其他美食聚集地，如陕州地坑院的小吃一条街、三门峡南山广场以及三门峡文化宫等，无论是白天还是晚上，都能在这些美食街区找到满足自己味蕾的美食。

市区比较出名的夜市还有永兴街夜市、虢国路夜市和前进市场夜市。

# 购物

## 洛阳

洛阳的工艺品和土特产琳琅满目，购物场所比较多且集中，所以非常方便。著名的唐三彩，在洛阳已有百年的历史。洛绣是洛阳传统的工艺品，已有2000多年的历史。还有牡丹、梅花玉、黄河鲤鱼等。

### ●特产推荐

**洛阳唐三彩：**唐三彩最先在洛阳被发现，它是唐代铅釉陶器的总称，以黄、绿、褐（或红、绿、白）3种釉色为主而得名。在烧制过程中由于铅釉的流动，各色均呈现出浓

洛阳老城

淡的层次或各色巧妙地交织在一起，形成错综复杂、绚丽多彩的色釉。

**洛绣：** 洛绣是洛阳传统的工艺品，已有2000多年的历史。洛绣绣工精细，针法活泼多样，图案秀丽，色彩雅洁。

**新安县猪肝散：** 猪肝散是新安县仓头乡横山村特制的一种男女老幼皆宜的保健良药。此药主治食积、奶积、痞积、虫积、面黄肌瘦、脾胃虚损、慢性胃疼、消化不良等症，适应性强，疗效显著，且香甜宜口，容易服用。

### ●购物场所

如果要买传统商品，可去丽景门一带。丽景门在"真不同"中州店后面，城门里有家三彩艺是专营现代唐三彩的店家，里面品种繁多，式样别致，是购买唐三彩的首选之地。

洛阳现代化的购物中心当属地标性质的新都汇，位于洛阳市西工区中心中州中路与解放路交会处，它有四层，分三大部分：国际名店街、家乐福超市、各种品牌服饰专卖店。

## 三门峡

三门峡的土特产因其质量好、分布广而闻名。在众多的三门峡土特产中，比较著名的有：卢氏黑木耳、卢氏木版年画、卢氏核桃、石子馍、卢氏鸡、甑糕、灵宝剪纸、灵宝大枣、灵宝苹果、陕州糟蛋、仰韶酒等。

**贵妃杏：** 果实大如鸭蛋，平均重100~150克。果皮和果肉呈橙黄色，肉质细韧，无纤维，汁多，甜酸适口。

**牛心柿饼：** 产于渑池县石门沟，因其形似牛心而得名，特点是个大、肉细、汁多、味甜。牛心柿饼曾是清廷的贡品，甜度大、纤维少、质地软，吃起来香甜可口。

**烙画：** 烙画又称烫画、火草画，其图案清晰，不褪色，颜色美观大方。烙画已从单一的烙花尺子，发展到板烙、套色烙画和填彩烙画。使用原料由过去的只用冬青木，发展到胶合板等。烙画题材内容丰富，具有独特风格。

# 娱乐

### ●牡丹花会

牡丹是洛阳的市花，洛阳历来都有举办牡丹花会的习俗。每年4月中旬至5月上旬，牡丹盛开，这时期会举办"牡丹花会"，游人在洛阳牡丹园、洛阳国花园、洛阳国际牡丹园等公园均能赏花。

### ●咖啡厅

**星巴克：** 位于洛阳市西工区王府井购物中心，环境幽雅，咖啡品种丰富，是商务洽谈和休闲的好去处。

**漫咖啡：** 位于洛阳市涧西区万达广场，店内装修风格独特，充满艺术气息。这里的咖啡口感醇厚，是文艺青年的最爱。

## 节日和重大活动

| 节日 | 地点 | 时间 |
| --- | --- | --- |
| 洛阳牡丹花会 | 洛阳 | 4月至5月 |
| 洛阳河洛文化旅游节 | 洛阳 | 9月 |
| 银杏节 | 嵩县 | 10月至11月 |
| 三门峡国际黄河旅游节 | 三门峡市 | 4月、5月 |
| 老子文化节 | 灵宝的太初圣宫 | 农历二月十五至十七 |

发现者
旅行指南

# 南阳

# 概览

## 亮点

### 武侯祠

武侯祠又名“诸葛庐”，是三国时期著名政治家、军事家诸葛亮“躬耕南阳”的故址和历代祭祀诸葛亮的地方。

### 内乡县衙

内乡县衙是我国目前保存最完好的封建社会县级官署衙门，全国重点文物保护单位。

### 宝天曼国家森林公园

宝天曼以遮天蔽日的原始森林和众多的野生动植物而饮誉中原，被誉为“天然的物种宝库”“中州的一颗明珠”。

### 荆紫关古镇

荆紫关古镇位于豫、鄂、陕三省接合部，素有“一脚踏三省”之称。荆紫关古镇形成于唐，兴盛于明清，自古乃兵家必争之地。

### 必逛街道

荆紫关古街道：该街道呈南北走向，长2.5千米，地面是青石铺砌，具清代民间商业建筑风格，街道古朴灵秀，典雅多姿。

## 线路

### 南阳经典二日游

第一天，上午到诸葛亮曾经躬耕的地方武侯祠参观，下午再去内乡县衙看看，这里是中国四大古代官衙之一。

第二天，上午去丹江口水库，参观一下中国南水北调中线工程的水源地，下午坐着船，游行在丹江小三峡上，观看沿途的美景。

### 汉文化探寻四日游

第一天，游览人文景点汉冶铁遗址和古城墙，在这些建筑中，汉文化的印记展示得很充分、完美；下午到白河游览区和解放广场，感受一下南阳独特的景致。

第二天，上午到南阳作家书屋参观，下午集中参观景点武侯祠、汉画馆、医圣祠。

第三天，上午游丹江口水库，寻觅一下汉江的源头在哪里；然后再到丹江小三峡乘船游行；最后到内乡县衙，看看清代县衙的特色。

第四天，用上午的时间参观社旗山陕会馆，这里的建筑十分华丽，而且极具文化特色，下午参观张衡墓，瞻仰一下这位古代伟大的天文学家。

## 为何去

南阳是国务院第二批命名的历史文化名城，有“南都”“帝乡”之称，是全国汉文化最集中的旅游区之一，也是中原主要的旅游胜地之一。

南阳府衙大堂

## 何时去

南阳四季分明，阳光充足，雨量充沛。古人曾以“春前有雨花开早，秋后无霜叶落迟”的诗句来赞扬南阳温暖舒适的气候条件。

伏牛山

南阳在春、夏、秋三季比较适合出游。春、夏、秋季可选择龙潭沟景区、鹳河漂流、宝天曼国家地质公园等景点，冬天可到老界岭滑雪场滑雪。

武侯祠

# 区域解读

区号：0377

面积：约26 600km²

人口：约961.5万人

## 地理 GEOGRAPHY

### 区划

南阳市下辖2个区（宛城区、卧龙区）、1个县级市（邓州市）、10个县（南召县、方城县、西峡县、镇平县、内乡县、淅川县、社旗县、唐河县、新野县、桐柏县）以及城乡一体化示范区、高新技术开发区、官庄工区。

### 地形

南阳市北靠伏牛山，东附桐柏山，西依秦岭，南临汉江。因地处伏牛山以南、汉水之北而得名。因是三面环山、南部开口的马蹄形盆地，故称南阳盆地。南阳盆地是重要的旱作粮食产区，素有“中原粮仓”之美誉。

南阳是南水北调中线工程水源地和渠首所在地（丹江口），市内河流众多，分属长江、淮河、黄河三大水系。全市主要河流有丹江、唐河、白河、淮河、湍河等。

### 气候

南阳市处于亚热带向暖温带的过渡地带，属典型的季风大陆半湿润气候，四季分明，阳光充足，雨量充沛。其四季气候特点为：冬干冷，雨雪少；夏炎热，雨量充足；春回暖快，降雨逐渐增多；秋凉爽，降雨逐渐减少。南阳市一年四季都非常适合旅游，冬天还可以去老界岭滑雪场感受北方滑雪的魅力。

伏牛山

南阳湿地

# 历史 HISTORY

## 历史大事记

### ●远古时期

南阳有着悠久的历史。南召杏花山猿人遗址及多处原始社会遗址出土的化石、器物表明，远在50万年前，人类祖先已在这块土地繁衍生息。

### ●夏商周时期

南阳古属豫州，地近夏都。殷商时，武丁“奋伐荆楚”，把这里作为前哨阵地，遗留下来的有距南阳市东北5千米的十里庙遗址。

西周宣王封其舅父申伯于此，称申伯国。春秋时，楚国崛起于南方，向北扩张，楚文王灭申，后置宛邑，到战国秦昭襄王三十五年（前272年）“初置南阳郡”时，才开始使用“南阳”这个名字。至今，已有2200多年的历史，名称从未变更。

### ●秦汉时期

秦末，刘邦经南阳入关时，“匿旌旗，人衔枚，马束舌，鸡未鸣，衔围宛城三匝”，迫使南阳郡守投降。

西汉时，实行盐铁专卖，在宛设有工官和铁官，以监督、经营冶铁业和其他手工业生产。今南阳市北关瓦房庄（古宛城内）有大规模的汉代冶铁遗址。

南阳郡是东汉开国皇帝刘秀的发迹之地。刘秀在称帝前的一系列活动基本都是在今南阳市域一带。刘秀称帝建立东汉后，南阳作为陪都，被称为“南都”，为仅次于首都洛阳的第二大都市，农业、手工业发展迅速，商业繁荣。

东汉末年，诸葛亮躬耕于南阳，刘备“三顾茅庐”。城西卧龙岗是历史上著名的“三顾茅庐”典故的发生地。

### ●唐至清朝

唐“安史之乱”中，安禄山先后派叛将武令、兵马先锋田承嗣攻打南阳，南阳军民在节度使鲁炅的指挥下，守城一年，最后鲁炅率城中军民突围，向今湖北襄阳撤退。

南阳府衙三堂

内乡县衙

元灭金之后，向南进攻南宋，元人以南阳为基地，取襄樊，下汉水，进军江南。南阳成为元统一中国南方地区的重要跳板。

明朝初年，南阳是朱元璋第23子唐定王朱桱的封地，从明永乐二年（1404年）封藩到崇祯十六年（1643年）李自成农民起义军攻克南阳，共历9世11王，统治南阳长达240年之久。

清代，由北京至云贵的驿道多取道于此，加之驿站紧靠城南关白河码头，南阳成了水陆交通的连接点，商贾云集，手工业、商业相当昌盛，古宛城再现生机。

### ●近现代

清光绪十年（1884年），镇平地区开始生产丝绸，并陆续远销欧洲及东南亚各国。

1948年11月4日，南阳解放，迎来了一个崭新的开始。

## 东汉刘秀发迹之地

南阳是东汉光武帝刘秀所兴之地，刘秀在做皇帝之前也在这里度过了他最坎坷激昂的年轻岁月。

西汉后期，外戚王莽逐渐把持朝政，自立为帝，国号“新”。王莽做上皇帝后，由于其变法成效糟糕，引起社会混乱，农民起义不断，南阳大地主刘演、刘秀兄弟也率领军队对抗王莽。他们部队的战斗多在南阳境内展开，刘秀也在早期吃尽了苦头。绿林军于公元23年拥立比较懦弱的西汉宗室刘玄为帝，恢复“汉”的国号，建立更始政权。后来，刘秀的兄长被杀，这对于刘秀是一个莫大的打击。但是他忍辱负重，对刘玄依然笑脸相迎。更始元年（23年）十月，刘玄让刘秀以破虏将军行大司马事的身份去河北招抚。没想到本是去招抚的刘秀却在河北得到支持并日益壮大，在幽州十郡的支持下追降了数十万铜马农民军，实力大增，正式与更始政权决裂。更始三年（25年）六月，刘秀在众将拥戴下，于河北鄗城（今河北柏乡县境内）的千秋亭即皇帝位，为表重兴汉室之意，刘秀建国仍然使用“汉”的国号，史称后汉，又因后来刘秀建都洛阳，相对于西部的西汉都城长安，所以后史称其为东汉。

随着东汉王朝的建立，国都东迁洛阳，南阳为帝乡，被定为陪都，号称“南都”，其时南阳据关河之固、山泽之利、帝乡之誉，在全国的政治、经济、文化地位远远超过西汉时，此时南阳无论在政治上还是在经济上都达到了历史上的鼎盛时期。

刘秀塑像

## 诸葛亮躬耕地之争

诸葛亮这个名字在中国可谓家喻户晓。围绕诸葛亮故里、故居、躬耕地的故事也是各有说法，层出不穷，具体涉及河南南阳、湖北襄阳和山东临沂三地。其实准确地说，诸葛亮故里没有争论，即山东琅琊（今临沂沂南），南阳和襄阳所争的是诸葛亮躬耕地。但无论怎么说，《出师表》中诸葛亮的自述“臣本布衣，躬耕于南阳”已经深深印在人们的脑海里。

在《三国演义》中，罗贯中既写了诸葛亮曾经居住于襄阳，又写了诸葛亮躬耕于南阳卧龙岗。写了徐庶与刘备道别于南阳新野，经过南阳卧龙岗见到诸葛亮之后，又继续前行至许昌。这些，也符合由新野去许昌时途经南阳这一地理实际。

在南阳，卧龙岗历史文化厚重。首先，南阳武侯祠的始建年代可上溯至魏晋时期，到唐宋年间，李白《南都行》云：“谁识卧龙客，长吟愁鬓斑。”刘禹锡《陋室铭》赞美：“南阳诸葛庐，西蜀子云亭。”这些都表明南阳卧龙岗在唐宋时期已成为一处著名的人文景观。

武侯祠

明嘉靖年间，当卧龙岗上香火旺盛之际，也正是诸葛亮躬耕地争论激烈之时，襄阳说和南阳说两派各执己见，互不相让，官司打到翰林院，甚至惊动了明世宗。清道光年间，籍属湖北宜昌的顾嘉蘅到南阳就任知府，并对两地争抢诸葛亮躬耕地的行为写有一副对联——“心在朝廷，原无论先主后主；名高天下，何必辨襄阳南阳”，置于武侯祠。

进入当代，争论仍未休止，其实诸葛亮到底躬耕于哪里并不重要，重要的是历史带给我们的思考和如何以正确的心态去还原历史真相，保护好历史遗迹，正如顾嘉蘅所说“名高天下，何必辨襄阳南阳”。

# 文化 CULTURE

## 中医药王国

除去“诸葛躬耕地”，“中医药”也是南阳重要的“城市名片”之一，中医药在南阳有得天独厚的优势，无论是从自然、文化，还是从科技、产业等角度，对南阳，它都有着重要的意义。

南阳人的脚下可谓是一个“天然药库”。在2.66万平方千米内，高山、丘陵、平原梯次分布，河流、湖泊、沟渠蜿蜒纵横，四季分明，雨量丰沛。得天独厚的自然条件孕育着丰富的中药材资源，历史上最早的药学专著《神农百草经》收载药物365种，其中南阳产的传统品种就有259种。《本草纲目》中收录的1500多种药材，南阳就有1300多种。除地产品种外，这里还分布有许多南方或北方生产的植物和动物药材资源，从而使南阳成为全国屈指可数的生产中药材的天然宝库。近年普查显示，全国植物药总量为11 146种，南阳盛产的天然中药材就达2357种，其中山茱萸、辛夷等名优药材30多种，中药材总储量2.5亿千克，品种数量占全国的20%以上，总储量占全省的1/4以上，且多为无污染有机药材。

目前南阳全市已基本建成以南召辛夷、西峡山茱萸与天麻、桐柏桔梗、方城裕丹参、内乡黄姜、镇平杜仲、邓州麦冬、唐河栀子、社旗板蓝根等为主体的十大中药材种植基地。几乎每个辖内的县市都有中药材的生产基地。全市中药材中，山茱萸占全国市场的60%，辛夷占70%，栀子占20%。

南阳似乎跟中医药早就有缘，这片土地上曾经诞生了中国最杰出的医学家“医圣”张仲景。他所著的《伤寒论》《金匮药略》，开创了中医辨证论治的先河，奠定了中医临床治疗学的基础，被奉为“医经”。张仲景不仅在中国，而且在整个华人世界和日本、韩国及东南亚地区享有极高声誉。

为弘扬张仲景医药文化，发挥南阳中医药资源优势，加快中医药产业化、现代化进程，南阳市于2000年制定了《张仲景医药创新工程规划纲要》，提出力争建成中医药教育、研究、种植、加工、营销、诊疗一条龙的产业化体系，进而把南阳建成国内外有较大影响和辐射力的现代“中医药都”。目前，宛西制药和淅川制药都处于良好的发展态势，其中宛西制药是全国最大的浓缩丸生产基地和河南省最大的口服液生产基地。它们在品牌开发上亦取得了一定的成绩，有浓缩六味地黄丸、月月舒（痛经宝颗粒）、双黄连口服液等国内知名品牌。

南阳中医药产业的繁荣发展，使得铸造南阳“中医药都”的恢宏蓝图正一步步走向现实。

## 独步天下的南阳玉雕

去过首都北京的北海公园的人，一定见过团城承光殿前玉瓮亭里的那块特大型玉雕。这座由元世祖忽必烈在至元二年（1265年）下令制作的大玉雕便取材于南阳独山玉。

南阳玉雕始于新石器时代，兴于汉、宋、元，后继晚清，盛在当今。南阳玉雕以独

医圣祠

山玉为代表。独山玉花色品种繁多，有赤、橙、黄、绿、青、蓝、紫等30多种色彩类型，色泽鲜艳，硬度高，光泽好，质地细腻，透明度高，是雕琢玉器的上好原料，可同翡翠媲美，世人曾称其为“南阳翡翠”。它与新疆的和田玉、辽宁的岫玉、湖北的绿松石一起被称为中国四大名玉。

玉雕产品的品种，可分为人物、花鸟、走兽、器物四大类，人物造型多取材于神话传说、古代戏曲故事。花鸟有百鸟朝凤、喜鹊闹梅、凤凰牡丹、长尾鸟屏等，走兽有狮、象、虎、牛、马等，器物有玉城、玉环、转炉、飞禽、走兽、仕女人物等，雕技精湛，刀法复杂，寓意深刻；素活有戒指、手镯、耳环等。现代艺人除继承传统雕刻外，还融会了国画的山水、人物、花鸟等画风，进一步丰富了玉雕的图案，使其更具观赏性。

在南阳，玉雕早已成为产业。目前，南阳镇平县已成为举世闻名的玉雕之乡，民间从事玉雕者不计其数。在全国各地几乎都可以见到经营玉雕产品的镇平人。在南阳，玉雕工艺大师云集，南阳玉器鉴定中心、宝玉石协会、玉文化研究机构健全。

## 秀压群芳的黄石砚

方城县黄石砚历史悠久，始于汉，兴于唐，盛于宋，名于明清，衰于民国，复兴于20世纪90年代，与端砚（广东肇庆）、歙砚（安徽歙县）、澄泥砚（山西新绛）、洮河砚（甘肃卓尼）一起被誉为中国五大名砚。黄石砚具有石质细腻、石声如磬、发墨如脂、护笔养毫、色彩艳丽等特点，深受历代文人墨客喜爱和称道。当代著名国画家张重梅曾称赞：“南阳文化古，名砚出方城。”

目前，方城全县成规模开发黄石砚的企业有上百家，年产10万余方，创制出9大类别20多个砚种。黄石砚也从浅浮雕技法为主的传统手工加工方式向以深浮雕、透雕技法为主的现代高新技术加工方式转变，从分散零

黄石砚

碎的家庭作坊式生产向集约化、规模化生产转变，从自产自销向多层次、多渠道、综合型的贸易发展轨道转变，从单纯的研砚磨墨向欣赏、品玩、收藏等多功能制品方向转变。创作题材既继承了民间雕刻细腻、夸张的特点，又讲究主次关系、虚实效果，融诗、书、画、印于一体，充分体现了中国传统文化的神韵和风格。

2009年，黄石砚入选为河南省非物质文化遗产保护项目。2010年，黄石砚在北京相继参加了“第三届中华民族艺术珍品文化节”“第五届中国北京国际文化创意产业博览会”展览，其中，作品《三思砚》被中国民族艺术珍品馆收藏。

## 民族音乐遗产之经典——板头曲

南阳板头曲与江南丝竹、潮州音乐、山西音乐并称为我国民族器乐曲中的四大流派。它与历史悠久的中原鼓子曲（大调曲子）相辅相成，是在大调曲演唱之前用独奏、合奏等形式演奏的前奏乐曲。

板头曲是用筝、琵琶、三弦等弦索演奏的器乐曲。弦索音乐历史悠久，源远流长，

可上溯至秦汉。筝是我国古老的弹拨乐器之一，两汉乐舞盛行，从南阳汉画馆收藏的乐舞汉画像中可以看到用弦索伴奏乐舞的场面比比皆是。从宋代孟元老《东京梦华录》，北宋东京城“新声巧笑于柳陌花衢，按管弦于茶坊酒肆”中可见当时管弦乐舞在北宋的流行。明万历前后，中原民歌、俗曲兴起，弦索又为这些时尚的《黄鹂调》《罗江怨》等曲牌伴奏。以后逐渐演化为弹唱艺术，如南阳大调曲、清音、琴书等。

板头曲的曲体形式，基本上是68板，即盘头16板，起势6个8板，煞尾4板，民间俗称“老八板”，是民族器乐曲最常用的一种结构形式。板头曲的内容，有以历史传说故事为题材的，如《夺筝》《高山流水》《苏武思乡》等；有描写封建社会中妇女的压抑悲伤及闺怨情思的，如《盼夫归》《思春》《悲秋》等；有以情景寄意、写景抒怀的，如《满园春》《春雨细柳》《寒鹊争梅》等，这一部分板头曲数量最多。现阶段舞台上常出现的板头曲为《苏武思乡》《叹颜回》《哭周瑜》等。

国家非常重视和保护中州古曲板头曲，2006年，板头曲入选首批国家级非物质文化遗产保护名录。

## 唢呐灯影，桐柏皮影戏

皮影戏，又称“灯影戏”或“影戏”，是广泛流传于我国民间的一种造型艺术与戏曲艺术相互影响、并行发展的综合性艺术。我国皮影戏共分河南、山西、陕西、唐山四大流派，各派都有自己的独到之处。其中，河南皮影戏指的就是以南阳为代表的桐柏皮影戏。

桐柏皮影戏历史悠久，大约在南宋初年传入桐柏，据说其兴起与岳飞颇有渊源。当时金兵南犯，岳飞率军驻扎桐柏，曾多次出兵信阳，阻遏金兵南下。当时，不少皮影艺人因仰慕岳飞的忠勇而流入桐柏。因为皮影体积小，箱具轻便，五六个人便可凑成一台戏，很适合在山区演出，所以皮影戏流入桐柏后便很快发展起来。据史料记载，到清康熙年间，桐柏全县皮影戏共发展到120余班，到新中国成立前仍有60余班。

唱腔优美，语言通俗，在美术制作和打击乐器等方面，桐柏皮影戏都具有自己独特的风格。桐柏皮影戏用来伴奏的主乐是唢呐，另外还有锣鼓等打击乐器。高亢的曲子配合着响亮悦耳的打击乐，使戏的气氛热闹喧嚷，具有强烈的民间喜庆色彩。桐柏的皮影子线条古拙粗犷，装饰图案有浓厚的山区民间艺术气息，其中女身发饰、衣饰多为花、草、云、凤图案，男身装束多为龙、虎、水、云图案，其角色分为神、仙、文、武、生、女、卒、首八种行当。如今保留下来仍在演出的剧目有《杨家将》《狄青传》《界牌关》《隋唐演义》《雌雄剑》《西游记》以及《三仙斗》等60多个剧目。

桐柏皮影戏道具

# 南阳市区景点

## 武侯祠 AAAA

### 纪念诸葛亮的名胜

南阳市卧龙区卧龙岗乡

乘K1、K18、K23路公交可到

50元

南阳武侯祠，又名“诸葛亮庵”，是为纪念三国时期著名的思想家、军事家诸葛亮而建的大型祠堂群。

南阳卧龙岗武侯祠初建于魏晋，盛于唐宋，是纪念诸葛亮躬耕于南阳的祠宇，在全国九处武侯祠中位居第二。有明清建筑155间，历代题记、碑刻400余通。大拜殿、诸葛草庐为主体建筑，还有古柏亭、梁父岩、野云庵、宁远楼、伴月台、三顾堂等“卧龙十景”。

### 诸葛草庐

诸葛草庐也叫诸葛庵，是后人在诸葛亮故宅基址上新建的一座八角尖顶茅亭。现在的茅庐系砖木结构，八角挑檐，外围有八角回廊，屋顶覆盖茅草。

### 小虹桥

在草庐之前，有一青砖独拱小桥，精巧玲珑，酷似彩虹，因此得名。

### 伴月台

在草庐右廊西部。是一砖砌正方形平台，上面放着石几石凳，旁边有台阶22道，四周围全是砖墙，台下是老龙洞，传说是诸葛亮夜里观星星的地方。

### 玩家解说

武侯祠是纪念三国蜀国丞相诸葛亮而兴建的祭祀建筑。诸葛亮生前被封为武乡侯，死后的谥号是忠武侯，后人都尊称他为武侯。其中勉县武侯祠为刘禅所立的官祠，始建年代最早；南阳武侯祠由诸葛亮故将黄权建立，始于魏晋年间；成都武侯祠，始建于成汉年间，属君臣合祭，最为知名。

## 南阳市博物馆

### 地方综合性博物馆

南阳市卧龙路121号

从南阳市乘坐39路或20路公交车即到

8:00~18:30（夏季），9:00~18:30（冬季）

南阳市博物馆依托南阳武侯祠而建，为河南省优秀爱国主义教育基地。其馆藏文物近两万件，其中不少属珍贵文物。目前基本陈列为东汉南阳历史蜡像，还有“诸葛亮与南阳”“关羽生平”“张飞生平”等专题展览。该馆收藏的文物有鎏金熊足铜樽、小口直颈刻划纹铜壶、辟邪型水注等汉代艺术精品。

## 张衡墓

### 纪念古代科学家张衡

南阳市卧龙区石桥镇小石桥村西北约300米处

在南阳市有去小石桥村的旅游巴士，也可以乘车到石桥镇，然后打车前往

南阳市博物馆文物

张衡墓属国家重点文物保护单位，因张衡晚年曾担任尚书，所以又俗称“尚书坟”。这里由张衡墓园和博物馆两大部分组成，目前张衡墓园的占地面积0.16公顷，由汉阙、山门、门房、拜殿、角楼、石像生、浑天仪、地动仪雕塑景点组成。

### 链接

**张衡**

张衡（78—139），字平子，南阳西鄂（今河南南阳市石桥镇）人，是中国东汉时期伟大的天文学家。张衡在天文学上有着非凡的成就。他发明创造了“地动仪”，这是世界上第一架测定地震及方位的仪器，比欧洲早1700多年。他还发明创造了“浑天仪”，这是世界上第一台用水力推动的大型观察星象的天文仪器。

## 医圣祠

### 医学家张仲景的祠墓

南阳市宛城区东关温凉河畔

从南阳火车站坐26路公交车到医圣祠下车

25元

医圣祠是中国名满世界的汉代伟大医学家张仲景的祠墓所在地，是为纪念他所建祠堂，张仲景的墓也在祠内。医圣祠坐北朝南，占地约1公顷，现大门为仿汉建筑。

### 链接

**张仲景**

张仲景（约150—约219），名机，字仲景，东汉南阳人。张仲景曾广泛收集医方，写出了传世巨著《伤寒杂病论》。其确立的辨证论治原则，是中医临床的基本原则，是中医的灵魂所在。张仲景亦被后人尊称为“医圣”。

## 独山森林公园

### 国家矿山公园

南阳中心城区3千米处

在南阳市区乘坐K3路公交车即到

独山是距南阳市最近的省级森林公园，因山产独玉而得名。这里跨越面积400公顷，规划面积700公顷，海拔367.8米。主要划分为三大景区：森林旅游区，生态观光区，休闲

医圣祠

娱乐区。独山宗教文化历史悠久，有道教名观祖师宫、玄庙观，有佛教寺院豫山禅寺。

## 菩提寺

### 具有唐代风格的明清建筑

南阳市镇平县城郊乡杏花山

菩提寺始建于唐初，寺内的殿宇楼阁依山而建，有四重院落。

位于中轴线上的明清建筑有照壁、山门、二佛殿、大雄宝殿、法堂、藏经楼，两侧有钟鼓楼、大斋堂、仓房、东西库房、禅房、道院等。

## 鸭河口游览区

### 集防洪、灌溉、养殖、旅游于一身

南阳市镇平县城关镇北隅

鸭河口水库库区面积约120平方千米，蓄水约13亿立方米，具有防洪、灌溉、养殖、旅游等综合功能。临库或乘船在库中观光可领略群峰叠错的无限风光。库区里有鱼类水族20余种和水鸟10多种，也有水库大坝、泄洪闸、发电站、纪念亭等景观。

## 花洲书院 AAAA

### 中国典型书院

邓州市人民东路

¥ 30元

花洲书院，始建于宋代庆历年间，北宋著名政治家、军事家、文学家、教育家、思想家范仲淹任邓州知州期间创建了书院内讲学堂——春风堂、藏书楼、斋舍，并在书院东侧创建了百花洲，重修了览秀亭，建造了春风阁。花洲书院因百花洲而得名，有菊花台、亭榭、太湖石、范文正公祠等景点。

## 福胜寺塔

### 一座楼阁式密檐砖塔

邓州市北郊

福胜寺塔建于北宋时期，后为兵燹所毁。现存的塔共7层，高36.7米，通体呈八棱圆锥状，是一座楼阁式密檐砖塔。

## 汉桑城

### 一座世界上最小而又最奇特的城

南阳市新野县城关镇

汉桑城实际是两处长宽不过3米的古迹建筑。面积十多平方米，城高2.7米，没有城门，没有城楼，只有11个城堞。城里面有一株枯枝苍劲、霜皮虬柯的桑树。据传，这棵桑树是关羽常系战马的树。到了明代，当地官府又为古桑砌一匝仿古堡式的城垣，故名“汉桑城”。

## 汉议事台

### 刘备等商讨国事的地方

南阳市新野县城关镇政府街南侧

新野议事台也叫汉议事台，原名议事堂，原始建筑修于三国时期，现存建筑为后人重建，是刘备三顾茅庐请出诸葛亮后，为议论军国大事特意修筑的。台为矩形，南北长80米，宽4米，高5米，由砖石垒成。台上建起了纪念亭一座，角端又装饰着镇海神像八尊，亭里面漆柱分立，亭的下层角、坡、脊、檐上也是飞檐走兽。

## 山陕会馆 AAAA

### 有“中国第一会馆”之誉

南阳市社旗县社旗镇 ¥ 40元 ☎ 0377-67921873

山陕会馆原名山陕同乡会馆，又名山陕

## 山陕会馆戏台

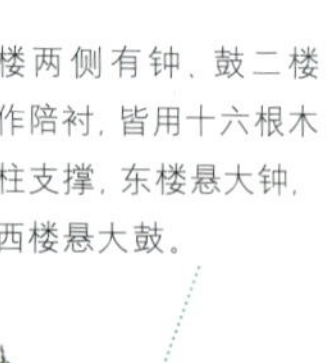


庙、关公祠，曾称鼎元社，是座巍峨壮观、金碧辉煌的宫殿式古建筑群，是清代山西、陕西旅居社旗镇的富商大贾接客迎仕、联谊集会和焚香祭奠的场所，因养有监管僧道，亦称山陕庙，是南北九省过往要道和货物集散地，有街72条。清乾隆年间，曾和朱仙镇、回郭镇、荆紫关镇并列为河南四大名镇。会馆坐北朝南，占地面积约7750平方米，地面全部用一尺见方的青白石板铺砌，现存殿、堂、楼、阁及各种建筑130多间。会馆分照壁、悬鉴楼、大拜殿、春秋楼四个主体建筑。

### 药王殿、马王殿

药王殿与马王殿位于会馆主体建筑大拜殿的两侧，中间用高架过道连着，形成会馆的神殿区。药王殿、马王殿坐北朝南，自南至北由月台、拜殿、座殿组成。

### 春秋楼遗址

春秋楼为会馆主院最后一进建筑，因为这里面供奉着关羽夜读《春秋》的神像而得名。春秋楼始建于清乾隆二十一年（1756年），下面建重层台基，台基地面以斗方青、白石块交错铺砌，前面分设左、中、右三踏道，阶周设雕花石栏板及蟠龙望柱。

山陕会馆

# 景点推荐 伏牛山景观区

## 伏牛山

有“八百里伏牛”之誉

伏牛山，是河南省境内平均海拔最高、分布面积最广的山脉，因此，也有着“八百里伏牛”的美誉。这个美誉不仅说明伏牛山的地域辽阔，也彰显了它在河南省乃至全国范围内的显著地位。

伏牛山不仅是地理标志，更是生态宝库。它的森林面积在河南省内最大，覆盖率最高，这意味着伏牛山是河南省最重要的绿色生态保护屏障。此外，伏牛山还拥有丰富的旅游资源。其独特的地貌、丰富的植被、多样的动植物种类，使得这里成了旅游胜地。越来越多的游客来到这里，欣赏大自然的美景，体验生态旅游。

## 内乡县衙 AAAA

有“天下第一衙”之称

南阳市内乡县县衙路88号

75元

内乡县衙建于元大德八年（1304年），是我国目前唯一一座保存最完好的封建时代县级官署衙门，为国内第一座衙门博物馆。

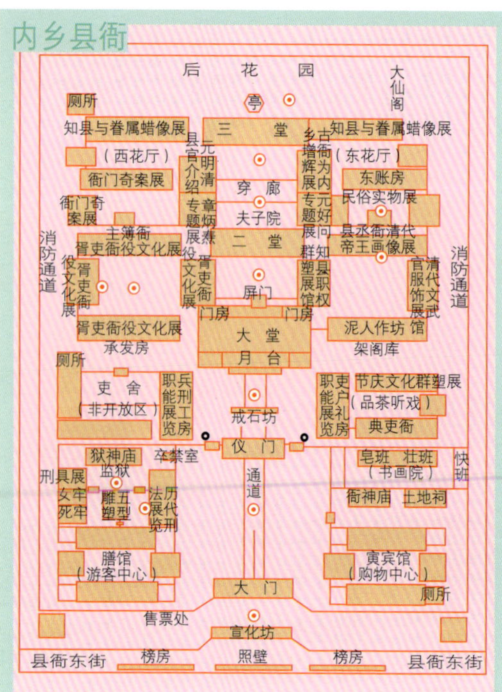


县衙整体布局分为三路，现存主要为中轴线上的照壁、大门、大堂、三班六房、二堂、公署、三堂等建筑，有房屋117间，是一组规模宏大的官衙式建筑群。县衙坐北面南，占地面积8500平方米，整个建筑具有我国南北方古建筑的文化艺术风格，是迄今全国保存最为完整的古代县衙，享有“龙头在北京，龙尾在内乡”“北有故宫，南有县衙”“一座内乡衙，半部官文化”的美誉。

## 玩家解说

内乡县衙之所以能够享誉全国，是因为它有博大精深的文化底蕴，其中较重要的是它丰富的陈列展览。中轴线上的大堂、二堂、三堂及东西花厅

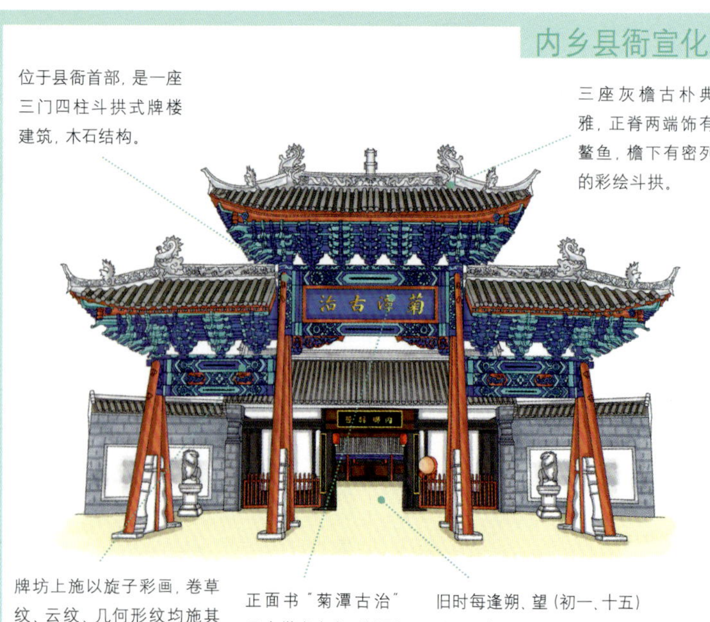

等主体建筑及陈列，再现了古老县衙的真实面目和威严气势，以及佐贰官、书吏师爷办理公务、审理案件以及家眷生活起居的真实场面；在东西辅线上的建筑内，围绕县衙内容的辅助性陈列，主要用实物和文字版面展示和介绍有关衙门的文化知识。

## 宝天曼国家森林公园 AAAA

野生动物生态示范区

南阳市内乡县七里坪乡三道河村

75元

0377-65065555

宝天曼国家森林公园是世界生物圈保护区、世界地质公园、国家级自然保护区，是河南独一无二的自然生态的知名品牌。山体海拔500—1845米，主峰海拔1830米。总面积100多平方千米。有骆驼峰、七星潭、天心洞、五龙潭瀑布和宝天河谷等景区。

### 玩家解说

这里的森林覆盖率达90%以上，许多“孑遗植物”“活化石”及珍禽异兽至今仍然存活。

景区内共有植物2900多种，属国家级重点保护的有29种，省级重点保护的有26种。在这里生活的金雕、金钱豹、大鲵、红腹锦鸡、香獐等30多种动物已经被列入国家级重点保护动物。此外，这里还有昆虫3000多种，仅蝶类就有170多种。景区里面的土特名优产品种类繁多，目前已经发现野生果树110多种，野生花卉436种，野菜类植物173种，药用植物1055种。

宝天曼森林公园

### 五龙潭

五龙潭位于宝天曼南的曼子山上，在约五千米的深山峡谷中，因为瀑布跌落自然形成了五个潭，依势为黄龙潭、赤龙潭、白龙潭、紫龙潭、黑龙潭。

### 七星潭

七星潭景区在宝天曼南，中间一道10千米长的峡谷中有很多奇峰和绝壁。河谷中有花岗岩河床，各种形态的花岗岩巨石立在河床上。七潭河顺着花岗岩山体分七阶跌宕而下，每阶之间又形成斜落式的瀑帘，瀑帘跌入深潭之中。

### 天心洞

天心洞在宝天曼南麓独孤垛的山腰之间。该洞在悬崖峭壁的中心地带，洞口直插而下，就像是山的心腔一样，所以叫作“天心洞”。洞口为罕见的对天直敞式，由一座二层仿古画亭遮盖。入洞通道为九层垂直旋转钢梯。主要有三个景区：圣光普照、天府飞雪、天海同心。

### 仙人洞

仙人洞位于宝天曼北的大洞山脚。洞在

宝天曼云梯

绝壁悬崖的河谷旁，松河水从两山峡谷的洞前流过，地势险峻。昔日洞厅中曾塑有众多神像，尤其以十八罗汉最为闻名。

## 宝天曼博物馆

### 生物多样性资源

南阳市内乡县城关镇，312国道南侧

宝天曼博物馆占地面积15 000平方米，展馆面积3600平方米，为河南省规模最大、展品最为丰富的自然类博物馆。博物馆内部由序厅、地质生态厅、古生物厅、地质遗迹厅、植物厅、动物厅、人与自然厅、工艺品厅、多功能厅等九个展厅及生态、地质科普走廊组成。

## 龙潭沟 AAAA

### “中原一绝，人间仙境”

南阳市西峡县双龙镇化山村，毗邻311国道

55元

0377-69921252

龙潭沟风景区属于谷地型旅游区，面积约500公顷。其瀑布数量之多、落差之大是

老界岭——巍巍伏牛山，远眺老界岭

中原独有、全国罕见的。龙潭沟全长12千米，自然落差近千米，两岸石壁陡峭，花岗岩体雄奇壮观，18个梯式瀑布构成壮观的瀑布群，是我国规模最大、布局最集中的瀑布群之一。景区共分布着大小11个落差不同的瀑布，最大落差100多米，最小的也有20多米。

## 老界岭 AAAAA

### 中原最佳避暑胜地

📧 南阳市西峡县太平镇 ￥ 60元

西峡县老界岭自然保护区位于伏牛山主峰，观赏面积1.2万公顷，有景区9个，景点260多个，是登高寻幽、避暑度假、科普考察的理想园地。

主要景观有鸡角尖、少女峰、擎天峰、瀑布群、九珠峰，还有迎宾石、刀劈岩和人迹罕至的原始森林，景色十分神奇。这里还是我国最丰富的生物物种基因库之一，保护区内有植物2879种，珍禽异兽400多种，中草药1200多种，如千年银杏、千年杜鹃、国宝连香等。

**玩家 解说**

该景区区内海拔最高点是2212.5米，最低点是600多米，相对高差为1600多米。主要山峰为鸡角尖，位于太平镇东北部，是西峡、栾川、嵩县三县界山，因为山峰高矗，远看像是向东引颈高歌的雄鸡而闻名。

## 西峡恐龙遗迹园 AAAAA

### 大型恐龙主题公园

📧 南阳市西峡县丹水镇三里庙村

￥ 75元

📞 0377-69778999

西峡恐龙遗迹园是一座大型恐龙主题公园，主要由地质科普广场、恐龙蛋化石博物馆、恐龙蛋遗址和仿真恐龙园四部分组成。西峡出土的恐龙蛋化石，数量大，种类多，分布广，保存好，堪称“世界之最”，被誉为继“秦始皇陵兵马俑”之后的“世界第九大奇迹”。

这里以西峡恐龙蛋化石为主要展出特色。这里有全国唯一一个以恐龙蛋化石为主要展品的西峡恐龙蛋化石博物馆，有世界唯一一座以恐龙蛋化石原始埋藏状态为特色的恐龙蛋遗址展馆，这里还有中原首座动感4D影院，有以展示地球沧海桑田变化和生物复杂演化主题的时空隧道，有以模拟恐龙原

西峡恐龙遗迹园

始生活环境为景观特色的仿生恐龙园，是研究地球演化、天体演变、灾变事件和恐龙生活习性、生态环境与物种灭绝等科研项目的重要基地。

### 玩家 解说

西峡恐龙遗迹，属于白垩纪断陷盆地沉积。恐龙蛋遗址的蛋化石层是西坪—丹水盆地的最高层位，暴露的蛋化石已有1000多枚。在它的下部地层中至少还有16个产蛋层，现已确定蛋化石分别归于6科9属13种。特别是西峡巨型长形蛋和戈壁棱柱形蛋，世界稀有罕见，是西峡蛋化石的标志。

## 西峡寺山国家森林公园

### 伏牛山世界地质公园的核心部分

南阳市西峡县城关镇西郊

50元

8:00~18:00

西峡寺山国家森林公园是伏牛山世界地质公园的核心部分，山因寺灵而名寺山，主要分为三大景区：立石沟景区、太阳沟景区、水磨沟景区。公园融自然景观与人文景观为一体，以幽、静、野、秀著称，主要景点有马头山、黑龙潭、洼尊石、元好问书院遗址、燃灯寺等。

### 玩家 攻略

公园以四季常青、生长茂密的马尾松林、杉木林为主，灌木以连翘、迎春、杜鹃、绣线菊为主，一年四季景观如春。无论何时旅游，都能感受到大自然带来的惬意。

## 云华蝙蝠洞

### 宛如神圣的艺术殿堂

南阳市西峡县五里桥乡白河村

60元

8:00~18:30

云华蝙蝠洞属喀斯特岩溶地貌。因内岩壁上布满云朵样花纹，又因里面有无数蝙蝠栖息，所以叫作“云华蝙蝠洞”。洞中栖息着7个品种约10万只蝙蝠。全洞共9个景区，32

西峡寺山国家森林公园

个景点，是一处融自然观赏、洞中探奇、生态览胜、消夏避暑为一体的旅游景点。

玩家 攻略

洞中栖息着7个品种约10万只蝙蝠，属于世界奇观。其中大白蝙蝠和小耳蝙蝠系新发现的珍稀品种，在国内外罕见。有的蝙蝠展翅宽度可达58厘米，掠空飞翔，姿态优美；白天在洞中石壁上倒挂栖息，遇到惊动，就转动头部，抖动双耳，发出鸣叫；出洞盘旋觅食时，持续数小时，场景壮观；黎明前，先在洞口盘旋片刻，然后疾速进洞，比出洞更为壮观。

## 五道幢生态区

综合性旅游胜地

南阳市西峡县二郎坪乡

60元

五道幢景区峡谷奇特，景区内共有深鬼望天、玉女潭、一摇三晃桥、仙人墙、蛟龙盘壁、金豆洞、软桥、阳关三叠、喷珠瀑、金沙滩、妹妹桥、灵穴等各类不同景点40多处，是一个融探险、娱乐、观光、休闲、避暑、度假、科教、强身健体为一体的综合旅游胜地。

## 西峡大鲵自然保护区

保护濒危物种大鲵的地方

河南省南阳市西峡县北部，伏牛山南麓

大鲵自然保护区是重点研究项目，主要建设内容包括实验室、救护室、鱼池及附属工程等。这里是融大鲵栖息地自然生态保护、大鲵资源种群观测、救助、科研开发、人工繁育为一体的综合性保护区。

玩家 解说

大鲵属国家二级保护动物，俗称“娃娃鱼”，是3.5亿年前与恐龙同时代生存并延续下来的珍稀物种，属于鱼类和爬行动物之间的过渡动物类型，是珍贵的“活化石”。过去由于人为捕杀、生态环境恶化等原因，大鲵濒临灭绝，被列入《濒危野生动植物种国际贸易公约》附录。

## 荆紫关古镇

河南著名的历史文化名镇

南阳市淅川县荆紫关镇

荆紫关古镇是河南省公布的第一批历史文化名镇，为唐代后期形成的商业古街，面临丹水，背负荆紫关。现存古代建筑有：荆紫关古街道、关门、山陕会馆、禹王宫、平浪宫、万寿宫、法海寺、清真寺、“一脚踏三省”碑亭等。

## 丹江大观苑景区 AAAA

亚洲第一大人工水库

跨越豫鄂数县市，丹江小三峡在南阳市淅川县马蹬镇

98元

丹江风景名胜区是融旅游观光、休闲度假为一体的综合性旅游胜地，总面积590平方千米，包括丹江、小三峡、香严寺、坐禅谷、渠首、荆紫关、龙山等精品景区（点），寺外有珍珠涌泉、水帘垂洞等自然景观。

荆紫关古镇

**链接**

**丹江的文物**

在丹江沿岸，发现有一亿年前的恐龙蛋化石和50万年前的大象门齿化石，以及20多种古脊椎动物化石，还发现有猿人牙齿化石和30多处新石器时代遗址、10多处古城址、20多处大型古代墓葬，以及一些残留的古建筑群。历史上比较著名的“秦晋伐鄀”“秦楚丹阳血战”等战役就发生在这里。春秋五霸之一的楚国的早期都城——丹阳，很可能就在丹江沿岸的龙城。

## 丹江口湿地保护区

有“地球之肾”的美称

南阳市淅川县境内

丹江口湿地是中国南水北调中线工程的水源地，以保护水生和陆栖野生生物及与其生境共同形成的次生内陆河口湿地生态系统为主要目的。区域内生物资源丰富，有中国一级保护动物白鹤、朱鹮等，二级保护动物大天鹅、鸳鸯、隼、锦鸡等，国家二级保护植物香果树、杜仲、银杏等。

## 香严寺 AAAA

中原四大名刹之一

南阳市淅川县城南40千米的仓房镇境内

¥ 80元

香严寺又名香严长寿寺，该寺始建于唐代，为唐肃宗、唐代宗两朝国师慧忠的修炼道场，唐代宗时被奉为国寺。

香严寺现在保存下来的景点有百余寺舍、石塔碑林、石牌坊、山门、大雄宝殿、韦驮殿、接客亭、法堂、藏经楼等古建筑，以及道家、佛家古壁画若干。现存建筑141间，木雕480余幅，砖雕480幅，石雕520幢，内壁画总面积共计780平方米，占地面积4200平方米。寺院内外还分布有多处名胜奇景，如珍珠泉、双石洞、龙泉、水帘洞、瀑布（又名“白布朝阳”）、花果山、一柏担八榆、一柏一石一庙、一步三眼井、一步三道门等。

## 丹霞寺

千年古刹之一

南阳市南召县留山镇马湾村

丹霞寺是河南省八大名寺之一，是伏牛山寺庙之首、豫南禅宗圣地。丹霞寺又名仙霞寺，始建于唐，清代屡废屡建。本景区以丹霞寺为中心，包括寺庙区、塔林、青龙山、白虎山、古树名、门区等几部分。现存元代砖塔八座，清代石塔四座。

## 九龙沟

动态水石景观最为引人入胜

南阳市南召县马市坪镇傲坪村西北

九龙沟集北雄南秀于一身，被誉为“中原胜景”。九龙沟里面分布着由24条瀑布组成的百尺潭、兴风寺、黑龙潭等瀑布群体，其他主要景点还有九龙大峡谷、龙门聚瀑、珍珠泉、双龙吐水、九龙山庄、龙女浣纱池、龙涎响水沟等。

丹江风景区

香严寺

景点推荐

# 桐柏旅游区

## 淮源风景名胜区 AAAA

千里淮河的发源地

南阳市桐柏县城郊乡西郊3千米

60元（通票）

淮源风景名胜区，是国务院命名的国家级风景名胜区、国家级森林公园，是千里淮河的发源地。景区集淮源、盘古、红色、佛道、《西游记》诸文化于一身，含水帘洞、太白顶、淮源、桃花洞四个各具特色的景区，主峰太白峰顶的云台禅寺是中原道家发祥地之一。

### 玩家解说

桐柏山是南北气候的过渡带，是江淮两大水系的分界线，因此，这里既有北国山体的雄浑，又有南疆风光的秀丽。这里有很多奇山异石，山泉瀑布随处可见，植被也保护完好，动植物种类纷繁。据调查，这里现有脊椎动物33目76科326种，其中列入国家保护的珍稀动物有金钱豹、金雕、水獭、大灵猫、小灵猫、麝、白冠长尾雉、大鲵、穿山甲、青羊、红翅凤头鹃等33种。

## 水濂禅寺

中国临济禅宗的重要道场

南阳市桐柏县城郊乡，县城西6千米的山峡中

水濂禅寺（水濂寺）始建于宋元祐三年（1088年）以前，现有景点为大雄宝殿、毗庐殿、玉佛楼、天王殿、山门、僧房楼、功德堂、禅林院、罗汉堂、华藏图书馆等。

## 水帘寺

桐柏山佛教活动的中心

南阳市桐柏县城郊乡，县城西6千米的山峡中

水帘寺有大雄宝殿、玉佛楼、毗庐殿、罗汉堂、竹林精舍、华藏图书馆、素餐馆等各类房舍共180间，建塔园一处，供菩萨128尊，珍藏经书二万余册。这里的自然景观优美，附近有水帘洞。

# 攻略资讯

- 交通
- 住宿
- 美食
- 购物
- 娱乐

## 交通

### 飞机

南阳机场位于南阳市宛城区姜营地段，现已开通南阳至广州、北京、郑州、武汉等城市航线。可乘坐K4和Z2机场夜班专线往返。

### 火车

南阳火车站属客货一等甲类车站，跨焦柳、宁西两线，吸引区范围涉及南阳和平顶山两市。南阳火车站有发往北京、上海、广州等方向的火车，宁西铁路也经过南阳。

南阳市卧龙区新华西路 乘7、28等路公交车即到

南阳东站，是南阳的高铁站，途经线路为郑渝高速铁路郑万段。南阳市宛城区茶庵乡渠首大道与幸福路交口 乘37、Z3路公交车即到

### 汽车

南阳有3个较大的汽车站。

**南阳汽车站：**位于南阳市卧龙区车站路。0377-63131661

**南阳南站：**位于南阳市宛城区长江东路与独山大道交会处。0377-63112876

**南阳商城汽车站：**位于南阳市工业路78号。13938979763

南阳夜景

南阳夜景

## 住宿

南阳相对高档的宾馆整体住宿价位相差不大，价位在200~300元。若选择靠近汽车站等交通方便的地方，则可以考虑银都建国宾馆和方圆快捷酒店。此外，位于中州中路的梅溪宾馆和豫宛宾馆也是不错的选择。南阳市建设路、新华西路等繁华路段都有经济实惠的酒店可供选择，如白云宾馆、交通旅社、银河宾馆等。

### ●南阳富唐中州国际饭店

南阳富唐中州国际饭店融客房、餐饮、娱乐、会议为一体，建筑面积23 000平方米，拥有176间（套）客房，豪华包房40间。✉ 南阳市信臣路与独山大道交汇处 ☎ 0377-62225555

### ●南阳金凯悦东方酒店

金凯悦东方酒店内设总统套间、豪华套间、行政套间、上午套间和标准间等248间客房，能满足游客无限尊贵的商旅生活。✉ 南阳市高新区张衡路6号 ☎ 0377-63598100

### ●72时尚快捷酒店

72时尚快捷酒店是一家融餐饮、客房为一体的快捷商务酒店，有现代都市风格的快捷客房百余间、格调高雅的餐厅包间13个。✉ 南阳市张衡东路 ☎ 0377-62379999

### ●南阳银河宾馆

宾馆位于新华路与文化路交会处，地理位置佳，入住可享免费停车，停车场内有5个充电车位。✉ 南阳市卧龙区新华西路165号与文化路交会处 ☎ 0377-63329888

南阳宾馆

唐河肘子

## 美食

南阳的风味小吃众多，唐河火腿、唐河绿豆凉粉、新野板面、镇平烧鸡、博望锅盔、社旗胡辣汤、社旗桥头黄焖鸡、南召白土岗辣子鸡、南阳阎天喜饺子、桐柏豆筋等，都足以让人食欲大开，游玩至此，不可错过。

### 美食小吃

**●镇平侯氏烧鸡**

也称镇平烧鸡。其烧鸡色泽鲜艳，断筋离骨，皮香肉烂，肥而不腻。凡到过这里的人，大都慕名品尝，不少人临走还会拎上几只。目前，镇平以“侯记老字号”烧鸡最为知名。

**●唐河肘子**

又称唐河火腿，由特殊配料卤制而成，肉质肥而不腻，味道浓郁，咸香适口。唐河县张店镇民间制作的火腿，已有千余年历史。

**●炸回头**

用一块四方面片做皮儿，包上青韭、团粉等做的馅，两个双角折叠。油炸后，皮酥馅鲜。

**●灌肠**

其实不是肠，而是用团粉和红曲做成的像腊肠样的东西，切成薄片，放在平底锅里用猪油煎焦，吃时加蒜汁盐水。

**●艾窝窝**

形状像大元宵，做法是，先将江米蒸熟，揉成圆团，再把由白糖、芝麻、山楂、豆沙等做成的馅包在里面，外皮上再滚些干熟米粉即成。

### 美食去处

南阳市美食众多，主要分布于城市中心地带。许多味美价廉的特色小吃多分布于学校周围和郊区。

信阳人家位于滨河东路体育中心西侧。主打菜：京酱鸭丝卷饼、红烧肉窝窝头、郑州黑老婆香辣虾、鳝鱼千品丝、糯米黄金排骨、油泼面等。

## 购物

南阳的民间工艺历来发达，其中最具魅力、最具有个性的当属玉雕、烙画、丝毯、牛角雕、黄石砚。其中玉雕、烙画、丝毯被称为“南阳三绝”。

### 南阳特产

南阳当地的土特产有：板栗、糖酥梨、山茱萸等。工艺纪念品有：南阳独山玉雕、南阳丝毯、牛角雕、烙画、丝绸、黄石砚等。

**●南阳玉雕**

又称“独山玉”或“南玉”，产于南

南阳玉雕

阳市城区北边的独山，为全国四大名玉之一。独山玉玉质坚韧微密，细腻柔润，光泽透明。

### ●南阳烙画

烙画，也称烙花、烫花、火笔画、“火针刺绣”，它是利用碳化原理，通过控温技巧，不施任何颜料，以烙为主套彩为辅的表现手法，在竹木、宣纸、丝绢等材料上勾画烘烫作画，巧妙自然地把绘画艺术的各种表现技术与烙画艺术融为一体，形成自己独特的艺术风格。

### ●南阳角雕

角雕是南阳一种古老的民间雕刻工艺，生产主要以牛角为原料的艺术品、实用品、保健品等。产品质地细腻，色泽自然，雕琢精细，神奇自然，给人以独特新颖的感觉。角雕风格古朴，深浅得宜，造型自然优美。

## 南阳购物场所

南阳大型的百货商店和量贩主要集中在中州路和人民路，南阳特色商品玉雕和烙画在武侯路有卖。

# 娱乐

南阳的娱乐活动有很多，喜欢体育运动、民间文艺、现代娱乐的游客都可以在这里享受独特的感觉。

### ●体育活动

位于世界地质公园伏牛山之中的老界岭滑雪场是河南人气最旺的滑雪场，冬天来到南阳一定要来这个距南阳市区150千米处的滑雪场过过瘾。如果其他季节来到这里就会发现它又变身为滑草场，这里培植了10万平方米的高山草坪，形成了高山草原规模。

宛梆《打金枝》

### ●地方文艺

喜欢戏曲文艺的游客来到这里可以观看当地特色曲艺。当地曲艺种类不少，主要有：宛梆、大调曲子、三弦书、鼓词、锣鼓曲、槐书。

### ●现代娱乐

南阳的现代化娱乐非常发达，能满足人们各种各样的需求。

**蹦K KTV：**位于卧龙路中段农业学校对面。☎ 0377-63496677

**歌友汇量贩KTV：**位于康达路与解放路交叉口南行30米路东。☎ 0377-67555555

**畅歌时尚派对KTV：**位于工业路环卫处办公楼。☎ 0377-63383000

## 节日和重大活动

| 节日 | 地点 | 时间 |
|---|---|---|
| 祭盘古 | 桐柏山 | 农历三月初三 |
| 南阳国际玉雕节 | 镇平 | 4月底至5月初 |
| 张仲景医药文化节 | 南阳 | 9月20日至10月10日 |

发现者旅行指南

# 许昌及周边

## （含许昌、周口、漯河、平顶山）

# 概览

## 亮点

### 尧山

雄踞中原，既有北国山岳的雄伟峻拔，也不乏南方山水的钟灵毓秀。

### 画眉谷

因有众多的画眉鸟栖息而得名，景区中奇峰怪石林立，清溪碧潭点缀其中。幽峡、秀瀑、石洞等构成了完整的旅游风景体系。

### 伏羲太昊陵

中国帝王陵庙建筑群中唯一一例以伏羲先天八卦之数理兴建，是中国名陵之一。

### 太清宫

相传是老子的诞生地，也是展示老子文化的主要地方。

### 老君台

原名升仙台或拜仙台，原来是明道宫的一部分，也是反映老子文化的景点之一。

### 石漫滩森林公园

景区山峰叠翠、草木送香、群山环抱、水映青山，有“北国小江南”之誉。

### 风穴寺

始建于东汉，重建于北魏，是中国最古老的佛寺之一。与少林寺、白马寺、相国寺合称为“中原四大名刹”。

## 线路

### 许昌二日游

第一天，上午参观春秋楼，遥想关羽当年在此夜读《春秋》的场面；下午去文明寺塔、曹丞相府等景点。

第二天早上去鄢陵花都温泉，体验一下这里的温泉，放松身心。下午带着十足的精神到花木博览园，好好欣赏一下这里的美景。

### 漯河一日游

先到南街村，感受文明村的崭新风貌。然后来到小商桥，欣赏这座具有古代特色的桥梁。接着到杨再兴墓祭奠过去的抗金英雄。山陕会馆彩牌楼也值得一看。

### 平顶山二日游

第一天先游览昭平湖，尽情享受水山一色的美景，接着参观佛泉寺、风穴寺等古寺。

第二天游览尧山，看将军峰、过通天门，再看看这里的杜鹃，风景甚佳。

### 周口一日游

上午先前往伏羲太昊陵，参观奇特的八卦式陵墓建筑，感受人文初祖的非凡智慧。接着前往鹿邑县，游览太清宫和老君台，体验道家传统文化魅力。

## 为何去

许昌历史悠久，是华夏民族重要的发祥地之一，这里曾是曹魏时的国都，古迹众多，还有鄢陵国家花木博览园、紫云山等自然景观。

南街村

漯河市在历史上是一座商城，素有“水旱码头”之称。这里的名胜古迹保存较好，著名的“红色南街村”是一个美丽而带有传奇色彩的村庄。

平顶山别称鹰城，境内尧山一经发现便名满中州。

周口这片古老的土地上有着灿烂的文化和众多的名胜古迹，伏羲太昊陵、太清宫、关帝庙等，让人神往。

## 何时去

鲜花盛开

许昌及其周边漯河、平顶山等城市位于河南中部，这里夏季炎热，冬季寒冷，秋季是最佳的旅游季节。秋季天高气爽，温度适宜，山上层林尽染，风景如画。大部分时令瓜果在此时上市，既能品尝新鲜食品又能舒适地游玩，何乐而不为呢。

此外，每年的元宵节期间，漯河会举办大型灯展，有高跷、旱船等民间表演，热闹异常。对民俗感兴趣的可以选择此时出游。

丞相府

# 区域解读

许昌区号：0374
漯河区号：0395
平顶山区号：0375
周口区号：0394
面积：约27 454km²
人口：约2047.6万人

## 地理 GEOGRAPHY

### 区划

许昌市下辖2个区（魏都区、建安区）、2个县级市（禹州市、长葛市）、2个县（鄢陵县、襄城县）。

漯河市下辖3个区（源汇区、郾城区、召陵区）、2个县（临颍县、舞阳县）。

周口市下辖2个区（川汇区、淮阳区）、1个县级市（项城市）、7个县（扶沟县、西华县、商水县、沈丘县、郸城县、太康县、鹿邑县）。

平顶山市下辖4个区（新华区、卫东区、湛河区、石龙区）、2个县级市（汝州市、舞钢市）、4个县（宝丰县、郏县、鲁山县、叶县）。

### 地形

许昌市地处中原腹地，西依中岳嵩山，北、东、南接黄淮海大平原。

漯河市位于伏牛山东麓平原和淮北平原交错地带，境内河流为淮河流域沙颍河水系，淮河两大支流沙颍河、澧河贯穿全境并在市区交汇，滨河城市特色明显。

周口市位于豫东平原，属黄淮平原的一部分，整体地势西北高，东南低。周口境内整体地貌平坦，市内以沙颍河为界，以北为黄河冲积平缓平原区，以南为淮河及其支流冲积湖积平原区。境内有沙颍河、涡河等扇形水系。其中沙颍河是淮河的最大支流。

漯河城市晚霞

绕山云雾

平顶山市处于豫西山地和淮河平原的过渡地带。西部以山地为主，东部以平原为主，位于鲁山县的尧山，海拔2153.1米，为平顶山市境内最高峰。平顶山市境内主要河流有沙河、北汝河，均属淮河水系，河流以雨水补给为主。

### 气候

许昌和漯河两市均属暖湿性季风气候，四季分明，光照充足，气候温和，雨量适中。

平顶山市为大陆性季风气候，春暖、夏热、秋凉、冬寒，四季分明，雨量充沛，光照充足。春夏多刮偏南风，秋冬多刮偏北风，常有来自西伯利亚的冷空气入侵。

周口地处亚热带季风气候和暖温带季风型气候模糊地带，具备南北气候之长，四季分明，雨量充沛，冬季日夜温差较大，降水夏秋偏多，冬季偏少，年平均气温在15℃左右。

## 历史 HISTORY

### 许昌历史大事记

许昌灵井遗址出土的古人类化石，距今10万—8万年，考古学界称其为“许昌人”。“许昌人”的考古发现，填补了中国现代人类起源中重要的一段空白。

新石器时代，先民在这里定居生息。在今舞阳县贾湖遗址发现的新石器时代早期的裴李岗文化契刻符号，距今已有8000余年的历史。

三皇五帝时期，夏、殷商时期许地分布的诸侯国和部落有历（今禹州市境内）、有熊氏（今长葛市境内）、昆吾（今建安区境内）、康（今禹州市境内）。

东汉建安元年（196年），曹操至东汉京都洛阳迎献帝，迁都许县（今许昌东），使之成为当时中国北方的政治、经济和文化中心。魏国魏黄初二年（221年），魏文帝改许县为“许昌”，为魏五都之一。从此，“许昌”之称一直沿用至今。

抗日战争时期，许昌地区发生了多次战役，包括和尚桥阻击战、许昌东部战斗、许昌守城战斗、颍桥战斗等大小战役。

玉兰花掩映文峰塔

## 漯河历史大事记

商周时期，漯河小镇逐渐形成，因濒临隐水（今沙河）故称隐阳城。

北魏泰常八年（423年）魏师南伐，破许昌城，颍川郡治召陵。南朝宋所属的颍川郡治便设在召陵县的奇雒城（今漯河市召陵区）。

南宋绍兴十年（1140年）七月上旬，岳飞率一支轻骑驻守郾城，和金兀术一万五千精骑发生激战。岳飞亲率将士，大破金军"铁浮图"和"拐子马"，史称"郾城大捷"。

元代，因沙澧河相汇处，河湾状似海螺，将上口镇更名为螺湾河镇。

明嘉靖三年（1524年），山东定陶进士乔迁任郾城知县，改"螺"为"漯"。明永乐年间该地已是"江淮百货萃，此处星辰罗"的商品集散中心。

清末京汉铁路在这里修建车站，取名漯湾河车站。漯河镇逐渐成为附近农产品和牲畜的集散地，从而代替了邻近的周口、北舞渡、郾城等旧的物资集散中心。

从20世纪90年代开始，漯河市大力发展食品工业，如今已发展成为中国的食品名城之一。

## 平顶山历史大事记

前6000—前1800年，今平顶山市境内多处有人类聚居。境内现有原始社会新石器时代裴李岗文化、仰韶文化和龙山文化遗址。

西周初期，周武王将自己的第四子应叔封于此地，称应国侯，从此，应国成为姬姓的嫡系子孙诸侯国。春秋中叶，应国被楚国灭掉。

前526年，孔子与叶姓始祖叶公曾在古叶邑（今叶县）讨论治国理政之策，留下了"近者悦，远者来"的治国名言。

西汉晚期，新朝地皇四年（23年）三月，以绿林军为主体的刘玄军在昆阳（今叶县）

丰收忙

大破新朝王莽40余万主力部队，这是一次以少胜多的大战，史称"昆阳之战"。

建安七年（202年），刘备由新野引兵北上攻打曹操，曹操派夏侯惇领兵南下迎敌，史称"博望坡之战"。

南宋建炎四年（1130年），金军侵及江南，途经襄阳北归进入平顶山一带，被鲁山人牛皋率领乡亲打败。后牛皋加入岳飞岳家军，成为南宋著名抗金将领之一。

清宣统三年（1911年）十月，宝丰县大刘村人白朗以"打富济贫"为口号率众起义，反对袁世凯政权，起义军历时四年，转战五省，曾发展到三万余人。起义沉重打击了豫西各地的封建势力，冲击了袁世凯的反动统治。

从1953年起，国家大规模开发平顶山煤田，平顶山矿区成为我国著名的中原煤仓。

1957年，平顶山设市，属省直辖市，1964年改为特区，1968年恢复为市，行政沿革至今。

## 周口历史大事记

今淮阳县古称宛丘，传说上古时代伏羲创造先天八卦便发生于此地，今有太昊陵。

秦二世元年（前209年），农民起义领袖

陈胜、吴广在陈郡（今淮阳区）建立中国第一个农民政权——“张楚”政权。

明朝初年，一户周姓人家在南岸的子午街（今川汇区老街）开辟了第一个渡口，“周家口”也因此得名，后简称“周口”。

明代万历年间，贾鲁河河道疏浚完成，周家口成为南接江淮、北通山陕的重要商品集散地，商业贸易繁荣。

清康熙九年（1670年），陈州管粮州判移设周家口，自此周家口成为市镇，是西北与江南物资交流的重要枢纽，至清朝中期，与朱仙镇（今属开封市祥符区）、道口镇（今属安阳市滑县）、赊旗镇（今南阳市社旗县城）并称为河南四大商业重镇。

清道光二十三年（1843年），黄河在中牟决口，致使贾鲁河淤积，贾鲁河北上开封的航道被阻，周家口镇的商业开始走向萧条。

清咸丰同治年间，太平天国北方起义军战乱波及周家口，镇内的许多庙宇建筑被毁。

1938年，黄河花园口决堤，正值汛期的黄河改道，顺贾鲁河、颍河而下。周口一带成为黄泛重灾区，受水灾长达9年。

太昊陵内伏羲塑像

## 曹魏故都——许昌

从建安元年（196年）至建安二十五年（220年），许昌一直是曹魏都城所在。这个时期，曹操及其集团踞许都，奉天子以令诸侯，屯田积谷，广揽人才，不仅完成了北方的统一，而且为统一全国奠定了基础。

汉魏许昌故城的城址在建安区东张潘乡古城村一带，分内城和外城，外城周围7.5千米，内城周围约1.5千米。城内的主要建筑有许昌宫、景福殿、永始台等。内城俗称皇城，坐落在外城的东南隅，呈方形。魏迁都洛阳后，文帝曹丕、明帝曹睿多次重临许昌，住在此宫。可惜的是，这座三国历史名城于南北朝初年毁于兵火，一代帝都仅存遗址。如今，这里还能看得到的遗迹有汉献帝祭天的毓秀台、曹操的赋诗楼、关羽夜读的春秋楼等古迹数十处，是国内遗存三国遗迹最多的地方之一。

在这段历史中，许昌集中出现了一大批让后世许昌人自豪的名人，曹操周围的谋士文人、悍将勇夫，属许昌籍的有30多位，如郭嘉、荀攸、荀彧等。这些人物在正史里有记载，在许昌民间还留有很多传说。

集政治家、军事家、文学家于一身的曹操父子雄踞许昌25年，在这块土地上演绎了无数波澜壮阔的历史画面。曹氏父子在此大兴文学，创建安文学之风；广揽人才，如关羽和蔡文姬；兴修水利，置办农田，振兴经济；威震北方，终成霸业。这一时期的许昌不仅成为中国北方的政治、经济、文化中心，也是曹魏集团赖以同吴、蜀抗衡的军事基地。《三国演义》一书中多次写到许昌，使许昌名声大振，慕名前来瞻仰的文人名士历代不绝。1918年，毛泽东和好友罗章龙从湖南北上北京时曾专程到许昌游览，并合作留下了《过魏都》联句一首：“横槊赋诗意飞扬，自明本志好文章。萧条异代西畴墓，铜雀荒伧落夕阳。”

曹魏政权在许昌的这段历史成了一块根植在许昌大地中的磁石，至今仍散发着巨大的能量。在许昌随处可见以曹魏文化命名的新建道路、建筑、商铺。曹魏文化已经作为一种底色嵌入了许昌的方方面面。

## 壮哉岳家军——郾城大捷

南宋绍兴十年（1140年），金兵分四路向南宋发动大规模的军事进攻。宋廷被迫进行抵抗。

由岳飞率领的岳家军数万人，自湖北出发，很快进入河南中部，连败金军，占领军事重镇颍昌府（今许昌）、淮宁府（今周口淮阳），并乘胜收复了郑州、西京河南府（今洛阳东）等地。岳飞派梁兴等人渡过黄河，联合河东、河北义军，在金的后方痛击金军，收复了不少州县。

完颜宗弼见岳家军兵力分散，又探知岳飞只带有少量军队驻于郾城（今漯河），决定亲率精锐骑兵一万五千人，直插郾城，企图一举消灭岳家军的指挥中心。完颜宗弼与龙虎大王、盖天大王等，在郾城北与岳家军对阵。岳飞令其子岳云率轻骑攻入敌阵，往来冲杀。金军出动重甲骑兵“铁浮图”（穿上重铠、戴着铁帽子的兵，三个一组，只进不退）作正面进攻，另以骑兵为左右翼，号称“拐子马”（由能骑善射女真人组成的左右两翼骑兵）配合作战。岳飞遣背嵬亲军和游奕军马军迎战，并派步兵持麻扎刀、大斧等，上砍敌兵，下砍马足，杀伤大量金兵，使其重骑兵不能发挥所长。岳家军大将杨再兴单骑突入敌阵，打算活捉完颜宗弼，杀金兵数百人。双方从下午激战到天黑，金军大败，只得收兵。这次大战史称“郾城之战”。两天后，金兵再犯郾城，岳飞在城北五里店再败金兵，杀死金将阿李朵孛堇。

七月中旬，金兀术又率兵十二万进逼临颍，岳飞督军迎战。部将杨再兴率三百轻骑为前哨，至小商河，突遇金军大队，陷入重围。经浴血奋战，斩敌千余人。终因寡众悬殊，杨再兴及所部全部战死，后岳飞进驻小商桥，痛悼将军，将其葬于小商河之阳（今小

曹丞相府

商桥东300米“忠墓”）。随后，岳飞率领岳家军乘胜进军朱仙镇（今属开封市祥符区），大败金兀术的十万大军。此役收复颍昌、蔡、陈、郑、郾城、朱仙镇，消灭金军有生力量。金军军心动摇，发出了“撼山易，撼岳家军难”的哀叹。

**名单　许昌历史名人**

西汉名相晁错

三国谋士徐庶

曹操谋臣郭嘉、荀攸

曹魏著名书法家钟繇

唐代著名画家吴道子

**名单　漯河历史名人**

西汉刚正廉士范滂

东汉开国大将王常

东汉著名经学家、文字学家许慎

清末台湾爱国知府陈星聚

**名单　平顶山历史名人**

叶姓华人始祖叶公

刘姓华人始祖刘累

墨家学派创始人墨翟

西汉开国元勋之一张良

东汉中兴名将冯异

唐代文学家元结

前蜀开国皇帝王建

南宋抗金名将牛皋

清代小说家李绿园

清末文学大师徐玉诺

**名单　周口历史名人**

道家学派创始人老子

孔子弟子陈亢

秦末农民起义领袖吴广

东汉名臣袁安

汉末群雄之一袁绍

唐初著名针灸医家甄权

宋初著名道教宗师陈抟

清末大军阀袁世凯

民国名士张伯驹

爱国名将吉鸿昌

许慎文化园

## 文化 CULTURE

### 传承千年——伏羲陵人祖庙会

太昊伏羲陵位于淮阳城北的蔡河之滨，为中国十八大名陵之首。此陵始建于春秋，增制于盛唐，完善于明清，历代帝王御祭数十次，民间祭祀活动更是绵延千年。

每年从农历的二月初二到三月初二，河南周边群众蜂拥而至，大批的港澳台同胞和海外华人也于此时赶来拜谒人祖。农历每月初一、十五，均有盛大祭祀活动。

伏羲陵人祖庙会是中原地区规模最大的庙会之一。庙会起于二月初二的官方祭拜，由地方长官主持，民间的会社旗幡林立，社火队、鼓乐班一起上阵，喧嚣热闹。伏羲陵前，人山人海的群众虔诚祭拜，鞭炮轰隆、香火蔽日。有意思的是，人们在香灰中烤着鸡蛋，烤熟后带回去给家中生病的人吃，祈愿能医治疾病；家中如果有高考的学子便画好自己的画像跟一张画有马的画，在活动中烧掉，期望“马到成功”。这些稍带有“巫”色彩的一些活动从远古一直延续到今天，表达的是一种美好的寓意和祈盼。

庙会的热闹，舞蹈也不可或缺。在远古时代，先民们用号呼、狂舞完成人与神的交流。经过数千年岁月的淘洗，如今这种舞蹈叫作担经挑、担花篮或经挑舞。舞者多为上了年纪的老斋公（或老婆婆）。担花篮舞每班有4个老斋公，三人表演花篮舞，一人打竹板，以说唱形式为舞者伴奏。担经挑表演者身段灵活，舞步轻盈，舞者头上的黑纱相互绞缠，却又自然分解。舞蹈中一些夸张的动作充分表现了伏羲、女娲人面蛇身的形象。这种融祭祖、娱神、求子为一体的远古遗风是原始巫舞的演变，是淮阳独有的“祭祀太昊伏羲氏的巫舞”。

在太昊陵庙会上，还有众多的民俗形式，如拴娃娃、抢旗杆、送楼子、摸子孙窑、花棒槌，以及信灵还俗、泥泥狗等，这些都表现了远古时代人们对生命起源的崇拜。其中，泥泥狗最能吸引人们的眼球，这些泥泥狗，大小不等，形态各异，鸟兽虫鱼、奇禽怪兽达300多种，被誉之为“真图腾、活化石”。

庙会期间，整个陵园从早到晚，香烛纸炮，烟雾缭绕，这也说明了太昊陵人祖庙会的巨大影响力。如今伏羲陵祭祀活动作为中国规模最大的民间庙会，已被列为我国非物质文化遗产。

太昊陵庙会

## 青瓷典范——汝窑

汝窑以温润的天青釉色闻名于世，被誉为中国最完美的青瓷，它总是各大拍卖会的宠儿。汝窑瓷烧制时间短，传世少，又是北宋王室的御用珍品，所以素来被视为稀世珍宝，在历史上有“青瓷之首，汝窑为魁”之称。

汝瓷在宋代已位居我国五大名窑之首，产于河南临汝。隋炀帝大业初年，置临汝为汝州，“汝瓷”因此而得名。汝瓷始烧于唐朝中期，盛名于北宋，北宋王朝建立后，社会逐渐稳定，手工业进步，陶瓷业繁荣昌盛，制瓷技术达到了较高水平。到宋徽宗大观年间，以定白瓷有芒（边沿无釉）不堪用，则改用汝青瓷，命汝州建青瓷窑，专为宫廷烧造御用品，汝官窑称汝窑，把汝窑称临汝窑。北宋后期，宋金战乱不息，汝窑兴盛前后不过20余年。

汝窑以烧制青釉瓷器著称，其器物多仿青铜器及玉器造型，主要有出戟尊、玉壶春瓶、胆式瓶、樽、洗。胎体细洁如香灰色，多为裹足支烧，器物底部留有细小的支钉痕迹。釉色主要有天青、天蓝、淡粉、粉青、月白等，釉层薄而莹润，釉泡大而稀疏。釉面有细小的纹片，称为“蟹爪纹”。汝窑以玛瑙粉入釉，形成了“青如天，面如玉，蝉翼纹，晨星稀，芝麻支钉釉满足”的典型特色。真正的汝官窑烧制时间很短，产品全供宫廷，所以汝官瓷有“近龙难得”的说法。

新中国成立以来，考古工作者为寻找古汝官窑遗址，曾在今汝州市、郏县、鲁山、宝丰等临近10多个县市，发现多处窑址，均属于民窑系统。1987年根据宝丰县提供的实物标本，经上海博物馆和河南省文物研究所复查并进行试掘，终于在宝丰县西大营镇凉寺村南河旁台地上找到了汝官窑址。窑址附近盛产玛瑙石，是汝窑特殊色泽的釉料。这一考古新发现，解决了中国陶瓷史上一大悬案，找到了北宋五大名窑之首的汝窑遗址。

汝窑瓷器传世极少，所以才显得弥足珍贵，在民间收藏中有“收藏青瓷千片，不如汝瓷一片”的说法。目前全世界仅存70余件，在北京故宫博物院有20多件（天青釉盘、三足奁等），在台北故宫博物院有21件（莲花温碗、天青无纹水仙盆等），其余散落世界各地。因此，除了拍卖会上偶然亮相，民间极少能看到，每一件汝瓷都堪称稀世珍宝。

如今，失传的北宋五大名窑，均已重铸辉煌，汝瓷也不例外。作为河南省首批非物质文化遗产代表性传承人的李廷怀大师，是国家有突出贡献的汝瓷专家，他为重续失传八百年的汝官窑文明做出了历史性的贡献，他手工制作的汝窑艺术品在拍卖会上也经常拍出高价。

## 碎“玉”难求——钧瓷

钧瓷与汝、官、哥、定瓷并称为我国宋代五大名窑瓷器。发祥于禹州市神垕镇的钧瓷，经过1000多年的历史演变，其“鬼斧神工”的烧制技艺越发炉火纯青。

唐代以前，我国陶瓷制品的釉色比较单调，基本以青、白为主。到了唐代，陶瓷艺术得到了较快的发展，制瓷工匠不再满足于单一的青色，开始在原有制瓷工艺的基础上，不断创新。工匠们通过在黑釉、褐釉、茶叶末釉上施以呈色不同的釉料，经过高温烧制，终于出现了灰蓝、乳白色的大块彩斑和流纹。到了北宋时期，工匠们在唐代花瓷工艺的基础上，在青釉中加入微量元素铜，创烧成功了高温窑变铜红釉。这时的钧瓷，逐渐把釉在高温下的流动痕迹表现出来，展示出了意想不到的艺术美感和情趣。

钧瓷出现之初，主要生产盘、碗、盆、罐、瓶、炉等，用于日常生活需要。唐宋以来，古钧窑就开始以禹州神垕镇为中心，自南向北发展了。

北宋末期，钧瓷烧制技艺已经十分精湛，备受宫廷赏识。宋徽宗年间，他选派官员，集中钧瓷民窑的优秀工匠，在阳翟（今禹州市）钧台附近设立“官窑”，专为宫廷烧造贡瓷。他还规定，官窑每年要精选36件上品送入宫廷，其余的全部打碎，并且要将碎片深埋于地下，不允许流入民间。因此，钧窑制品传世极少且身价极高，有“黄金有价钧无价”之盛誉，就连后世古官钧的残瓷碎片都成为收藏家追逐之珍品。

钧瓷

北宋末期的钧瓷，可谓历尽坎坷，才得以传承不绝。当时的钧瓷已经不再局限于花盆、盘、碗等简单造型了，更多的是为皇宫摆放盆景所用的各类花盆等陈设品，同时也出现了一些祭祀用的樽、炉、鼎等器物。此时的钧瓷釉色，出现了玫瑰紫、海棠红、玛瑙红等多变的窑变釉色。这些瑰丽多彩的釉色，更使得钧瓷“似玉非玉胜于玉”的天然韵味大放异彩。

宋室南迁后，官钧窑停烧，钧瓷生产也开始萎缩。到了金元时期，神垕民间仍然坚持烧制钧瓷，但是，质量已经严重下降，无论是造型还是釉色都无法与宋代钧瓷媲美。元末明初，因战乱、灾荒和制瓷中心的南移，钧窑生产日渐衰退，钧瓷艺人或逃或亡，烧制技艺也渐渐失传。

马街书会

明朝万历三年（1575年），因钧瓷忌神宗皇帝朱翊钧“圣讳”，被勒令停产。此后300年间，钧瓷生产销声匿迹，直到清朝光绪年间，神垕民间艺人卢振太兄弟及其子侄辈，经过多年的反复试验，终于烧制出了孔雀绿和碧蓝相间的仿钧瓷，使得失传已久的钧瓷烧制技艺恢复了生产，但由于战乱很快衰落。

新中国成立后，钧瓷事业进入大发展时期，改革开放的春风使钧瓷迎来黄金时代。1964年，宋代双乳状柴烧火膛窑的出土震惊世人。2004年，在禹州市钧瓷窑炉博物馆内，仿宋代双乳状柴烧钧瓷窑炉建成后首炉烧制出窑。其中9件完美无缺，釉色莹润，清丽淡雅，“晨曦”“映霞”等景观图画生动逼真，产生了震撼人心的艺术效果。任氏钧瓷世家的第五代传人、工艺美术大师任星航为新时期钧瓷的发展做出了重大贡献。

## 生生不息数百年——马街书会

马街是平顶山市宝丰县一个普通的小村，但就是这样一个小村，每年正月十三却迎来全国各地的几十万人，这些要归功于马街书会。

每到正月十三这一天，来自全国各地的艺人负鼓携琴，云集马街。艺人们说书亮艺，以书会友。无论田间地头，溪畔河边，沟坎连着沟坎，戏台连着戏台，书摊挨着书摊。艺人们或脸对脸、或背靠背，打起简板，拉起胡琴，就这样陶醉其中，自娱自乐起来，有人听时神采飞扬，无人听时自得其乐。

关于马街书会的起源有着各种说法，如“祭祖说”“敬师说”“会艺说”“皇恩说”等，多达十余种。但不管哪种说法，都有一段精彩的故事传说。据马街村广严寺及火神庙碑刻记载，马街书会兴起于元代延祐年间（1314—1320年），距今已有700年左右的历史。

马街书会经久不衰的重要原因是它的“写书”形式。所谓“写书”，是指各地来请说唱艺人，人们在书会上到处游转听唱，遇到合适的，就可以和艺人讨价还价，一旦谈妥价钱，就将艺人请走。这种公平合理的交易，实际上是一种典型的农村文化市场手段，既为艺人发展提供了空间，也满足了老百姓的文化需求。每年的马街书会都要评出“书会状元”，也就是最受群众欢迎的艺人。国内曲坛名流骆玉笙，著名曲艺演员徐玉兰，评书演员刘兰芳，相声演员姜昆、唐杰忠、潘长江、赵铮等都到会献过艺。

马街人热情好客，他们把远来的艺人请到家免费吃住，刚过完年，有的是白馍大肉、好酒好菜。另外还送给“写”不出去的艺人返程所需的钱物，可谓人性化之典范。想必这一世代相习的传统，也是马街书会久盛不衰的另一个秘诀。

即便朝代更迭、天灾人祸，马街村这片土地上的书会却生生不息，顽强地延续了700余年，成为我国文化史上的一大奇观。马街书会是我国优秀的民族民间文化遗产，2006年经国务院批准被列入首批国家级非物质文化遗产名录。

景点推荐

# 许昌旅游区

## 文明寺塔

### 河南省明代砖塔之冠

许昌市魏都区东南隅

文明寺塔在许昌市内东南隅，建于明万历年间。塔通高52米，为八角形平面，13层楼阁式砖塔。塔身各壁皆有门窗，塔内有盘旋梯道，塔上供奉白衣菩萨或文昌帝君。此塔造型优美，结构谨严，是河南省明代砖塔之冠。

## 春秋楼

### 关羽夜读《春秋》之地

许昌市魏都区建设路春秋广场

5路公交可到　8:00~19:00（夏季）；8:00~17:30（冬季）　25元

许昌春秋楼文物景区位于许昌市中心，历史上还有关公宅、武安王庙、关王庙、“两院英风”庙、关夫子祠及关帝庙等名字，是一处明清风格的古建筑群，区内景点主要有：问安亭、关羽勒马听风碑、关羽诗竹碑、关圣殿、甘糜二后宫、春秋楼。相传是关羽归附曹操时所赐的宅第。现在只有春秋楼是原建筑。景区保持“两院英风”的格局：外院有山门、春秋楼、关圣殿（高33米）、刀印楼；内院为园林建筑风格，有甘糜二后宫、问安亭、挂印封金堂、大成殿等。

**玩家解说**

东汉建安五年（200年），曹操东征，下邳之战俘获关羽及刘备甘、糜二位夫人。为保护皇嫂安全，关羽“土山三约”之后暂且归附曹操，来到许昌。曹操宠才爱将，遂拜关羽为偏将军，并赐府宅一处，让关羽和二位皇嫂同住。关羽为避嫌，将一宅分为两院，让二位皇嫂住内院，自己住外院，院中有一楼，关羽在此秉烛达旦，夜读《春秋》，春秋楼由此而得名。

## 春秋楼

## 灞陵桥 AAAA

### 关羽辞曹挑袍的地方

许昌市魏都区许继大道西段七号

乘5路公交可到　30元

灞陵桥，原名八里桥，相传为三国名将关羽辞曹挑袍处，灞陵桥从此扬名。原桥高于水面3米多，是三孔青石桥。桥面宽阔能够通行两辆车，桥长90米。桥旁边有“汉武帝挑袍处”石碑，是明末的将领左良玉所立。另一通碑为“辞曹书”。

## 曹丞相府

### 全方位展示曹魏文化的主题景区

许昌市区魏武帝广场东侧

“曹丞相府”总占地面积约30 000平方米，由曹丞相府、魏武帝游园、周边旅游商业街区等部分构成。曹丞相府的汉代仿古建筑群，是许昌市三国文化景点的重要组成部分，是曹魏故都的标志性景观。曹丞相府是曹操处理军国大事的地方，奠定曹魏霸业的屯田令和求贤令都在这里诞生。

## 华佗墓

### 纪念华佗的墓地

许昌城北15千米苏桥村南石梁河西岸

华佗墓占地360平方米，墓高4米，墓呈椭圆形，前有清乾隆十七年（1752年）所立石碑一通。墓地墙全是用青砖做成，四周围绕着翠柏和青松。1985年中华全国中医学会河南分会在许昌召开华佗学术研讨会，又镌立了“东汉杰出医学家华佗之墓”石碑一通。

**链接**

**“神医”华佗**

华佗（约145—208），东汉末年杰出的医生，世称“神医”。他精通方药，尤擅外科。华佗为人医病，处方不过数种，针灸不过数处，即可病除，在医学上有很高的成就。他用“麻沸散”对病人进行全身麻醉，做腹腔内切除手术。

## 张公祠

曾经的东汉许都官驿

许昌东南18千米张潘乡古城西北隅

张公祠也叫张飞庙，祠建在8米的高阜上，面积10 000平方米。庙中奉祀张飞及刘备、关羽。原有殿、堂、楼、阁、亭、台、庵20多座。主要景观有庙前的“三姓树”、山门洞内两侧的风雨石、庙门、地震碑和祠内的几千块汉砖。

## 逍遥观

有“天下第一观”之称

禹州市浅井乡崆峒山麓

逍遥观是一处道观建筑，是传说中古代轩辕黄帝问道于广成子而成仙得道之地，该观在20世纪50年代仍然保留着众多的古建筑，是以逍遥观为中心，由30多个景点组成的黄帝遗迹游览区。

## 画圣祠

自然风光与人文景观相谐

禹州市鸿畅镇山底吴村

画圣祠初创于唐末，现画圣祠为新修建筑，背靠九龙山。祠前有山门，门内有碑廊；东西厢房陈列有道子真迹遗物。画圣大殿为主体建筑。附近有道子墓、饮牛坑、祖师洞、谜语峰、吴道子垂钓台等景点。

逍遥观

钧官窑遗址博物馆

## 钧官窑遗址博物馆 AAAA

再现北宋皇家钧窑风貌

禹州市钧官窑路60号　乘坐17路、27路公交车即到

免费

钧官窑遗址博物馆是在钧官窑遗址基础上扩建而成，建筑面积3000平方米，建筑为仿宋风格，展示自唐以来各个时期的钧瓷图片、实物和文字资料，以及钧瓷的发展历程、生产工艺等。主要向游人展示的景点有宋钧官窑遗址、宋钧官窑遗址博物馆、现代钧瓷展、陶艺教育中心、现代钧瓷生产工艺、陶艺广场、吴道子书画院。

**玩家解说**

钧瓷是我国古代五大名窑瓷器之一，因其名贵，素有“家有万贯不如钧瓷一件”的美誉。它以五彩斑斓的釉色，古朴典雅的格调，“入窑一色，出窑万彩”的窑变艺术而著称于世。

## 禹州森林植物园 AAAA

河南省药用植物园

禹州城区东北部，距市中心2千米　免费

禹州森林植物园是以山林野趣为主体，集旅游观光、休闲度假、文化娱乐于一身的综合性生态森林植物园。全园共分九个景区、三个景观带。这九大景区分别是：大门景区、引种林区、常青林区、色叶林区、百果林区、百药苑区、百花林区、观光苗圃区、文化娱乐区；三个景观带分别是溪流融梦、花溪泽芳、玉溪潇径。

### 五彩广场

五彩广场在西大门里，是森林植物园内一处独具特色的游乐场。广场呈圆形，直径大约是600米，由5种不同色彩的半圆形花径组成，配以七色泉池、科普展厅。

### 奇木林

奇木林分特殊干枝类、奇叶类、奇花类、奇果类等，是园里面以奇形树木为主的观赏林区。这里集合了北至北国边陲、南到南国天涯的各地树种，奇形怪状，千姿百态。

### 百花林

百花林位于植物园东侧，这里集合了各种木、草、藤、花，是园中最大的林区。百花林林区景观有樱桂林、桃李林、植物造型林、奇花林、牡丹园、蔷薇园等23类，有各种花卉千余种。

### 民俗风情园

民俗风情园是以民族特色建筑和民俗歌舞表演为主的特色游园。整个园区大致呈长方形，总面积500多平方米。主要建筑物有苗族吊脚楼、蒙古包、傣族木楼、维吾尔毡房等，各色建筑原始古朴，巧妙融合，错落有致。游人可以在这里尽情感受民族风情。

### 百药苑和百药馆

百药苑位于植物园的中部，是种植各种草药的种植观赏园区。根据植物药用种类，栽植布局大体按木本、藤本、草本、菌类分区，每个区再按药用特性细分为木本园、藤本园、草本园、菌类园。

百药馆位于百药苑的东侧，是以展示各种草药为主的观赏场馆。馆里面有各种草药，游人在这里不仅可以观赏到罕见的各种名贵药种，还能了解药性，认识那些药材的本性及生长、炮制过程。

### 禹州历史名人园

名人园位于植物园中心区域，是一处花岗岩石塑像群。这里占地面积12 000平方米，呈长方形，人物塑像是出生在禹州或对禹州有重大影响的清代以前的历史名人，如

禹州森林植物园

大禹、少康、吕不韦、吴道子等，每尊塑像净高1.8米，与真人身高相近。

### 文化娱乐中心区

¥ 10元

娱乐中心主要有童话、魔幻、刺激、冒险等主题项目，占地6.67公顷，设有水上世界、禹都广场、会议中心及大型娱乐中心。禹都广场中心设有古长城式禹都城，上面建有禹王宫，展示大禹功绩。

## 白沙水库水利风景区 AAAA

第五批国家水利风景区

禹州市花石乡

白沙水库不仅是河南省屈指可数的大型水利枢纽工程，还是禹州一大自然景观。白沙水库大坝全长1316米，坝高47.88米，坝顶宽6.6米，是台阶式的大坝。这里西接逍遥岭，东到二龙山，像一条巨龙横卧在颍河的河谷中。

## 大鸿寨 AAAA

有“华夏第一寨”的美誉

禹州市鸠山乡

¥ 32元

大鸿寨又叫卧佛山，因黄帝重臣大鸿氏在这里筑寨安民而得名，素有“华夏第一寨”的美誉。主峰大鸿寨高1156米，以涌泉河流为界，自然分成南北两大区域。融自然山、水、洞、林为一体，有优美而丰富的自然生态旅游环境。景区内有摘星楼、水帘洞、闯王峡、鸠山大学遗址等景点。

### 玩家攻略

大鸿寨的红叶可以和香山相比。每年的十月中下旬，这里满山遍野都是红叶，群山看起来更美。在秋天的阳光照耀下，黄栌树叶的颜色会展示出各种红色，有桃红、紫红、嫣红、猩红、绛红、鲜红等，煞是好看。

大鸿寨览胜台

## 大马生态区

以农业观光为主的休闲区

许昌市鄢陵县大马乡

大马生态休闲游览区是以自然生态环境和高效特色农业观光为主的“三区三园一庄”生态景区。“三区”是指大马二道河花卉生态休闲区、南坞清流河生态休闲区、彭店双洎河特色农业休闲区。“三园”是指中原花木博览园、花都温泉度假庄园、花都别墅度假园。“一庄”是指花乡农家乐休闲农庄。

## 鄢陵花木博览园 AAAA

有“鄢陵蜡梅冠天下”之誉

许昌市鄢陵县安陵镇

¥ 免费

鄢陵国家花木博览园占地面积100公顷，始建于2002年3月。整个园区主要划分为博览会展区、蜡梅文化展示区、名优花木展示区、热带植物展示区、竹类植物展示区、休闲度假区、儿童乐园区、生态科普展示区、针叶植物展示区、系列景观区等功能区域。这里开发建设的景点有200多个，绿化植物2000多个品种。

紫云山

## 花都温泉 AAAA

### 以温泉文化为主题

许昌市鄢陵县陈化店镇 乘9路公交至紫荆山站下车可到 99元

花都温泉度假区占地70公顷，是融温泉泡汤、保健养生、SPA水疗、康体娱乐为一体的温泉主题度假区。花都温泉内温泉井深1500米，出水温度63度，露天室内外大小功能汤池103个。度假区利用天然优质矿泉水建造了星座池、生肖池、五行池等80多座风格各异的室外园林式汤池和室内中庭式汤池。这里开发了名花汤、名酒汤、名木汤、香薰汤，以及牛奶浴、中药浴、矿砂浴等适合各类客人的SPA水疗设施，功效较佳。

## 中州人文纪念园

### 建筑风格吸取故宫精华

长葛市东郊

中州人文纪念园建筑面积四万多平方米，建筑风格以皇陵气派、帝王之尊为基础，吸取故宫建筑的精华，古朴典雅的24尊青石神兽分别立在两侧，组成了250米长的神道。山门的右侧是追思楼，是供人们祭祀先人的殿堂。中轴线的左右两边建有纪念台。葛天塔陵园雄踞在祭祖广场上，广场正中间建有祭台，祭台周边塑有百家姓先祖雕像，拱卫祭祖堂。巍峨的社稷台在祭祖堂的后面，社稷台的周边雕有数十尊中原名人的塑像。塔陵园是一座融建筑、雕塑、园林为一体，融祭祀、观光、休闲于其中的旅游观光胜地。

## 紫云山

### 有明代的御封紫云书院

许昌市襄城县紫云镇 30元

紫云山是融自然景观与人文景观为一体的风景区，古称“具茨山”，因山中常有一团紫云笼罩而得名。景区由九山十八峰，五湖一条河和众多文物古迹组成。有明代御封紫云书院、黄帝具茨山会大隗处、春秋老君洞、商周姜子牙故里、财神赵公明洞、楚六王冢等景点。

#### 紫云书院

紫云书院是明代的八大书院之一，坐落在紫云山风景区南部，四周是秀丽幽静、苍翠浓郁、花木葱茏的满山槲林。书院里面有大成殿、左右明伦堂、东西两庑、门楼，外面有钟鼓楼、文昌祠、大门等。

#### 望月亭

望月亭位于紫云书院南150米处的一道小山岭上，有上下两层，高10米，呈方形，边长为5米，青石构造，是书院师生们当年作诗、答对、弹琴、赏月的地方。

# 漯河旅游区

## 沙澧公园

### 山水风景画

漯河市沙河景区

沙澧公园位于沙河景区，岸线长约8千米，因为利用了“结绳记事”和“三点、一轴、四区”的表现手法，园子里面满是春花含笑、夏绿浓荫、秋叶硕果、冬枝傲雪的绿化景观。

## 开源森林公园

### 融自然与人文为一体的公园

漯河市源汇区干河陈乡

开源森林公园占地面积67公顷，以湖面为主体，园区主要划分为节日庆典区、市民广场区、运动健身区、儿童娱乐区、岛屿观光区、生态湿地区、法国古典园林区等专类景区，是融自然风光、人文景观、休闲娱乐、郊野度假等为一体的休闲公园。

## 漯河市人民公园

### 一座综合性公园

漯河市源汇区八一路

漯河市人民公园始建于1970年，占地面积约8公顷，园内栽植树木、木本花卉、绿篱近千个品种。公园包括动物区、人工湖、儿童游乐区、花园景区等部分。

**动物区：**动物区坐落在公园的东北部，建有猴山、水禽馆等建筑，养有金钱豹、非洲狮、东北虎、黑熊、黑天鹅、白天鹅、鸵鸟、鸸鹋等动物29种。

**人工湖：**人工湖处于公园南部，总面积1.3公顷，湖中的两座别致小桥和一座廊桥将湖面分为大小不同的几个区域，湖中有一座假山，山上种满了花灌木。

南街村

**儿童游乐区：**儿童游乐区位于西部，设有舞厅、双人飞天、自控飞机、飞车冲浪、碰碰车、海盗船等大型游乐项目。

## 龙塔古篆

### 郾城八景之首

漯河市郾城区西大街西端路北

龙塔古篆又叫彼岸寺经幢，高12.18米，共分为上、中、下三层，因为有6根蟠龙柱鼎立塔底，所以叫作龙塔古篆。上层为3米高的八棱千佛造像碑，有360尊罗汉，24尊佛像。

## 许慎陵园

### 纪念文人学者的陵墓

漯河市郾城区海河路

许慎陵园是在许慎墓基础上建起来的，墓冢高5米，墓前立有清康熙、光绪年间碑刻二通，墓后苍柏林立。光绪二十五年（1899年），东阿周氏专门来到了墓地祭墓，并在城东的北面买了三亩地，建起了许南阁祠，里面设有“太尉南阁祭酒讳许慎字叔重之位”，上面悬挂着“五经无双”的匾额，现在是郾城区许慎纪念馆。

**链接**

**许慎**

许慎（约58—约147），字叔重，是东汉著名经学家、文字家、语言学家，中国文字学的开创者。曾经任太尉南阁祭酒等职。他学识渊博，精通文字训诂，用了21年的时间著成了《说文解字》十五卷，收文9353个，重文1163个，均按540个部首排列，是我国第一部说解文字原始形体结构及考究字源的文字学专著。

## 南街村景区 AAAA

### 著名红色旅游景点之一

漯河市临颍县南街村，紧靠107国道

南街村景区是以人文景观为特色的共产主义小社区，是享誉国内外的幸福村、小康村、文明村。全村有回、汉两个民族，总面积1.78平方千米。现已建成工业园区、高新农业园区、村民住宅游览区、文化景区、广场文化展示区、热带珍奇植物游览区和革命传统教育区等专题景区。

**玩家 解说**

南街村布局合理，工业区、生活区、教育区分布有序、错落有致，花园式的企业、花园式的住宅、花园式的校园，使南街人在这里工作、生活、学习得轻松愉快。南街村环境怡人，环村而行，一条条笔直的街道纵横交错，沿路绿化带的草坪、花园、花坛整齐而别致。这里一年四季绿意葱茏、鲜花争妍，漫步在宽广洁净的道路上，心情愉悦、神清气爽。

## 小商桥

### 研究中国古代建筑的实物

漯河市临颍县城关镇

小商桥位于颍河故道上，始建于隋朝开皇四年（584年）。桥是敞肩圆弧式拱桥，长20.2米，宽6.5米，有三个拱，每拱均由20道拱石并列砌成。桥面两边刻有青石栏杆。整个桥身雕着花纹，东侧的主拱镶面石雕有天马图案，正中镶面石刻有饕餮图案。小拱与主拱连接处分别雕有两个不同造型的兽头；桥身的西侧，主拱镶面石刻有龙云图案。小商桥结构严谨，做工精致，是研究中国古代建筑和交通史的重要实物。

南街村

## 杨再兴陵园

### 纪念杨再兴将军的陵墓

漯河市临颍县城关镇，小商桥旁

杨再兴陵园占地2公顷，仿宋建筑群巍峨壮观，风格清幽古朴。杨再兴墓世称“忠墓”，当地俗称“杨爷墓”。墓地20多亩，呈长方形，松柏苍翠，有祭庙1座，清代建筑，门前立清康熙、雍正、道光和同治年间的石碑共5通。

**链接**

**抗金名将杨再兴**

杨再兴是江西吉水人，祖居河南相州（今河南汤阴县）。他自幼家贫，随着父亲靠打鱼生活，18岁到了曹成义的军队，后升成了曹成部将。绍兴二年（1132年），岳飞剿灭了曹成，杨再兴就投了岳飞的军队抗金。在岳家军对金作战中，杨再兴骁勇非凡，屡建奇功，后来荣升统制使。郾城之战以后，一次杨再兴率领了300骑兵外巡，在小商桥突然遇到了金兵，双方展开激战，斩敌三千多人，再兴因为急于擒兀术，不幸陷入小商河中不能自拔，金兵乱箭齐发，杨再兴壮烈牺牲。

## 受禅台

### 禅让活动纪念地

漯河市临颍县繁城镇

受禅台台高20米，长宽约30米，建成于东汉延康元年（220年），是曾经的魏王曹丕接受汉献帝禅让登基称帝的地方。台前有受禅表碑、公卿将军上尊号奏碑（受禅碑）。现仅存高台一座，台分三层，坐北朝南，呈上圆下方状，高约13米，总面积8448平方米。

## 山陕会馆彩牌楼

### 河南清代牌楼建筑之冠

漯河市舞阳县北舞渡镇

舞阳山陕会馆始建于清乾隆十八年（1753年），保存完好的建筑有建于道光五年（1825年）的工艺奇特、玲珑美观的彩牌楼。

主楼额枋下使用的是雕刻有花卉的变形花牙子骑马雀替，雀替的上面是小额枋。正面精雕着山水、奔兽，背面浮雕有缠枝花卉。其上是两层花板，透雕山水、林木、人物、建筑和花牙子、浮雕狮子、绣球和奔走的麒麟，宽大的龙凤板中央悬挂着“浩气英风”匾额。

次楼的额枋下雕刻着花牙子骑马雀替。小额枋正面浮雕宝瓶、花牙子等。小额枋的上面是龙凤板，其上复置着额枋，枋面透雕磙龙和缠枝花卉。

拜殿位于牌楼后，三间弧脊悬山顶，额枋上雕刻着龙凤等图案，梁架为三重，上饰彩绘，用材考究，屋面以筒、板瓦覆盖。

## 彼岸寺

### 典型元代寺庙

📧 漯河市舞阳县侯集乡高寺村高寺学校内

彼岸寺始建于元至正二年（1342年），明清时候又经重修，现仅存天王殿和中佛殿。天王殿面阔三间，进深二间，硬山灰瓦顶。中佛殿面阔三间，进深二间，歇山顶，屋顶以筒、板瓦覆盖，有脊饰和鸱吻，檐下有四铺作斗拱，具有元代建筑特征。彼岸寺大殿是一处具有元代建筑风格的明代早期建筑，在河南现存古建筑中占有重要的地位。

## 贾湖遗址

### 展示新石器时期风貌的重要遗址

📧 漯河市舞阳县北舞渡镇贾湖村

贾湖遗址是新石器时代前期遗存的古迹，因地处贾湖村而得名。遗址呈近圆形，总面积为5.5万平方米。文化层厚约1.5米，经过了7次发掘，发现了大批遗迹、遗物。出土文物及标本数千件，主要有陶器、石器、骨器及植物颗粒和果核等。

**玩家解说**

贾湖遗址的重大发现包括遗迹、遗物两部分。遗迹主要是古墓葬、房址、陶窑、灰坑等。墓葬大多是长方形的土坑竖穴，墓向以西和西南居多，没有葬具的痕迹。多数的墓葬都有随葬品，随葬物大多是生活中的实用品，其中陶器与石器较少，骨器较多。

贾湖遗址的墓地比较集中，大多成片出现，有的重复埋葬还出现了叠压。房址大多是椭圆形，结构以半地穴式为主，大多是单间，还有少量依次扩建的多间房。房址里面有灶台、柱洞等。窑址较小，有窑室、火门、烟道和烟孔，有的保留有窑壁和火道。

## 舞阳城隍庙

### 以古建筑为特色的人文景观

📧 漯河市舞阳县舞泉镇西大街西端路北

舞阳城隍庙建于元至大四年（1311年），明、清时期经过了多次修葺和扩建。现存的建筑有拜殿、大殿、后殿等。拜殿面阔五间，进深三间，是悬山顶殿堂建筑；后殿面阔五间，进深三间，是悬山顶建筑。后殿里面放着城隍和他的两个夫人的塑像，厢房里面塑有十二生肖，后院有小桥流水、荷花游鱼、别有洞天等景色，是以古建筑为特色的人文景观。另有钟楼和石井。

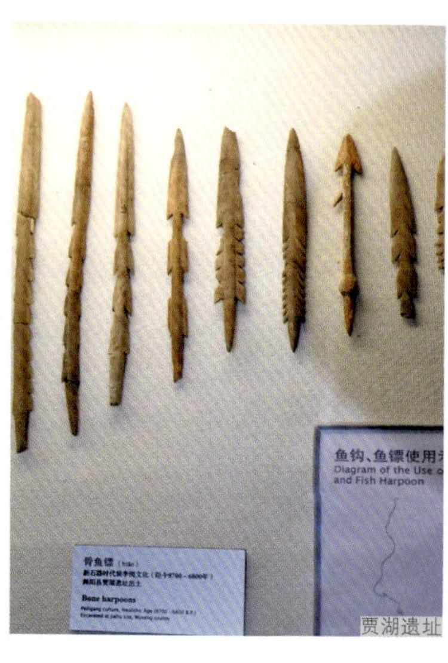


贾湖遗址

景点推荐

# 周口旅游区

## 淮阳龙湖

### 人文始祖伏羲氏建都、长眠之地

周口市淮阳县城关镇北郊3千米

龙湖是人文始祖、“龙师”太昊伏羲氏的建都和长眠之地。景区包括柳湖、弦歌湖、南坛湖和东湖。龙湖面积1100公顷，水域面积500多公顷。湖中有画卦台、白龟池、弦歌台、司城贞子阁、陈楚故城和苏辙读书台等众多古迹。湖滨有巍峨雄伟的古建筑群太昊伏羲陵，有三国魏曹植的思陵冢和我国最早的古城址平粮台。

**玩家攻略**

龙湖的水质优良，盛产鱼类。淮阳鱼味道鲜美，在豫东一带久负盛名。淮阳鱼宴，更是一绝，在这里是现捞、现做，味鲜可口，回味悠长。

## 伏羲太昊陵 AAAA

### 伏羲氏陵墓

周口市淮阳县城北1.5千米　40元

8:00~18:00（夏季）；8:00~17:00（冬季）

太昊陵是中国名陵之一，以伏羲先天八

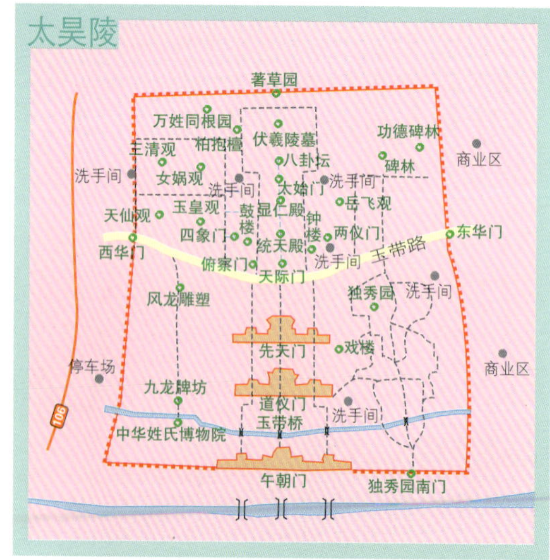


卦之数理兴建，这也是中国帝王陵庙中的唯一一例。因伏羲氏位居三皇之首，所以其陵墓被誉为“天下第一陵”。

太昊陵南北长750米，占地58公顷，分内城、外城、紫禁城三道皇城。陵庙内几十座建筑主要贯穿在南北垂直的中轴线上。伏羲陵高20多米，陵后有蓍草园，是一组气势磅礴、规模雄伟、殿图豪华的古代宫殿式建筑群，历来被称为“天下第一皇朝祖圣地”。

景区内主要景点包括中轴线上的一系列建筑——午朝门、先天门、太始门、先天八卦坛、紫荆城（伏羲陵墓），还有其他景点如独秀园、碑林、岳忠武祠等。

跨过全长25米的渡善桥，便是雄伟的午朝门，通高10.35米，单檐歇山顶，面阔三间，红门金钉，属帝王规制。

统天殿俗称“大殿”，建于明代，通高15.7米，是陵庙内体量最大、等级最高的重点建筑，面阔五间，进深三间，龙凤大脊，屋面覆以黄色琉璃瓦。殿前有月台，面积300多平方米。这里是历代举行祭祖大典的中心场所。

太始门又称“寝殿”，为重檐歇山式高台建筑，通高16.66米，面阔三间，进深三间，周匝回廊，灰筒瓦覆顶。该殿下为古城门式门洞，门洞上方嵌有阴刻楷书“太始门”三字，右悬“继天立极”，左悬“赞神明”铁匾。

紫禁城内是伏羲氏的巨型陵墓，“陵高十寻”，方座边长182米，上圆下方，取天圆地方的意思。陵墓前竖有一块巨型墓碑，高3.46米，字大径尺，既无题跋又无年款。

**链接**

**伏羲人祖庙会**

史书上说，伏羲氏教大家捕鱼打猎，饲养牲畜，烤煮食物，初创婚姻制度，书八卦，制乐器，结束了原始时代生活方式。后人为追念他的功德，尊他为中华民族的先祖，每年农历二月二到三月三，都在太昊陵举办“朝祖进香”庙会，称“人祖庙会”，当地人又称“二月会”。

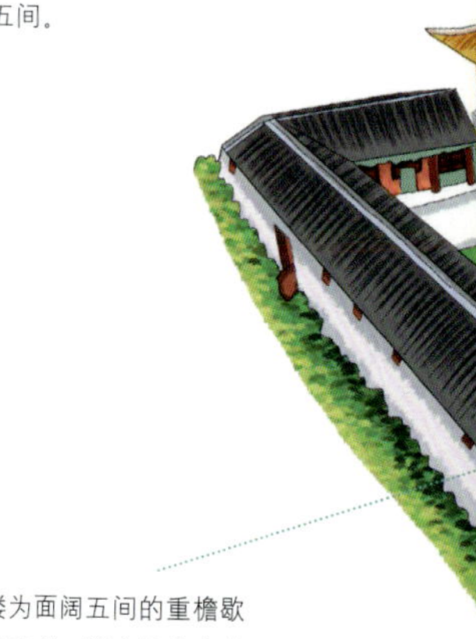

太昊陵庙会的朝拜礼仪很多，有各种艺班的演出，马戏、梆子戏、龙灯等。“担经挑”，又叫“担花篮”，是必不可少的表演。“担经挑”是一种颂扬伏羲功德的原始巫舞，舞者全身穿黑色服装，黑鞋绣花，黑头纱长约五尺。舞姿大致有三种：剪子股、铁索链、蛇蜕皮。这三种队形有一个共同特点，舞蹈者走到中间一定要靠背而过，身后的黑纱长尾碰绕在一起。担经挑传女不传男，是远古时“花龙会”流传下来的。

## 画卦台

画卦台台高两米，是“伏羲于蔡水得白龟八卦之坛”，位于龙湖中，面积约0.7公顷，台高出水面约两米。台上有大殿、石刻、铜像。台前有白龟池。这里是太昊伏羲氏始画八卦的地方，所以叫画卦台，又叫八卦坛。

### 玩家解说

画卦台出名的原因，是因为伏羲用了一条长横线代表“阳”，两条短线代表“阴”，进而组合出的乾、坤、兑、巽、震、坎、离、艮八卦图，一转一动，阴阳消长，变化无穷。八卦之外又可组成六十四卦，再加上六爻的变化，自然界很多事物的变化规律即可推测出来。

## 弦歌台

弦歌台又名厄台、绝粮祠，是纪念孔子当年厄于陈蔡绝粮七日弦歌不止而建造的，现存建筑多为清乾隆年间重修。弦歌台位于弦歌湖中，占地0.6公顷，主要建筑有大门、二门、大成殿、东西庑、弦歌书院、藏书楼等。主体建筑大成殿系明代建筑，面阔七间，进深五间，单檐歇山式，绿琉璃瓦覆顶，殿里面塑着孔子像、十哲像。

### 链接

**孔子讲学弦歌台**

东周时期，孔子曾三次来陈国讲学，最后一次是前489年，楚昭王派人请孔子讲学，但孔子讲的是让统治者如何管理百姓。于是没等孔子到楚国见到楚昭王，陈国百姓就把孔子和他的弟子们围困在南坛湖

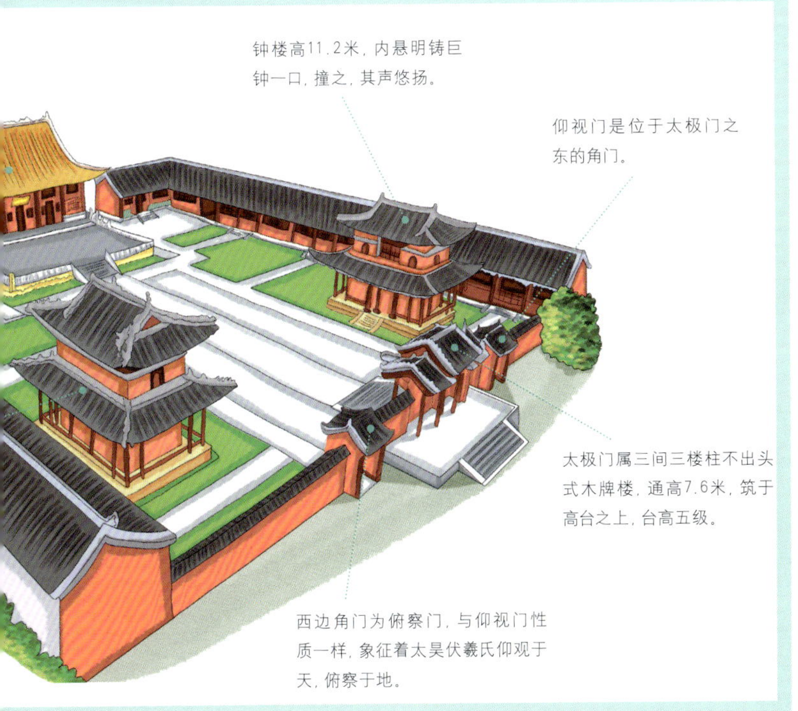

的一个小岛上，不给他们吃喝，孔子和弟子们饿得头晕眼花。一连七日，孔子和弟子们靠蒲根生活下来。陈国的老百姓看到孔子七日不曾饿死，还整日给弟子们诵史讲学，便尊称孔子为真“圣人”。后来，陈国人就在孔子被围困的岛上建了一座圣人庙，叫“弦歌台”，以纪念这位老夫子三次来陈讲学的佳话。

## 剪枝公园

剪枝公园又称太昊陵公园，是一座以树木剪枝造型为主题的公园，有松柏造型200多个，千姿百态。

这里树木的造型有飞禽走兽、亭台楼塔、青龙戏珠、孔雀开屏、猛虎下山、鱼游龙宫、蝴蝶迎春、百鸟朝凤、双狮把门等，还有仿开封铁塔、天安门城楼、六角柏亭、绿廊迷津等造型。

### 玩家解说

走入园中，能够看见松涵柏洞相连，各种各样造型奇特的松柏，各种观赏树木的根、干、枝叶、茎都可以用作造型的素材，经过育苗、嫁接、揉编、雏形、成型五个阶段，少则二三年，多则几十年，才能够最后完成一件作品。这期间不仅需要园艺师的匠心独运，而且需要园艺工人的辛勤和汗水。

太昊陵景区钟楼

## 平粮台

平粮台古城址即是宛丘之地，距今已有4600多年的历史，是目前发掘出土年代最早的古城址之一，为龙山文化古城。这里出土了大量的珍贵文物，包括原始人使用过的生产工具、生活用品、装饰品。古城址上有许多原始人住过的土房痕迹并残留有原始人烧制陶器的窑址。

## 五谷台

五谷台的土台高一丈多，传说是炎帝神农教民稼穑、播种五谷的地方。附近有神农井，是神农为教民汲水浇灌五谷而掘。景区规划占地面积133公顷，分祭祖区、文化区、农艺园、百草园、农具馆等，成为集古今农业科技及爱国主义教育的综合旅游观光基地。

### 玩家解说

神农井，是神农氏教民汲水并对农作物进行灌溉的见证。传说在这神农五谷台内共有九眼井，九眼井井水彼此相连，但由于历史上这里多次被黄河水冲击，水退后的大量泥沙沉积，将多数井都埋在地下，现只发现一眼，位于五谷台南面120米处。这个井的泉水清澈甘甜，附近管它叫“神水”，据说饮用后可以治病。

### 链接

**神农氏**

神农是中华民族“三始祖”之一。据史书记载，神农氏名叫石年。他的父亲是少典部落的君主，他的母亲叫安登。传说，神农氏的母亲有一天去华阳（今陕西华山）游玩时，因感应神龙的气息，在姜水河畔生下了他。他生下来时牛首人身，成人后魁梧伟岸，仪表堂堂。他因在姜水边长大，因此以姜为姓。

## 包公祠

包公祠占地1公顷左右，是陈人为纪念包拯而建。全祠由主展区、园容景区和功能服务区三部分组成。包公祠主要展区有大殿、二殿、东西配殿、回廊、碑亭、大门、二门等，陈列包公铜像、铜铡及包公断案蜡像、包公史料典籍、《开封府题名记碑》、碑文等。

# 关帝庙 AAAA

## 雄伟且有地方风格的古建筑

周口市川汇区颍河北岸

在市内乘18路公交车即到

13元

周口关帝庙始建于清康熙三十二年（1693年），是一组雄伟富丽、具有鲜明地方风格的古建筑群。经雍正、乾隆、嘉庆、道光年间屡次扩建、重修，于咸丰二年（1852年）全部落成。庙宇为三进院落，占地2.6公顷，现存楼廊殿阁140多间，是河南保存较好、建筑艺术价值较高的古建筑群。

### 玩家解说

关帝庙是为了供奉三国时期蜀国的大将关羽而兴建的。关帝庙已经成为中华传统文化的一个主要组成部分，与人们的生活息息相关，关羽与后人尊称为"文圣人"的孔夫子齐名，被人们称为武圣关公。一座关帝圣殿，就是那方水土的民俗民风的展示；一尊关公圣像（商贾们专门由关帝阁请回关公），就是千万民众的道德楷模和精神寄托；一块青石古碑，就是一个感天动地的忠义教案。

关帝庙在中国分布很广，中国现存的关公庙宇，大致有以下这些：东山关帝庙、运城关帝祖庙、许昌征战关庙、显圣护民关庙、边关圣庙、北京的关帝庙殿、河北承德皇家关帝庙、山东广饶关帝庙、福建东山关王庙、安徽亳州市大关帝庙、黑龙江乌苏里江南岸的虎头关帝庙、武汉磨山风景区武圣庙、供奉关公的湖北省武当山、深圳新安故城关帝庙，等等。

### 链接

#### 关羽

关羽（160—219），约生于东汉桓帝年间，字云长，本字长生，河东解良人（今山西运城市）。三国时期蜀汉著名将领。死后受民间推崇，又经历代朝廷褒封，被奉为关圣帝君，佛教称为伽蓝菩萨。被后来的统治者崇为"武圣"，与号为"文圣"的孔子齐名。

关羽，刘备的义弟，五虎大将排名第一位。因战乱而逃亡至涿郡。其后与张飞一起追随刘备。曾因在汜水关前斩华雄、虎牢关前战吕布而闻名天下。官渡之战前被曹操所俘，被曹操拜为偏将军，封汉寿亭侯，为曹操杀了袁绍名将颜良、文丑。后千里走单骑，骑坐赤兔马，手提一口青龙偃月刀，过五关斩六将，终于回到刘备身边。后攻曹仁于樊城，水淹七军，收降曹操大将于禁，杀庞德，威名远扬。但终因骄傲轻敌，刚愎自用，败走麦城，被孙权所杀，死时60岁。关羽一生重情义，智勇双全，武艺绝伦。

# 太清宫 AAAA

## 全国道教著名宫观之一

周口市鹿邑县太清宫镇

鹿邑太清宫相传是老子的诞生地，现存主体建筑太极殿五间，铁柱一根，古柏三株，碑刻九件，望月井一眼。后宫洞霄宫现存三圣母殿、娃娃殿和宋碑一通。

关帝庙

鹿邑太清宫

**链接**

### 太清宫历史

东汉延熹八年（165年），汉桓帝刘志派中常侍管霸前来创建，开始起名叫老子庙。唐高祖武德三年（620年），李渊为了便于对天下进行统治，抬高家族地位，认老子为祖宗，派人在汉老子庙的基础上扩建，并将其作为皇室家庙。唐乾封元年（666年），唐高宗李治追封老子为“太上玄元皇帝”，并增建紫极宫、太清楼，改庙名为“玄元庙”。到武则天光宅元年（684年），又册封老子母亲为“先天太后”，在汉李母庙的基础上，扩建成洞霄宫。到了玄宗李隆基时，太清宫又有增建，规模达到鼎盛，占地8.5公顷，周围20千米，宫内建筑排列有序，琼楼玉宇，金碧辉煌。太清宫称前宫，洞霄宫称后宫。前宫祀老子，后宫祀其母。两宫中隔一河，河上有桥。河名“金水”，桥称“会仙”。

## 老君台 AAAA

自古就是游览胜地

周口市鹿邑县城关镇东北隅

老君台，原名升仙台或拜仙台，原来是明道宫的一部分，位于老子故里鹿邑县城内东北隅。相传老子修道成仙于此处飞升。宋真宗大中祥符七年（1014年）追封老子为“太上老君混元上德皇帝”，故又名老君台。台高13米，是以古代大砖构筑，顶部面积765平方米。进山门后，有正殿、望仙桥、明道宫、文昌宫、游龙堤坊等建筑。

老君台

## 吉鸿昌将军纪念馆

爱国主义教育基地

周口市扶沟县城关镇

吉鸿昌将军纪念馆的前身是扶沟县烈士陵园，1964年陵园建成，1984年更名为吉鸿昌将军纪念馆，是省、市青少年教育基地。该馆占地6.6公顷，馆区由主馆、吉鸿昌铜像广场、国防教育园和休闲公园四部分组成。主馆内设四个主展厅、一个多功能厅、一个廉政教育厅和半景画馆等。馆藏陈列生动地再现了吉鸿昌将军的英勇事迹。馆前广场上威武屹立着吉鸿昌将军青铜塑像，铜像高7.9米、重6吨，是由扶沟县干部群众和社会各界捐资所铸。

**链接**

### 英烈吉鸿昌

吉鸿昌，原名恒立，1895年10月18日出生在河南省扶沟县吕潭镇一个贫苦农民家庭。受父亲影响，吉鸿昌从小就有爱国思想。

1934年11月24日是吉鸿昌殉难的日子。面对“立时枪决”的命令，吉鸿昌镇定安详地向敌人要来纸和笔，挥笔疾书，写下了自己坎坷曲折而终于走向革命道路的一生经历，在给夫人胡红霞的遗嘱中写道：

"夫今死矣，是为时代而牺牲……"然后吉鸿昌披上斗篷，从容不迫地走向刑场。他用树枝作笔，以大地为纸，写下了浩然正气的就义诗："恨不抗日死，留作今日羞。国破尚如此，我何惜此头！"

## 女娲城遗址

### 年代久远的古遗址

周口市西华县聂堆镇思都岗村

女娲城呈正方形，分内外两重，外郭城墙长4000米，内城墙长1440米。今残存城墙最高点3米，宽8米。护城壕轮廓清晰，基底宽6米，上部宽15米。城墙多为分层夯筑而成，夯窝为圆形，平底，直径5厘米。城内有宫殿式夯土台基。北城墙下出土一地下排水管道，残长1米。城内出土有大量釜、罐、鬲、瓮、瓦等春秋时期遗物。据考，该城为东周城址，城墙下压着商周甚至更早的古文化遗址。

## 袁世凯故居

### 晚清地主庄园式建筑

项城市王明口乡袁寨村 ¥30元

袁世凯故居占地18公顷，建有明清特色和传统风格的各式建筑240多间，周围是寨墙、炮楼及护城河。旧居整体按中、东、西三轴线布局，分中、东、西三级纵深院落，院落幽曲相连，形成一片完整且别具风格的建筑群，凸显中国古代建筑特色。

**广梁大门：**广梁大门外是五尺高的石狮子，门两旁有一对大红明柱；门楣栏板是彩雕盛开的荷花和青蛙戏水，门道东山墙上是彩绘"鲤鱼跳龙门"，西山墙上是彩绘"八仙过海"。

**戏楼：**戏楼上盖琉璃瓦，前檐舞台和后台中门的屏风，由四扇门组成。门四周彩雕凤凰不断头，中间彩雕是众多喜笑颜开的罗汉盘腿静坐。走过戏楼是五间厅，大厅前檐下有六个大红明柱，上雕滚龙、绣球。大厅内拱形顶上悬挂三个"宫灯"，三个"万盏灯"。

**宫灯：**宫灯上6个龙头挑角，下垂彩穗。"万盏灯"直径约1米，灯上带盘，每盘插蜡烛120支。每支蜡烛罩白罩、戴红花。

**东宅院：**东宅院是袁世凯的父亲袁保中就石家旧址修建。广梁大门，一对五尺高的古狮子把守，左边一头母狮背驮幼狮，右边雄狮昂首侧视母狮，神情活现。门口两旁的大红明柱顶上，彩雕"青蛙戏荷"。门楣横栏板三块，东、西两块分别雕绘"五堂会审"和"打金枝"，中间一块雕绘一农夫找锄下田。整个东宅院分前、中、后三个大院。

**腰楼：**袁世凯出生在腰楼西间。腰楼位于东宅院的中院，两侧是东、西厢楼。三间腰楼目前保存完好。

**链接**

**袁世凯**

袁世凯（1859—1916），1859年9月16日出生于河南陈州府项城县的一个官宦之家。戊戌变法便是因袁世凯的告密而失败。

1915年，为了换取日本对其称帝的支持，袁世凯接受日本企图灭亡中国的"二十一条"，遭到全国人民的反对。同年12月，袁世凯正式宣布恢复帝制，改中华民国为中华帝国，这个举动遭到了全国人民的一致唾弃，也使革命党人认清了他的真面目。一时间，全国各地一片反对之声，北洋集团内部和家族内部也反叛之声四起，加上前线北洋军的溃败，袁世凯陷入众叛亲离的绝境，被迫于1916年3月撤销帝制。1916年6月6日，袁世凯在中南海居仁堂病死，终年57岁。

## 叶氏庄园

### 被誉为"民间故宫"

周口市商水县邓城镇

叶氏庄园是我国目前保存最为完整，建筑规模最大的清代民间庄园之一。庄园现存西、中、东三个院，以西院保存最为完整。叶氏庄园是我国典型的硬山式四合院组群建筑，布局合理，陪衬得当，选材考究，做工精细，砖木雕刻堪称一绝，是清代民居建筑及装饰艺术宝库中的珍品。

景点推荐

# 尧山风景名胜区

## 尧山 AAAAA

### 因立有尧祠而得名

平顶山市鲁山县尧山镇

郑州、洛阳、漯河均有直通客车到达景区

65元

尧山风景区属于山岳型自然风景名胜区，因为它的主峰玉皇顶海拔2153米，远看就像是巨大的石人一样，所以又叫石人山。

景区面积268平方千米，这里的鉴赏点主要有奇峰、云雾、飞瀑、松林等。尧山景区四季风光别致，各有千秋。尧山还有令人赞叹的人文风景。主要的风景点有将军峰、白牛城口，通天门、通天河、猴子拜观音、著名的石人等。尧山的动植物也是很值得观赏的，尧山有大片茂密的森林，植物大概有一千两百多种，此外还有千姿百态的杜鹃供人赏玩。

### 玩家解说

尧山最绝妙的道路是号称天下第一滑的尧山滑道，俗称滑滑梯，两千多米的花岗岩滑道，在密林中曲曲折折，顺山而下，在这里，不管男、女、老、少都可以尽情尽兴地滑，将登山的疲劳抛到九霄云外，让童年的欢乐在大山中再现。

### 玩家攻略

1.鲁山现有特三级以上宾馆40余家，其房间价格（标间）根据级别差异分别在80~400元之间。另有中低档次的旅馆、农家院，住宿价格在10~60元之间。其中，尧山风景区内特三级以上宾馆10家，景区内还有中低档次的旅馆和农家院供游人住宿。这些宾馆、农家院分布在县城至尧山的主要游览线路两侧。

2.尧山旅游资源丰富，游览尧山，一般为三日游，也可以两日游。

3.尧山土特产品十分丰富，著名的如蕨菜、黑木耳、猴头（菌）、鹿茸（菌）、中华猕猴桃、板栗、核桃、柿子等，金钗、石斛、党参、杜仲、山萸

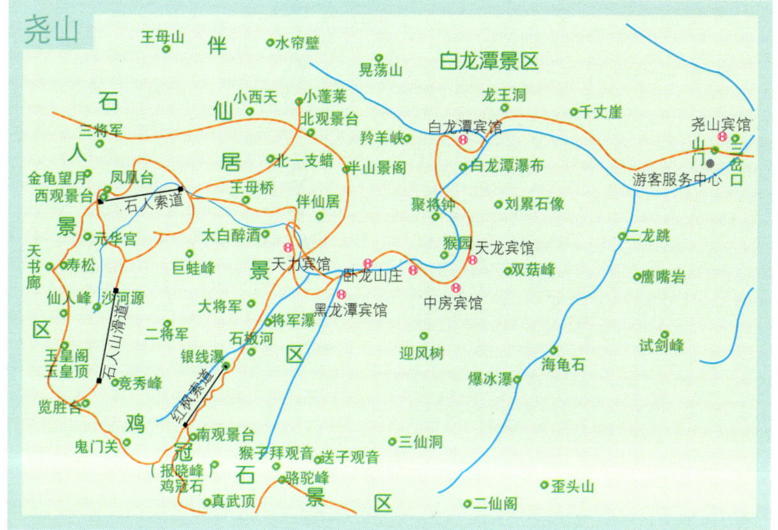


肉等珍贵的中药材，以及其他可供食用的土特山菜和旅游纪念品。

4.尧山可拍摄的景物较多，奇峰怪石、山花红叶、飞瀑云海、温泉湖泊、古木奇松皆可成画。

## 玉皇顶

玉皇顶又称蛤蟆石，海拔2153米，是尧山主峰，也是伏牛山东段最高峰。登上玉皇顶四望，峰岭连绵，群山如画，尧山美景，尽收眼底。

## 青龙背

青龙背是尧山重要的峭壁峻峰景观，大致呈西北东南走向。峰脊是一条400米长的“空中走廊”，最窄处不足0.5米，最宽处3米，岩石犬牙交错，呈锯齿状排列。峰脊之上，苍松挺拔，枝繁叶茂。整座山脊背高低起伏，如一条蜿蜒蛇行的青色巨龙。在宽不盈尺的步行道上曲折前行，两面俱是万丈深渊，脚下云涌雾起，让人心惊胆战。

## 西观景台

西观景台建在一处视野较好的石峰上，台中央是石峰顶部露出的大块岩石，台边生长着一棵枝繁叶茂的古松——“福松”。站在台上观望，只见一座座山峰，刀砍斧劈般峭立。南边一座山峰，酷似一只乌龟，抬头望着天空，这就是“金龟望月”。西面老君峰、石人峰、仙人峰横空出世，并列挺立在西天，号称“石人三峰”。

## 凤凰台

凤凰台位于西观景台北侧50米处，是一个象形山石景观。石峰相对高度约200米，直径约60米，四面绝壁人不可攀。整个石峰矗立于幽谷之中，谷中林木幽深，云遮雾掩，在云雾的烘托下，如一振翅欲飞的凤凰，故名凤凰台。

## 和合峰

和合峰为一高一矮两峰，似情侣、似夫妻，紧紧依偎。和合峰上粗下细，卓然挺立。山峰顶部青松兀立，周围群山环抱，铺青叠翠，春季山花烂漫，秋日红叶争辉，四季景色如画。

## 将军雄风

尧山的著名景观，位居景区48将军峰之首。其相对高度为300多米，直径约100米，中

尧山日出

部以上为圆柱体，壁面光滑，不可攀缘。峰顶有几十棵古松，上部一侧酷似人的五官轮廓，传说为伏牛大战中统领天兵天将的大将军之化身。

## 天阶栈道

尧山著名的人文景观，是在西城墙的悬崖峭壁上由人工用钢架结构焊成的通行悬梯，它北起三松台，南到西城门，全长400多米，天阶175级，是尧山最险要的景观之一。

## 天下第一滑

尧山最绝妙的道路是号称天下第一滑的尧山滑道，俗称滑滑梯。滑道全长2800米，分为六段，每段均在400米左右，滑道槽用抛光花岗岩板铺贴，槽宽60厘米，扶手高40厘米，依靠重力自然下滑，安全、舒适。

## 九曲瀑布

又称黑龙潭瀑布，是尧山主要瀑布之一。瀑布高70余米，呈三弯九曲之状，水面根据枯水与丰水期分别宽1~6米不等。瀑布两边的崖壁上，秀木扶疏，青苔密布，各色野花散落其间，与雪白的瀑布交相辉映，织成一幅锦绣图案。瀑布注入下端的黑龙潭，訇响声传出半里之外。

## 通天门

从九曲瀑布向西是一道宽宽长长、很陡峭的花岗岩石阶路，石阶的尽头是通天门。一个雕梁画栋、挑角飞檐的牌坊，东西两面门头上书“通天门”三字，居于隘口，古朴典雅。此处原名土地垭，系两峰夹峙的山垭口，有一夫当关、万夫莫开之势，十分险要。

## 红枫谷

红枫谷长约3000米，峡谷两侧绝壁重叠，奇峰众多，峰顶青松丛生，山坡为落叶阔叶林覆盖，谷底河水四季长流。秋季时节，各种红叶树种相继披红挂彩，浅黄、大黄、绯红、深红、紫红、褐红，色彩丰富，鲜艳夺目，与谷中流水交相辉映，风景瑰丽如画。

## 迎风索道—飞云栈道

迎风索道全长2700多米，索道上站与通往玉皇顶的生态栈道——飞云栈道连接，成为景区一条新的风景线。

飞云栈道全长约1000米，掩映于险峰绝壁之间，是一条高标准的仿生态栈道。栈道沿线奇峰耸翠，云雾缥缈，风光无限。置身其间，犹入美妙之仙境。

索道

### 北观景台

从通天门向北，沿山坡石阶路可以到达北观景台。途中可见天王点将、瞭望台、回首阁、石人三峰等景观。登北观景台，远望主峰玉皇顶，只见玉皇顶如出水芙蓉，云遮雾绕，若隐若现。石人峰、老君峰、仙人峰，如西天飞灵。凤凰台翘首远望，大金龟窥日望月，青龙背如巨龙腾空昂首。矗立蛤蟆石上，极目远眺，有一览众山小之感。

## 佛泉寺

### 拥有中原第一大佛的古寺

平顶山市鲁山县上汤境内，紧临311国道

免费

佛泉寺依山而建，寺院宏伟壮观，代表了中国数千年寺院建筑之基本形制。

进入山门，依次为天王殿、大雄宝殿、小卢舍那佛金像。从前到后依自然山势，渐次升高，建筑层次分明，结构严谨，充分体现出中国古典建筑之风格。寺庙遵照中国佛教协会已故会长赵朴初居士遗愿予以恢复，密、净、禅三位一体，圆融无碍，可谓天下第一“唐密道场”。

寺中的大佛总高208米，用铜近3300吨，特殊钢材15 000余吨，占地面积为0.7公顷，用了13 300块10毫米的铜板焊接而成，是世界上第一大铜铸立佛。这尊大佛经当代著名艺术家精心设计，荟萃了佛教造像史上各个时期以及不同地域的艺术精华。

## 尧山大峡谷漂流 AAAA

### 交通非常便捷的漂流地

平顶山市鲁山县尧山镇尧山山门外

168元

漂流河段全长9千米，落差150米，河水湍急，惊险刺激，漂流时间大约4小时。河道时宽时窄，最宽处达30米，最窄处只有5米，这里既有急流险滩，又有平湖深潭，是漂流的理想河段。

## 六羊山通天河

### 山岳型风景区中的盆景

平顶山市鲁山县尧山镇

景区东邻文殊寺，西望尧山，荟萃八百里伏牛山精华，小而精。景区有五大景观：一是栈道，时而直竖，时而悬空，峰回路转，蜿蜒曲折，全长1500多米，是景区亮丽的景观之一。二是山险峰秀，特别是在雨过天晴的时候，云飘雾锁，重山腾空，犹如天宫仙景。三是水，十步一潭，百步一瀑，潭水清澈，深不见底。四是道观香火，天柱峰上的祖师殿，始建于638年，比武当山的紫霄宫早283年，可谓是香火悠久，道法深远。五是六羊山，植被茂密，景色绝妙。

## 尧山森海湾水上乐园

### 中国首家森林海浪浴场

平顶山市鲁山县尧山镇贾店村

尧山森海湾水上乐园景区以亲水、嬉水为主题，让游人在森林里面玩水，在中原就能体验到海浪的惊险与刺激。景区主要由超级大喇叭、海啸冲浪池、水上滑道、潮汐河、城市海滩、儿童戏水区等部分组成。海啸冲浪池水域面积达5100平方米，瞬间浪高可达3米，该部分的设施能使人们在中原大地就能领略海啸突来时的那份惊心动魄。

## 龙潭峡

### 伏牛水魂

平顶山市鲁山县尧山镇上坪村，距鲁山县城66千米

龙潭峡景区总面积30平方千米，海拔落差1200多米，景区内已命名景点98处，尤以一林、二溪、三峰、四洞、五奇、六瀑、七潭、八石、九果、十树最为著名。

景区的通天瀑闻名中原，被誉为“伏牛水魂”。通天瀑悬挂于百米高的崖壁，翻滚着白色的浪花，飞溅着似玉如银的水珠，闪烁着五彩缤纷的霞光，迸发出续而不断的春雷般的响声，气势雄浑磅礴，豪迈坦荡。

## 十八垛

### 以峡谷和原始森林闻名

平顶山市鲁山县尧山镇桃林村

十八垛为山岳风光型景区，以峡谷和原始森林最为有名，这里的山峰集奇、险、秀、幽于一身，属原始山水自然风景区，有景点数百个。

十八垛原始森林景区象形山石众多，小景点随处可见，有仙人指路、骆驼峰、乌纱帽、鬼门关等。此外，仙人垛、獐子垛等也惟妙惟肖，让人难辨真假。

龙潭峡

画眉谷

## 画眉谷 AAAA

### 被称为“袖珍三峡”

平顶山市鲁山县尧山镇境内、尧山的北麓

60元

画眉谷因有众多的画眉鸟栖息繁衍而得名。景区中奇峰怪石林立、清溪碧潭点缀。幽峡、秀瀑、石洞等构成了完整的旅游风景体系。景区中还有巧夺天工、如神来之作的神手净水、元宝潭、金龟出浴等景。

画眉谷是一个鸟语花香的游览胜地。春季，满山吐绿染翠，百花竞相开放，杜鹃如血如火，形成花的海洋；夏天，飞瀑高悬，流水潺潺，空气凉爽宜人；秋天，这里漫山红叶似火，就像是花团锦簇，多姿多彩，野果挂满枝头，芳香诱人；冬天，这里银装素裹，冰瀑、冰挂、冰河、雪凇、雾凇如冰雕玉砌，玲珑剔透。

#### 迎宾湖

迎宾湖是进入景区的第一个人工湖。当水流大的时候，水就从大坝上飞流直下，轰鸣声似高奏的迎宾曲，仿佛在欢迎各位远道而来的客人，因此得名。

#### 元宝潭

元宝潭因潭中有一个形似元宝的石头而得名。这块石头是由断裂破碎的花岗岩体经过长年的水流下切侵蚀而成的。

#### 杜鹃湖

杜鹃湖是画眉谷最大的湖，因两岸的山上长着很多的杜鹃花而得名。

#### 六叠瀑

六叠瀑是画眉谷景区的秀美飞瀑之一。它是岩层断裂流水长年下切侵蚀形成的多级瀑布，分为六级跌落。六叠瀑布中以第三级形似莲花洞穴的莲花瀑、第四级犹如飞珠溅玉的飞玉瀑及第五级恰似仙女洗浴的浴女瀑最为奇特。

#### 玩家 攻略

画眉谷气候特殊，植被完整，生物类型也比较多，游客一定要饱览这里的自然山水风光和丰富的动植物资源。

在画眉谷景区入口，有农家宾馆80余家，这里的农家卫生干净，农家饭菜清香可口。“农家乐”在平顶山地区很出名。每周六晚上的篝火晚会更是热闹非凡，游客可以在此放松疲惫的心情，尽情释放激情。

#### 玩家 解说

在画眉谷口，依山傍水地散落着百余户农家，灰墙蓝瓦古色古香。农家小院里，花红竹翠，干净整洁。这里的村民，纯朴善良，热情好客，每人都有讲不完的故事，每晚都有听不完的小曲。庄前的山溪，在青青的柳林中倒映着，清澈透明。这里缓缓水流聚成了潭，以黄沙鹅卵铺底，形成一个个天然浴场。山溪的两岸，可以看见排排绿树，田陌也交错着，就像是陶渊明诗中描绘的浓郁的田园风光。

## 好运谷

### 农家特色风情度假区

平顶山市鲁山县尧山镇四道河村

通票50元

好运谷长十多千米，又叫转运谷，是以灵秀山水资源为依托，以浓郁的农家风情为特色的度假区。在山谷下部不到两千米的长度内，集中了瀑布十多条。飞濂瀑、凤鸣瀑、飞龙瀑、桂花瀑等，飞瀑如帘，卷云喷雾；瀑下有潭，半月潭、神龟潭、九女潭，潭潭相连，如玉碧清镜。

**好运奇石：**好运谷的河谷地貌很奇特，遍布着石潭、石板。河谷中有很多象形石，如河马石、猴石、龙床石、蛙鼓石等，尤为奇特的是好运石。好运石位于九洞峡的左岸，是一块高2米、直径为1.2米的鸭蛋形巨石，地貌学上称为球形石，在花岗岩地区很少见。

**鱼蟹满谷：**好运谷水好，里面有很多的小鱼、螃蟹。置身于好运谷，观看飞瀑流泉，静听山溪欢歌，或于碧潭观鱼蟹嬉戏，感受山情野趣，原始自然，惬意舒心，如入人间仙境。

## 尧山福泉

### 佛禅主题文化养生汤泉

平顶山市鲁山县尧山镇

尧山福泉是国内规模最大的集温泉养生、特色餐饮、康体保健于一身的“佛禅”主题文化养生汤泉。尧山福泉建筑占地面积7公顷，拥有风格独特、口味各异的自助餐厅、斋餐厅、茶餐厅、露天休闲吧等餐饮项目；会聚功能各异、极富养生特色的温泉汤池80余种；拥有温泉SPA、影音休息室、健身中心等养生休闲项目。

珍珠潭

## 秘洞

### 以军事指挥为主题的风景区

平顶山市鲁山县二郎庙乡

55元

秘洞景区是“文革”期间修建的地下军事指挥中心，主要由地面建筑和地下建筑两部分组成，地面的建筑主要有房屋16栋，地下建筑由指挥洞、作战洞、通信洞三部分组成。洞外龙凤峡全长5千米，壁仞谷幽、鹃鸣猿啼。

**指挥洞：**指挥洞长300米，高6米，可容大卡车出入。洞口置有八道防化门，像磐石一样坚硬，牢不可破。洞里面有豪华卧室，还有融军事化、科学化、现代化为一体的工作、生活、娱乐设施。

**作战洞：**作战洞长350米，高3米，有房间110多个，是庞大的军事作战指挥场所。洞里面有作战所需的一切系统，配置完备，布局合理，可遥控指挥战局。

## 珍珠潭

### 有“河南九寨沟”之誉

平顶山市鲁山县四棵树乡，尧山北麓311国道北1千米处　免费

珍珠潭深藏于大山之中，是一个非常原始的地方，由青山、竹林、瀑布、乱石、水潭组成。珍珠潭的瀑布从高空中倾泻而下，落差为30多米，激起的水花四射，就像是串串的珍珠，在阳光下闪耀，美丽无比。潭的四周视野开阔，潭边的一块巨石上刻有谢觉哉题写的“珍珠”二字。

**玩家攻略**

由于珍珠潭瀑布群藏于大山中间，所以是个原始风景保存较好的地方，令户外活动者无限向往。瀑布群内由两个瀑布线组成了一条经典的穿越环线，路途中要经过大大小小十多个瀑布和深潭。春天各种野花遍布山野，秋季时丛林中生长着许多可以食用的野果和蘑菇，是一个探险的好地方。

## 文殊寺

### 隐藏在深山中的古寺

平顶山市鲁山县四棵树乡平沟村

文殊寺建于白云深处，四周群峰竞秀。寺前有一泓碧水长流，四周茂林修竹环绕，有飞瀑流泉相伴，集雄险奇秀于一身，非常值得一看。

## 昭平湖

### 水中有山，山中有水

平顶山市鲁山县昭平台库区乡

鲁山长途汽车站有前往景区的班车　免费

昭平湖地处鲁山县城西部10千米处，这里山区与平原相结合。湖面总面积40余平方千米，其中水域面积38平方千米。这里丘陵起伏、沟壑纵横、烟波浩渺，水库里有金山岛、姑嫂石及夏代刘累邑、鲁阳古冶所邱公城遗址。这里水中有山，山中有水，尧山与昭平湖相映成趣，风景奇特壮观。

## 墨子著经阁

### 墨子遗址

平顶山市鲁山县熊背乡

墨子著经阁是战国著名思想家墨子老年隐居的地方。相传，这里四季分明，环境清幽，绿水青山互相辉映，让墨子十分满意。景区现存有土掉沟、黑隐寺、坑布崖、墨子城等古迹。为纪念这位历史名人，当地群众于1994年集资对“墨子著经阁”进行了重建。

**链接**

**墨子**

墨子，战国时的鲁国（一说宋国）人，墨家学派的创始人。初习儒术，因不满其礼的烦琐，另立新说，聚徒讲学，其学说与儒学并称为显学。墨子曾仕于宋，游于齐，使于卫，屡次赴楚郢都，后客居鲁阳（今河南鲁山）。他反对诸侯间的兼并战争，提出“兼爱”“非攻”“尚贤”等主张，著有《墨子》一书，该书是研究其思想的主要资料。

## 空军鲁山航空展览馆

### 青少年爱国主义教育基地

平顶山市鲁山县让河乡

展览馆航空器规模较大，现有运输机、歼击机、强击机、轰炸机、直升机等16种机型。展馆内陈列了许多见证历史奇迹的飞机。有以河南籍战斗英雄杜凤瑞命名的“杜凤瑞战机”、著名豫剧表演艺术家常香玉捐赠的“常香玉号”战机及国产高炮、雷达、航空炸弹等武器装备。

# 景点推荐 平顶山旅游区

## 湛河公园

开放型水上乐园

平顶山市区湛河大堤上

湛河公园利用园内湛河之便，开展游泳和划船等水上活动，形成动区；堤岸是休息的静区，有静有动，发展成了水上公园。公园分为春、夏、秋、冬四个园区，按照四季的景色布置，西面有沙滩浴场和彩虹桥，南面有河滨公园和园中之园“逢春苑”。每个园区都有自己的主景和特色，也就是春园、夏园、秋园、东园，以林带为园界而相隔，按照四季的景观布园，再加上亭榭的合理点缀，使整个公园成为典雅古朴的乐园。

## 平顶山山顶公园

大型山体公园

平顶山市卫东区，市区东北3.5千米

公园景区海拔427米，山势陡峭，山顶平坦。山顶公园有3800多米长的古城断垣和众多景点。山顶下有登山石阶、寺沟森林、五曲滑梯、摩崖石刻、八角古碑、群仙观云海等景。

## 东湖公园

公园以绿色生态为主题

平顶山市卫东区工人镇西侧

东湖公园内山水相依、林泉幽胜，自然环境优越。公园以绿色生态为主题，以南国的“葵乡”为特色，桥连着山径和楼阁。园内有环境幽雅的食府和茶艺馆以及富有侨乡特色的美食，还有30多项游乐设施，不论是大人还是小孩都可以找到自己喜欢的项目。

## 平顶山博物馆 AAAA

河南省社会科学普及基地

平顶山市长安大道与怀仁路交叉口的平安广场西侧

0375-2660518

平顶山博物馆，是一座具有重要意义的博物馆，体现了对平顶山地区独特历史文化的传承和保护。博物馆的内部布局井然有序，分为多个展区，分别展示了不同时期的历史文化。在这座博物馆里，你可以看到许多珍贵的藏品，如骨针、骨笛、应国时期的玉器、原始瓷器、束腰垂鳞纹升鼎、鲁山花瓷和郏县钧瓷等。这些文物具有极高的历史价值，是我国文化瑰宝中的璀璨明珠。

平顶山博物馆不仅是文物的收藏地，更是历史的见证者和传承者。它以丰富的藏品和严谨的研究，为我们揭示了平顶山地区的历史文化底蕴，让我们能够更好地了解和传承我国的历史文化。同时，平顶山博物馆也是一座集教育、研究、展示为一体的综合性博物馆，它通过各种活动和研究，致力于推动历史文化的研究和传播。

## 平西湖

### 碧波浩渺的人工湖泊

平顶山市湛河区曹镇乡，市区西南6千米处

平西湖常年碧波浩渺，既有湖的秀姿，也有海的气魄，这里是人们游憩览胜的地方。沙洲散落在荡漾碧波中，北岸的绿荫丛中掩映着工人疗养院，各式建筑依山临水，风格迥异，颇具水乡风味。南岸的宋寨村是清代文学家李绿园的故里。村旁的鱼陵山上，有大小墓葬70余座，是战国、西汉古墓群。水库西北的滍阳（包括库区部分）是古应国故城，城西门外的滍阳岭是西周应国贵族墓地所在处。

## 三苏坟

### 国家重点文物保护单位

平顶山市郏县茨芭乡小峨眉山东麓

三苏陵园总面积14 800平方米，坐北向南，是北宋文学家苏轼、苏辙墓地及其父苏洵的衣冠冢，由三苏陵园、广庆寺、三苏祠三部分组成。这里背面是嵩阳，对面是汝水，山川秀丽，风景宜人。宋以后历代文人墨客景仰此地，至今还留有许多珍贵的诗文碑刻。

**玩家解说**

“三苏坟”有一个独特的现象，柏树方向都朝向西南。传说苏洵父子安葬此地后，非常思念西南方向的家乡四川眉山，以致柏树都有了灵性朝向西南，因而当地百姓将这些柏树叫作“思乡柏”。

**链接**

**三苏坟由来**

苏辙于北宋绍圣元年（1094年）出知汝州，期间，苏轼由定州南迁英州，便道于汝，与弟相会。苏辙领兄游观汝州名胜。兄弟二人登临钓天台，北望莲花山，见莲花山余脉下延，“状若列眉”，酷似家乡峨眉山，就议定以此作为归宿地。北宋建中靖国元年（1101年），苏轼卒于常州，留下遗嘱葬汝州郏城县钧台乡上瑞里。次年，其子苏过遵嘱将父亲灵柩运至郏城县安葬。北宋政和二年（1112年），苏辙卒于颍昌，其子将之与苏轼葬于一处，称“二苏坟”。苏洵本葬于眉州眉山故里。元至正十年（1350年）冬，郏城县尹杨允到苏坟拜谒，谓“两公之学实出其父老泉先生教也，虽眉汝之墓相望数千里，而其精灵之往来，必陟降左右”。遂置苏洵

三苏塑像

衣冠冢于两公冢右。这样，原来的二苏坟就成了三苏坟。

## 广阔天地知青园

### 展示知青生活的景区

平顶山市郏县广阔天地乡

广阔天地知青园有毛主席塑像、毛主席批示手迹碑、“广阔天地大有作为”纪念馆、广阔天地博物馆、知青林等景点，整个景区融革命主义色彩、历史文化、民俗文化为一体，展示了毛泽东同志“知识分子与工农相结合”的思想和知青文化。

## 临沣寨

### 中原第一红石古寨

平顶山市郏县堂街镇

临沣寨又名红石寨、朱洼寨。因红石而得名的临沣寨，是全国罕见的保存完好的古寨，是国家文物局公布的第二批中国历史文化名村。

临沣寨始建于明朝，有雄伟的红石寨城墙、潺潺的护寨河以及保存完好的古宅。整个村落被一种浅红色条石砌筑的寨墙紧紧地围着。寨里面明清民居规模集中，保存较完好的有朱家深宅9处、张家大院2处，还有3间明代老屋。由临沣寨通往村外的是东、西、南三个寨门，东、西寨门由木板镶铁皮制成，上面“同治元年”四字清晰可辨；南寨门毁坏比较严重，只剩下半个门洞。

临沣寨

临沣寨是一洼地型古村落，周围有千亩芦苇、百亩竹园。临沣寨将洼地聚落、古寨墙、古寨河、明清时期古民居、宗祠、关帝庙融为一体，成为中原民居文化中不可多得的文化瑰宝。

## 郏县文庙

### 典型的左学右庙建制

平顶山市郏县城关镇

免费

郏县文庙是典型的左学右庙建制，既是郏县的学宫，又是郏县古代官方、孔氏家族、社会各界祭拜孔子的专祀庙宇。现存大成殿、戟门、名宦祠、乡贤祠等清代木结构建筑。

## 风穴寺 AAAA

### 河南四大名刹之一

汝州市东北郊，汝河之滨

公交车7路终点就是风穴寺

免费

风穴寺始建于东汉初平元年（190年），毁于董卓之乱，重建于北魏，距今1800多年，是中国最古老的佛寺之一。它与少林寺、白马寺、相国寺合称为“中原四大名刹”。

风穴寺有珍珠帘、大慈泉、锦屏风等八大景，有小龙门、石龙头、活凤尾等七十二小景和冬暖夏凉的三十六福地。寺内保存了唐宋以来历代的文物和建筑，被专家称为“古建筑博物馆”。其中最完整的三个建筑是唐代七祖塔、宋代悬钟阁和金代中佛殿，这三个建筑被称作风穴寺的三大宝。

**玩家解说**

唐代七祖塔、宋代悬钟阁和金代中佛殿是风穴寺的三大宝。唐开元二十六年（738年）所建的“七祖塔”为全国现存七座唐代高塔之一；宋代悬钟阁内悬挂一口宋宣和七年（1125年）铁铸大钟，重9999斤，被誉为“中原第一钟”；中佛殿为金代建筑，为单檐歇山式，梁架结构科学严谨。

**链接**

### 风穴寺历史

风穴寺始建于东汉初平元年（190年），是中国最古老的佛寺之一，因为当时的满山野花，芳香郁积，所以起名为香积寺。又因为寺的北面山峰林立，峥嵘奇秀，故名“千峰寺”。后汉乾祐三年（950年）改名为白云寺。北魏重建寺院时，寺院地点定在白马石沟中的银洞山下。传说当时的物料齐备，正要破土动工时，一阵狂风将砖石木料刮到现在寺址，风点穴位，故名“风穴寺”。

风穴寺在明代万历年间香火最为鼎盛，曾经有僧众1000余人，房舍300多间，土地135公顷。风穴寺虽然是北方寺院，却不沿着中轴线布局，而是依山就势而建，具有江南园林的风光。周围景观星罗棋布，素有八大景、七十二小景、三十六福地的美称。

### 接圣桥

风穴寺前的接圣桥传说是拜接乾隆帝圣旨的地方，所以起名为“接圣桥”。桥上的青石栏杆雕刻玲珑。桥北是观音阁，重檐歇山式，飞檐挑角，细工玲珑。阁前有大慈泉，碧水喷涌。阁后有东西龙眼、君子、问清、盈科诸泉汇在桥下，泉水环绕“涟漪亭”一周，观音阁恰似水中龙宫，故名“水府”。

### 望州亭

大雄宝殿后，拾级而上，攀登了108级台阶，穿过方丈殿、罗汉殿，便是望州亭。此处海拔305米，临亭俯瞰，寺内亭台楼阁、殿堂碑塔尽收眼底；向北眺望，玉皇山紫霄峰连着紫云峰、香炉峰、纱帽峰、石榴顺峰等九峰，透迤叠拥着寺院，宛如九条长龙，所以叫九龙口；向下俯视，山峦环拱，状若莲花，寺院恰居莲台中心。

### 七祖塔

七祖塔建于唐开元年间，是寺内现存最早的建筑，为九层密檐方形砖塔。塔身外轮廓呈抛物线，是中国迄今保存完好的6座唐塔之一。

风穴寺塔林

### 悬钟阁

建于宋代的悬钟阁是三檐歇山式，巍峨高耸。阁内悬9999斤重的宋宣和七年（1125年）铸造的大铁钟，为宋代保存至今的稀有珍品。该钟铸造精致，声音洪亮，“风穴钟声”为汝州八景之一。

### 碑碣

寺内的碑碣林立，上自五代时后汉乾祐三年（950年）的《风穴千峰白云禅院记》，下至宋、元、明、清碑刻，或记事，或赋诗，真、草、隶、篆，各体俱备，其中不少是艺术珍品。

### 毗卢殿

毗卢殿建于明成化年间，是一座琉璃殿，殿中供奉一尊汉白玉石佛，是明永乐七年（1409年）住地开封的周王所献。

## 怪坡文化苑

**多功能旅游景区**

汝州市东北郊，距风穴寺2千米

该景区由怪坡、竹林庙、玉皇山三个单元组成，人文资源和自然景观相得益彰。景区内的宝塔高耸，殿阁四周有群山环抱，苍

石漫滩森林公园

柏叠翠，清泉侧流，风光如画。其中，姊妹怪坡是怪坡文化苑景区的形象景观和标志性景点，主坡长126米，天然连环，在全国首屈一指。

## 法行寺塔

### 唐朝古塔

汝州市市区塔寺街

汝州法行寺塔为长方形密檐式砖塔，高约30米；外形略呈抛物线形。塔基高0.7米，呈方柱体，上面是九层八角形的涩檐，每层均有一半拱形小佛龛。顶部于塔刹座上立着一个宝珠形的铜座；塔身南壁辟有圆券门，门里面设着方形的塔心室，可通到第二层；室顶用叠涩砖层砌，造型奇特。塔身的壁面砖虽经多次抽换，外形仍保留有唐代风格。

**链接**

**法行寺塔的传说**

该塔供奉有三皇姑。传说上古时期，汝州有蛟龙作祟，上天派三皇姑下界捉蛟，用铁链把蛟龙锁了起来，并挖一深井，将之囚于其中，井口上压一巨石，锁链系于石上，在上边建宝塔一座镇压，使其永远不得出世。

## 清凉寺汝官窑遗址

### 汝官窑重要制瓷场地

汝州市大营镇清凉寺村

清凉寺汝窑遗址是宋、金、元三代烧造历史延续数百年之久的重要制瓷场地，是北宋时期五大名窑之一，是专为宫廷烧制御用瓷器的汝官窑遗址。

**链接**

**汝瓷**

汝瓷是我国青瓷发展史上一个划时代的重要标志。汝瓷向以素净典雅著称。汝官窑瓷器做工精细，造型古朴大方。土质细腻、胎骨坚硬、色成青灰。釉色丰富，有天青、粉青、天蓝、月白等。汝瓷的器形有盘、瓶、碗、樽、盆等20余种，纹饰主要有龙纹、莲纹，富有立体感，具有极高的观赏价值和艺术品位。

## 石漫滩森林公园 AAAA

### 有“北国小江南”的美誉

舞钢市尚店镇，伏牛山东麓

从舞钢汽车站沿水库岸边石漫滩大道，往东行2千米到达景区

石漫滩国家森林公园始建于1998年，景区里面山峰叠翠、草木送香、群山环抱、水映青山。

公园以龙泉湖景区为轴心，以九头崖、天池景区为两翼，沿着二郎山、马鞍山、五峰山、螃背山、旗山、九州等景区而汇成的四条旅游线辐射四周。园里面山深林密、湖水荡漾、峰奇石怪，美不胜收，有“北国小江南”的美誉。

### 九头崖

九头崖有九峰并立，巍峨壮观。十七瀑布、滴水崖瀑布或妖娆含情或惊涛咆哮。蝴蝶泉、碧波潭错落有致。神仙洞、对眼洞、送子洞，神话传说引人入胜。

这里情人溪、梦台溪，沿山环绕。牛心泉、豹子泉、文曲泉错落有致。金枪洞、双龙洞、青龙洞、龙王洞的历史古迹依稀可见。少

女梳妆、和尚骑骆驼、抱儿盼夫、鸳鸯龟造型逼真，惟妙惟肖。

## 天池山风景区

天池山风景区主要分布在长岭头村境内，共有景点110个，古迹35处。景区内奇峰突兀、气势壮观。入得天池，炎热盛夏如秋凉；身居天井，仰视只睹一线天；漫步天桥，飘飘胜似仙境。

## 二郎山景区

二郎山景区有自然、人文景观100余处。因著名的神话传说“二郎担山赶太阳”而得名。景区涵盖面积32平方千米，境内分布尖山、平山、鏊山等七座山峰，有玉皇金顶景观线、南天门幽谷森林景观线、平山民俗餐饮休闲娱乐景观线、亲水古栈道景观线几条线路。

# 叶县县衙

规模宏大的明代县衙

平顶山市叶县昆阳镇东大街

32元

叶县县衙开始修建于明洪武二年（1369年），是中国现存的古代衙署中唯一的明代县衙建筑。县衙规模宏大，气势雄伟，占地约1.6公顷。

叶县县衙主体建筑基本保存完好，整座建筑由中轴线及东、西两侧副线三部分建筑群组成。内设编钟演奏厅、文物展室等，陈列300多件（套）文物。主体建筑有大堂、二堂、狱房、厨院、知县宅等。

## 编钟

在叶县县衙的文物展厅，有一套2600年前在春秋中期铸造的编钟。这套编钟共由8枚镈钟、9枚钮钟和20枚甬钟组成。出土以后每个钟都能发出两个不同音高的乐音。这套编钟可以演奏古今中外的各种乐曲，是目前中国首次发现的春秋时期的组合式编钟，代表了春秋时期音乐的最高成就。

## 戒石铭

叶县县衙的戒石铭，是县衙内唯一的一座碑式官箴。碑高2.1米。碑正面写着“公生明”三个大字，碑背面则是由北宋著名书法家、曾任叶县县尉的黄庭坚书写的官箴。

# 叶公陵园

叶姓寻根问祖地

平顶山市叶县旧县镇旧县村北1.5千米处

叶公陵园位于叶县旧县村北1.5千米处，是叶公沈诸梁的陵墓。陵园建筑包括大门、问政殿、碑廊、墓丘、东西厢房等。叶公的陵园依山傍水，风光秀丽，是叶公后裔缅怀先祖的场所。园里面碑石林立，苍松劲柏，鸟语花香。

### 玩家解说

叶公姓沈名诸梁，字子高，鲁昭公十八年（前524年）被楚平王封为叶县尹，史称叶公。叶公尹叶50余年，兴水利，劝稼桑，平白公胜之乱，政绩卓著，是春秋时期著名的政治家、军事家，也是全世界叶姓华人始祖，孔子周游列国曾专程到叶县拜访他，留下了许多佳话美谈。

叶县县衙

# 攻略资讯

- 交通
- 住宿
- 美食
- 购物
- 娱乐

## 交通

### 火车

**许昌火车站：**位于河南省许昌市魏都区车站路2号，可乘Y1、Y2、Z3等路公交车前往该站。

**许昌东站：**位于许昌市建安区天宝路与许州路交叉口，是许昌的高铁站。可乘Y1、Y2等路公交车前往该站。

**漯河火车站：**位于漯河市源汇区公安街20号，可乘K1、169等路公交车前往该站。

**漯河西站：**位于漯河市源汇区翠华山路，是漯河的高铁站，可乘103路公交车前往该站。

**周口火车站：**位于周口市川汇区工农路，可乘5、7、18等路公交车前往该站。

**周口东站：**位于周口市川汇区高铁大道，是周口的高铁站，可乘Y6路公交车前往该站。

**平顶山火车站：**位于平顶山市湛河区南环中路1号，可乘1、2等路公交车前往该站。

**平顶山西站：**位于平顶山市宝丰县，是平顶山的高铁站，可乘G1等路公交车前往该站。

### 汽车

#### ●许昌

**许昌汽车中心站：**位于许昌市魏都区七一路。☎ 0374-2333025

**许昌客运东站：**位于天宝东路与许州路北段交叉口东。 ☎ 0374-7397770

漯河火车站

许都广场

**许昌豪华车站**：位于许昌市市辖区。

📞 0374-3322212

## ●漯河

**漯河汽车站**：位于漯河市人民路2号。

📞 0395-2122338

**恒通客运站**：位于漯河市公安街南段。

📞 13461587555

## ●周口

**周口市中心汽车站**：位于周口市五一路与交通路交叉口。📞 0394-8223122

**周口汽车东站**：位于周口市交通路与大庆路交叉口东50米。📞 0394-8318388

**周口港区汽车站**：周口市交通大道东段苑寨村东500米路北。📞 0394-5888888

## ●平顶山

**平顶山市客运中心站**：位于平顶山市中兴路49号。📞 0375-7268600

**平顶山长途汽车站（老站）**：位于平顶山市矿工路中段160号。📞 0375-7665588

# 住宿

### 许昌

许昌市内酒店众多，火车站附近可选择经济型住宿点，繁华的市中心高中低档酒店选择众多，几个主要汽车站旁边也都有酒店供应，另有便宜实惠的招待所。县区住宿较市区要差，对住宿要求不高的游客游览县区景点时可选择住在县城。

## ●瑞贝卡大酒店

许昌瑞贝卡大酒店坐落于风景优美的护城河畔，地处城市商业中心，东临春秋楼、春秋广场，西邻火车站、汽车站，交通便利。

✉ 许昌市建设路1202号 📞 0374-2999999

## ●桃园大酒店

桃园大酒店有隽秀、高雅的酒店设计，是艺术和建筑的完美结合。酒店有风格各异的中西餐厅、风味食街，各种美食应有尽有。✉ 许昌市七一路与南关大街交界处

📞 0374-2266888

桃园大酒店

## 漯河

### ●漯河金都大酒店

漯河金都大酒店是一座四星级酒店，集餐饮、住宿、娱乐、健身于一身。酒店房间装饰华美舒适，宽敞典雅。酒店餐厅风格各异，各种美食都集中于此。中餐以粤菜为主，西餐以欧式为主。 漯河市源汇区长江路西段 0395-3399999

### ●漯河君悦民族饭店

漯河君悦民族饭店是集餐饮、休闲、娱乐于一身的，具有民族特色的穆斯林饭店。

漯河市公安街2号（火车站对面） 0395-7777777

## 周口

### ●周口平原宾馆

周口平原宾馆的别墅式客房新颖而舒适。餐饮有西苑厅自助餐、世纪厅及二楼宴会厅，名厨主理，荟萃川、豫、粤、鲁之经典美食，风味各异。 周口市七一路东段88号 0394-8224911

### ●周口饭店

四星级标准的一家旅游涉外饭店，环境幽雅，是国内外宾客下榻的理想场所。

周口市五一路12号 0394-8223766

漯河斜拉桥夜景

周口饭店

### ●莲花宾馆

莲花宾馆是按三星级硬件配套的接待性涉外宾馆，拥有总统套房、豪华套房等各类客房138间（套）。 项城市莲花大道18号 0394-4555666

## 平顶山

平顶山的住宿十分方便，旅店价格适中，设备齐全，是游客假日旅游的理想寄宿地。

### ●广厦新天地大酒店

广厦新天地大酒店带早餐。配备基本设施，交通便利。 平顶山市开源路优越路口南走150米路东 0375-2889888

### ●中州快捷

中州快捷标准间100多元，带早餐，设施中上等。 平顶山市中兴路建设路交叉口北走150米路西 0375-2866666

### ●未来商务快捷酒店

未来商务快捷酒店是一家新开的酒店，这里设施一流，房间装饰精致。 平顶山市光明路联盟路交叉口往东走220米，实验中学对面 0375-2360000

# 美食

许昌及周边美食一脉相承，又各有特色。许昌的水煎包子、漯河的烩面、平顶山的鲁山揽锅菜、郏县豆腐菜，周口的孔集烧鸡，都是不可错过的美食。

## ●许昌包子

许昌的包子严格地讲叫水煎包子，是一种别有风味的地方小吃。做水煎包子的锅是一种平底锅，先淋上油，然后把包子排齐，盖上锅盖，大火煎之，中间用水浇几下，也就三五分钟的样子，一锅香喷喷、油汪汪、焦黄焦黄的水煎包就出锅了。

## ●烩面

作为历史悠久的河南特色小吃，它是一种荤、素、汤、菜、饭聚而有之的传统风味小吃，以味道鲜美、经济实惠享誉全国。烩面按配料不同可分为羊肉烩面、牛肉烩面、三鲜烩面、五鲜烩面等。

## ●鲁山揽锅菜

鲁山揽锅菜是古老与现代精湛烹调技术相结合、精工细做的“杂烩菜”，系河南省地方名吃之一。鲁山揽锅菜被河南省烹饪协会授予“独特风味揽锅菜”名店名吃称号。只要来鲁山就可吃到揽锅菜，尤其是人民路西段“独特风味揽锅菜”最为出名。

许昌包子

## ●郏县豆腐菜

源于河南省郏县乡镇的一种汉族特色小吃，是当地民间集会上盛行的小吃品种。用料考究、独具特色，已有千年历史。不仅味道鲜美，香而不腻，而且有暖胃去寒、滋阴壮阳、保健防病的功能。

## ●关德功烧鸡

关德功烧鸡，又称“关记烧鸡”，是周口市传统风味食品。关记烧鸡是清代光绪年间，由关德功祖父关洪斌创制的，早在清末

做烩面的师傅

百雅步行街

民初已誉满周口、漯河一带。关记烧鸡距今已相传三代，历时108年。

### ●孔集烧鸡

孔集烧鸡，是名扬海内的名优食品。因其原产地在鹿邑县西孔集，故称孔集烧鸡。孔集烧鸡历史悠久，特点是色泽鲜亮，黄中透红，肉烂而筋脆，肥而不腻，清香诱人。嫩鸡骨头可吃，老鸡骨肉分离，而且盛夏苍蝇不叮，存放数日不坏，并有温中散寒、健脾开胃的药理功效。

### ●闷糟鱼

闷糟鱼，俗称“糟鱼”。闷糟鱼的“闷”字，是指糟鱼的“闷制”之法而言，在鹿邑县境内流行颇广。糟鱼颜色鲜嫩，白中泛黄，骨酥肉烂，咸中有甜，清香宜人。

## 购物

许昌及周边地区物产丰饶，特产各有特色，禹州的九天阿胶、钧瓷，平顶山的鲁山绸、梁洼陶瓷、鲁山猴头，周口的黄花菜等，都是值得购买的特产。到此旅游的游客可以根据自己的喜好悉心挑选。

### 特产推荐

### ●九天阿胶

产于河南禹州，以颍水的水熬制。颍水源于嵩岳颍谷，途中路过的地方有很多首乌生长在这里，最后汇入了伏水、圣泉。水再从九龙之口流出，水中钾、钙、钠、镁等矿物质含量丰富，水色发绿、质重、性温，对阿胶质量很有增益。

### ●黄金瓜

学术名称为伊丽莎白厚皮甜瓜，因色泽金黄而得名为黄金瓜。黄金瓜外表美观，颜色鲜艳，香气浓郁，内含多种维生素及高糖，汁多味美，甘甜清脆。

### ●淮阳黄花菜

黄花菜系列的精品，具有浓郁的地方特色。其花蕾肥大，双层六瓣，有七根金针似的花蕊，馏晒后色泽金黄，菜条丰润，油性大，弹性强，久煮不烂，鲜嫩甜脆，品质之优良居全国黄花菜之冠。淮阳黄花菜菜条丰润，色泽金黄，质地筋脆，营养丰富，味道鲜美，是黄花菜中的精品。

### ●观堂麻片

观堂麻片的主要原料是芝麻仁、白糖和饴糖，并采用传统的配料方法，制作精巧，片薄如纸，含入口内，不嚼自化，营养丰富，有健脾、开胃、润肺之功能，一直受到广大群众的喜爱。

### ●鲁山猴头

鲁山猴头就是鲁山菌，是一种稀有的山珍，具有个大、肉厚、营养丰富等特点，是不可多得的菜肴佳品。猴头是一种珍贵的食用菌，因其形似猴头，体外绒毛的形状和颜色又极像猴头而得名。可以将其制成猴头菌片，还可用于预防胃癌、食道癌等。猴头味道鲜美可口，是营养价值很高的滋补品。

### ●钧瓷

钧瓷是中国的四大名瓷之一，外观看起来就像景物一样，其中，品色最出色悦目的有朱砂红、梅子青、鸡雪红、胭脂红、丁香紫、玫瑰紫、茄皮紫、葡萄紫、葱翠青、天青、月白等。

### ●竹编工艺品

竹编工艺使用的竹材是经过严格挑选的特长无节瓷竹，经过破竹、烤色、去节、分层、定色、刮平、划丝、抽匀等十几道工序制作而成，全是人工操作，制作的竹丝很精细。

### ●鲁山绸

鲁山绸在唐代的时候就已经成为宫中的珍宝，是用当地柞蚕丝纺织而成。这种丝绸过去多采用手工缫丝，手工绸要经过选丝、络丝、整经、打纬、织绸等很多道手工程序。鲁山绸手感爽滑，柔而有骨。染色后，色泽鲜艳柔和，光彩夺目。用它制作服装，穿着轻盈、凉爽，袅娜秀丽。

### ●梁洼陶瓷

这种瓷器造型美观、色彩光亮、质优耐用，在省内外都很畅销。它的原产地是鲁山县，是很好的旅游纪念品。

## 购物去处

**胖东来时代广场：**许昌主要的购物商场，不仅可以买到许昌特产，其他地区货品也琳琅满目。位于魏都区七一路中段。

**漯河新天地：**位居漯河市黄金商业走廊交通路与人民路交会处，包括数码广场、丹尼斯百货中心、义乌小商品城等，是一个集购物休闲、娱乐文化等功能于一身的“城市综合体”。

竹编工艺品

发现者旅行指南

# 信阳及周边

## （含信阳、驻马店）

# 概览

## 亮点

### 鸡公山

鸡公山与北戴河、庐山、莫干山并列为四大避暑胜地。

### 南湾湖

南湾湖因风景秀丽、岛屿众多，已成为国内著名的旅游胜地，被评为国家森林公园、国家水利风景区。

### 灵山风景区

灵山寺为佛教传入中国所建最早寺院之一。其地山势奇伟，林木葱茂，寺宇掩藏。千年古刹灵山寺傍依少华山，自唐朝起寺院改名为“灵山寺”。

### 嵖岈山

嵖岈山素有“中原盆景”“华夏图腾林”“西游记全书”“东方第一社”之美誉。

### 薄山湖

薄山湖景区集古、幽、秀、奇于一身，素有“中原漓江”“百里画廊”之美誉。

### 南海禅寺

南海禅寺始建于明朝，历史上被誉为“蔡州八景”之一。整个寺院建筑结构严谨，宝刹宏伟，气势恢宏，被誉为亚洲最大的佛教寺院。

### 必逛街道

**胜利北路步行街**：亚兴时尚广场、胜利北路风味小吃一条街、文化宫等都在这条街上，是市民休闲娱乐的最佳场所。

**驻马店温州街**：温州街是驻马店的主要商业街，在这里可以买到驻马店的很多特产，也可以品味具有地方特色的风味小吃。

## 线路

### 鸡公山、灵山二日游

第一天，主要游览鸡公山景区。首先可以到逍夏园、万园广场、美龄舞厅、中正防空洞、灵化仙境等景区游览；之后可以去姊妹楼、月亮湖、长生谷（大深沟景区）等景区。

第二天前往灵山，了解我国的文化景观。

### 驻马店二日游

第一天游览薄山湖景区。

鸡公山秋景

第二天参观嵖岈山景区，观赏一线天、飞来石、星星井、莲花掌等景点。

## 为何去

鱼米之乡信阳素有“三省通衢”之称，是华夏文明的发祥地之一，也是一座山水名城。豫风楚韵在此交融，南北风情在此融汇，风景十分优美。鸡公山风景区中外闻名，清秀美丽；还有连康山、金兰山、国家地质公园金刚台等众多景点。

南海禅寺

驻马店历史悠久，人文荟萃。早在华夏先民步出洪荒的史前时代，就在这里留下深深的历史足迹。境内至今有上蔡县伏羲画卦亭、孔子晒书台、西平县战国冶炼遗址、新蔡县孔子问津处、汝南县天中山等名胜古迹。

## 何时去

信阳市位于河南省最南端，冷暖适中，季节气候明显，又兼有山地气候特点。信阳光照充足，雨量丰沛，气候温暖湿润。春秋两季为信阳的最佳旅游季节。

嵖岈山秋景

驻马店阳光充足，热量丰富，雨量充沛，四季分明，温和湿润。夏季过于炎热，冬季比较寒冷。到驻马店的最佳旅游时间为春秋两季。

鸡公山

# 区域解读

信阳区号：0376

驻马店区号：0396

总面积：约33 900km²

总人口：约1306.32万人

## 地理 GEOGRAPHY

### 区划

信阳市下辖2区（浉河区、平桥区）、8县（潢川县、光山县、息县、新县、罗山县、商城县、淮滨县、固始县），以及羊山新区、上天梯非金属矿管理区、南湾湖风景区、鸡公山管理区、潢川经济技术开发区、信阳高新技术产业开发区。

驻马店市下辖1区（驿城区）、9县（遂平县、西平县、上蔡县、汝南县、平舆县、新蔡县、正阳县、确山县、泌阳县）、3个省级功能区（经济开发区、城乡一体化示范区、高新技术产业开发区）。

### 地形

#### ●信阳

信阳市位于广义上的中国南北分界线上（秦岭—淮河），素有“江南北国、北国江南”之美誉。

信阳地势南高北低，岗川相间。西部和南部由桐柏山、大别山构成的豫南山地，面积占全市总面积的37.1%。两山首尾相接，连成一体，蜿蜒于豫鄂边界，是江淮两大流域的分水岭。北部是平原和洼地，面积占全市总面积的24.6%，其中洼地主要分布在淮河两岸。

由于受淮南水系的强烈切割和冲淀，低山区形成岗谷相间的丘陵。这一地区梯田层

信阳罗山河流

层，河渠纵横，塘堰密布，水田如网，风光酷似江南。信阳河流众多，分属长江、淮河两大水系。信阳地处淮河上游，淮河在河南省境内流经的区域大多在信阳境内。

### ●驻马店

驻马店市地处淮河上游的丘陵平原地区，主要有山地、丘陵、岗地、平原等地貌类型。山地包括豫南桐柏山向西延伸的余脉，山地面积约占全市土地总面积的13%。西部为浅山丘陵，东部为广阔平原。

驻马店境内分属淮河和长江水系，河流分东西两个流向，向东流者属淮河的支流，向西流者为长江的支流。两者均发源于西部山区的山谷地带。从北到南，流域面积较大的河流有洪河、汝河和溱头河。

## 气候

### ●信阳

信阳地跨淮河，位于中国亚热带和暖温带的地理分界线上，属亚热带向暖温带过渡区。这种过渡气候造成淮河南北自然景观的差异：淮南山清水秀，水田盈野，稻香鱼跃，犹如江南风光；淮北平原舒展，一望无垠，盛产小麦、杂粮、棉花，北国情调浓厚。故有“江南北国、北国江南”之称。

信阳四季分明，春季天气多变，阴雨连绵；夏季高温高湿气候明显，降水量多，经常下暴雨，信阳市境内的鸡公山为中国四大避暑胜地之一；秋季凉爽，天气多晴；冬季干冷，降水量少，寒冷期短。

### ●驻马店

驻马店地处中纬度地带，属北亚热带与暖温带交会过渡的气候类型，四季分明，雨量充沛，光照充足，适宜多种作物生长，是国家和省重要的粮油生产基地，素有“天下粮仓”“中州油库”和“芝麻王国”之称。

## 云中公园——鸡公山

鸡公山早在1400年前的北魏时期就有文字记载。鸡公山因其特殊的地理位置，历来都是兵家必争之地。历史上，春秋吴国名将孙武、伍子胥，唐末农民起义领袖黄巢，南宋抗金英雄岳飞，明朝开国皇帝朱元璋，明朝著名医学家李时珍，明末农民起义领袖李

自成等，均在鸡公山留下了他们的足迹及传奇故事，这些给鸡公山增添了许多动人的色彩。19世纪末到20世纪上半叶，先后有20多个国家的近千名外交官和传教士以及国内的军阀巨贾，来此兴建了300幢风韵殊异的度假别墅和园林。这些多民族、多国别的建筑群落，依山作势，交相辉映，有“万国建筑博览会”之称。

鸡公山常年云腾雾绕，享有“云中公园”之美称。夏天，气候凉爽，平均气温为24℃，海拔不高，位置独特，虽有高山气候，却无高山反应，特别适宜疗养避暑，与庐山、莫干山、北戴河并称为中国四大避暑胜地。

佛光、云海、雾凇、雨凇、霞光、异国花草、无日不风、青分楚豫被称为鸡公山的八大自然景观。奇峰怪石、泉溪瀑布、珍花异草、山村田园，鸡公山，一切都是那么美。

## 历史 HISTORY

### 信阳历史大事记

信阳是华夏文明最重要的发祥地之一。早在8000多年前，境内淮河两岸就出现了相当规模的原始农业，从东到西分布有裴李岗文化、龙山文化和屈家岭文化遗址多处。

西周时期，信阳分别是弦、黄、蒋、息、蓼、番、申等诸侯国的国都、封地，战国时期曾为楚国的别都（遗址在今信阳市平桥区）。

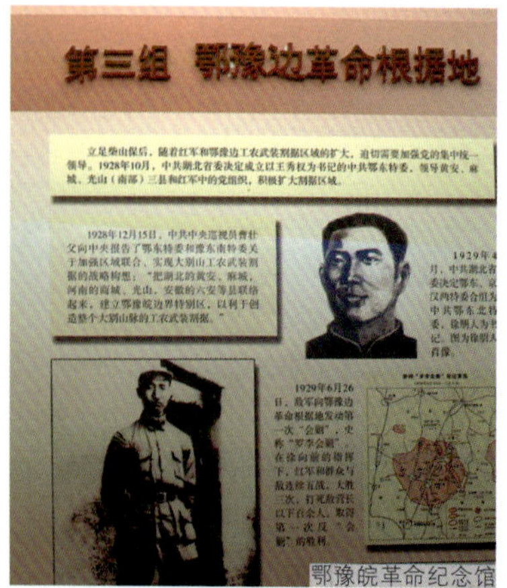

鄂豫皖革命纪念馆

盛唐时期，义阳（今信阳）是唐朝廷重要的粮食、兵源和财源基地，北宋初年改称信阳州，该地名一直沿用至今。

宋金时期，南宋与金朝在此展开拉锯战，信阳成为南宋军民抗金前线。岳飞领导的岳家军常在此一带区域活动，大小战役不断。

明清时期，信阳的经济、文化已经相当优越，粮食充裕、商业繁荣、名士荟萃，且人文底蕴浓厚，进士、举子辈出，与李梦阳并称文坛领袖的何景明便是其中的代表。

1929年5月6日，商城起义，这是土地革命战争时期中国共产党在鄂豫皖地区领导的三大起义之一，随后创建了当时仅次于中央苏区的全国第二大革命根据地——鄂豫皖根据地。

1947年6月，由刘伯承、邓小平率领的晋冀鲁豫野战军纵队，从鲁西地区、豫南信阳一带挺进大别山，揭开全国性大进攻的序幕。

**名单 信阳历史名人**

一代名相孙叔敖

战国四公子之一春申君

三国时期蜀国名将魏延

唐朝开漳圣王陈元光

五代治闽功臣王审知

北宋著名史学家司马光

元朝中原硕儒马祖常

明朝平民状师宋世杰

明朝文坛领袖何景明

清朝植物学家吴其濬

一代华夏女杰邓颖超

新中国开国名将许世友、郑维山

### 驻马店历史大事记

#### ●远古时期

在距今约4500年的杨庄新石器文化遗址中发现有地面式房基、儿童瓮棺、窖穴、精致的石器和各种各样的陶器，说明这里已有房屋和村庄，已产生了农业、畜牧业，制陶制石的手工业也比较发达。

## ●古代

周灭商后，周武王分封诸侯，分其兄度据蔡。这里有蔡（今上蔡县）、吕（今新蔡县）、沈（今平舆县及汝南县东部，正阳县北部）、江（今正阳县及确山县南部）、道（今确山县北部、汝南县西部和驿城区）、房（今遂平县）、柏（今西平县）、中（今泌阳县）等小封国。

战国时期，南边的楚国吞并众多小封国，这一带成为战国七雄相互攻伐的主战场之一，秦楚两国在这里都上演过大战。

由于秦王朝的残暴统治，前209年爆发了汝南人陈胜领导的中国历史上第一次农民大起义，起义军攻占陈县（今周口市淮阳区），建立“张楚”政权后陈胜被叛徒杀害，但秦王朝终于在农民起义的烈火中覆灭。

西汉高帝四年（前203年）置汝南郡，郡治汝阳（治所在今平舆县西北射桥乡古城村）。汉武帝时期，兴修了跨今平舆、汝南、正阳、新蔡、息县五县的鸿隙陂。汉元帝时在今泌阳县修了马仁陂，大大改善了农业生产条件，使汝南郡成为全国最富庶的地区之一。两汉时期，汝南郡的经济、文化逐步发展，出现了繁荣景象。

元末，中原战争不断，时称汝宁府的汝南地区人口锐减，经济萧条，满目荒凉。明初，朱元璋下令把太湖流域和山西无地农民迁至豫南。汝宁府各县接收大批移民，大片荒地被开垦起来种上庄稼，经济逐渐恢复。

## ●近现代

鸦片战争后，农民起义此起彼伏。1851年平舆一带爆发白莲教起义；1853年太平军北伐进入汝宁地区；1860年以平舆为中心爆发了陈大喜领导的捻军大起义；1900年为响应义和团的反帝斗争，确山、泌阳、遂平等地掀起了反洋教斗争，反抗帝国主义的宗教侵略。

杨靖宇将军雕像

辛亥革命前夕，1906年西平一带爆发了苗金声领导的“仁义会”起义。新蔡籍同盟会员刘积学积极宣传资产阶级民主思想，新蔡一时成为豫南民主革命的中心之一。同年5月15日至17日，北伐军与奉系军阀在上蔡、西平展开激战，北伐军取得重大胜利。从此，北洋政府在河南的统治宣告终结。

第二次国内革命战争时期，驻马店是新旧军阀相互攻伐的战场。1927年，由确山人杨靖宇等领导的刘店秋收起义揭开了河南土地革命的序幕。此后汝确边第二次农民暴动、汝南水屯起义、正阳白沟庙等十多起武装暴动先后爆发，为鄂豫皖苏区的建立作出了积极的贡献。

1947年7月，刘伯承、邓小平率领晋冀鲁豫野战军主力在正阳雷岗、王庄一带与国民党军队决战，强渡汝河，挺进大别山，拉开了全国战略反攻的序幕。

**名单　驻马店历史名人**

秦朝丞相李斯

秦末农民起义领袖陈胜

东晋《搜神记》作者干宝

南朝齐梁间思想家范缜

明朝抗倭名将卢镗

清朝豫南捻军领袖陈大喜

著名抗日民族英雄杨靖宇

现代豫剧之父樊粹庭

## 红军摇篮——信阳

信阳被称作“红军摇篮”，是因为这里是多支红军的创建地。中国工农红军历史上的三大主力部队及35个军，在信阳创建和战斗过的就有红十一军、红一军、红四军、红十五军、红二十五军、红二十七军、红二十八军、红二十九军等10个军。

信阳培育了许许多多战功卓著的开国将领，著名的有许世友、郑维山等人。毛泽东曾经说过，“北有郑维山，南有许世友”。在第一、第二次国内革命战争中，信阳有30多万人献出了宝贵的生命。特别是新县，当时牺牲了全县一半人口以上，可以说是“村村有烈士，户户有红军”。信阳民众为新中国的解放事业做出了难以磨灭的贡献。

从两次土地革命战争时期，到抗日战争、解放战争时期，信阳所在的大别山一带成为红军的大后方以及战斗堡垒，三十年红旗不倒。

战争的硝烟早已过去，如今的信阳已发展成为一座美丽的宜居之城，城市的红色旅游也愈发吸引着来自各地的游客。据统计，目前信阳市有经各级政府批准建立的革命历史文物保护单位178处，其中包括新县鄂豫皖苏区首府革命博物馆、鄂豫皖苏区革命烈士陵园、首府路和航空路革命旧址、将军故里、商城县金刚台红军洞群、罗山县铁铺乡红二十五军长征出发地这6处国家级红色旅游经典景区。

**链接**

### 从信阳唱响全国的红歌

信阳是红军故里，从这里唱响的红歌今天听起来依旧是那么亲切，其中最有名的是《三大纪律、八项注意》和《八月桂花遍地开》这两首红歌。

《三大纪律、八项注意》：该曲的词作者为信阳人程坦，他当时看到红军总政治部印发的《中国工农红军三大纪律、八项注意布告》后，立即就根据布告内容编写了《三大纪律、八项注意歌》的歌词，然后把土地革命胜利的曲调搬过来，改编成一首嘹亮的军歌，成为当年传唱全国的经典歌曲。

《八月桂花遍地开》：这首歌是由信阳的一个民间小调改编而来的。当时信阳商城的一个民间艺术爱好者王霁初收集了许多民间小调，他把其中的《八段锦》小调改编成这首歌，并且带进了中国工农红军。后来王霁初在一场战斗中不幸牺牲，年仅20来岁。这首歌直到今天仍是传唱度很高的一首红歌。

## 出奇制胜——李愬雪夜入蔡州

“安史之乱”以后，藩镇割据严重。朝廷曾经和藩镇发生过几次大规模的战争。后唐宪宗欲集中兵力平定淮西。淮西军的主力和精锐都被吸引到了北线，这就为西路唐军奇袭蔡州创造了条件。

这一年六月，吴元济见部下多降唐，兵势不振，上表请罪，声称愿束身归朝。七月，唐宪宗遂任命主战最力的当朝宰相裴度兼领彰义军节度使、淮西宣慰招讨使，赴前线督战。这时候，李愬准备展开一次奇袭战略，开始展露了他的军事才能。

李愬抵达唐州（今泌阳）后，采取了种种措施和行动。十月初十夜深天寒，风雪大作，唐军强行军35千米，终于抵达蔡州。四更天时，李愬军到达蔡州城下，守城者没有发觉。李佑、李忠义在城墙上掘土为坎，身

南湾湖

先士卒，登上外城城头，杀死熟睡中的守门士卒，只留下巡夜者，让他们照常击柝报更，以免惊动敌人。李佑等既已得手，打开城门，迎纳大唐军。

李愬入城后，一面派人进攻牙城，一面厚抚董重质的家属，遣其子前往招降。董重质单骑至李愬军前投降，吴元济丧失了洄曲守军回援的希望，他也知道大势已去。十二日，唐军再次攻打牙城，蔡州百姓争先恐后地负柴草助唐军焚烧牙城南门。黄昏时分，城门被破坏，吴元济只得投降。申、光二州及诸镇兵2万余人亦相继降唐，淮西遂平。

淮西平定后，各藩镇恐惧不安，先后上表朝廷归顺。藩镇割据的局面由此暂告结束，唐朝又恢复了统一。而这一切成就，李愬厥功至伟。

李愬袭击蔡州之所以取得成功，除了示弱骄敌，使吴元济恃胜不备，因而出其不意乘虚而入外，天气也是一个重要因素，这也集中体现了用兵之道。晚清重臣、军事家曾国藩把司马光《资治通鉴》记载的唐朝“裴度李愬平蔡之役”选入《经史百家杂钞》后，“李愬雪夜入蔡州”的故事开始广为流传。

## 文化 CULTURE

### 豫风楚韵，信阳民歌

信阳民间流传的小歌小调统称为信阳民歌，在风格上迥异于淮河以北的河南省内各地区，有着悠久的历史。

信阳民歌形式多样、种类丰富、体系完整。根据演唱内容和产生时代，信阳民歌可分为情歌、小调、叙事歌、革命历史民歌、新民歌、仪式歌、号子、山歌、田歌、灯歌、会歌、儿歌、叫卖歌及其他类十余种；信阳民歌涵盖了从古至今不同历史时期、不同文化背景的广泛题材，无论是嘹亮悠长的山歌、高亢热烈的劳动号子，还是委婉缠绵的小调、

信阳民歌演唱

诙谐风趣的田歌、热情奔放的红歌，无不深刻而生动地表现了当地人民的生活、思想、感情。

其中，情歌、小调这类民歌在信阳民歌中数量最多，分布最广，保存较完整。小调在内容上多反映男女爱情生活，如《摘石榴》《茶山歌》《一朵茉莉花》《双探妹》等；也有反映劳动和生活情趣的，如《对花》《采茶歌》等。信阳民歌经过千百年来无数民间艺人和民间歌手的传唱与加工，旋律婉转流畅，优美动听。

信阳民歌是随着中国民歌的产生发展而同步发展的。新时期的信阳民歌喜忧参半，喜的是，信阳民歌仍获奖不断，2011年10月，新县民歌作为河南省唯一的参赛代表队，在“中国·呼和浩特第二届民歌合唱会演”上完美演绎了原生态民歌《豫南情调》和《秧麦》，获得了二等奖；忧的是，随着现代文化冲击，学习民歌的人已经越来越少，民歌如何得到好的传承已是民歌文化必须面对的一个问题。

### 城市名片——毛尖

信阳毛尖又称“豫毛峰”，因条索紧直锋尖，满布白毫，产于河南信阳，故取名“信

阳毛尖”。信阳毛尖品质高上，素来以“细、圆、光、直、多白毫、香高、味浓、汤色绿”的独特风格而享誉中外，是大别山地区盛产的名茶中的佼佼者。

信阳毛尖属于锅炒杀青的特种烘青绿茶。茶叶形状为条形，干茶色泽翠绿或绿润；汤色属浅绿形，汤色、叶底均嫩绿明亮；茶叶香气属清香型，并不同程度地表现出毫香、鲜嫩香、熟板栗香；茶叶滋味浓醇鲜爽、高长而耐泡。叶底芽叶完整，匀称。依品质优次，分为特级、一级至五级、级外。

大别山的钟灵毓秀，淮河水的甘甜清澈造就了信阳毛尖形美、色翠、味浓的优美品质，信阳毛尖获得了众多荣誉。继1915年在巴拿马万国博览会上获金质奖，1959年被评为全国十大名茶之后，1985年又获国家金质奖，1991年在首届杭州国际茶文化节上被授予“中国茶文化名茶”称号，成为河南省茶叶生产上的瑰宝。1999年获昆明世界园艺博览会金奖。信阳毛尖不仅行销国内，在国际上也享有盛誉，远销日本、美国、德国、马来西亚、新加坡等20多个国家。

1992年以来，信阳凭借全国十大名茶之一的信阳毛尖茶的品牌优势，以茶为媒，举办了中国信阳茶文化节。茶文化节期间举办了许多大型活动，有农贸产品交流会、书画展、茶叶展评会。茶文化节开幕式的晚会也成为信阳每年规模最大的文艺盛会。

## 九九登高话重阳

中华民族的岁时节俗，是极复杂的文化现象。它们往往都伴随着历史传说、神话故事流传下来，使节日蕴含着动人的浪漫色彩。中国传统节日重阳节就有这样明丽的特色。

传说汉朝时汝南郡有个名叫桓景的青年，他的父母双亲在瘟疫中病死了。得知是瘟魔在作乱之后，他决定拜费长房为师，学本领，战瘟魔，为民除害。次年九月九日那

鸡公山风景

天，桓景让妻子儿女、乡亲父老登上了附近的一座山。给每人分了一片茱萸叶子，说这样随身带上，瘟魔不敢近身。又把菊花酒倒出来，每人喝了一口，以不染瘟疫之疾。随后，瘟魔窜到山下，只觉得酒气刺鼻，茱萸冲肺，不敢近前登山，返回村里。在村中等待的桓景舞剑迎战瘟魔。几个回合之后，斗不过桓景的瘟魔拔腿就跑。桓景将降妖青龙剑抛出，穿心透肺把瘟魔扎倒在地，就这样除去了瘟魔。此后，汝河两岸的百姓，再也不受瘟魔的侵害了。人们把九月九登高避祸、桓景剑刺瘟魔的事，父传子，子传孙，一直传到现在。

今天的重阳节，被赋予了新的含义，1989年，我国把每年的农历九月九日定为老人节，成为尊老、敬老、爱老、助老的老年人的节日。机关组织退休的老人们秋游赏景、登山健体；不少家庭的晚辈也会搀扶着年老的长辈到郊外活动或为老人准备一些可口的饮食，将传统与现代巧妙地结合在一起。

2003年10月4日，国家邮政局在上蔡举

行了《重阳节》特种邮票首发式。2005年上蔡县被国家民协命名为“中国重阳文化之乡”。2011年6月，上蔡县重阳文化习俗入选第三批国家级非物质文化遗产保护名录扩展类国家级“非遗”项目。

**链接**

### 咏唱重九诗词众多

九九重阳，因为与“久久”同音，九在数字中又是最大数，有长久长寿的含义，况且秋季也是一年中收获的黄金季节，重阳佳节，寓意深远，人们对此节历来有着特殊的感情，唐诗宋词中有不少贺重阳、咏菊花的诗词佳作。

田园诗人孟浩然的《过故人山庄》：“故人具鸡黍，邀我至田家。绿树村边合，青山郭外斜。开轩面场圃，把酒话桑麻。待到重阳日，还来就菊花。”边塞诗人岑参《行军九月思长安故园》：“强欲登高去，无人送酒来。遥怜故园菊，应傍战场开。”诗圣杜甫《九日·其一》：“重阳独酌杯中酒，抱病起登江上台。”农民起义领袖黄巢《不第后赋菊》：“待到秋来九月八，我花开后百花杀。冲天香阵透长安，满城尽带黄金甲。”宋代女词人李清照《醉花阴》：“薄雾浓云愁永昼，瑞脑消金兽。佳节又重阳，玉枕纱厨，半夜凉初透。东篱把酒黄昏后，有暗香盈袖。莫道不销魂，帘卷西风，人比黄花瘦。”

当然，最为人们熟悉的当然是王维的这首《九月九日忆山东兄弟》：“独在异乡为异客，每逢佳节倍思亲。遥知兄弟登高处，遍插茱萸少一人。”“每逢佳节倍思亲”是天下人每到佳节时最真实的心情写照。

## 流光溢彩——确山打铁花

打铁花表演起源于北宋，鼎盛于明清，至今已有千余年的历史，是流传于确山县境内及周边地区的民间传统烟火。

“打铁花”初源于工匠们的祭祀活动。遇到道教的重大庆典，道士们会出钱出物，请工匠们举办“打铁花”，为道家活动增添光彩。打铁花的最初目的，一是展示民间工匠行业的气派，取悦于群众，扩大影响；二是讨个吉利，利用“花”与“发”的谐音，取“打花打花，越打越发”之意，象征着事业发达兴旺。

每当打铁花时，附近的龙灯会都组织龙灯赶来助兴，在铁花飞溅的花棚下穿梭，称为“龙穿花”。“龙穿花”是显示每个龙灯队阵容、意志、技巧的最佳场合。“穿花”穿得最好的龙灯队会受到同行和观众的好评及敬慕，也会受到打铁花组织者的奖励，日后便名声大振。如今，确山打铁花名声在外。2003年中原春节文化庙会上，确山打铁花首次在郑州演出；2006年春节，确山打铁花又受邀到开封清明上河园表演；2008年农历正月初六至正月十六，打铁花作为河南省首批非物质文化遗产之一在北京大兴北普陀影视城举行的春节大庙会上迸发出魅力火花。

除去本身具有极高的观赏价值之外，确山打铁花还具有十分深厚的文化内涵，饱含中原地区文明发展史上的冶铁文化、道教文化、祭祀文化、节庆文化及民间工艺传承、火药利用、信息传递等古代文化信息，是古代文化之集大成者。国家非常重视和保护这一古老的民间绝技，2008年，确山打铁花入选第二批国家级非物质文化遗产保护名录。

打铁花

景点推荐

# 信阳旅游区

## 鸡公山 AAAAA

被誉为“云中公园”

信阳市平桥区李家寨镇

0376-6912058

通票60元

鸡公山是大别山的支脉，主峰鸡公头又名报晓峰，海拔784米。它像一只引颈高啼的雄鸡，凝视远方，鸡公山因此而得名。

鸡公山景区是中国四大避暑胜地之一，面积为287平方千米，包括报晓峰、北岗、避暑山庄、长生谷、大东沟、登山古道、防空洞、李家寨、颐庐九大景区。景区内有数百座形式多样的别墅洋楼。

### 玩家攻略

从信阳火车站乘坐的直达车会把您送到位于鸡公山少林武校下面的“鸡公山广场”，在这里有两种方式进入景区，一种是乘车，另一种是徒步。如要选择乘车则可以直接在广场乘车上山，此类车型为面包车。自驾的朋友则可以驱车上山，上山只有一条车行公路。若选择徒步上山，可以到广场接待中心询问入山大致方向（此处亦可购票），之后便可以登山了。

山上有两种住宿类型。一类是宾馆，如汉口会馆（有别墅），其价位稍高；天润大酒店（有别墅），各种价位的房间都有；府苑山庄，原来的鸡公山的政府宾馆，科技宾馆，金时达宾馆，云中宾馆，逍遥宾馆，友谊宾馆等，价位都稍低一些。另一类则是农家。这些主要分散在山中居民区南北街的旅社饭店，价位一般稍低，有单间和多人间，也有带独立卫生间的客房。当地人朴实淳厚，待客热情，住在这里可以享受地道的农家菜，感受纯正的乡土气息。同时，这些旅社也接受游客在山上的疗养度假。

### 链接

#### 鸡公山怪石

鸡公山的特点是峰奇石异。山上的怪石星罗棋布。“五怪石”，伏、卧、蹲、蹦，各具怪状。有的形状像爬行的乌龟，蹦跳的青蛙，奔跑的野猪，蹲坐的罗

汉，跪拜的和尚等。“磊磊石”是巨型石蛋，彼此相垒，石上有石，好像随时要滚落下来。与报晓峰遥遥相对有一巨石，名叫“鹰蹬石”，其形状如老鹰缩居崖下。传说，很久以前，天狗和老鹰结为兄弟。老鹰怕光，讨厌白天。天狗为了帮助它，想把太阳吃掉。但天狗最讨厌公鸡，因为它会给太阳报信，天狗希望老鹰吃掉所有的公鸡。当老鹰要吃掉信阳最后一只公鸡时，这只鸡跑到山的最高峰，一声长鸣，呼出了太阳。万道金光立刻照得老鹰什么也看不见了。这块巨石就是当年追赶公鸡失败的老鹰。另外，在鸡公山的东岗上，有一块高大巨石，叫“将军石”。传说这是为了纪念当年在此征战的明末农民起义的领袖李自成。

## ■ 报晓峰

报晓峰是鸡公山的主景，因酷似一只引颈啼鸣的雄鸡而得名，是观日出、看晚霞、云海、佛光的最佳位置。山上石刻众多，还有鹰嘴石、笑啼岩。报晓峰的半山腰有一石，上面刻着云南江川李金碧所题的“天下第一鸡”。

**链接**

### 报晓峰的传说

报晓峰所以叫鸡公头，其实是由一个有趣的神话故事得来的。传说，天庭有一司晨神鸡，专管天明报晓，后来赶上了鸡公山闹蝗虫灾害，玉皇大帝就派司晨金鸡下界捉虫，神鸡一夜辛劳吃尽了蝗虫，但却忘了归天司晨，当它抬起脖子高歌的时候，天已大亮，它已经不能回去了，就化成了一座巨峰永远地留在了人间。

## ■ 北岗

北岗景区是教会区，汇集了很多古老的别墅，教派和教堂众多，有美国大楼、瑞典大楼、过去信义会的大教堂、小教堂、揽云射月楼等建筑。此区现有别墅70余幢，有“世界建筑博览会”的美称。

## ■ 避暑山庄

鸡公山避暑山庄坐落于狮子峰（又名马鞍峰）南侧山半山腰。1919—1925年间，由肖耀南、喻怀远、张厚生、杜节义、周际泰等人所建，当时称为“辛店避暑山庄”。现存别墅共10组20幢，保存较好的有肖家大楼、环翠楼、耸青阁、卧虎楼、翠云楼等。肖家大楼为古罗马式建筑，主楼为三层方形。此外，山上还有天福宫遗址。

## ■ 长生谷

长生谷景区是自然山水极佳、原始韵味浓烈的风景长廊，峡谷中气候湿润，瀑布飞泻，栈道、藤木奇多。长生谷入口位于鸡公山脚下，从秀女潭起始，至树木园避暑山庄结束。主要景点有犀牛卧波、老鹰窝、古银杏、野猪林、将军柳、老君洞、猩猩树、秀女潭瀑布、一线瀑等。

### 玩家攻略

从长生谷上山的朋友要备足水和干粮，在秀女潭旁边有卖，但是进入山区之后就只有在山上

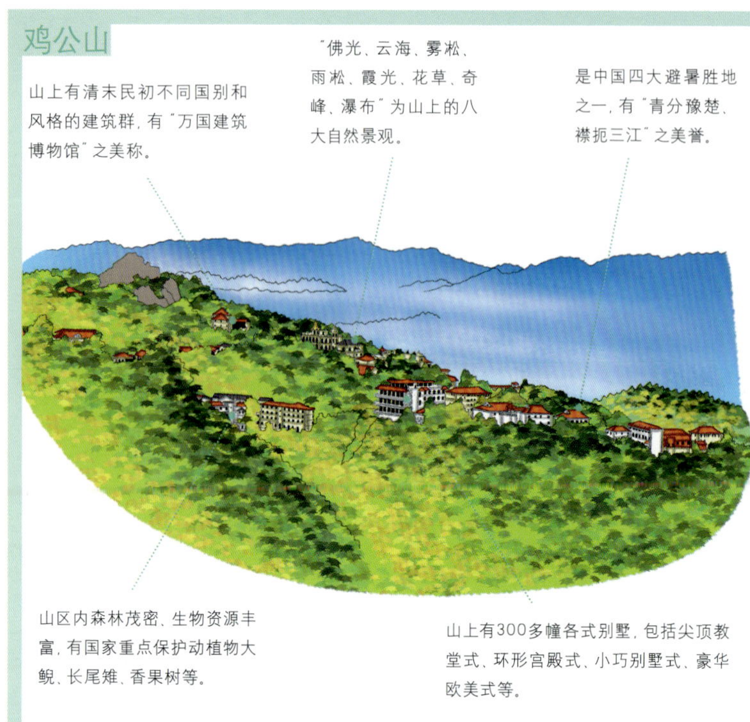


才有卖的了，半路上没有。至山顶大约需要两个小时。

## 大东沟

大东沟景区以水景和原始林木而闻名。鸡公山大东沟有瀑布20多处，其中松林湾瀑布、高峰瀑布、大小滴水瀑布最为有名，还有三叠瀑布、龙宫瀑布等。景区内还有空中索道和红花屋基遗址。

### 玩家解说

位于白沙关南侧的是"红花屋基"，相传在明末清初时，有一武艺高强的女英雄，姓李，叫红花，为反对明清统治者，带领结义姐妹来到鸡公山白沙关安营扎寨，操练兵马，保卫乡民。红花女在这里开了一个茶馆叫红花店，红花女曾经与农民起义军首领鸡公大王——张吉光结为夫妻，共守山寨，抗击官兵，劫富济贫，现在只剩下了遗迹，这里四周山上杜鹃红如火。

## 登山古道

登山古道自明朝到现在已经有600多年的历史，为古时登山的要道，长约3千米，有1221个石阶，是步行登山观景的主要便道。有百步梯、头道门、牛耳寨、二道门、五怪石、瞭望哨、甘泉、陡石崖、笼子口等景。

## 防空洞

中正防空洞建于1937年秋，是国民党军事委员会为蒋介石在1938年来鸡公山避暑所造，总面积148平方米，全部是钢筋混凝土结构，洞分两层，外层有走廊、天窗、前后门，内层有会议室、书房、卫生间，总洞长63.3米，后有暗道。主景为逍夏园，有荷花池音乐喷泉等娱乐场所，有丹麦楼、万国广场、马歇尔楼等建筑。颐庐景区山上的南北街似"天上的街市"，街道两边建筑依山就势、

鸡公山报晓峰

别有格调，有古柳、普济泉、三菱别墅（现为旅舍）等景点。

### 李家寨

鸡公山管理区的李家寨镇古称“金家店”。李家寨是中南最大、功能最全、辐射力最强的板栗批发市场，板栗年吞吐量达1200多万斤。李家寨镇还是信阳毛尖的原始发源地，其大茶沟尚有唐宋茶树遗株。李家寨自古居住的主要是李姓人家。李家寨有众多的革命遗址和许多怪石，还有波尔登纪念碑、唐银杏、皇姑坟遗址等景点。

**链接**

**望父老山的传说**

从武胜关的东侧看，3千米左右的地方，有一个海拔略低于报晓峰的山峰，它就是著名的望父老山。关于望父老山有一个悲惨的传说：古时武胜关战事频繁，当地居民饱受苦难。相传，关中有户人家，仅有父子二人相依为命，苦度时光。有一天，儿子砍柴回家，发现刚打过一仗，家已经被洗劫一空了，老父失踪，不禁失声痛哭。他到关东最高一个山头眺望，仍望不到父亲踪影，一路向南，边哭边喊，最后，喉咙喊破，两眼哭瞎，悲愤而死。后人为纪念他，把这座山叫作“望父老”，把儿子死的地方叫作“孝子店”。

## 南湾湖 AAAA

素有“豫南明珠”之称

信阳市浉河区南湾乡

在信阳火车站乘2路公交车可到景区

0376-6373610、6373378　¥ 60元

南湾湖，又称南湖，是著名的自然风景区。南湾湖风景区由南湾湖和南湾国家森林公园组成，以南湾湖为中心，以山林、岛屿为风景内涵，具有丰富的自然景观和人文景观，被誉为“中原第一湖”“北国的江南，江南的北国”，是国家森林公园、国家水利风景区。

南湾湖景区森林面积约22平方千米，水面约75平方千米。湖中散布着61个小岛。南湾湖风景区森林资源丰富，湖面湖水浩瀚碧绿，岛屿港湾众多，珍禽异兽齐鸣斗艳，

### 鸡公山后山穿越路线

D1：走107国道南行，在鸡公山收费处下车，步行过收费站500米，沿路东小溪前行，过京广铁路隧道沿溪流继续东行进山，路上有个小村叫伟家沟，从此处开始上山，一路上景致不错。大约4个小时后，会到达一片沼泽地，此后开始下山，绕过一个山头，可看到一个水库，在此扎营。

D2：水库边有一条土公路，沿此路北行大概2千米即进入鸡公山景区的后门。此后，沿索道上行至活佛寺，从活佛寺沿小路到灵化寺，此寺的正北就是报晓峰。在活佛寺和灵化寺之间有一条下行的小路，沿小路西行，不久可见一溪流，沿溪流而下，可见瀑布，大约3个小时即可出山谷到达季本沟水库，在此可见107国道。从水库走到金山的前湾村圆满完成鸡公山穿越。

植物景观多样，历史遗产源远悠久，民俗风情浓郁丰厚，以“幽、朴、秀、奇”为特点，以“山、水、林、岛”和谐一致而闻名，是融自然景观、人文景观、森林保健功能为一体，具有旅游、休闲、度假、养生、文化、科研、教学等多功能的生态型旅游区。

### 玩家 攻略

南湾湖的上游，是“信阳毛尖”的产地“五云”诸山；湖对岸的车云山，是观龙瀑、游茶园、品尝信阳毛尖的好所在。南湾鱼不仅肉味鲜美，而且富含微量元素，其中有抗癌元素之称的“硒”含量是普通鱼类的3~5倍。尤其是南湾花白鲢，头部富含DHA，是备受欢迎的保健珍品。

## 南湾湖

南湾湖的水域宽广，湖中小岛星罗棋布；鸟岛处处见鸟影；猴岛上生长着数十只野生猕猴；消夏岛上的民族歌舞表演具有独特的地域色彩。在湖的上游有黑龙潭、白龙潭等。

### 玩家 解说

南湾湖的水质清纯透明，属于国家一级标准。湖上游的黑龙潭是大潭套小潭，小潭连清泉；白龙潭两山对峙，传说中，它是豫南第一泉。

## 贤隐山

贤隐山，坐落在信阳市西郊。据传东汉孝廉周磐辞官隐居于此。山上有距今1400多年梁朝萧衍时的“梁王垒”遗址，有与嵩山少林寺、白马寺、相国寺齐名的贤隐寺，还有莲花峰、飘带岭、平顶松等胜景。

## 五云茶山

在南湾湖上游，包括车云山、集云山、云雾山、连云山、天云山，还有黑龙潭、白龙潭等处，都是信阳毛尖茶的正宗产地，来此可目睹制茶过程，还可随处买到正宗的信阳毛尖。

南湾湖

# 浉河公园

## 一座综合性公园

信阳市浉河区解放路西端

乘25路公交车即可到达

它是美丽的浉河环绕着的公园。园内设有儿童游乐区、水上游乐区、游览休闲区、动物观赏区和老年人活动中心五个功能区域。园内竹木葱茏，喷泉吐珠，月季园、梅园、樱花园、桂花园内各种鲜花争芳吐艳。园东的翠湖中有三个人工岛，岛上种满了松树、枫树，秋天极美。园内还有动物园。

# 灵山寺 AAAA

## 华夏奇观、天下一绝

信阳市罗山县涩港镇同心村

52元

7:00-17:00

灵山是著名的佛教圣地，灵山寺有一千五百多年的历史，为佛教传入中国最早所建寺院之一。灵山寺自古香火繁盛，文僧辈出，名播海外，享有“中原四大古寺、豫南第一名刹”之誉，每年农历三月初一庙会，进山朝拜旅游者络绎不绝。

### 圣井

灵山寺第三层院里有一口井，深5米，直径约0.5米。井水清澈，向下看银光闪闪，波光滟滟。因明太祖朱元璋于元至正八年（1348年）曾口衔修竹藏于此井，躲过了官兵的搜捕，后人称之为“圣井”或“潜龙井”。

### 百日红

灵山寺大雄宝殿后、慈悲殿前院的南边有一棵古树，叫百日红，人们亦称之为“痒痒树”。如用手在树身上轻轻抓挠，枝叶就会微微颤动。据传，百日红是在清光绪年间，由灵山寺的和尚到外地云游带回的，距今虽有近三百年的历史，仍枝繁花盛。

灵山寺

### 白马洞

白马洞上覆万山丛林，洞下有悬崖溶谷，洞口挂蒺藜葛藤，洞里泉水淙淙，洞壁上有一大白石，状如白马。相传有白马常来灵山寺偷盗佛经，被僧人追赶到这个洞内化为白石，洞因此而得名。

### 金鼎云轴

灵山顶端海拔829米，站在山顶可俯瞰罗山及信阳市全景。金鼎西侧有一龙眼井，原有四合庙院，据记庙院压住了金鼎云眼，故每遇天旱无雨时，即有人来拆庙院，时拆时修，往来不断。

### 倒栽古柏

柏高10多米，身如麻花，从蔸至梢，上下一般粗，树皮褐色，木质非常脆。柏枝长向，有向下的也有向上的。柏枝上长有像针线一样细的吊丝向下垂伸。吊丝的长短不一，长的有1米左右，短的约50厘米。它的皮可治肚子疼痛、消炎顺气，常被信徒香客采回家去。

### 千年银杏树

灵山寺后院南墙根边有一棵银杏树，树高五六十米，树粗需要四人合围，可谓古树参天，绿荫如盖。此树距今已有一千多年的历史，它是灵山寺的象征。物皆有灵，这棵树随寺盛而盛，寺衰而衰，“文革”时期呈枯萎

灵山寺大雄宝殿

之状。今枝繁叶茂，硕果累累。

## 玩家 攻略

灵山三条精品线路：山门—灵山寺—金顶、灵山宾馆—马放沟—厦园、山门—逍遥洞—险石。

灵山特色旅游商品：灵山圣泉水、灵山云雾茶、八姐茶、山野菜、地锅巴、灵山豆腐、八姐红酒。

灵山土特产：茶叶、板栗、鳝鱼、板鸭、桔梗、香菇、黑木耳。

灵山豫土楚风：三月灵山古庙会、九九重阳登山节、茶山情歌、皮影戏。

## 玩家 解说

灵山寺的名字几经更改。因为它挨着少华山，唐朝建起寺院的时候就叫“灵山”，寺因此得名。该寺是官府营建的寺院之一，距离现在已经有一千二百多年的历史。灵山寺初由唐明皇李隆基的女儿修建（713年），后被封为“国庙”。灵山主峰金顶海拔827.7米，灵山春秋战国时叫冥山，汉时叫霸山，魏时叫石城山。“因有求必应，每云必雨，验之，信然。”因为这个原因，灵山的名字至今沿用。

## 链接

### 灵山寺

灵山寺建筑布局结构严整，六座大殿依山势呈梯形由低到高排列在一条中轴线上。现有六间前大殿、三间祖师殿、五间大佛殿、三间法堂、五间祭仙宫、五间五星殿。六座大殿分别供有各种仙佛造像：欢乐殿供关公，祖师殿供达摩，大佛殿供释迦，法堂供罗汉，祭仙宫供上、下八仙，五星殿供玉皇大帝和魁星，显示出儒、释、道三教合一的特点。

灵山寺是我国著名的佛教圣地。山上共有七寺三庵，包括灵山寺、金顶寺、中佛寺、白佛寺、白云寺、龙牙寺、险石寺、圆通庵、福全庵、延寿庵。灵山有世界罕有的一奇：僧尼同处，各自为居；唐代的建宁公主就曾在灵山寺出家为尼，是我国佛教界的一大奇观。到了宋、明两代，皇帝曾多次亲临灵山。该寺有僧尼三十余人，大寺规模为豫南最大的，正殿七层，分别为天王殿、祖师殿、大雄宝殿、法堂、念佛堂、祭仙宫。偏殿完整，殿宇高大，气势宏伟，飞檐雕栋，九曲回廊，古色古香。

# 董寨

## 具有奇形怪状的山峰

信阳市罗山县周党镇

董寨自然保护区总面积4.68万公顷，保护区内分布有鸟类233种，其中国家重点保护的有36种。区内的东主峰大鸡笼海拔647米，西主峰鸡公山海拔744米，北主峰灵山海拔828米，南主峰王坟顶海拔840米，为最高峰。主要景观有白冠长尾雉、天鹅、鸿雁、金雕、红腹鸡等，还有大鸡笼、朝天观、灵山、擂拔台等山峰。

## 玩家 攻略

到董寨国家级自然保护区可以乘火车在信阳站下车，然后转乘汽车到涩港下车即可到达。观察水鸟可以到保护区东北部的石山口水库一带。观察白冠长尾雉等山地鸟类，可以到白云、灵山等地，附近还有界牌水库也可以观察水鸟。如果有时间，还可以到较远的万店、鸡笼等地观鸟。要想观察到大部分鸟类，最好有2天以上的时间。

# 景点推荐 大别山北麓景点

## 黄柏山 AAAA

有“鸡鸣闻三省”之称

信阳市商城县长竹园乡

0376-7419068

80元

黄柏山国家森林公园总面积4010公顷，境内山清水秀，沟谷幽深，溪水长流，潭瀑众多，动植物资源丰富。属国家级保护动物的白冠长尾雉、商城肥鲵为景区所独有，两株千年古银杏更是华夏所罕见。享有“植物王国”“动物乐园”“避暑胜地”“娃娃鱼故乡”等美誉。

### 玩家解说

这里森林覆盖率高达97%，空气新鲜，素有“天然氧吧”之称。林区地势较高，海拔千米以上的山峰有多座。境内动植物资源丰富，有娃娃鱼、金钱豹、穿山甲等珍稀动物370多种，100多种树木，且多为材质优良、价值较高的用材树种，素有“松杉林海”的美称，又有“天然药库”的美誉。

### 链接

茶姐画眉

传说古时候，黄柏山非常荒凉，山民生活贫穷，有一年，这一带流传瘟疫，很多人死去，有位好心的姑娘决心拯救乡亲们。经过千辛万苦，她才在仙山找到了一种叫“茶”的宝树，为了尽快带回树叶、种子，姑娘变成一只美丽的小鸟飞回黄柏山，乡亲们得救了，但她自己却无法恢复成人形，山民便把这种鸟称为“茶姐画眉”。

黄柏山从此有了这种茶树生长，这种茶就是今天人们所说的“黄柏山高山云尖茶”，也就是全国四大名茶之一信阳毛尖的一种。

## 鲇鱼山水库

国家水利风景区

信阳市商城县鲇鱼山镇　免费

鲇鱼山水库风景区是国家级水利风景

### 黄柏山的古树名木景观

法眼寺古银杏：法眼寺门前左、右各1株，均为雄性，树高分别达到24米、28米，枝下高9米左右，冠幅近400平方米。相传是南宋年间妙湛禅师在此建报恩寺时亲手所栽，有1000多年的历史。法眼寺附近还分布有13株古银杏，树龄均在400年以上。

迎客松：在法眼寺南小界岭通往湖北麻城山脚处有一黄山松，树高32米，树身呈鳞状，冠盖如伞，斜身张望，如迎宾客，为黄柏山胜景；另外在息影塔左前方也有一株约500年历史的古松，冠分两层，中间斜出一分枝，呈迎宾姿态。

盆景树：在界巴冲景区瓮坛沟口，一棵树龄超过百年的黄山松生长于丛石之中，干高不足一米五，胸围近一米，皮表已腐朽，但上面仍有几簇新枝，犹如盆景，独特秀美，令人叫绝。

姐妹松：位于大牛山景区的锅铲垱山口，三株黄山松立于峭壁之上，亭亭玉立，迎风伸展，如三姐妹相依相携，俊美秀丽。

鲇鱼山水库

区，以鲇鱼山水库为中心，汇集森林、湖泊、河流、瀑布、温泉等诸多自然、人文景观。有大坝20多座。景区内空气清新，山清水秀，体现了“清、静、绿、野、鲜、奇”的自然特色。

**玩家解说**

鲇鱼山水库地处大别山腹地，特色物产丰富。这里的奇山奇水，使这里成为动植物的天然生长地。这里有肥鲩、石花鱼、金钱豹、长尾雉等几十种珍贵动物和千头柏、龙须柳、五针松等近百种稀有植物，还有茶叶、桔梗、天麻、茯苓、板栗、木耳、猕猴桃、桐油等驰名中外的名优特产。

## 汤泉池

### 有“药泉”之称

信阳市商城县吴河乡

汤泉池风景区是河南省著名的温泉疗养地和山岳风景区，以温泉水的医疗效果而闻名。温泉是大别山燕山期断裂带喷出的泉水，形成温泉，唐称温汤，明称汤坑，有3个泉眼，水温约58摄氏度。水库中有孤岛和神水阁。附近奇石众多，群峰竞秀，是一个集山、水、泉、石、林、洞于一身的温泉疗养、旅游、度假胜地。

**链接**

**汤泉池温泉**

温泉大约形成于一亿年以前，现有三个泉眼，日出水量约650吨，水质清亮洁净，水温56℃~58℃，泉水经光线谱定量分析，水中含锶、银、钛、硼、铬、铜、铅、钙、钠、镁、钾、氟等元素，按医疗矿泉分类属于淡温泉、硅酸泉和氟泉。利用温泉的热力学效应和药物化学作用，对皮肤病、风湿病、肠胃病以及神经系统、呼吸系统、外科、妇科疾病均有显著疗效，特别是皮肤病、风湿病治愈率高达80%以上。健康人常泡温泉也能护肤美容、增食催眠，所以这里有“药泉”的称呼。唐朝李吉甫所著《元和郡县图志》中称其“温汤”；明嘉靖《商城县志》记载：“温泉，在西南三十千米，自石罅中流出，其色绿，其热如汤，人浴之可治疥癞。”

## 金刚台地质公园 AAAA

### 因形似金刚而得名

信阳市商城县苏仙石乡，县城东南20千米

0376-7399999 ¥39元

金刚台地质公园由金刚台景区和汤泉池景区组成，景区纵横470平方千米，山地、丘陵、河谷、湖泊等各种地貌浑然一体，园区内名胜古迹、红色遗址、地质遗迹、生物资源

金刚台地质公园

和人文遗产等集典型性、稀有性、观赏性、科研价值、健身疗养等于一身，尤其是奇特的火山地貌、典型的同源岩浆演化、大别山五针松、商城肥鲵等是省内仅有的、国内罕见的，具有极高的观赏和保护价值。

## 鄂豫皖苏区首府革命博物馆

### 纪念革命活动的博物馆

信阳市新县新集镇

鄂豫皖苏区首府革命博物馆坐落在英雄山畔，全馆占地面积15公顷，建筑面积2700平方米，为仿古式建筑。

馆内珍藏革命文物1500余件，珍贵照片1000多幅，馆内基本陈列为《风云大别山》，共分四个部分。馆内陈列有国家一级文物，全国唯一一块保存完好、写在墙上的《中华苏维埃土地法令草案》。

## 鄂豫皖苏区烈士陵园

### 全国重点革命烈士纪念建筑物保护单位

信阳市新县新集镇南郊白马山东麓

鄂豫皖苏区革命烈士陵园依山傍水，环境幽雅。园内陈列和珍藏着文物4500余件，安葬着近百位著名烈士和红军首长遗骨，纪念13万多名革命烈士，是全国建筑时间最早、烈士资料齐全、知名度高的陵园之一。鄂豫皖苏区革命烈士陵园由大门、烈士浮雕墙、烈士纪念碑等八大部分组成。

## 鄂豫皖分局和红四军总部旧址

### 追寻革命人士奋斗的足迹

信阳市新县新集镇首府路

1931年5月至1932年9月，中共中央鄂豫皖分局和省委及红四方面军军委在这里办公，现为国家保护文物。占地1980平方米，前后有五进大院，七栋老式阁楼，共有房屋61间。大门上方悬挂有李德生同志题写的“红四方面军总部旧址”匾额。

**玩家解说**

1931年2月，红军攻克新集（现在的新县城），鄂豫皖苏区党政军机关先后迁到了这里。5月，党中央在这里建立了鄂豫皖分局，同时成立了鄂豫皖军委。鄂豫皖工农武装割据局面形成以后，这里便是其政治、军事和文化的中心。党在这里领导边区

鄂豫皖苏区首府革命博物馆陈列室

红四方面军总部旧址

军民进行武装斗争、政权建设和经济文化建设，连续粉碎敌人第一、二、三次“围剿”。1932年9月9日，第四次反“围剿”失利，新集城陷落，鄂豫皖中央分局机关随红四方面军撤离。当年分局下设机构鄂豫皖省委组织部、宣传部、妇女部、少共分局。部分领导人的住室及其生活用具到现在依然保存完好。

## 箭厂河旧址群

### 中原将军乡

信阳市新县泗店乡，距县城13千米

箭厂河革命旧址群是黄麻起义和鄂豫皖革命根据地的策源地之一。

明末清初时期，这里叫“百步桩”，因过河无桥，树石柱九十多个，故称“百步桩”。清初本乡有个武举人叫王学举，在这里设厂造箭，箭厂河的地名由此而来。其著名纪念地有：列宁小学、红田、红25军政委吴焕先故居、红25军司令部旧址、红四方面军后方总医院旧址等。

**链接**

**可歌可泣的英雄事迹**

在这块土地上，发生过艰苦卓绝、可歌可泣、可敬可佩的斗争史实。

以吴焕先、程儒香、肖国清、程怀天等为代表的一代英雄儿女，同敌人浴血奋战，他们无私无畏，顽强斗争，把自己年轻的生命奉献给了党和人民，把自己的鲜血洒在了与敌人斗争的战场上。

1927年，农民赤卫队队长程儒香不幸被捕，民团团总方晓亭伙同敌人应歧部对他严刑审讯，数九寒天将他的衣服脱光，四肢钉在墙上，他毫无惧色地痛骂敌人。敌人又将他移到一棵木梓树下，残暴地割掉他的眼皮、耳朵和舌头，直到他最后英勇就义，敌人也没能从他口里得到半点秘密。

箭厂河区一乡团支部书记兼童子团中队长，16岁的共产党员肖国清，在反“围剿”斗争中做了大量的工作。1933年秋在杨李岗被敌人包围，她在激烈突围的战斗中不幸被捕。敌人妄图从这个年轻的女共产党员的嘴里得到党组织情况，对她施行了各种残酷的肉体折磨，上扎杆、火香烧、火钳烙、拔头发、钉竹签等，但肖国清同志不屈不挠，一直怒骂敌人，直到被活埋。

1927年12月，程怀天等300多名革命志士，在一块稻田里，遭到骇人听闻的大屠杀。程怀天被捕后，敌人凶残地砍掉了他的一只手和脚，但他仍英勇不屈，充分展现出共产党员大义凛然、视死如归的高尚情操和气节。烈士的鲜血染红了这片稻田，这里因此被称为“红田”。

## 连康山

### 野生动物自然保护区

信阳市新县西部，大别山北麓

连康山国家级自然保护区，位于大别山腹地新县境内，保护区面积10 580公顷，有700米以上的山峰45座。

连康山是教学、科研、旅游、观光、避暑、疗养的理想目的地，这里山势起伏，重峦叠嶂，多被森林覆盖。新县林场在此设置老庙林区。发源于该山腹地的40多条山溪，分别注入长江水系的倒水河及淮河水系的陡山河、潢河。

## 将军石山庄

### 有悠久历史文化的景点

信阳市新县泗店乡西南部

将军石山庄始建于1974年，1986年改建并起名为将军石山庄。这里山清水秀，风光

连康山山泉

绚丽，有郑维山将军故居、将军石、点将台、红军洞、将军泉、蝴蝶洞等景点。上山的青石台阶和山庄的青山、绿树、怪石自然景观结合在一起，组成了一道亮丽的景观，是旅游、度假、观光、探古的胜地。

### 玩家 攻略

将军石山庄里的阿凌达湖鱼肥水美，水清湖秀，远远望去，就像一面硕大的镜子。游人可以在湖面上乘着龙船来回航行，也可以体会快艇的惊险刺激，还可以在岸边垂钓，还可以在沙滩浴场尽情游玩。

## 许世友将军纪念馆

爱国主义教育基地

信阳市新县田铺乡河铺村　免费

许世友将军纪念馆是河南省重点文物保护单位，它坐落于新县万紫山下的来龙岭上，坐北朝南，背倚来龙岭，面对五虎山。这里的主要景点有将军故居、生平事迹展、将军墓地、将军生前珍藏万枚毛主席像章展、将军纪念广场、许母坟、五凤松、习武场等十多个景点。

### 将军故居

现有土木结构房屋5间，每间面积约20平方米，土坯墙体，外覆青砖，房屋傍山而筑，屋顶齐平。地面呈梯次升高，门头上悬挂着第八届、第九届全国人大常委会副委员长王光英题写的“许世友将军故居”牌匾。

### 将军墓地

许世友将军墓地位于故居西北部，墓地四周全是古木奇松。墓地由原南京军区修建，约90平方米，墓身凸现地面部分呈圆穹状，高2米，直径4.2米，由91块扇形的花岗岩砌成，有“九九归一”的考究。墓前耸立着一块高3.12米、宽0.25米的花岗岩墓碑，正面遒劲挺秀的七个大字“许世友同志之墓”和背面的碑文都是书法家范曾题写。

### 展厅

将军故居西边是将军生平事迹展和许世友将军生前珍藏的万枚毛主席像章展，两个展室都是在当地民房的基础上改建而成的。生平事迹展的形式有图片、文字、史料、遗物等。许世友将军生前珍藏的万枚毛主席像章展，展示了将军生前收藏的10 295枚毛主席像章，着重反映了将军与领袖非同一般的关系，体现了许世友将军的赤胆忠心，具有极高的观赏价值。

许世友将军之墓

# 景点推荐 光山县周边景点

## 大苏山·净居寺

### 天台宗第一祖庭

信阳市光山县河棚乡

光州大苏山净居寺是中国化的佛教圣地，总面积800余公顷。

大苏山净居寺乃佛教天台宗的发祥地，是集宗教、历史、人文、自然、生态景观资源于一身的风景名胜区。净居寺有1400多年历史，现存明、清古老建筑59间，主体建筑为大雄宝殿。大苏山上还有慧思结庵摩崖石刻、梵天宫、紫云塔遗址、苏东坡读书堂、天然生态林、万亩生态茶园等景。

**玩家 解说**

净居寺人文资源丰富，素有“诗城乐地”的美称。大苏山是苏东坡的灵魂家园。北宋元丰三年（1080年），大文豪苏东坡因“乌台诗案”被贬到黄州任团练副使，在到任的途中慕名来到大苏山净居寺，留下了千古名篇《游净居寺诗并叙》。宋朝以后，还有很多名人雅士追慕慧思及东坡诗文而游赏净居寺，如黄庭坚、梅尧臣、蔡毅中等。净居寺景观丰富，历史上曾有“九龙捧圣”的美称。自然景观有24处，人文景观有20多处，景点主要有慧思结庵摩崖石刻、梵天宫（寺院）、紫云塔遗址、苏东坡读书堂等。

**链接**

**净居寺历史**

南朝梁承圣三年（554年），中国佛教天台宗二祖、净居寺开山祖师慧思结庵光州大苏山。慧思结庵摩崖石刻如今依然存在，字迹也很清楚。560年，智顗（乃天台宗三祖）慕名来到大苏山拜慧思为师，习法华、般若二经，得“一心三观”“定慧双修”“三谛圆融”等佛理，这就是我国佛学史、哲学史和思想史上著名的“大苏开悟”。567年，智顗秉承其师旨意率众离开大苏山到金陵瓦岗寺开坛讲经。575年到浙江天台山正式开宗立派，使中国化佛教的第一大宗派——天台宗最终诞生。唐武周年间，律宗大师道岸从长安返回故乡光州，为追念天台二圣，在大苏山脚下建造净居寺。其弟子鉴真随师以大苏山净居寺为基地，在江淮一带传播南山律宗，后不畏艰辛，六次渡过大海而最终到达东瀛，成为中日文化交流的先驱。以后净居寺在历史中几度兴衰。在宋乾兴（1022—1023年）中复建，真宗赐额“敕赐梵天寺”。

## 司马光故居

### 寻觅司马光的足迹

信阳市光山县城正大街中段

0376-8886186

免费

司马光故居是历史名人司马光的出生地，故居现保存完好。故居占地面积1330平方米，现有东、西两门，四合院落格局。南设有司马光生平展室，北为后堂民俗展室，院中心是司马井、养粹亭，西院墙下有“司马光砸缸”群塑像，千年古柏植于东门外边，故居内收藏有宋代石碑刻、元代石狮等珍贵文物。

**链接**

**司马光**

司马光（1019—1086年），字君实，祖籍山西，出生于河南省光山县。他自幼聪慧好学，宋仁宗宝元年间考入进士甲科，历任仁宗、神宗、哲宗三朝，先后任天章侍制兼侍讲、知谏院、翰林学士兼侍读学士、右谏议大夫、尚书左仆射兼门下侍郎等职，卒赠“温国公”，谥文正，赐“忠清粹德”碑。著编年体史书《资治通鉴》，对后世影响巨大深远。

司马光故居

紫水塔

## 永济桥

### 典型的南方建筑风格

信阳市光山县城关镇

永济桥又名万金桥，呈南北走向，横跨在泼陂河上。该桥始建于明代，全长101米，为典型的联拱石桥，全部由雕凿过的花岗条石构成，建筑结构严谨，其建筑风格具有典型的南方建筑特点，为河南省最长的古代石拱桥。

## 紫水塔

### 造型奇特的楼阁式文峰塔

信阳市光山县城关镇紫水河畔

紫水塔坐落在光山县城东门外，因濒临紫水河而得名。塔始建于明代，是八角七级楼阁式砖塔，通高27米。第一层为辟塔门，里面有塔心室和塔道，可逐层登临；二至六层均有四个对称的半圆拱形门，二真二假。每层有叠涩塔檐。塔顶是八角攒尖，上置塔刹。

## 邓颖超祖居

### 有南方特点的清代建筑

信阳市光山县城关镇

邓颖超祖居占地面积2000平方米，坐北朝南，前后两进，现存清代建筑房屋30多间，为两个独立四合院落，建筑结构严谨，格扇门窗古朴典雅，砖木结构，前后两进，共有房屋10间。故居内存放珍藏着大量历史文献资料和革命文物。

**链接**

**邓颖超**

邓颖超（1904—1992年），河南光山人，生于广西南宁。1919年五四运动时，与周恩来、马骏等共同领导天津学生爱国运动，组织觉悟社。1925年加入中国共产党，同年与周恩来结婚。后任中共广东区委委员兼妇女部部长，堪称中国妇女运动的先驱。因难产而导致不能生育的邓颖超注定要把爱心洒向更多的孩子。新中国成立后，邓颖超继续从事妇女工作，为维护中国妇女儿童权益付出了毕生精力，在国内外享有崇高声誉，深受人民的爱戴。

## 秀水公园

### 风景秀丽的园林

信阳市固始县城关镇

秀水公园是城区内一座非常秀丽的园林。其东大门气势宏伟、庄重华贵，为两层建筑，上部为汉代风格，下部为明清风格，中间置高4米、宽3米巨型石碑，上刻该县文化名人李乾山书丹、董乃康撰文的《秀水公园记》，碑两旁为对开双扇仿古大门，正门两边各有一单层副楼，主副楼之间由伸缩门连接，可供车辆出入。主要景观有八卦池、仙鹤亭等美景和很多雕塑。

## 淮南湿地

### 有“豫南水乡”之美誉

信阳市淮滨县

淮南湿地省级自然保护区总面积3400公顷，平均水深2米，这里的物种资源十分丰富，有各种植物428种，兽类9种，鸟类59种，两栖爬行类4种，昆虫类700余种，鱼类114种。已列入国家重点保护动物10种，国家重点保护植物2种。

这里集丰富的自然景区和人文景区于一身，有饮马港、乌龙港、天镜湖、兔子湖、七星湖等自然风光；人文景观有沙冢遗址、高台庙遗址、立城遗址、朱家遗址、期思地台遗址、西周蒋国故城遗址、固城古城遗址、安宁湖遗址、古碑刻等多处；这里还是春秋楚相孙叔敖的故乡，有传说“八仙”之一张果老成仙得道的仙庄集和仙庄庙。已经发掘出的期思战国墓地，固城战国墓地等，出土的有石器、骨器、陶器、铜器、兵器、化石、玉器等文物数百种。

邓颖超祖居

# 景点推荐 驻马店周边景点

## 杨靖宇纪念馆

### 展现出杨靖宇将军光辉的一生

驻马店市驿城区古城乡李湾村

杨靖宇将军旧居纪念馆建筑面积为4466平方米，始建于1966年，江泽民同志题写了馆名。纪念馆庭院中央是石雕像，南边是九间展厅，陈列有照片、图表、油画等92件展品，系统地介绍了杨靖宇将军的生平事迹。北边是杨靖宇将军故居，也有展室。

## 嵖岈山 AAAAA

### 素有“北方石林”之美称

驻马店市遂平县嵖岈山乡

0396-4779888

65元

嵖岈山又叫玲珑山、石猴仙山，可游面积52平方千米，有“中原盆景”“西游记全书”等美誉。这里有九大景观、九大奇峰、九大异石、九大名棚、九大仙洞，各类景点200多处，分为南山、北山、六峰山、龙天沟、琵琶湖、生态公园6个景区。著名景点有顺天宫、乾隆洞、包公庙、玉皇大帝庙、五龙宫、石猴等。

#### 玩家攻略

景区内没有宾馆，没有住的地方，而且不允许二次进山。要想两日游的话，可以晚上回遂平县去住。一日游时要自备食物，在路上解决吃饭问题，以便节约时间。

#### 玩家解说

嵖岈山和《西游记》在天然上就有一定的关联。孙悟空是一个从石头中蹦出来的石猴，而嵖岈山有许多天然的石猴，其中有一个与孙悟空极为神似。《西游记续集》曾在这里进行过外景拍摄。

嵖岈山

**链接**

**嵖岈山的人文景观**

嵖岈山不仅风景优美，而且有丰富的人文景观。春秋时代的吴楚曾经在这里争雄，吴王死后，就葬在了天磨峰下，至今“吴王墓”还保留着；隋朝名将窦建德曾经兵败在嵖岈山，战死后葬在了凤鸣谷中；唐代的王仙芝部将尚让曾经在这里招兵，后来与黄巢一起守山，现在存有“黄巢洞”；明末农民起义军领袖李自成的舅父高迎祥也进驻过嵖岈山，现在存有“点将台”和“高官亭”；清代乾隆皇帝曾经三次到嵖岈山，现存下来的遗迹有“乾隆探险洞”和供乾隆安寝的“顺天宫”。

## 蜜蜡峰

蜜蜡峰是一座石奇壁峭、绝崖耸峙、陡不可攀的山峰。它是一块完整的石体，海拔400多米，在全国绝无仅有。峰巅背阴处每逢雨季常有风化裂隙水，沿裂隙呈线状流下，恰似蜂蜜涂壁，故名蜜蜡峰。

## 战争与和平

象形石被命名为战争与和平。它是由寓意战争的将军帽和寓意和平的和平鸽象形石共同组成的。嵖岈山奇特的地质以及遗迹景观经过亿万年的风化剥蚀，在此见证着人类历史上永恒的话题“战争与和平”，其寓意深远，发人深省。

## 飞来石

飞来石，即天外飞来石之意。据说它是从天空飞来的一块仙石。传说蟠桃大会时孙悟空跑到蟠桃园把蟠桃都吃光了。王母娘娘知情后怒发冲冠，抓起一把仙桃向悟空砸去，其中一颗正好落在嵖岈山上，落在第一块巨石上砸开个一线天，然后又弹到这块巨石上，把此石一劈为二，形成了飞来石模样，故名“飞来石”。

## 包公庙

包公庙是座古朴典雅、绿树掩映、远近闻名的绿色建筑。之所以在嵖岈山建包公庙，因为当时包公在汝宁府微服私访时曾经救了一位民女，村民感激涕零，在此山中修建三间草屋，内供包公以做纪念。随着旅游业的发展，嵖岈山风景区将此修建成“包公祠”。

## 老君花苑

老君花苑处于构造节理密集带，东西

南海禅寺

世纪和平钟楼高34.6米，为三层翼角楼阁式建筑，室内吊有世纪和平钟。

观音殿古朴典雅，内供一尊高14米、香樟木雕刻的千手千眼观音鎏金坐像。

两侧由于沿构造节理球状风化，岩块失稳而崩塌成为陡壁。南侧豁口被崩塌的巨石堵塞，形成四面环绕的峰顶小洼。洼中保存有风化砂泥碎屑，植物茂盛，且生长有众多杜鹃花，花朵争奇斗艳，芳香四溢，故名老君花苑。

## 南海禅寺 AAAA

### 展现佛教文化内涵

驻马店市汝南县汝宁镇东南隅

40元

南海禅寺始建于宋代，现保存下来的是经过十多年重建而成的，面积达20公顷，被誉为亚洲最大的佛教寺院。

南海禅寺主要以寺院建筑和浮雕为载体，展现佛教文化内涵。主体建筑大雄宝殿高43米，平面呈边长80米的正方形。有28根高雕龙石柱。殿内9.8米高的释迦牟尼佛铜像盘坐在7米高的千佛宝座之上。另外还有十二牌坊、世纪钟楼、天王殿、观音殿、文殊殿、普贤殿、白圣舍利塔等景点。

### 玩家 攻略

南海禅寺的主要节庆活动有：

迎新年撞世纪和平钟活动：元旦节南海禅寺；

观音降生日庙会：农历二月十九日南海禅寺；

观音出家日庙会：农历三月十九日南海禅寺；

观音剃度日庙会：农历四月十九日南海禅寺；

观音圆寂日庙会：农历五月十九日南海禅寺。

### 玩家 解说

南海禅寺东北部白圣长老舍利塔，融我国古代建筑艺术与东南亚现代建筑艺术风格为一体，既高大雄伟，又典雅别致。大雄宝殿台基上雕刻的花岗岩质500罗汉，集全国20多处罗汉堂之精华，聚优秀雕刻工匠于一堂，精心雕塑，风格殊异。院内藏经楼设计独特，楼内珍藏古今中外多种版本的佛教经典。

# 悟颖塔

## 古朴美观的宋代古建筑

驻马店市汝南县城南

悟颖塔是唐代和尚悟颖所建，故名“悟颖塔”，因传说该塔在每年夏至日中午没有影子，又名无影塔。塔门向南，呈单面六角形，塔高26米，是单阁式砖塔，整个塔身用长35厘米、宽16.5厘米、厚5.5厘米特制的青砖平卧顺砌而成，塔身底层最大，向上逐层递减，使整个塔体外廓呈抛物线形，塔身基座为单层须弥座，座之束腰部分用横柱分隔，横柱间的砖面上，雕有山羊一对，童了两个，还有莲花、牡丹、蜡梅、桂子等花卉图案及盆景。在须弥座上，设五铺作为斗拱，斗拱上有撩檐枋台数室，塔檐下有砖砌仿木结构的五铺做出的双抄斗拱，塔身九层。

# 梁祝故里

## 传承着梁祝的爱情故事

驻马店市汝南县梁祝镇

梁祝故里是梁山伯与祝英台爱情故事的发生地，位于汝南县梁祝镇。故里遗址现有梁祝墓、梁庄、祝庄、马庄、红罗山书院、鸳鸯池、十八里相送故道、曹桥（草桥）及梁祝师父葬地邹佟墓等。

**链接**

### 梁祝的传说

相传，在中国西晋时期，青年学子梁山伯途遇女扮男装的学子祝英台，两人一见如故，志趣相投，就在草桥结拜为兄弟，后同到红罗山书院就读。在书院两人朝夕相处，感情越来越深。三年后，英台返家，山伯十八里相送，两人依依惜别。

山伯经师母指点，带上英台留下的蝴蝶玉扇坠到祝家求婚，遭拒绝，回家后悲愤交加，一病不起，不治身亡。英台闻山伯为了自己而死，非常伤心。不久，马家前来迎娶，英台被迫含愤上轿。行至山伯墓前，英台执意下轿，哭拜亡灵，因过度悲痛而死亡，后被葬在山伯墓左。

# 天中山

## 独具魅力的旅游资源

驻马店市汝南县城北2千米处

天中山又名天台山，原是一座圆形小山，占地约540平方米，高3.6米，“天中山”的名字自唐以后正式载于史籍，原因是颜真卿亲书“天中山”的碑文，因为这块碑，天中山成为历代官吏和士大夫拜谒和游览的场所。

# 宿鸭湖

## 有“人造洞庭”之誉

驻马店市汝南县罗店乡东2千米处

宿鸭湖始建于1958年，水库东岸南北土坝全长35.29千米，高58米，防浪墙长0.5米，坝顶宽4~7米，拦蓄板桥、薄山水库等上游来水，蓄水面积2万公顷，常年水面7000多公顷，出产的鱼达30多种，其中产量最多的是鲤鱼、鲫鱼、鲢鱼。宿鸭湖畔名胜古迹很多，如仙女桥、壶仙观、燕亭、金城、白马将军庙等，西岸还有垂钓园、游泳池、水上乐园等游乐设施，使这里成为风景独特的景点。

**链接**

### 宿鸭湖的传说

传说很早以前，这里原本没有湖泊，而是一个河沟纵横、十年九涝、野兽时常出没的地方。时过数年，元朝皇帝将其儿子封在汝南，王爷生性残暴、善于骑

南海禅寺

射。一年春天，王爷带领卫队出城代天子巡视一方，竟发现此处天有飞禽、地有走兽，心中狂喜异常，随即拉弓搭箭，射中一只狐狸，谁知狐狸未死，却带箭逃跑了。王爷就在后边紧追不舍，不料却被村庄挡住了视线。王爷十分气愤，下令"跑马圈地"，决定把这块土地作为御用猎场，刻着"御用猎场，禁地"的标牌插在了方圆四五十里的土地之上，场内村庄一律拆除，百姓限期迁出，违令者全家抄斩！从这时起，直至明朝灭亡的三百多年间，这里一直是汝南藩王的"御用猎场"。

人们不满地称它为"官场坡"。由于长期河道失修，洪水泛滥，每逢夏季，这里一片汪洋。成群结队的野鸭、水鸟，纷纷飞到这里安家落户，繁衍生息，官场坡成了野鸭水鸟的世界。所以人们又改称其为"宿鸭湖"。明朝末年，闯王李自成率部40万人马血战汝南城下，活捉了王爷，"燕王庙"被焚，史称"汝宁府之战"，这片土地才又回到百姓手中。

## 老乐山

### 具有人文景观的自然景区

驻马店市确山县城西北10千米处

老乐山由高低不同的九座山峰组成，山北崖有老虎洞。前面是陡峭的十八盘，山顶有清澈泉水一池，甘甜宜口，旱而不枯，因形状似蛙，故名"蛤蟆泉"。山上还有宏伟的真武庙、宣坛庙、拜台宫、玄都宫，为道家福地。

## 金顶山

### 有"绿色家园"之誉

驻马店市确山县境内

景区有"天然氧吧""绿色家园"之美誉。金顶山植被蓊郁，林草茂密，野生动物种类繁多，是天然植物园和野生动物的乐园。漫步山中感受那峰峦隐现、云雾缥缈、林幽鸟啼、亭榭映辉、水光潋滟、山色空蒙的美景，令人真切地体验到一种回归自然、心旷神怡的感觉。此外还有滑草、漂流等娱乐项目，是休闲娱乐的好场所。

## 竹沟烈士陵园

### 首批爱国主义教育基地

驻马店市确山县竹沟镇

竹沟革命烈士陵园始建于1958年，这里共展出上千件文物、资料和图片，共有2个陈列室。周恩来总理为纪念馆题写了"确山竹沟革命纪念馆"的匾牌。陵园大门是一座仿古牌楼式建筑，陵园广场两侧建有东、西两个展厅。东展厅展示的主题是"竹沟惨案"，西展厅展示的主题是"中原烽火"。

### 玩家攻略

陵园近旁有一个1995年重新修建的中型水库——竹沟湖，湖水清澈，青山环绕，坐上小船在湖中游荡，可以感受到"山如碧玉簪，水似绮罗带"的境界。在山水尽头的地方，有一个叫凤凰棚的小山村，这个小山村被竹树环绕着，这里民风古朴，能让人感受到世外桃源般的境界。竹沟湖边还有驻马店市海拔最高的自然村——黄石头庄和颇具神秘色彩的黄狼沟神仙洞，都是不容错过的景点。

宿鸭湖

链接

### 红色竹沟

竹沟位于确山县城西30千米处，是共产党民主革命时期的一块重要根据地，具有光荣的革命斗争史。1926年共产党在这里建立了基层组织，土地革命战争后期，中国共产党在这里创建了红军游击队。抗日战争爆发以后，红军游击队改编为新四军第四支队第八团队。1938年2月，党中央派彭雪枫来竹沟主持工作。同年6月，中共河南省委由开封迁到竹沟。1938年党的六届六中全会决定成立以刘少奇为书记的中共中央中原局，刘少奇、李先念等同志从延安先后来到竹沟，开展敌后游击战争，使竹沟很快就变成了我党在中原地区发展的重要阵地和战略支撑点。

## 北泉寺

著名的千年古刹

驻马店市确山县三里河乡，县城西北7千米

北泉寺旧名叫天官，后改名骄傲树佛寺，到唐朝时改名资福禅寺，宋代又改为寿禅院。北泉寺距现在已经有1400多年的历史，它始建于北齐，建筑古朴庄重，寺内外有4棵隋朝古银杏树，是颜真卿殉节的地方。

### 玩家攻略

寺院内外有四株高大的银杏树，相传栽植于隋代。最大的树干围7米多，树叶蔽天，树伞如荫，虽树老而枝新，年年硕果累累。一棵银杏树曾因雷击由树干内起火，中间形成很大的空洞，但四周的树皮上又生出新的枝叶，年年结果均在千斤以上。树洞内可摆八仙桌一张，四人对饮，尚绰绰有余，别有一番情趣。

北泉寺有一年一度的古庙会。每年农历二月初二，周围百里外的游客、群众聚集于此，唱戏、祭神，进行物资交流。游人摩肩接踵，车水马龙，热闹异常。

## 薄山湖

国家级水利风景区

驻马店市确山县任店镇

0396-7268068

薄山湖风景区由古朗陵景区、人坝景区、湖东景区、九龙沟景区四部分组成。

景区里面群峰苍翠，碧水千曲。著名景观有神驼戏水、猛虎啸天、湖心岛、野猪岭、锦鸡峰、鲸鱼岛、灵龟岛、红枫岛、骆驼峰、虎啸峰、将军壁、猴儿崖、翠竹溪、龙女潭、卢王寨遗址、现代军事水上（下）训练中心等一百多处。这里还有天然浴场、情人度假村、军事夏令营、特猎垂钓园等特色服务项目，是旅游观光、游山戏水、休闲娱乐的理想乐园。

薄山湖

**玩家** 解说

薄山湖的水质较好，景区里面的植物有1400多种，其中马尾松、杜鹃、枫香、珂楠是我国北缘分布树种；大叶朴、野皂荚为我国南缘分布树种；野大豆、杜仲、绒毛皂荚、香果树是国家重点保护植物；薄山兰花品质优异，种类繁多，是我国北方著名的兰花品种资源库。

景区里面有近百种动物，仅鸟类就有白天鹅、鸳鸯、锦鸡等十多种，鱼类有娃娃鱼、鳜鱼、昌鱼、薄山松针鱼等三十多种。景区里面盛产板栗、猕猴桃、八月炸、野山菌等特产。

## 蔡国故城

### 保存最完好的西周古城

驻马店市上蔡县蔡都镇西南郊

蔡国故城，又叫上蔡县驿，是西周和春秋时期的蔡国都城，蔡国都城有长达500年的历史。现在留存下来的蔡国故城遗址，是我国现今保存最完好的西周古城。故城平面略呈长方形，东西比较短，南北比较长。现存的城墙高4~11米，宽15~25米，总长约10 490米。城墙由夯土筑成，每层厚8~14厘米。现保存完好的有南城墙三处，西城墙一处。城里面的中部有一土台，叫作二郎台，面积120万平方米，可能是蔡侯的宫殿区。台上有很多古井及陶制排水管道被发现，台上台下还有很多春秋时期的陶片和筒瓦、板瓦等建筑构件，是有过庞大的建筑的证明。城里面的西南隅翟村一带，有春秋战国时期的青铜器出土。古城西北有九个土冢，相传是蔡侯墓。

**链接**

**蔡国的由来**

蔡国始建于前11世纪。前1046年，周武王姬发推翻商朝，建立了西周，又在蔡国封自己的弟弟蔡叔度为侯，建立了蔡国，蔡叔度在芦岗东侧修筑都城，但是都城还没有完工，他就去世了。周成王三年（前1040年），他的儿子姬胡继续修建并将这座都城建成。春秋时，蔡灵侯十二年（前531年）楚灵王诱杀蔡灵侯，蔡国第一次被灭，楚公子弃疾任了蔡公。前530年，弃疾即位，也就是楚平王，蔡平侯庐又恢复了蔡国，并将都城迁到了吕国，将此地称作新蔡，后蔡昭侯又从新蔡迁到了州来，叫作下蔡，因此蔡国的故都叫作上蔡。

## 李斯墓

### 李斯的墓地

驻马店市上蔡县蔡都镇，蔡国故城的西南部

李斯墓在蔡国故城的西南部，位于李斯楼的东南角，是一个高大的土冢。墓的四周砌有石阶，墓前树有墓碑，上面刻有“秦丞相李斯之墓”的字样。墓的四周都被松柏包围着，附近有李斯楼、李斯跑马岗和李斯饮马涧等古迹。

## 伏羲画卦亭

### 道教的印记

驻马店市上蔡县塔桥乡白龟庙村蔡河之滨

伏羲画卦亭又叫八卦台，原有伏羲庙。该亭建在一个砖砌的高台上，是八角形的钻尖顶，上面盖着灰瓦，顶部有八个拱角，檐下的八方分别有“乾、坤、坎、离、震、艮、巽、兑”八个大字，檐的下面立着八根方形石柱，柱间装饰有青石板，雕着花卉的图案。

## 棠溪源

### 祖、剑、水的源泉

驻马店市西平县境内

棠溪源风景区总面积38平方千米，森林覆盖率达95%以上。分为棠溪湖、棠溪峡、蜘蛛山、跑马岭4个游览区，集绮丽秀美的自然风光与厚重深沉的炎黄文化于一身。

**战国冶铁炉：**战国冶铁炉坐落在棠溪湖岸边，有“天下第一炉”的美誉，距今已经有2400多年的历史，历史上的九大名剑均产在这里。

**始祖峰：**始祖峰是传说中柏皇始祖的化身，它仰卧在蜘蛛山的北峰，东西长500多米，远远望去，就像是一个人的形象，仅头部就60米，远远望去，高耸的鼻子、缕缕长髯、

蔡国故城

高挑的浓眉都能清楚地看到。

### 玩家 攻略

棠溪源里面的游乐项目很多，可以走天梯，钻古洞；也可以在棠溪水上划水游玩，在冶炉城上面慢慢地散步；坐在蝴蝶泉边，你可以看看蝶舞，在水帘洞前的清溪上面戏水；这里山花满眼，古木参天，更有漫山的霜叶和竹林的小溪，能观赏的景点数不胜数。

## 战国冶铁遗址

### 战国至汉重要的冶铁基地

驻马店市西平县酒店乡酒店村南500米处

战国冶铁遗址呈长方形，东西长558米，南北宽190米，面积11 152平方米，文化层厚1.5米。遗址上残留有炼炉残壁、炼渣、铁矿石、残铁剑和生活用陶盆、陶罐、陶瓮及建筑材料砖瓦等。另在遗址南（谭山水库南岸）尚存冶炼炉一座。

## 铜山风景区

### 名峰和石崖齐集的景区

驻马店市泌阳县铜山乡

0396-7676888

铜山风景区分为铜山、铜山湖、云雾峰三个部分，面积是742平方千米。铜山是中原佛教名山。整个景区由“十大名峰、五大石崖、八大景观”构成，其中有铜峰积翠、熊石朝天、石婆峰、天桥石、滴水崖、四天门、一线天、云梯等绚丽奇景。

### 玩家 解说

铜山，又叫大复山，因汉代名将邓通在这里铸钱而得名。它以“险似华山，秀似黄山”被冠以“小武当”之称，“南朝金顶（湖北武当），北谒铜峰”的美谈也流传至今。从东汉以来，佛道两家的释子道徒，在铜山修身养性，弘扬佛法，使这里拥有了丰富的宗教历史文化内涵。

## 问津台

### 为纪念孔子使子路问津而筑

驻马店市新蔡县关津乡关津集南首

问津台是春秋楚昭王为了纪念孔子自楚及蔡使子路于此问津而筑。明万历四十四年（1616年），知县王迁俊又将这里重新修筑，当时“高数尺，周围砌以砖石，四面方而三丈”，并在台上建了祠，明末战乱后，这里片瓦无存。现在仅存宽0.5米、高2米多的《子路问津之处》碑碣，立在关津的南首。

### 玩家 解说

关津北首便是有名的关津渡口，也是新蔡的“古志八景”之一，是春秋到明清时期南北通衢大道上的重要水陆码头。当时，每到夜色降临的时候，商旅、车船都云集在这里，渡口上下一片灯火，橹棹哗哗，人声鼎沸；集南有子路问津台的遗址；渡口两侧岗峦起伏，水流回环，芦苇丛生，巨柳成行。

# 攻略资讯

- 交通
- 住宿
- 美食
- 购物
- 娱乐

信阳城市风光

## 交通

### 火车

**信阳火车站：**位于信阳市浉河区民权路与新华东路交会处，可乘25、30路等公交车前往该站。

**信阳东站：**位于信阳市平桥区羊山新区新七大道，可乘K1、32路等公交车前往该站。

**驻马店火车站：**位于驻马店市驿城区自由街，可乘Y1路公交车前往该站。

**驻马店西站：**位于驻马店市驿城区金顶山路，可乘Y1、Y2路等公交车前往该站。

### 汽车

信阳主要有两个汽车站：一个是在新华东路上的弘运汽车站，位于信阳市浉河区新华东路，主要以发往北京、河北等北方地区的班车为主。另一个是信阳汽车站，位于人民路附近，主要以发往上海、江苏、浙江、湖北和湖南等南方地区的班车为主。

驻马店主要有三个客运站，汽车客运东站位于驻马店市中华大道中段，汽车中心站位于雪松路中段，驻马店新西站是位于驿城区金雀路西段的高铁汽车站。

信阳虹桥夕照

# 住宿

## 信阳

信阳市面积不大，住宿主要集中于市中心，市中心交通便利，到达各个景点一般不会超过半小时的车程。如果想去避暑胜地鸡公山，可以在市中心公交车站附近住宿，这里有很多价格合理的旅馆可供选择，第二天再乘公交车上山，十分方便。

### ●信阳锦江国际大酒店

信阳锦江国际大酒店占地面积近50公顷，建筑总面积56 000平方米，大厦高度为99.5米，共计26层。大厦分为主楼和辅楼，主楼为五星级酒店，辅楼为休闲、娱乐会所。✉ 信阳市羊山新区新七大道和新二十四大街交会处 ✆ 0376-8088888

### ●信阳西凤大酒店

西凤大酒店是一座集餐饮、住宿、洗浴、娱乐、休闲为一体的大型现代化商务酒店，酒店营业面积1万多平方米，内部装修豪华、设计新颖、风格独特，环境优美，交通便利。✉ 信阳市平桥区平西路与东方大道交叉口 ✆ 0376-3800888

信阳锦江国际大酒店

### ●信阳阳光宾馆

信阳阳光宾馆融食宿、餐饮、康乐、商务、会议等功能为一体，是信阳首家装饰标准达到四星级的宾馆。✉ 信阳市浉河区新华东路60号 ✆ 0376-6208666

## 驻马店

驻马店的酒店主要集中于市中心以及火车站、长途客运站附近。酒店规模以快捷酒店、中小型宾馆为主，价位适中，功能齐全，是商旅游客的理想选择。

### ●天龙大酒店

驻马店天龙大酒店位于驻马店的市中心，交通便利。酒店早餐丰富，环境温馨舒适，是理想的下榻场所。✉ 驻马店驿城区文明路289号 ✆ 0396-2859999

### ●京都假日宾馆

驻马店京都假日宾馆，与驻马店火车站毗邻，交通便利，客房舒适干净，基础设施完备。✉ 驻马店解放大道与富强南路交叉口向南100米 ✆ 0396-3611666

### ●星际国际酒店

酒店位于高铁站附近，紧邻大型购物商场，交通便利。房间装修简约、精致，基础设施齐全。✉ 驻马店驿城区置地大道与天中山大道交会处西南角 ✆ 0396-3087777

# 美食

## 信阳

信阳菜以咸、香、微辣、醇厚为主味，菜色微重、口感滑爽。信阳的代表菜是炖菜，主要的美食有罗山炖菜、罗山大肠汤、南湾鱼头汤等。另外信阳地区的水果味道也十分甜美。

● 信阳炖菜

信阳炖菜是豫南地区饮食的代表，口味浓郁醇厚，强调原汁原味，很少添加味精、鸡精等作料，汤菜各半、酥烂鲜香。

● 固始皮丝

固始皮丝采用猪皮做成，皮丝松散，富有弹性，放下起堆，翻炒时不会粘边搅条，其味松嫩爽香，含有蛋白质和多种维生素。

● 平桥石榴

平桥石榴是平桥区极具特色的农产品，这里的石榴圆润饱满，籽粒晶莹剔透，出奇的个大，出奇的甜美，因而声名远播。

● 信阳石凉粉

石凉粉为无色透明的凝固物，店主一般准备薄荷汁、橘子汁、菠萝汁、柠檬汁等不同口味的饮料，根据不同人的口味而选择喜爱的调料加入，吃起来感觉很像果冻。

## 驻马店

驻马店美食众多，其中有很多老字号美食非常值得品尝。驻马店美食主要有正阳三黄鸡、李毛头牛肉汤、胡辣汤、董合理烧鹅、金丝撒子、驿鼎牌五香牛肉、确山全蝎、汝南涮毛肚、五香鸡汁豆腐干、风味热豆腐等。

石凉粉

胡辣汤

● 李毛头羊肉汤

李毛头羊肉汤在煮料的过程中，加进了温胃、去膻的卤料，并加入大枣、枸杞等营养辅料，逐步形成了肥瘦皆宜、汤白不膻、四季适口的特点。

● 驻马店胡辣汤

驻马店胡辣汤历史悠久，营养丰富，辣而不燥，酸而不涩，香而不腻，味道醇正，入口滑爽。

● 金丝馓子

馓子是汝南县民间传统风味小吃，形如金丝，香脆可口。在民间传统做法的基础上，科学研制，精工细作，创造出色泽鲜亮、香脆可口的金丝馓子。

● 驿鼎牌五香牛肉

驿鼎牌五香牛肉，选用优质健壮南阳肉牛为原料，具有色鲜肉嫩、香而不腻、味美可口、便于携带和贮存等特点。

● 汝南涮牛肚

涮牛肚是汝南传统名小吃。将牛肚切片制成半成品，然后用竹签串起，放进火锅内涮煮，再蘸上用芝麻、花生调制的佐料，即可食用。

● 五香鸡汁豆腐干

五香鸡汁豆腐干外带酱褐色光泽，内

毛尖茶

似琥珀半透明，温水浸软后，切成薄片或细丝，如加入蔬菜凉拌，鲜凉爽口，味道鲜美；如与肉片、葱白丝等热炒，则喷香可口，余味久远。

## 购物

### 信阳

来信阳旅游，不买些信阳特产，会有些遗憾。信阳著名的特产有信阳毛尖茶、固始柳编、潢川牛角工艺品等。此外，银杏、中华油栗、高山甜柿、灵芝、黑木耳、香菇、猕猴桃、玉兰片、黄花菜、珍珠菜、蜂蜜等都是当地盛产的土特产品，质量优异。

#### ●毛尖茶

毛尖茶是中国十大名茶之一。信阳市的天云、连云等山区山高雾重，出产的茶叶颜色深绿，叶片肥厚，品质上乘，再经过后期的精工细做，成品茶纯净清澈、香味持久，回味悠长。

#### ●固始柳编

固始柳编主要为柳条加蒲草、藤草混编而成的工艺品，色泽洁白、造型别致，主要有果篮、花篮、挂篮、门帘、屏风等。

#### ●潢川牛角工艺品

以当地特有的牛角为原料制成，主要有装饰画、装饰品、仿古工艺品等。色泽淡雅，工艺精湛。

#### ●野生茶油

黄柏山盛产油茶，多为野生。茶油的营养成分与橄榄油相似，不含胆固醇，不含芥酸，碘值低，对人体有益的不饱和脂肪酸含量居各种植物油之冠，亚油酸含量符合人体需要量。

#### ●天麻

天麻为兰科多年生草本植物，是传统珍贵中药材。黄柏山周边地区的野生天麻在全省知名，个大肉厚，有“明天麻”之称。

#### ●竹艺

竹编为当地传统手工艺，当地农民自编的竹床、竹席、竹椅、竹篮以及竹鞭工艺品等，结实耐用，造型美观。

## 驻马店

驻马店素有“天下粮仓”“中州油库”“芝麻王国”之称。其中，“小磨香油”以味醇质优名扬全国。泌阳香菇、正阳花生、确山全蝎、确山板栗、泌阳瓢梨、平舆白芝麻、王勿桥伏陈醋、平舆庙皮等特色产品都有一定的知名度。王守义十三香也是著名的调味品。驻马店主要商业街有风光路、温州街。

### ●确山松花蛋

松花蛋以鸭蛋为主要材料，做法以腌制为主。这种河南省确山县生产的松花蛋别具一格的地方就是，除了有传统松花蛋的色、香、味外，还有独特的五香味。

### ●豫坡酒

豫坡酒是驻马店市高端形象白酒品牌的代表。豫坡酒现有老基酒、老基坊、豫坡粮液三大系列近30个品种，具有绵、甜、香、醇、净、酱意兼浓香的独特口感。

# 娱乐

信阳除了古迹、风景区和红色旅游外，娱乐项目也很丰富。汤泉池风景秀美，地热资源丰富，来这里泡泡温泉休闲惬意。另外，鸡公山风景秀美、久负盛名，景区的度假别墅与当地菜品都极具特色，非常值得尝试。

驻马店地区旅游资源丰富，金顶山景区的峡谷漂流、滑草十分刺激，此外还会不定期举行摩托车赛事；嵖岈山的万亩薰衣草极具风情，此外还有马谷田的万亩梨园等等，都是休闲娱乐的好场所。

鸡公山别墅群

# 景点索引

## A



## B



## C



## D



## E



## F



## G

## H



## J



## K



## L

## T



## W



## X



## Y

## Z

## 我们的理念

做发现者，才能走得更远。发现秀美景色、探寻历史痕迹、体验文化脉络、寻找地理起源等深层次的旅行知识，是我们不停脚步的动力。我们不仅是在做一本旅行指南，能为旅途中的行者编写一部内容丰富、态度严谨、值得边走边读的行囊书，是我们永恒不变的追求。

# 《发现者旅行指南》编辑部


**总 策 划** 丁海秀
**执行策划** 李荣强

**项目统筹** 周国宝 龚道军
**内容编辑** 刘 挺 王叶青 方明杨
刘秀红 丁天丰 张文齐
商子微 张亚飞 苏雪莹
沈 皓 魏建飞 张灵燕
许晨晨 杨康健 张 鑫
刘晓璐 刘慧慧 王春雪
刘智勇 李荣强 刘雁琪
陈昱霖 贾 宁
**美术总监** 左小文
**美术编辑** 侯心如 王春晓
**图片编辑** 朱盼盼 马志鹏
**插图绘制** 尚祖山 李秋红
**排 版** 闫 旭 田雪子
北京旅教文化传播有限公司
**图片提供** 微图网 汇图网 图虫创意
中国图库网 全景网
锐景创意 集成图像
站酷海洛 shutterstock
fotoe dreamstime
孙西国 马林宏 徐 行
高应胜 薛 冬
西部老马 钱多多


## 出炉过程

在编辑部成员的共同努力下，这套旅行指南终得以付梓。其间，我们亲历景点，翻遍资料，只为确保撰写的内容准确有效；我们实地考察，联系景区，只求绘得一幅精美的景区图；我们花尽心思，几易版式，只为呈现出前所未有的阅读体验。如今，这套精心打造的旅行指南，能放到您的行囊或书架，我们深感荣幸。我们期待与您一起走向远方，重新发现旅行的价值。

## 联系我们

我们的成长需要您的支持。您对本书的每一条意见我们都会珍视。同时也欢迎您与我们一起分享旅游体验，稿件一旦被采用，您将会获取相应稿酬。您可以将意见和稿件投递到我们的邮箱（975179855@qq.com）。

**总 策 划** 丁海秀
**责任编辑** 贾东丽

**图书在版编目（CIP）数据**

河南 / 《发现者旅行指南》编辑部编. -- 3版. -- 北京 : 旅游教育出版社, 2025.1
（发现者旅行指南）
ISBN 978-7-5637-4678-1

Ⅰ. ①河… Ⅱ. ①发… Ⅲ. ①旅游指南—河南 Ⅳ. ①K928.961

中国国家版本馆CIP数据核字(2024)第029290号

# 河 南（第3版）

《发现者旅行指南》编辑部 / 编

**出版单位** 旅游教育出版社
**地 址** 北京市朝阳区定福庄南里1号
**邮 编** 100024
**发行电话** （010）65778403 65728372 65767462（传真）
**本社网址** www.tepcb.com
**E-mail** tepfx@163.com
**印刷单位** 文畅阁印刷有限公司
**经销单位** 新华书店
**开 本** 889毫米×1070毫米 1/32
**印 张** 13.125
**字 数** 425千字
**版 次** 2025年1月第3版
**印 次** 2025年1月第1次印刷
**定 价** 79.80元

图书如有装订差错，请与发行部联系

**特别提醒**

本书信息在出版前已经认真核实过。但由于现实发展太快，旅游信息随时可能发生变化，我们无法承诺保证本书信息的准确性和完整性，并只能在法律规定范围内承担责任。如因此给读者带来不便，我们深表遗憾。